비교지방정부론

임승빈 · 안영훈 · 김순은 · 안성호
이기우 · 정순관 · 하동현

도서출판 대영문화사

머리말

21세기 초엽에 들어온 한국 사회뿐만 아니라 이 책에서 거론되는 유럽의 국가들(영국, 프랑스, 독일, 스페인, 스위스)과 일본에서 사회문제의 대부분은 경제 성장의 음영 차이에서 발생된 격차사회가 큰 과제라고 볼 수 있다. 정도의 차이는 있지만 급격한 경제 성장은 대도시 중심의 국가 지배 체제를 탄생시킨 반면 생활공동체이면서 가치공동체였던 전통적 지역사회를 붕괴시켜 심각한 지역불균형과 인구의 편중 현상도 발생시키고 있다는 점은 이들 국가 모두가 공통적으로 겪고 있는 실정이다.

현대 사회는 다양성이라고 표현하기에는 모자랄 정도로 국가 및 지역사회가 추구하고 있는 가치 또한 복잡다기(複雜多岐)하여 중앙정부나 지방정부가 국민이나 지역주민 모두가 만족하는 정책을 수립하여 추진한다는 것은 불가능해졌다. 원론적인 입장에서 본다면, 지방자치는 지역공동체 스스로가 자신에게 놓여진 집합적 문제를 해결하고, 삶의 질을 향상시키는 것이어야 할 것이다. 그렇다고 하여 공통의 문제들을 갖고 있지만 해당 국가들이 모두 같은 해법 수단을 갖고 있지는 않다. 이런 관점에서 각국을 비교해 보는 작업은 아직도 학문적으로나 정책적으로 실효성이 있다. 특히, 우리나라의 경우 1995년 단체장 직선제가 부활된 지 올해로 20여년이 되었음에도 불구하고 여전히 지방자치에 대한 논의가 지방분권을 당연히 추진하여야 한다는 원리주의(dogmatism)와 중앙집권에 대한 환상으로 여전히 국가주의에 머무르고 있다는 인상을 지울 수 없다. 즉, 지방자치를 "누가 지배하느냐?"에 대한 것으로 인식하는 행태는 지역의 시민사회(grass roots)에 대한 관심보다는 지방자치단체의 단체장과 지방의회 권한 확대에 대한 관심 또는 지방자치의 폐해를 강조하는 그룹 등 이들을 중심으로 하는 논의가 지방자치 발전을 저해하리라고 본다. 필자의 유학 시절 지방자치에 대한 눈을 한 차원 높게 해 준 책이 있다면 애시퍼드(Douglas E. Ashford)의 『영국 원리주의와 프랑스 실용주의(*British Dogmatism & French Pragmatism*)』(1982)이다. 이 책에서는 서명에서 의미하고 있듯이 지방자치의 대명사격인 영국과 중앙집권의 대명사격인 프랑스를 대비시켜 가면서 교조주의가 아닌 실용주의적으로 지방자치에 대하여 서술하고 있다. 물론 책의 핵심적 내용은 누가 통치하느냐?가 아닌 어떻게 통치하느냐? 하는 쪽으로 지방자치의 가치를 두고 있다.

따라서 이 책에서는 영국, 프랑스, 독일, 스페인, 스위스 등의 유럽 국가들 그리고 일본의 지방자치를 단순 비교에 그치지 않고 해당 국가에 대한 전문성을 갖춘 학자들이 궁극적으로 한국에서의 민주적 거버넌스 체제를 만들기 위한 이론적 탐색과 방안 등을 서술하였다.

끝으로 항상 어려운 편집 작업과 교정, 발행을 책임져 주신 대영문화사의 임춘환 사장님과 편집진 여러분에게 지면을 빌려 고마움을 표하고자 한다.

2019년 7월
저자들을 대신하여
임승빈 씀

차 례

PART 2 외국 지방자치의 현주소

PART 3 한국 지방자치의 미래

PART 1

서설: 한국 지방자치 진단

Chapter
01
한국 지방자치의 현주소

제 1 절 한국 지방자치 탐색

1. 의사결정 체제의 분권화 필요

작금의 한국 사회는 앞 세대가 사다리 위에 올라가 뒷 세대의 진입을 막기 위하여 계단을 걷어차 버린 형세라고들 한다. 특히, 각급 공공기관에서 민간기업과 같이 강조하는 성과중심주의는 일정 부분 필요하기는 하나 기관의 공공성을 해치고 구성원들에게는 멀티태스킹(multitasking: 다중작업)을 요구하면서 개인의 체력과 인내력의 한계를 보이고 있다. 실제로 전국공무원노동조합의 발표에 따르면, 사회복지 담당공무원 4명 가운데 1명은 자살 충동을 느꼈으며, 한국사회복지사협회(2012) 조사 결과에서는 응답자의 95.0%가 클라이언트 폭력을 직접 경험한 것으로 조사되었다. 경기복지재단(2014)의 연구에 따르면, 응답자의 96.3%는 언어 폭력을, 60.3%는 신체 폭력을, 84.7%는 기타 폭력을 경험하여 그 심각성이 상당하다. 지금은 안전처로 통합되었지만 소방방재청(2014년)의 자료에 따르면, 순직한 소방공무원보다 자살한 소방공무원의 수가 더 많다는 것이다.

더군다나 소진사회(surviving burn-out society)를 지탱하고 있는 이들 대부분이 하위직 공무원이라고 할 수 있는 7급 이하가 많은데, 이는 관료사회의 상층부, 특히 사법부는 점차적으로 서울 소재의 특목고 출신과 로스쿨 출신 중심으로 채워져 가고 있는 현상에 대한 좌절도 한몫 하고 있다고 볼 수 있다. 한국사회가 과다한 성과를 요구하는 소진사회로의 변화와 지배 엘리트층의 공고화는 공동체정신을 말소시키고 있다는 점은 주지의 사실이다. 이러한 인간관계의 격차가 발생하듯이 지역별 격차도 날로 심화되고 있다. 2019년 현재 전 세계 인구 77억 8천만 명 가운데 50% 이상이 도시에 거주하고 있을 뿐만 아니라 아시아 국가, 특히 우리나라에서 도시, 대도시로의 인구 집중화는 훨씬 급속히 전개중이다. 우리나라의 경우에는 전 세계의 평균치인 60%보다 훨씬 뛰어넘는 도시화를 보이고 있으며, 이에 따라 도심정주지에 대한 관리, 서식처 보호 및 복원, 에너지 보전 및 쓰레기 재순환 등 각종 도시문제를 야기하고 있다. 지역별 인구과잉과 과소의 문제는 이미 돌이킬 수 없는 현안이 되어 있다. 이와 같은 도시화와 농촌화의 이중적 현상뿐만 아니라 또한 기술문명 혜택의 현격한 차이는 개인 간, 커뮤니티 간 분쟁 또한 초래하고 있다. 이러한 문제점들을 극복하기 위하여 전문가들은 인구의 균형적 분산 전략이 필요하다고 하나 실제 상황은 정반대로 움직이는 것이 현실이다.

전통적 관료제에서의 의사결정 과정과 구조인 피라미드 형태가 빠른 듯 보이나 하부에서 상부로 올라갈 때 의견과 의사결정의 병목 현상(traffic jam)이 발생하여 시간 지연과 잘못된 결정이 발생될 가능성이 크다는 것이다(김범준, 2015: 4). 이는 집단지성이라는 용어의 창시자인 레비(Pierre Lévy)가 언급하였듯이 "구소련과 같은 전체주의 체제 몰락은 그 사회가 갖고 있는 역량들의 유동적, 협동적 수행이라는 새로운 형태에 부딪혀 좌초하였다고 볼 수 있다. 전체주의는 집단지성을 구축할 수 없었던 것이다"라는 그의 지적과 일맥상통한다(Lévy, 2002: 27). 이를 조직에 대비해 보면, 하위구조에 의사결정 권한이 나누어질 경우라는 가정을 한다면 초기에는 결정 시간이 걸리나 추후에는 결정과 수용에 이르는 비용과 효과가 오히려 앞서는 상황이 될 수도 있다는 사실이다. 다시 김범준의 저서를 인용하면 이는 물리학에서도 운동의 법칙에서도 증명되고 있으며, 물리학자 헬빙(Dirk Helbing)의 2000년 논문 주제인 '탈출 상황에서의 공포'에서 보면, 논문의 전산 시뮬레이션에서 정확한 정보를 효과적으로 전달하는 것이 재난 탈출에서 적용해 볼 때 위기 탈출에서도 집단지성이 유효하다는 것이다. 즉, 출구가 어디인지에 대한 올바른 정보의 중요성이 더 중요한 것을 강조하고 있다

(김범준, 2015: 12).

집단지성은 대개가 옳다. 사전 의논 없이도 대중에게 무대 위의 어떤 이의 몸무게를 맞춰 쓰라 하고 평균치를 내면 놀라울 정도로 비슷하다. 개미의 법칙과 페르마의 법칙 등의 사례를 보면, 집단지성은 정보화의 유목적 공간이 확장됨에 따라 맹위를 떨치고 있다. SNS 등은 "지리적 영토나 제도나 국가의 영토도 아니며 그것은 인식, 지식, 사유의 힘으로 이루어진 보이지 않는 공간으로서 존재론적 자질 및 사교 방식들이 개화하고 이동한다"(Lévy, 2002: 20)는 그의 탁견에 전적으로 동의한다.

지금의 우리나라와 같이 중앙정부－지방자치단체－시민사회의 관계는 수직적인 전통적 관료적 행태를 벗어나지 못하고 있으며, 4차 산업혁명이 이미 시작된 네트워크 사회, 사이버민주주의, SNS세상이 갖는 수많은 수평적 집단지성의 의사결정 방식의 장점을 살리고 있지 못하다.

오히려 DAD(Decide－Announce－Defense)가 만연되어 정부가 이해당사자 및 갈등의 당사자로 되는 현상이 심화되고 있다. 즉, 루만(Niklas Luhmann)이 언급한 바와 같이 기존의 관료제에서의 계급적인 존재론과 유기체론적인 관계론에서 우리는 자신들의 지위를 존재로서 인식하는 한 업무에서의 관계성은 멀어져 버리고 지위(권위)로서 의사결정하는 행태를 반복하고 마는 것이다.

따라서 어떻게 하면 중앙정부－지방자치단체－시민사회의 관계를 존재론적 관점에서 관계론적으로 바꾸어야 하며, 수평적으로 그리고 집단지성을 살릴 수 있도록 법제도와 의사결정 과정을 구축하느냐가 중요한 과제이다. 이는 다름 아닌 협치적 의사결정 구조를 어떻게 만드는 것이냐가 중요한 과제이다. 여기에서 지방자치와 지방분권을 토대로 한 협치와 상호 협력을 존중하는 사회 체제를 구축하여 운영해 가는 것이 중요하다. 이러한 점에서 지방자치제도의 활성화가 가장 큰 도전 분야이기도 하다.

2. 한국의 지방자치 강화 필요

한국은 1948년 정부 수립 이후 중앙집권적인 국가운영 체제를 유지해 왔다. 국가 형성과 국민 형성, 산업화 과정에는 중앙집권적 국가 운영이 효율적인 정치운영 체계로 작동해 왔다. 현대 사회가 다원화되고 디지털문화의 발전으로 시민들의 정치적 참여가 점차 강조되고 국가 운영의 투명성이 강조되어 왔다. 그뿐만 아니라 4차 산업혁명 등 새로운 사회 변화의 시대를 맞이하여 새로운 대한민국 영토 지형과 행정 현실에 맞는 지방자치의 모델을 구축할 필요가 발생해 왔다. 또한 분단된 현실을 감안하여 중앙과 지방의 상생 발전이 모색되어야 하고, 향후 통일한국 시대를 위한 자치모형 구축에 대한 노력도 더욱 필요하게 되었다. 지금 시점에서 지방자치가 한 차원 도약하기 위해서는 한국의 지방자치제도에 확고한 헌법적 보장이 구축되게 함으로써 한국 지방자치가 국가 발전에 기여할 수 있도록 하여야 할 것이다.

하지만 1987년 이후 헌법 체제는 과도한 중앙집권 체제의 권력 행사에 정치과정과 행정과정을 통제할 감시 권력이 효과적으로 기능하지 못하고 있다. 우리나라 헌법에서는 기능적 권력분립과 참여를 통한 민주주의와 자율성의 관점에서 지방자치의 중요성이 강조되고 있으나 지방자치의 관련 규정이 추상적이고 단순하게 규정되어 있다. 지방자치의 본질을 헌법적으로 보장하고 지방분권형 국가 운영을 위하여 헌법 개정이 필요한 시점이기도 하다. 즉, 1991년 지방자치제도 부활 이후 자치입법권 확대를 위한 다양한 시도와 노력에도 불구하고 현행법상 제약으로 그 실효성이 부족한 것으로 나타나고 있다. 중요 사항은 법령 등에서 규정하고 단순 집행절차만 조례로 위임하거나, 자치사무로 처리하는 것이 합리적인 사무도 법령에서 선점한 후 조례로 위임하는 경우가 대부분이다.

정부는 지방자치단체의 자치입법권 강화를 위하여 필요한 조치를 하도록 지방자치특별법에 규정하고 있고, 제주특별자치도 및 세종특별자치시법 등 특례법과 50만 이상 대도시에 관한 특례 조항 등도 규정하고 있다. 하지만 지방공무원, 학자, 관계 실무자, 시민단체 등 이해관계자들은 우리나라 지방자치단체의 자치입법권, 자치행정권 등이 다른 나라와 비교하여 여전히 강화될 필요가 있다고 지속적으로 주장하고 있다. 예를 들면, 정부는 2019년 3월 국무회의에서 지방자치법 30년 만의 전면개정안을 통과시켰고, 이를 국회에 제출하기로 하였다. 아직 국회의 전체 표결이 남아 있지만, 지방자치법 전면개정안에는 지방자치단체의 기관 구성 다양화 방안을 비롯하여 주요 24개 개편 사항을 포함하고 있다. 특별한 행정 목적의 실현이나 특별지역에 대하여 '특별지방자치단체'의 설립도 가능하게 하고 있다. 특히 대도시 발전을 위하여 자치권 확대 방안의 하나로 인구 100만 기준의 '특례시' 지정안을 제시하였다. 즉, 인구 100만 이상 대도시에 대하여 '특례시'와 같은 행정적 명칭을 부여하여 그에 맞는 권한과 기능을 부여하도록 하였다.

하지만 이러한 기준에 대하여 기초자치단체의 경우 근본적인 갈등의 소지를 야기하는 문제점들이 나타나고 있다. 왜냐하면 정부가 지방자치법 전면 개정을 제안한 큰 목적은 '지역의 자율성'을 확대하고 '지역민주주의를 실질적으로 강화'하기 위하여 주민의 자기결정권을 더 보장해 주고, 자율성과 책임성을 담보하고자 함이다. 그리하여 국가와 지방자치단체 간 위계적 관계가 아닌 확실한 상보적인 협력적 동반자 관계로 전환하여 주민 중심의 미래 지향적 지역민주주의를 확립하는 데 그 담대한 목표를 두었다. 그런데 2018년 11월 개정안 제175조에서 새로운 종류의 지방자치단체로서 "인구 100만 이상의 대도시에 대해서 '특례시' 명칭을 부여"한다고 하였다. 그러면서 행정안전부는 이에 대하여 '특례시'는 새로운 종류의 지방자치단체를 설치하는 것이 아닌, 인구 100만 대도시에 대하여 그 구분을 위하여 '행정 명칭'만을 붙이는 것이라고 하고 있다. 이 '특례시'라고 하는 행정 명칭만을 부여한다고 하였으나, 사실상 50만, 100만이라는 인구 기준 하나만으로도 이미 다른 시군구 자치단체와는 구별이 되는 '특례시'라고 하는 새로운 지방자치단체가 생겨나게 될 것이다. 또한 법령 제정으로 이들 기초자치단체 간에는 차별적인 사무권한 특례 등에 의한 자치권 불평등을 초래하는 원인이 되므로 결과적으로 정부가 이를 제공하게 될 것이다. 그뿐만 아니라 정부의 '특례시' 기준은 사실상 인구 100만의 경계에 어느 정도 미치지 못하는 성남시(96만 명), 청주시, 전주시 등뿐만 아니라 나아가 모든 기초자치단체에 대하여 지속적으로 자치권 범위를 속박하게 된다.

정부의 이러한 불균형적인 대안들은 어쩌면 현재의 상황 변화를 개선하지 못하는 것은 물론이고, 상대적인 갈등 관계를 고착시키는 원인을 제공할 수 있다는 말이다. 2019년 지방자치법 개정법률안에서 제시하고 있는 '인구 100만의 특례시' 지정과 같은, 비록 가장 중요한 변수이지만, 그것만으로는 불합리한 기준을 근거로 해서 상대적인 불평등한 조건을 만들어 주게 되면 지역균형 발전에 기여할 수 있는 개선 효과를 반감시키면서 향후 지방자치단체의 자율적 의지를 좌초시킬 수도 있다는 데에 문제의 소지가 있다.

우리나라 지방자치제도 운영상 여러 가지 풀어야 할 문제들이 있고, 더 개선하여야 할 제도적 변화가 필요한 이 시점에서, 우리나라 지방자치권의 한계는 무엇인지 그리고 법적, 제도적 한계 극복 방안은 무엇인지 살펴볼 필요가 있다. 그러한 시각에서 이 책의 내용을 구성하게 되었고, 특히 지방자치제도와 이를 근간으로 하는 지방자치법의 실무적 요소들도 살펴보고자 하였다. 따라서 먼저 한국의 지방자치 현주소를 진단해 보고 그것으로부터 나타난 문제들을 주요 지방자치 선진국에서는 어떻게 풀어 가고 있는지 또 전체적으로 어떠한 지방분권 체제를 발전시켜 왔는지 교훈적인 사례를 충실하게 검토해 볼 필요가 있다.

3. 책 내용과 목차

국가의 법 체계 전통에 따른 구분으로는 대륙법계 vs. 영미법계(Charter, Municipal code: Anglo vs. Franco and Scandinavian Types of LG)이며(Heinelt & Hlepas, 2006: 21-42 참조). 대륙법계 국가로서 프랑스, 스페인, 이탈리아, 스웨덴 등은 나폴레옹 법 체계의 영향을 받은 국가들에 속하며, 미국, 캐나다, 오스트레일리아 등은 영국의 공통법(common law)의 영향을 받은 국가들이다(Peters, 2006: 118-132). 이들 국가는 통치 체제에 따라서 다양한 지방자치 체계 간 비교가 가능한 요소를 포함하고 있다. 예를 들면, 단일국가 vs. 연방국가, 준연방국가(지역형 국가)의 통치 유형에 따라 분류된 지방자치제도 운영 체계는 단계적 지방자치 입법 체계의 발전 상황을 검토할 수 있게 한다.

대륙법계 국가의 지방자치법 체계는 기본적으로 사법과 공법 간 차이가 '행정법과 행정법원(administrative court)'으로 구현되는 법 체계를 갖고 있으며, 한국을 비롯하여 독일, 프랑스, 이탈리아, 스위스, 스웨덴, 일본 등이 이에 속한다. 영미법계 국가의 지방자치법 체계는 사법과 공법 간의 차별이 뚜렷하지 않은 공통법 체계를 갖고 있으며, 영국과 미국으로 대표된다. 영국은 과거 월권행위 금지 원칙(ultra vires)으로 지방자치권의 제약이 있었으나 점진적으로 대륙법계 국가의 전권한성(종합행정 수행 원칙 또는 총체적 권한 원칙, general competence)과 같은 법 체계로 지방자치법이 발전하게 되었다. 미국의 지방정부 법규범(local laws)에서도 이미 전권한성의 원칙과 보충성의 원칙이 적용되고 있고, 프랑스가 헌법 개정을 통하여 지방정부의 법규명령권(general regulatory powers)을 인정하는 바와 같이 미국은 홈룰(Home-rule)제도에 따라 이러한 법규명령권이 일반화되어 지방정부의 자치권이 강화되어 있다. 보충성(subsidiarity)의 원칙도 적용하고 있다. 이 밖에도 프랑스와 영·미 간 '통합지방정부법전 vs. 지방자치기본법'의 차이가 있고, '지방정부 종류별 지방자치법', '개별 지방정부법(런던대도시법, 스코틀랜드법)' 등 지방분권 촉진을 가속화시키는 데 유리하거나, 미국의 홈룰제도와 같이 지방정부의 자치권을 확대시키는 데 유리한 입법 체계 등을 다양하게 보여 줄 수 있기 때문이다.

이 책에서는 주로 영국, 프랑스, 독일, 일본, 스페인, 스위스 등 대륙법계와 영미법계 국가들을 대상으로 이들 국가의 헌법에 기초한 지방자치와 지방분권 제도, 그리고 그 운영 사례들을 중심으로 하여 한국의 지방자치 현주소를 파악하려고 한다. 이를 위하여 관련 법령, 다양한 학술 문헌자료, 국내외 통계자료 등에 기초하여 각 국가의 전문 집필진들이 이 책의 내용을 함께 정리하였다.

특히 지방자치 발전과 자치 역량 제고를 저해하는 현행법들의 자치입법권 제한 규정 및 제도에 대한 개선이 필요하다는 인식에 따라 실질적인 자치입법권 범위의 확대 등 우리나라 지방자치단체의 자치권 강화를 위한 개선 방안을 찾기 위하여 우리나라 제도와 유사성을 가진 주요 선진국인 영국, 프랑스, 일본 그리고 향후 자치분권의 미래 지향적 대상 국가인 스페인, 독일, 스위스 등의 지방자치제도를 공부하고자 한다.

지방정부의 자치권 범위는 사실상 그 지방정부의 권한(powers)과 재원(자율적 재정력, resources)에 의존하게 된다. 따라서 우리나라 지방자치단체의 자치권 범위 및 한계에 대한 상대적 수준을 알아보기 위해서는 주요 지방자치 선진국의 자치권을 비교하면 더욱 선명하게 인지할 수 있을 것이다. 이처럼 지방정부 자치권의 범위와 한계를 살펴보기 위해서는 각 나라의 지방자치법도 살펴보고, 상대적으로 비교도 하면서 향후 한국 지방자치법의 개정 방향도 검토해 볼 수 있을 것이고, 이러한 법개정으로 지방자치권 강화 방안 등 관련된 제도 개선을 위한 실질적인 시사점도 도출할 수 있을 것이다.

지방자치법은 지방정부의 자유(자치권)의 범위와 한계를 규정(제한)하는 기본법 기능을 수행한다. 따라서 비교연구를 위한 비교 요소들은 지방정부와 관련한 법적·제도적 시각에서 도출할 수 있는 바, 지방정부의 자치(행정)권한(powers), 사무권한(기능, functions & competences), 재정력(resources) 등으로서 지방정부

자치권의 핵심을 구성하는 요소들이다. 지방자치권은 독립적으로 이행하는 것이 아니라, 국가(중앙정부), 주정부, 지방정부 상호간 관계성을 고려하여 이행되는 것이므로 정부간 관계도 분석 대상이자 비교 요인의 하나이다.

이 책의 제1부 제1장에서는 한국의 지방자치 발전 과정을 살펴보고, 그 추진 역사와 특징, 한국 지방자치법 70년에 대한 평가와 과제를 살펴보고자 한다. 이 과정에서 나타나는 한국 지방자치의 문제를 진단해 보고, 구조적 변화를 모색하기 위한 대안을 찾고자 2017년부터 출발한 지방분권형 헌법 개정의 과제와 그 추진 방향 등을 제시하고자 한다.

이 책의 제2부 제2장부터 제7장까지는 구체적으로 주요 지방자치 선진국의 지방정부 탄생 배경과 발전 역사 그리고 지방분권 체제를 살펴본 다음, 관련 사례로서 각 나라의 지방정부들의 조직과 운영 체계 등을 중심으로 살펴보고자 한다. 이어서 제3부 제8장에서는 한국의 지방자치에 대한 전반적인 평가를 해보고, 향후 전망을 검토해 본다. 이를 토대로 한국의 지방분권 추진 과제들을 논의하면서 미래의 지방자치 발전 방향에 대하여 청사진을 제시하고자 한다.

제 2 절 한국 지방자치의 발전 과정

1. 한국 지방자치의 도전과 제도적 변화 시작[1)]

20세기 후반부터 세계적으로 나타난 두드러진 현상의 하나는 사회문제를 해결하는 접근 방식에서의 변화이다. 즉, 사회문제를 해결하는 데 중앙정부의 획일적 문제 해결 접근이 퇴색하고 지방 중심의 분권적 문제 해결 접근 방식이 증가하고 있다. 세계화와 정보화의 영향으로 이러한 추세는 더욱 가속화되는 경향을 띠고 있다. 교통・통신과 정보기술의 발달로 진행되는 세계화와 정보화는 국가 간의 경계를 넘나드는 사람과 정보에 대한 특정 국가의 통제와 규제를 사실

1) 이 책의 편집 방향에 맞추어 재정리하였다(정순관, "한국지방자치의 발전과제와 미래", 『한국지방자치 발전과제와 미래』, 지방자치발전위원회 엮음, 2016, 박영사, pp. 355-370).

상 어렵게 하고 있고, 이러한 사회 변화에 걸맞은 국정관리 체제의 변화를 요구받고 있다.

이러한 시대적 흐름을 반영하고 있는 것이 '정부 없는 거버넌스(governance without government)'라는 용어라고 할 수 있다. 거버넌스는 여러 가지의 논의가 있지만 일반적으로 "공사 영역의 다양한 행위자들이 분리되지 않고 함께 결합하고 조화를 이루어 사회문제를 해결해 가는 국정관리 양태"로 정의한다. 즉, 공공영역에서 관련된 행위자들과 제도들 간의 상호 작용적 메커니즘이다. 이 입장에서 거버넌스는 국가제도만을 포함하기보다는 오히려 다중 조직적 행위의 형태이다. 환언하면 거버넌스는 정부만을 포함하기보다는 시민-관-기업 등 다양한 조직이 포함된 의사결정 행위를 말하는 유형들이다. 이러한 의사결정의 메커니즘이 믿을 만하고, 능률적이면서 합법적이어서 지속 가능할 때 우리는 이것을 '좋은 거버넌스(good governance)'라고 한다. 결국 좋은 거버넌스는 국가를 포함한 관련된 행위 주체들 간의 대등한 입장을 가정하는 의사결정 과정을 말하는 민주적 거버넌스이고, 거버넌스에 관한 논의의 핵심은 바로 이 민주적 거버넌스의 구축에 있다.

이러한 변화는 국가사회의 관리 방식에서 중앙정부의 일방적 해결 지침에 따른 문제 해결 접근은 이미 한계를 갖고 있으며, 사회문제와 관련된 행위 주체들의 적극적인 참여에 따른 합의를 중시하는 문제 해결 방식으로의 변화를 말하는 것이다. 즉, 사회문제를 해결하는 중요한 규칙이 기존의 '합산적(collective) 혹은 분배적 선택 법칙'에서 각 행위 주체들이 참여하여 대화를 통하여 공동체 이익을 구성해 내는 '구성적 선택 법칙(constitutive choice rules)'으로 이동하고 있는 것이다. 전자는 누가 무엇을 갖느냐에 주로 관심이 있었던 반면에 후자는 누가 권력을 행사하고 어떻게 행사하는가에 주로 관심이 있는 입장이라고 할 수 있다. 후자의 관점이 바로 현대의 사회문제를 해결하는 데 핵심 내용이 되고 있는 것이다. 사회문제의 해결을 위한 논의의 중심이 '목표 달성의 능률성'에서 '민주적 관리 법칙의 질'로 이동하고 있다. 이와 같은 의사결정의 틀의 변화는 그만큼 사회가 복잡성과 다양성을 더해 가고 있다는 것을 반영하는 것이며, 어느 한 행위 주체가 우월적이고 특권적으로 기능해서는 사회문제가 해결되는 것이 어렵다는 것을 보여 주는 것이다.

'좋은 거버넌스'인가는 사회문제를 해결하기 위하여 협력을 유도해 낼 수 있는 '규칙의 질'에 달려 있다. 즉, 규칙의 질, 조직 역량, 리더십의 기술 등은 모두 좋은 거버넌스를 결정하는 데 중요한 영향을 미치는 요인으로 인식되고 있다. 사회문제를 해결하는 기반으로서 좋은 거버넌스는 국가행정 체제의 제도적 맥락이다. 또 이를 규정해 주는 관리규칙들은 사실과 가치들이 결합된 공공문제를 취급하는 정책과정에서 한 국가의 다양한 제도들 간 상호 작용의 형식과 질을 결정하게 된다. 협력을 유도해 낼 수 있는 규칙의 질이 민주적일 때 이를 우리는 '민주적 거버넌스'라고 할 수 있다.

전통적으로 행정은 능률적인 서비스 전달과 공익 증진에 관심을 가져왔다. 이제 사회문제 해결 메커니즘으로서 거버넌스의 담론은 공공행정의 관심을 중앙 주도적 공급자의 편견에서 지방의 수요자(지방정부)를 함께 고려하는 제도적 다면성으로의 이동을 요구하고 있다. 환언하면, 중앙통제적 능률성 중심의 국정관리 체제를 지방정부가 의사결정에 실질적으로 참여하고 공동으로 결정하는 민주성 중심의 국정관리 체제로 변화를 요구하는 것이다. 이러한 사회 변화를 반영한 제도적 변화가 1980년대 이후 세계적으로 나타난 지방화의 추진이다. 우리의 경우 이러한 변화는 1990년대 이후에 나타났고, 중앙정부의 노력과 지방정부의 요구로 다양한 제도적 변화를 추구하고 있다.[2] 이러한 지방화의 추진이 현대의 사회문제를 해결하는 설득력 있는 제도적 대안이고 지방분권의 추진이며 지방자치의 실현일 것이다.

2. 한국 지방자치 추진의 역사와 특징

현대적 의미에서 우리나라 지방자치제도는 1948년 7월 17일 제헌헌법의 공포와 1948년 11월 17일 「지방행정에 관한 임시조치법」과 1949년 7월 4일 「지방자치법」이 제정 · 공포되면서 형성되었다. 그 후 지방자치의 근간이 되는 지방자치법의 개정은 지속되었으나 근본적인 내용은 크게 바뀌지 않은 채 지금까지 내려오고 있다. 그동안 전개된 지방자치와 지방분권 추진의 역사적 유산은 지방자치의 실현에 상당한 함축적 의미를 제공하고 있다. 그동안의 노력은 지방자치

2) 김순은 교수는 이러한 변화의 주요 원인으로 글로벌 국제사회의 등장과 냉전 체제의 붕괴, 민주적 복지사회의 구현, 출산율 저하와 고령사회의 진입 등으로 들고 있다(김순은, 『지방행정 60년사』, 한국지방자치학회 제7회 지방분권포럼, 2014.4.18).

발전에 공헌한 것도 사실이지만 제도적 한계를 드러내고 있는 것도 사실이다. 우리의 지방자치와 지방분권 추진의 역사는 독재 권력의 견제와 중앙 의존적 대응이라는 특징을 갖고 있다.

조선왕조와 일제강점기 그리고 미군정에서의 지방자치적 유산들은 시대적 배경과 함께 지방자치법이라는 제도적 틀로 나타났다(임승빈, 2015; 김순은, 2014). 그 후 이승만 정부는 지방자치를 민주주의의 실현보다는 정권의 공고화를 위한 수단으로 활용하였고(임용주, 2002; 김순은, 2014), 중앙집권적 독재 권력으로 변모하였다. 이는 1960년 4·19혁명으로 이어져 모든 지방자치단체장을 선거로 선출한다는 등의 제도 변화(지방자치법 개정 등)를 도입하였으나 1961년 5·16 군사정변으로 지방자치는 폐지되었다. 그리고 긴 세월이 흘러 1987년 6·29선언에 이르기까지 지방자치제도의 도입 배경과 변화 과정은 독재권력에 대한 일종의 견제장치로서의 의미가 담겨 있다. 1987년 6·10항쟁 등으로 표출된 민주화의 요구 결과인 6·29선언에서 지방자치 실시를 천명하게 되었고, 그해 10월 29일 헌법 개정을 통하여 헌법 부칙의 지방자치 유예 조항을 삭제하여 지방자치제도 도입의 길을 열었다. 오늘날 지방자치의 날을 10월 29일로 정한 이유도 이 날을 기념하기 위한 것이다. 지방자치제도가 도입된 배경이 도입 당시의 시대적 상황에서 독재권력을 종식시키는 핵심적 대안이었다는 숭고한 의미는 지금도 유효하다.

한편, 우리나라 지방자치 관련 제도의 개혁 과정에서 나타난 특징은 지방자치를 현장에서 담당하여야 할 지방자치단체의 실질적 참여 없이 당시 내무부 등 중앙부처가 중심이 되어 추진되었다는 점이다. 중앙 의존적 지방자치제도의 설계와 지방분권의 추진은 정부관료제의 내부 효과 등으로 제도적 한계를 잉태하게 하였다. 1949년 7월 4일 「지방자치법」이 제정된 이후로 여러 차례의 개정이 이루어지는 과정에서 중앙집권적 요소들은 지속적으로 유지·강화되었음을 알 수 있다.[3] 지방자치단체에 중앙공무원의 배치 등이 그 대표적 예이다. 이러한 영향은 현재까지도 지방자치단체의 인사권, 조직권, 예산권 등에서 중앙정부의 과도한 통제나 간여의 빌미를 제공하고 있는 제도로 남아 있고, 이는 한편으로 중앙정부 관료주의를 잉태시키는 배경이 되고 있다.

3) 중앙관치적 지방행정의 태동과 내용에 대한 좀 더 자세한 사항은 김순은(2014.4.18) 참조.

이러한 독재권력에 대한 견제장치로서 지방자치제도의 도입 배경과 중앙 의존적 제도 개혁의 추진 등은 지방자치의 실현을 위한 지방분권의 추진 방향을 중앙에 대한 지방자치단체의 민주적 통제 영역의 확장에 주로 관심을 집중시키는 결과로 이어지게 하였고, 형식과 절차에 대한 요구에 집중하게 하였다. 즉, 지방자치의 추진에서 주민의 역할이 소홀히 다루어지는 결과로 이어졌다. 이러한 독재권력의 견제와 중앙 의존적 지방자치의 추진은 지방자치를 위한 제도적 개혁에 공헌하였지만, 한편으로 우리나라 지방자치의 특징을 형식적 자치, 갈등적 자치, 획일적 자치, 의존적 자치 등으로 자리 잡게 하는 원인이 되었다.[4)]

공식적으로 지방분권은 중앙과 지방의 권한 배분 관계로 중앙의 행정 권한이 지방자치단체로 이양된 정도를 말하는 것으로, 국가와 지방자체단체의 권한과 책임을 합리적으로 배분하고, 주민이 자발적 참여를 통하여 지방자치단체가 그 지역에 관한 정책을 자율적으로 결정・집행하며, 지방의 창의성과 다양성이 존중되어 내실 있는 지방자치를 실현하는 것이다.

현대적 의미의 지방자치제도가 도입된 이후 70년이라는 세월이 흘렀다. 이제 지방자치제도의 확대와 강화는 독재권력의 종식이라는 것 외에 21세기 사회문제의 해결이라는 새로운 의미를 획득해 가고 있으며, 지방분권의 추진 방향에 새로운 메시지를 주고 있다. 환언하면 지방분권의 추진은 단순히 형식과 절차의 개선과 중앙에서 지방으로의 권한이양만이 아닌 실제로 주민의 입장에서 무엇이 좋아질 것인가라는 물음에 답할 수 있는 내용에 관심을 가져야 할 것이다.

3. 한국 지방자치의 발전 역사

1) 한국의 역대 정부 지방분권의 추진

앞에서도 언급한 바와 같이 21세기에 사회문제를 해결하는 데 중앙정부 주도의 획일적 문제 해결 접근은 많은 한계를 드러내 왔다. 획일적이고 통제적인 문제 해결 방식은 문제를 해결하는 것보다는 오히려 문제를 양산하는 우를 범한

4) 이승종 교수는 지방자치의 문제점을 목표와 수단의 도치, 형식적 자치, 갈등적 자치, 획일적 자치, 의존적 자치, 그들만의 자치, 편린자치 등으로 적시하고 있다(참고 자료: 이재은, 지방분권개혁의 현상과 과제, 지방분권실천전략토론회, 수원시, 2016.2.4).

다는 지혜를 얻게 된 것이다.

이러한 국정관리 방식은 세계적으로 지방분권적 관리 방식의 확산으로 이어졌고, 우리나라도 예외는 아니다. 그래서 세계 각국은 중앙정부의 권한과 기능을 지방자치단체로 이양하는 지방분권을 국가경쟁력 강화의 유효한 수단으로 활용하고 있다. 영국이 「지방정부법 2000」을 제정하여 주민이 지방정부 기관 구성 형태를 직접 선택할 수 있게 하였고, 일본은 1999년 「지방분권일괄법」 시행 이후 또 다시 2006년 「지방분권개혁추진법」을 제정하여 '삼위일체 개혁'을 추진하고 있으며, 그리고 강력한 단일국가 체제를 유지해 오고 있었던 프랑스가 2003년 헌법을 개정하여 기존에는 없었던 지방분권과 지방정부의 자유로운 행정에 대한 헌법적 보장을 선언하게 된 것 등이 그것이다. 그동안 우리 정부도 지속적인 지방분권의 추진으로 지방자치의 내실화를 위하여 노력해 왔다. 역대 정부별 지방분권 추진 과정과 내용을 요약하면 다음과 같다.

2) 김영삼 정부(문민정부)

1990년 1월 22일 3당 통합[5]의 결과로 1992년 12월 대통령선거에서 당선된 김영삼 대통령은 중요한 사회개혁을 추진하게 된다.[6] 그동안의 군부정부와 대응되는 의미로 문민정부로 호칭되는 김영삼 정부는 이른바 세계화와 지방화의 주제를 정책 추진의 핵심에 놓게 된다. 지방화의 정책은 의미 있는 큰 진전을 보게 되는데, 선거공약이기도 하였던 제4대 지방선거를 실시할 것을 담은 지방자치법 개정이 1994년 3월 완료되어 1995년 역사적인 통합지방선거가 실시되었다. 이는 한국의 지방자치사에 큰 의미를 가지는 제도 변화였다. 비로소 지방의 정치가 제도적으로 부활하였기 때문이다.[7] 한편 문민정부에서 추진한 지방행정체제의 개편도 중요한 업적으로 평가된다. 지방의 특성과 인구 등 행정관리의 비효율적 행정 체제를 개선하기 위하여 1994년 3월 「도・농복합 형태의 시 설치 및 행정특례법률」의 제정으로 40개의 도농복합시를 설치하였다.[8]

---

5) 민주정의당(노태우 총재), 통일민주당(김영삼 총재), 신민주공화당(김종필 총재) 등 3당이 통합 결정하고 민주자유당을 창당하여 대통령 후보로 김영삼을 지명하여 당선되었다.

6) 중요한 사회개혁으로 역사바로세우기, 금융실명제, 군부 내 사조직 금지의 하나로 하나회 해체 등을 들 수 있다.

7) 광역단체장 15명, 광역의회 의원 970명, 기초단체장 230명, 기초의회 의원 4,541명 등 총 5,756명의 지방정치인이 선출되었다.

3) 김대중 정부(국민의 정부)

1997년 12월의 대통령선거에서 당선된 김대중 대통령은 주권이 국민에게 있다는 의미를 강조하기 위하여 김대중 정부를 '국민의 정부'로 명명하였다. 김대중정부는 100대 국정과제의 하나로 중앙 권한의 지방이양과 자치경찰제도의 실현을 채택하였다. 김영삼 정부에서 부활한 지방자치를 내실화하기 위한 첫 번째 정책으로 1999년 1월 「중앙 권한의 지방이양 촉진에 관한 법률」를 제정하였다. 이 법에 따라 대통령 소속 '지방지양추진위원회'가 출범하게 된다. 지방이양추진위원회는 3개 분과(행정분과위원회·건설산업분과위원회·보건사회분과위원회)로 나누어 과제 발굴을 추진하였다. 또한 3개 분과 업무를 지원하기 위하여 각 분과위원 산하에 실무위원회 두었다. 이러한 추진 체계는 향후 자치분권을 추진하는 기본 구조가 되었다. 지방이양추진위원회의 활동으로 국가사무 612개가 지방이양 대상 사무로 확정되었고, 이 중 232개 사무가 김대중 정부 내에 이양 완료되었다. 한편 1999년 지방자치법을 개정하여 주민감사청구제도와 주민의 조례 제정 및 개폐청구권을 도입하여 주민의 직접참여제도 발전의 기반을 구축하였다. 그러나 100대 국정과제였던 자치경찰제는 추진되지 못하였다.

4) 노무현 정부(참여정부)

김대중 정권에 이어 2003년 등장한 노무현 정부는 국민의 참여를 강조하는 의미에서 참여정부로 호칭되었다. 지방분권을 국정과제의 핵심으로 부상시킨 참여정부에서는 이른바 지방분권 3대 특별법[9]을 제정하게 된다. 지방자치와 직접적으로 관련된 「지방분권특별법」에 따라 정부혁신·지방분권위원회가 대통령 소속 하에 설치하여 지방분권을 주도하게 된다. 노무현 정부가 추진한 지방분권 추진의 기본 방향은 정부혁신지방분권위원회의 특징을 보면 잘 알 수 있다. 오재일 교수는 위원회의 특징을 다음과 같이 요약하고 있다(오재일, 2018).

첫째, 정부혁신과 지방분권과의 연계성을 중시하였고, 정부개혁과 지방분권

8) 41개 시, 39개 군을 생활권별로 통합하여 40개의 도·농복합 형태의 시를 설치하였다. 또한 서울, 부산, 인천, 광주 등 인구과대지구를 18개 구로 분할하였고, 울산과 청주, 포항 등의 시에도 5개의 일반행정구를 설치하였다.

9) 신행정수도특별법, 국가균형발전특별법, 지방분권특별법을 일컫는다.

화 정책을 병행 추진하기 위한 주도적 실체로서 위원회가 설치되었다. 참여정부의 핵심적 국정의 주요 의제였던 국가균형 발전, 정부혁신, 지방분권을 조합하기 위하여 '작은 중앙정부와 큰 지방정부'라는 프레임으로 정부혁신지방분권위원회를 설치하였다.

둘째, 김대중 정권 하에 발족하였던 지방이양추진위원회도 존속시켰다. 참여정부 발족 당시에는 여소야대의 상황이었다. 그리하여 노무현 정권의 국정과제의 핵심이었던 지방분권과 국가균형 발전을 위한 입법 조치들이 국회에서 잘 처리될 수 있을까 하는 의구심이 있었다. 국회에서의 입법 비협조에 대비하여 김대중 정권 하에 출범하였던 지방이양추진위원회를 그대로 존속시켰다.

셋째, 김대중 정권 하에서는 중앙행정기관이 가지고 있는 개별 사무들을 지방으로 이양시키고, 거기에 따른 인력과 재원을 지방으로 이전시키는 개별적 방법으로 지방분권이 추진되었다. 그러나 노무현 정부는 '지방분권 로드맵'이라는 형식을 빌려, 우리나라 지방자치 발전과제 전반에 걸친 정부 차원의 개혁 과제를 청사진 형식으로 제시하였다. 노무현 정부에서 추진된 지방분권화정책은 보충성의 원칙에 충실한 주민체감형 지방자치 구현을 위하여 기초 중심의 교육자치와 자치경찰의 설계, 특별지방행정기관의 정비 등에 주안점이 주어졌다 . 또한 대통령의 관심과 지원 속에 지방자치의 시범지역으로서 제주특별자치도가 탄생하였다. 지방자치 발전을 위한 이러한 청사진으로 지방자치 전반에 걸친 시스템적 구조개혁이 시작되었다.

넷째, 지방분권 로드맵을 제정하면서, 지방행정 체제 개편(자치구역 통・폐합)과 중앙 권한의 지방이양 등의 과제를 동시에 담고 있으나 주요 의제의 중요도와 광역 혹은 기초 중심에 대한 분명한 구분은 없었다.

이러한 배경에 따라 정부혁신지방분권혁신위원회에서는 7개 분야 47개 과제를 담은 지방분권 로드맵을 완성하였다. 이때 작성된 지방분권 로드맵은 지방분권 추진의 대부분의 의제를 담은 망라적 내용이었고, 그 내용들은 지금까지 논의의 핵심에 있다. 노무현 정부에서 달성한 주요 성과는 지방분권특별법의 제정을 비롯한 제주특별자치도의 추진이다. 여기에 주민참여제도로서 주민투표제(2004), 주민소송제(2005), 주민소환제(2006) 등도 그때의 성과로 들 수 있다. 이들은 김대중 정부에서 추진된 주민감사청구제와 조례 제정 및 개폐청구제도와 함께 주민의 5대 참정권으로 자리 잡게 되었다.

5) 이명박 정부[10)]

이명박 정부도 지방분권을 추진해 오면서 제기되어온 문제점들을 해결하기 위하여 100대 국정과제에 '지방분권의 확대'를 중심 과제로 선정하고 기존의 「중앙행정 권한의 지방이양 촉진 등에 관한 법률」과 「지방분권특별법」을 통합하여 「지방분권 촉진에 관한 특별법」으로 전면 개정하여 지방분권과 지방이양 추진 체계를 일원화시키는 한편 「지방행정 체제개편에 관한 특별법」을 제정하여 환경 변화를 반영한 지방행정 체제 개편을 추진하는 등의 노력을 해 왔다.

이명박 정부는 자치단체장의 대통령이라는 특성 때문에 지방분권 추진에서 적지 않은 기대를 하였었다. 그러나 비교적 많은 사회문제가 정치쟁점화됨으로써 정치적 격랑기를 거치는 시기였다. 따라서 지방분권 과제가 국정의 핵심에 자리 잡지 못하는 과정을 겪었다. 그럼에도 이전의 정부와 비교하면 그 성과는 결코 미미하다고는 할 수 없다. 우선 <표 1-1>에서 보는 바와 같이 중앙 권한 중에 지방으로 이양할 사무 수가 가장 많이 발굴되었다. 또 참여정부 다음으로 많은 사무 수가 이양이 완료되었다.

또 2010년 지방소득세와 지방소비세가 도입되었고, 특별지방행정기관의 정비에서도 11개 법률, 16개 시행령을 개정하여 총 208명의 인력과 3,969억 원의 예산이 지방으로 이양되었다.

표 1-1 역대 정부별 지방이양사무 발굴과 이양 완료 사무 현황

이양 완료 / 이양 결정	결정 사무 수	국가사무 이양 완료 사무 수				
		소계	국민의 정부	참여정부	이명박 정부	박근혜 정부
계	3,101	2,188	232	987	763	206
국민의 정부	612	611	232	374	4	1
참여정부	902	875	–	613	243	19
이명박 정부	1,587	702	–	–	516	186
박근혜 정부	0	–	–	–	–	–

* 이양 결정은 위원회의 심의 의결을 거친 후에 대통령의 재가를 받은 수치이고, 대통령의 재가 후에 관련 법령을 개정하여 사무이양이 완결된 수치임.

10) 이명박 정부의 지방분권 추진 내용은 다음 글을 인용하였음을 밝힌다. 정순관(2018), "이명박 정부의 지방분권과제 평가", 『한국지방자치학회 30년사』, 한국지방자치학회.

이명박 정부의 지방분권 과제에 대한 평가에서는 앞에서도 언급한 바와 같이 고려하여야 할 정치사회적 상황에 주목하여야 할 필요가 있다. 지방분권 과제의 추진에 순방향적 영향 요소와 역방향적 영향 요소가 상당히 분명하게 상존하였다. 우선 역방향적 요인들을 살펴보자. 이명박 후보는 상당한 표 차이로 대통령에 당선되어 2008년 2월 이명박 정부가 출범하였다.[11] 당선 초기 서울시장 출신이라는 점 때문에 지방분권에 대한 기대가 작지 않았다. 그러나 국회의 여소야대의 상황에서 BBK 특검이 출범하여 수사가 진행되고 있었고, 그 해 4월 미국산 소고기 파동이 일어났다. 이러한 상황에서 4월 총선이 시작되어 정치적 격랑기를 맞게 된다. 또 2007년 미국의 서프라임 모기지 사건으로 2008년 9월 세계 금융위기라는 파고가 닥쳐오게 된다. 한편으로 국내적으로 세종시 행정수도 이전 문제로 수도 분할이라는 국민 분열 여론이 증폭하게 된다. 여기에 이명박 정부 내내 한반도 대운하 프로젝트가 일종의 계륵으로 작용되기도 한다. 이러한 일련의 사태는 '승자(勝者)의 저주'라는 말로 표현되기도 하였다. 이러한 정치적 격랑기는 지방분권의 확대라는 국정과제가 국정의 중심에 서는 것을 방해해 온 요인들이라고 볼 수 있다.

그럼에도 이명박 정부의 지방분권 과제의 성과가 평가받을 수 있었던 것은 순방향적 요인들이 지속적으로 작동하고 있었기 때문이다. 한편으로 참여정부에서 시작된 많은 지방분권 과제들이 정부의제로 상존·확대되었고, 또 한편으로 지방분권 추진 세력들이 더욱 활성화되는 시기였다고 할 수 있다. 환언하면, 이명박 정부 출범과 함께 기존에 있었던 지방이양추진위원회와 정부혁신지방분권위원회를 지방분권촉진위원회로 통합하여 출범시킨 이명박 정부는 기존의 지방분권 추진과제를 상당 부분 존속시켰고, 2011년 2월에는 지방행정체제개편위원회를 출범시켜서 '지방행정 체제 개편'이라는 정부정책으로 지방분권에 대한 관심을 전국적으로 확산하는 데 크게 기여하였다. 이러한 관심은 시민단체와 지식층을 중심으로 한 분권 세력들이 활성화되는 데 기여하게 된다. 또한 분권 관심 세력들의 활동무대는 지방분권촉진위원회와 지방행정체제개편위원회를 중심으로 더욱 확장되었고, 결과적으로 많은 정치사회적 역방향 요인에도 불구하고 지방분권 과제들이 성과를 내는 데 영향을 주었다고 할 수 있다. 이러한 결

11) 당시 이명박 후보는 48.7%, 이회창 후보는 15.1%로 보수층이 62.8%의 득표를 얻었고, 정동영 후보와의 득표 차가 532만 표로 나타났다.

과는 지방분권 과제들이 성과를 내기 위하여 지방분권 과제들의 적절성 확보와 함께 사회 변화를 요구하는 시민단체와 지식층 등 지방분권단체들이 활성화될 수 있도록 체계적인 관리가 중요함을 시사한다고 할 것이다.

6) 박근혜 정부

박근혜 정부에서는 「지방분권 촉진에 관한 특별법」에 따라 설치된 지방분권촉진위원회와 「지방행정 체제개편에 관한 특별법」에 따른 지방행정 체제개편추진위원회를 발전적으로 통합하고, 지방분권을 주도할 수 있는 강력한 지방분권 추진 체계 구축을 표방하면서 두 법률을 통합하여 「지방분권 및 지방행정 체제개편에 관한 특별법」을 제정하여 지방이양과 지방분권을 추진하였다.

그리고 2014년 그동안 논의되어 왔던 지방분권 추진의 주요 과제들을 20개로 압축하고 이를 수정 · 보완하여 '지방자치발전 종합계획'을 수립하였고, 국무회의에 상정하여 정부의 공식계획으로 확정 · 발표하였다(2014.12.2). 이는 지방분권의 과제들을 정부가 공식적으로 구체화하여 공개하고 정부계획으로 확정하여 시행하는 범정부적 실천계획의 틀을 마련하였다는 데 큰 의의가 있다.

박근혜 정부 지방분권정책의 특징은 목표 설정과 추진기구 등 비교적 좋은 평가를 받는 추진 체계를 구축하였다는 점이다. 여기에 이해집단 등의 지속적 요구가 상존하였다. 그러나 지방분권정책이 행정의 최고결정자인 대통령의 관

표 1-2 역대 정부별 지방분권 촉진을 위한 추진위원회의 발전 과정

참여정부 이전	이명박 정부	박근혜 정부
지방이양추진위원회 (특별법 제정, 1999.1) 정부혁신지방분권위원회 (대통령령 제정, 2003.4)	지방분권촉진위원회 (특별법 개정, 2008.2)	지방자치발전위원회 (특별법 제정, 2013.5)
	지방행정체제개편위원회 (특별법 개정, 2010.10)	
자치경찰제실무추진단 (대통령 훈령 제정, 2004.11)		

심에서 벗어나 있어서 그 성과를 기대할 수 없었다(최근열, 2018 참조). 실행된 성과도 앞의 <표 1-1>에서 보는 것처럼 미미한 결과를 초래하였다.

7) 문재인 정부

문재인 정부는 대선 과정에서 자치분권에 대한 공약을 어느 정부에서보다 강력한 수사(修辭)로 표현하여 제시하였다. 이른바 '연방제에 버금가는 지방분권'의 실현이다. 2018년 3월에 기존의 「지방분권 및 지방행정 체제개편에 관한 특별법」을 「지방자치분권 및 지방행정 체제개편에 관한 특별법」으로 개명하면서 주민자치를 강화하는 내용을 담아냈다. 이 법에 따라 기존의 지방자치발전위원회가 자치분권위원회로 이름을 바꾸어 출발하였다. 이러한 변화는 기존의 지방분권의 추진 방향과는 다른 메시지를 담고 있었다. 즉, 이제까지의 정부가 기관 간의 권한 배분 중심의 지방분권을 추진해 온 것에 비하여 이제는 주민 중심의 자치가 강화되는 방향성을 말해 주고 있었다. 자치분권위원회는 3개 분과와 이를 지원하는 5개 전문위원회를 설치하여 위원회의 추진 체계를 구성하였다. 자치제도 분과위원회, 재정분권 분과위원회, 분권제도 분과위원회와 이를 지원하는 주민자치 전문위원회, 재정분권 전문위원회 그리고 3개의 기능별 중앙권한 이양 전문위원회가 설치되었다.

위원회는 2018년 9월 11일에 '우리 삶을 바꾸는 자치분권'이라는 비전 아래 6대 과제 33개 세부 과제를 담은 자치분권종합계획을 국무회의의 심의를 거쳐 발표하였고, 다음해 2019년 2월에는 자치분권시행계획을 확정해 발표하였다. 발표된 자치분권 시행 상세 계획에 따르면, 2019년 말까지 지방이양일괄법, 지방자치법, 지방재정법, 경찰법 등 19개 관련 법률의 제·개정을 완료한다는 계획이다. 이러한 계획들 중에 2018년 말 현재 재정분권의 과제 중 일부만 완료된 상태이고, 대부분 국회의 입법과정을 기다리고 있다. 문재인 정부의 자치분권종합계획은 역대 정부에서 추진하였던 지방분권정책과 몇 가지 점에서 다른 특징을 표방하고 있다.

첫째, 자치분권 추진의 기본 철학이 분파적 사고가 아닌 공동체적 사고를 지향하며, 그 최종 지향점을 주민에게 둔다는 의지를 담고 있다는 점이다. 제시된 비전이 분산적 개인의 삶에 있지 않고 '우리'라는 공동체적 삶에 있다는 것을 밝히고 있다. 이러한 지향은 지방자치법 전부개정안에 지방의 자치와 책임을 동시에 강화하는 제도적 정비로 반영되었다. 또한 그동안의 지방분권이 중앙정부와 지방정부 간의, 즉 기관 간의 관계를 중심으로 추진되었다면 문재인 정부에서는 주민이 중심이 되는 자치분권을 지향하고 있음을 알 수 있다. 주민의 건전한 참여가 보장될 때 풀뿌리 민주주의라는 자치분권이 활성화될 수 있고, 성숙될 수 있다는 철학이 반영되었다고 할 수 있다.[12] 또한 촛불혁명이라는 역사적 교훈과 그동안의 지방분권 정책들이 주민에게 체감되지 못하였다는 비판이 있어 온 것에 대한 반응으로 보인다. 국회에 제출되어 있는 지방자치법 전부개정안에 법령 또는 조례·규칙으로 정하는 바에 따라 지방정부의 정책 결정 및 집행과정에 주민의 참여를 권리로서 보장하고, 또 다른 법률안으로 국회에 제출된 법률안들에는[13] 주민참정권의 폭을 넓히고 문턱을 낮추는 내용을 담고 있는 것도 좋은 예이다.

둘째, 중앙과 지방이 수직 관계가 아닌 동반자적 관계로 변화되어야 한다는 점을 반영하고 있다. 국회에 제출된 지방자치법 전면 개정 내용에 대통령이 의장이 되는 중앙과 지방의 협력회의 설치를 담고 있는 점이 좋은 예이다. 또한 참여정부 때부터 추진하려 하였던 지방이양일괄법이 법률의 상임위소관주의에 막혀 발의조차 되지 못하였던 것이 2018년 5월에 여야가 운영위원회에서 심의하기로 합의하여 2019년 현재 571개 사무이양을 담은 지방이양일괄법률안[14]이 국회에 제출되어 있다. 국가경찰이 도맡았던 치안서비스도 광역 단위 중심의 자치경찰제를 도입하여 중앙과 지방이 치안서비스도 협력적 관계 속에서 작동될 수 있도록 추진하고, 이를 위한 시범 실시를 2019년에 시행한다는 계획도 발표되었다. 이러한 과감한 권한이양의 추진은 중앙과 지방이 동반자적 관계로 전환하는 데 기반이 되는 제도적 장치로서 평가될 수 있다.

셋째, 현재의 지방소비세와 지방소득세, 그리고 국고보조금제 등의 개편으로

---

12) 국회에 제출된 지방자치법 전부개정안의 제1조(목적)에 지방자치단체의 종류, 조직, 운영에 관한 사항에 더하여 '지방자치행정에 주민의 참여를 보장하며'를 추가하여 명시하고 있고, 동 개정안 제13조 ①항에 "주민은 … 주민생활에 영향을 미치는 지방자치단체의 정책 결정 및 집행과정에 참여할 권리를 가진다."를 명시하고 있는 것 등이 그 좋은 예이다.

13) 주민조례발안에 관한 법률 등.

14) 완전한 법률 명칭은 「중앙행정 권한 및 사무의 지방일괄이양을 위한 관계 법률 정비와 지원에 관한 법률」이다.

안정적이고 확장성이 있는 지방재정 수입원을 설계하여 지방재정을 기간세화 한다는 의지를 담고 있다. 이미 지방소비세율 10% 추가 인상 계획 중 4% 인상은 이미 2018년에 관련 법령을 개정하여 완료한 상태이다.

넷째, 자치분권종합계획의 실효적 추진을 위하여 신속한 후속 조치가 함께 진행되었다는 것이다. 그 좋은 예가 2018년 9월에 자치분권종합계획이 확정되고 나서 그해 10월 30일에 지방자치법 전부개정안과 재정분권 실행계획안이 곧바로 발표되었다. 그리고 2019년 3월 정부는 국무회의에서 심의·통과를 시켜, 국회에 제출하였다. 이는 계획 수립과정에서 정부부처와 긴밀한 협의가 있어 왔기 때문으로 평가된다.

4. 한국 지방자치법 70년의 회고와 과제

1) 지방자치법의 역사성 탐색 의의

지방자치의 뿌리를 이루는 것이 지방자치법이다. 지방자치법을 제정하여 지방자치의 실시 근거를 마련한 것이 1949년 7월 4일로 어느덧 70년이 지났다. 그중에서 지방자치가 실제로 실시되어 지역문제를 주민의 책임 하에 주민에 직접 선출한 기관에 의하여 처리한 시기는 그중에서 절반에도 미치지 못한다. 이는 지방자치법제의 도입과 시행에 우여곡절이 많았음을 단적으로 보여 준다. 한편에서는 지방자치를 확대하고 강화하려는 시도가 있었으나 다른 한편에서는 지방자치를 중앙정치를 위한 도구로 보고 지방자치를 가능한 한 억제하려는 시도도 있었다. 지방자치법의 역사를 살펴볼 때도 이러한 역학 관계를 고려하여야 한다. 역사는 단순히 과거의 회고가 아니라 미래를 향한 과거의 해석이 된다.

정치권에서는 지방행정 체제개편을 중점 과제로 설정하고 지방자치의 근간에 손을 대려고 하고 있다. 또한 일부에서는 지방자치의 실시를 넘어 연방제 수준의 지방자치를 보장하여야 한다는 주장도 제기되고 있다. 프랑스나 이탈리아, 독일, 일본 등 선진국에서는 지방자치를 강화하기 위한 헌법 개정 문제가 정치적인 현안이 되었거나 되고 있다. 마침 한국에서도 헌법 개정에서 지방자치에 관련된 부분도 손질을 하여야 한다는 주장이 제기되고 있다(이기우, 2005; 김성호, 2007; 최우용, 2008 참조). 이런 시점에서 미래를 향한 제도를 설계하면서 지방자치법 70년의 흐름과 앞으로의 전망을 해보는 것은 의미가 있다. 한국의 지방자치법이 갑자기 도입된 것은 아니고 지방자치를 도입하려는 노력이 지방자치법 제정 이전에도 있었으며, 그것이 지방자치법을 제정하고 이를 시행하는 데 미친 영향이 적지 않다고 볼 수 있다. 이에 지방자치법 70년사를 논의하기 전에 지방자치에 대한 건국 이전에 시도하였거나 도입하여 실시하였던 경험을 간단히 개관해 보기로 한다.

지방자치 70년은 결코 짧지 않은 세월이므로 각 시대별 특성을 유형화하는 것이 문제된다. 문헌에서도 여러 가지로 시대 구분을 하고 있다. 여기서는 지방자치법을 제정 도입하여 시행되는 시기를 도입기라고 하고, 정치권력에 의하여 지방자치법의 시행이 중단되는 시기를 중단기, 다시 지방자치제도를 도입하여 시행하려는 시기를 부활기라고 구분해 본다. 또한 부활한 지방자치제도가 정착하면서 여러 가지 시행착오를 거치고 이를 뒷받침하기 위하여 지방자치법제를 개정하고 새로운 제도 개선을 모색하는 시기를 정착 및 모색기라고 명명해 본다. 각 시대별로 지방자치법의 변천을 살펴보되 변천 내용을 모두 기술하기보다는 현재의 지방자치제도가 성립하는 데 중요한 의미가 있었고 또한 미래의 지방제도를 설계하는 데 의미가 큰 것을 중심으로 논의하기로 한다.

2) 건국 이전의 지방자치 흔적

(1) 향회제도 등

한국에서 주민의 자기 결정에 의한 지역문제 해결을 위한 지방자치제도가 도입되어 실시된 것은 해방 이후의 일이다. 그럼에도 불구하고 주민들이 힘을 모아 자신들의 문제를 해결하는 주민자치의 전통은 매우 유구하다고 볼 수 있다. 한국에서 공동체의 문제를 해결할 때 주민들의 참여를 인정한 제도로 여러 가지를 들 수 있다. 논자에 따라서는 신라시대의 화백(和白)제도나 고려시대의 사심관(事審官)제도, 향직(鄕職)단체를 비롯하여 조선시대의 유향소(留鄕所), 향약(鄕約), 향회(鄕會), 계(契)제도 등을 거론하기도 한다.

한국에서 근대적 의미의 지방자치제도로 동학혁명으로 탄생한 지방행정조직으로서 집강소(執綱所)와 갑오경장 이후에 도입된 향회제도, 일본 식민지 당국에 의하여 도입된 지방자치제도를 들 수 있다. 집강소는 동학농민군이 장악한 전라도 53주의 지방관청 내에 설치된 지방자치조직이라고 할 수 있다.

동학혁명과 청일전쟁을 거치면서 단행된 갑오경장은 한국 정치의 근대화에 한 전기를 이룬다. 한국의 근대적 지방자치제도인 향회제도는 1895년 11월 3일에 반포된 향회조규(鄕會條規)와 향회변무규정(鄕會辯務規定)에 근거를 두고 있다. 향회에는 군회(郡會), 면회(面會), 이회(里會)의 세 종류가 있었으며, 오늘날 지방의회와 유사한 기능을 하였다(최봉기, 2011: 18 이하 참조). 향회는 군회의 경우는 군수와 각 면의 집강 및 각 면에서 선출된 2인으로 구성하고, 면회는 집강과 면 내의 각 리의 존위 및 리(里)에서 선출된 2인으로 구성하도록 하였다. 면과 리의 집행기관인 집강과 존위는 1년 임기로 주민이 선출하도록 되어 있었다. 이러한 향회제도는 한국 지방자치 발전사에서 매우 중요한 의미를 가지지만 국제적 위기와 국내정치의 불안정으로 실시되지 못하였다.

(2) 식민지시대의 지방자치

일본 식민지 지배 하에서 지방자치제도의 외형이 도입되었다. 1913년에 부제(府制)를 공포하였다. 부는 공법인으로서 교육 기능을 제외한 모든 공공사무와 법령에 따른 사무를 처리하도록 하였다. 조례제정권과 부세징수권 등이 인정되었다. 교육 기능에 대해서는 별도로 부・군・도(島)에 학교조합을 설치하여 일본인이 교육을 담당하도록 하였다. 학교조합은 공법인으로 조합원이 직선으로 구성하는 의결기관으로 조합회와 집행기관인 관리자로 구성하였다. 1917년에 면제(面制)가 도입되었고, 1930년에 도제(道制)가 도입되어 1933년 실시되었다. 의결기관 혹은 자문기관으로 도회, 부회, 읍회와 면협의회 등을 설치하였다. (손정목, 2014: 42 이하).

일본 식민지 당국에 의하여 도입된 지방자치는 형식적으로 운영되었고 중앙집권적 경향은 더욱 강화되었다. 다만 1919년 3・1운동을 계기로 회유를 위한 문화정치의 일환으로 지방행정의 자치적인 기능을 어느 정도 강화하였다. 일제시대의 지방자치제도는 한편으로는 근대적인 지방자치제도의 도입이 실제로 이루어졌다는 긍정적인 측면이 있었으나 식민지 통치정책의 일환으로 도입되어 본래적인 지방자치로부터 상당한 거리가 있었고 왜곡이 이루어졌다는 부정적인 측면을 동시에 갖는다.

3) 지방자치법 제정과 지방자치제도의 도입기

(1) 제헌헌법의 지방자치보장

대한민국에서 지방자치의 개막은 1948년 7월 17일 제정된 제헌헌법에서 그 근거를 찾을 수 있다. 제헌헌법 제96조와 제97조에서 지방자치를 규정함으로써 지방자치에 대한 헌법상 보장의 근간을 이루게 된다. 제헌헌법 제정 이후 현재까지 아홉 차례에 걸쳐 개정되었지만 표현상의 차이를 제외하고 근본적인 변화는 없다.

제헌헌법 제96조는 "지방자치단체는 법령의 범위 내에서 그 자치에 관한 행정사무와 국가가 위임한 행정사무를 처리하며 재산을 관리한다. 지방자치단체는 법령의 범위 내에서 자치에 관한 규정을 제정할 수 있다."라고 규정하였다.[15) 제98조는 지방자치단체의 조직과 운영에 대하여 "지방자치단체의 조직과 운영에 관한 사항은 법률로써 정한다. 지방자치단체에는 각각 의회를 둔다. 지방의회의 조직, 권한과 의원의 선거는 법률로써 정한다."라고 규정하였다.[16) 또한 제헌헌법 제48조는 국회의원의 겸직 금지 사유로 지방의원을 규정하였다. 제헌헌법에는 지방자치단체의 장의 선거에 대한 조항이 없었으나 4·19혁명 이후에 개정된 제3차 개정헌법에서는 지방자치단체장에 대한 선거 조항이 제97조에 추가되었다. "지방자치단체의 장의 선임 방법은 법률로써 정하되 적어도 시, 읍, 면의 장은 그 주민이 직접 이를 선거한다."라고 규정하였다.

(2) 지방자치법의 제정과 지방선거의 실시

헌법의 규정에 따라 국회는 1949년 7월 4일에 법률 제32호로 지방자치법을 제정하였다. 헌법 제정 후 지방자치법이 제정되기까지 공백기의 지방제도를 정비하기 위하여 1948년 11월 17일에 법률 제8호로 지방행정에 관한 임시조치법이 6개월 한시법으로 제정되었다.[17)

지방자치법의 제정은 순조롭지 못하였다. 지방자치법안은 1949년 3월 9일에

---

15) 제헌헌법 제96조는 현행 헌법 제117조와 마찬가지로 지방자치에 대한 제도적 보장으로 이해할 수 있다. 다만 현행 헌법 제117조는 국가위임사무에 대한 명시적인 규정을 삭제하고, 지방자치단체의 종류를 법률로 정하도록 법률 유보를 규정하고 있다는 점에서 제헌헌법과 차이가 있다.

16) 제헌헌법 제97조는 현행 헌법 제118조와 내용적으로 거의 동일하다.

17) 이 임시조치법의 효력이 상실되는 1949년 5월 17일까지 지방자치법을 제정하도록 되어 있었으나 7월 4일에 가서야 제정 공포하게 되었다(내무부/한국지방행정연구원, 1987: 2184).

제49차 본회의에서 수정 통과되어 정부에 이송되었으나 대통령은 시행 시기를 두고 국회에 재의를 요구하였다. 국회에서 통과된 지방자치법에는 공포 후 10일 이내에 시행하도록 하였으나 국토 분단과 치안 상태 등을 고려하여 공포 후 1년 이내에 대통령이 정하도록 수정을 요구하였다. 이 법률안은 제2회 국회의 폐회로 인하여 자동 폐기되고 제3회 국회에서 재입안한 지방자치법이 제출되어 국회에서 의결되었다. 1949년 7월 4일 공포되었으며, 동년 8월 15일부터 시행하도록 되어 있었다.

지방자치법상 지방자치단체의 종류로는 ① 도와 서울특별시, ② 시, 읍, 면의 두 종류로 규정하였다(지방자치법 제2조). 기관의 구성 방식으로 지방의회는 주민의 직접선거에 의한 지방의원으로 구성하도록 하였으나 지방자치단체의 장은 도지사와 서울시장의 경우는 대통령이 임명하고, 시, 읍, 면장은 각각 해당 지방의회에서 선출하도록 하였다(지방자치법 제98조). 광역 지방자치단체장을 임명제로 한 것은 완전한 자치가 시기상조이며, 경찰 등 전국적인 통일성을 기할 필요가 크다는 점에 있었다(한국지방자치학회 편, 2018: 63).

이렇게 하여 우여곡절을 거쳐 제정된 지방자치법은 4개월 만인 1949년 12월 15일에 제1차 개정을 하였다. 주요 내용으로는 ① 경과 규정을 두어 지방의회가 성립할 때까지 지방의회의 의결을 요하는 사항은 내무부 장관 또는 도지사의 승인을 얻도록 하고 시장은 대통령이, 읍 · 면장은 도지사가 임명하도록 함(부칙), ② 형벌에 대한 조례를 법률의 위임이 있는 경우에 한하여 도와 서울특별시 조례로 정하던 것을 "법률에 특별한 규정이 없는 한 3개월 이하의 징역 또는 10만원 이하의 벌금, 구류, 과료에 처하는 규정"을 제정할 수 있도록 개정(제9조), ③ 시 · 읍 · 면장의 위법행위에 대하여 도지사의 탄핵소추권을 인정(제109조), ④ 시 · 읍 · 면 조합에 관한 조항의 신설(제157조 내지 제159조), ⑤ 그 밖에 선거구와 의원 정수에 대한 조항의 개정 등이 포함된다.

1950년 6 · 25로 인하여 지방선거는 연기되었다가 1952년에 와서야 시 · 읍 · 면의원선거(1952.4.25)와 도의원선거(1950.5.10)가 실시되었다. 치안 불안을 이유로 선거를 연기해 오다 전쟁 중에 지방선거를 실시하게 된 것은 당시 이승만 대통령이 정부통령 직선제 개헌을 위한 정치적인 지지 기반을 확보하기 위한 전략의 일환이었다고 볼 수 있다.

(3) 이승만 정부 하에서 지방자치법의 개정

① 1956.2.13 개정 지방자치법

지방선거가 실시된 후 지방자치의 실시 과정에서 여러 가지 문제점이 지적되어 당시 내무부 중심으로 지방자치법 개정을 주도하였다. 특히 문제되었던 것은 지방의회의 지방자치단체장에 대한 불신임권의 빈번한 행사였다. 지방의회 성립 후 3년간 1,168명의 시・읍・면장이 사직을 하였다. 실제로 지방의회에 의한 불신임 결정은 66건이었으나 사직한 지방자치단체장은 대부분 지방의회의 지방자치단체장에 대한 불신임 논의와 관련이 있었다(내무부/한국지방행정연구원, 1987: 2193). 이에 따라 제2차 지방자치법 개정에서는 ① 시・읍・면장의 직선제로 전환(법 제98조),[18] ② 시・읍・면의회의 시・읍・면장에 대한 불신임 의결제도와 시・읍・면장의 시・읍・면 의회 해산제도의 폐지(법제121조), ③ 지방의원과 시・읍・면장의 임기를 4년에서 3년으로 단축(법 제17조, 제99조) 등이 포함되었다.[19]

② 1958년 12월 26일 개정 지방자치법

1958년 12월 26일의 지방자치법 개정은 지자치 법조문 중에서 35개 조문에 걸치는 대폭적인 개정을 통하여 지방자치제도를 개악한 대표적인 사례에 속한다. 특히 시・읍・면장과 동・리장을 을 주민직선에서 임명제로 전환하여 지방자치의 민주적인 정당성을 결정적으로 약화시켰다. 이는 차기 정・부통령 선거를 앞두고 시・읍・면장과 동・리장을 집권당에 우호적인 인사로 임명하여 집권 기반을 다지려는 의도를 읽을 수 있다(내무부/한국지방행정연구원, 1987: 2198). 당시 국회의 의결과정에서 자유당 의원만 참석한 가운데 변칙적으로 통과되었다.

주요한 개정 내용에는 ① 시・읍・면장의 선거제를 폐지하고 임명제를 채택(법 제98조), ② 시・읍・면장에 대한 지방의회의 불신임제도 부활(제121조), ③ 지방의회 법정일수 초과 시 감독기관에 의한 폐회명령제도 도입(제24조), ④ 지

18) 1956년 8월 8일 실시된 시・읍・면 지방선거에서 시장・읍장・면장의 주민직선이 실시되었다.
19) 1956년 2월 3일 개정안에 따라서 지방의원과 시・읍・면장의 임기가 3년으로 단축되나 지방자치법 개정 전에 당선된 지방의원과 시・읍・면장의 임기는 4년으로 하여 임기상의 기득권을 인정하도록 1956년 7월 8일에 지방자치법 개정이 있었다.

방의원의 임기를 3년에서 4년으로 환원(제17조), ⑤ 동리장의 선임 방식을 주민 직선에서 시・읍・면장이 임명하도록 변경(제146조) 등이 포함되었다.

(4) 4・19혁명과 지방자치활성화 시도

1960년 4・19로 독재 체제를 청산하기 위하여 1960년 6월 15일에 개정된 헌법에서는 지방자치에 관한 헌법 조항에서 지방자치단체장의 선임 방식은 법률로 정하되 시・읍・면장에 대한 주민직선을 규정하였다(헌법 제97조 제2항). 이는 자유당 하에서 부정적인 경험을 한 후 입법권의 남용으로부터 지방자치제도의 근간을 보장하려는 헌법제정권자의 의지를 표명한 것으로 볼 수 있다. 1960년 11월 1일에 개정된 지방자치법에서는 지방자치적인 요소를 강화하는 내용이 도입되었다. 주요 개정 내용으로는 ① 임명제였던 시・읍・면장과 도지사, 서울특별시장을 주민이 4년 임기로 직접 선출(제98조, 제99조), ② 지방자치단체장의 위법행위에 대하여 징계위원회에 내무부 장관 또는 도지사의 징계요구권 인정(제109조), ③ 선거권자의 연령을 21세에서 20세로 낮추고(제21조), 서울시장선거는 기명식으로 규정((제77조) 등이 포함되어 있다.

이 개정 법률에 따라 1960년 12월 12일에 도와 서울특별시의원선거, 12월 19일 시・읍・면의원 선거, 12월 26일에는 시・읍・면장 선거, 12월 29일에는 도지사 및 서울시장선거가 실시되었으나 정치적인 혼란과 무관심으로 투표율은 저조한 편이었다. 5・16 군사쿠데타로 새로 선출된 지방의원과 지방자치단체장은 지방자치의 중단으로 임기를 1년도 수행하지 못하였다.

4) 지방자치법의 중단기

(1) 지방자치법 임시조치법과 지방자치의 중단

제헌 헌법의 취지에 따라 우여곡절 끝에 실시된 지방자치제도는 1961년 5월 16일 발생한 군사쿠데타에 의하여 지방자치제도가 부활하는 1991년까지 중단된다. 5・16 쿠데타에 성공한 군사혁명위원회는 포고령 제4호(1961.5.16)로 지방의회를 해산하였다. 이어 5월 22일 국가재건최고회의는 포고 제8호를 통하여 지방의회의 의결을 요하는 사항은 읍・면에서는 군수, 시는 도지사, 서울특별시와 도는 내무부 장관의 승인을 얻어 시행하도록 하였다. 또한 6월 6일의 국가재건최고회의령 제42호는 도지사와 서울특별시장, 주민 수 15만 이상인 시의 장은 국가재건최고회의의 승인을 얻어 내각이 임명하고 다른 지방자치단체의 장은 도지사가 임명하도록 하였다. 1961년 9월 1일에 공포하여 10월 1일부터 시행된 지방자치에 관한 임시조치법은 지방자치법이 개정되면 폐지되는 임시적인 성격의 법률(임시조치법 부칙 제5항)이었으나 1988년 4월 월 6일 개정된 지방자치법의 시행과 동시에 폐지될 때까지 효력을 유지하였다.

지방자치에 관한 임시조치법은 ① 종래에 도의 행정구역이었던 군을 지방자치단체로 하고, 종래 지방자치단체였던 읍·면을 군의 하부기관으로 규정하여 군자치제를 도입(제2조), ② 지방의회가 없는 동안의 과도 조치로 지방의회의 의결을 요하는 사항에 대해서는 도와 서울특별시에 대해서는 내무부 장관, 시와 군에 대해서는 도지사의 승인을 얻어 시행(제10조), ③ 지방자치단체의 장은 대통령이 임명 등을 포함하고 있다. 서울특별시장과 도지사는 대통령이 임명하는 별정직으로 하고, 시장·군수는 일반직 국가공무원을 대통령이 임명하도록 하였다(1962년 개정된 임시조치법 제9조). 이로써 지방자치단체는 명목상으로 존재하고 사실상 국가의 하부기관으로 되었다.

(2) 지방자치법 중단기의 지방자치 관련 헌법 규정상의 변화

1962년 12월 26일 개정된 헌법은 종전 헌법에 의하여 적어도 시·읍·면장을 주민이 직접 선출한 규정을 삭제하고 지방자치단체의 장의 선임 방식을 법률에 위임하였다. 또한 부칙 제7조는 "이 헌법에 의한 최초의 지방의회의 구성 시기에 관하여는 법률로 정한다."고 하였으나 이에 관한 법률을 제정하지 않았다. 1972년 12월 27일 개정된 이른바 유신헌법에서는 부칙 제10조에서 "이 헌법에 의한 지방의회는 조국 통일이 이루어질 때까지 구성하지 아니한다."라고 규정하여 지방자치의 무기한 연기를 정당화하였다. 1980년 10월 27일에 개정된 헌법에서도 부칙 제10조에서 "이 헌법에 의한 지방의회는 지방자치단체의 재정자립도를 감안하여 순차적으로 구성하되, 그 구성 시기는 법률로 정한다."고 규정하여 지방자치의 실시를 유보하였다.

5) 지방자치법의 부활기

(1) 1987년 헌법 개정과 지방자치

국가적인 차원에서 민주화운동이 1987년에 대통령 직선제를 주요 골자로 하

는 6 · 29선언으로 결실을 맺게 됨에 따라 국가행정의 민주화, 주민참여 확대의 요구 등이 나타났다. 이러한 요구는 1987년 10월 29일에 개정된 헌법에서도 반영되었다. 지방자치에 관한 헌법 본문은 변화가 없었으나 지방자치의 실시를 연기하는 부칙의 유보 조항이 삭제되었다. 이로써 정부와 국회는 조속한 시일 안에 지방자치를 실시하여야 할 헌법상의 의무를 부담하게 되었다. 이에 따라 1988년 4월 6일 지방자치법을 전면적으로 개정하였으나 지방선거의 실시는 1991년에 가서야 이루어진다.

(2) 1988년 4월 6일 전면 개정된 지방자치법과 보완 입법

1988년의 지방자치법은 1987년 개정된 헌법에 따라 지방자치의 실시를 준비하기 위한 입법으로 새 법률의 제정이라고 할 만큼 지방자치법의 내용에 대한 전반적인 개정이 이루어졌다. 개정된 지방자치법의 주요 내용으로는 다음과 같은 것을 들 수 있다.

첫째, 지방자치단체의 종류로 종전의 지방자치법에서 도와 서울특별시, 시 · 읍 · 면을 인정하였으나 이를 개정하여 서울특별시 · 직할시 · 도와 시 · 군 · 자치구를 변경하고 또한 이와 별도로 특별지방자치단체를 설치할 수 있는 근거를 마련하였다(제2조). 주목할 만한 것은 지방자치에 관한 임시조치법으로 규정한 군자치제를 새로 개정한 지방자치법에서 수용하고 또한 특별시와 직할시의 자치구를 지방자치단체로 인정한 점이다.

둘째, 지방자치단체의 사무 범위와 지방사무의 배분 기준 등을 정하여 국가와 지방자치단체 간, 지방자치단체 상호간의 배분 기준, 국가사무의 처리 제한 등을 규정하여 사무배분을 합리화하려는 노력을 기울였다(제8조 내지 제11조).

셋째, 지방의회에 두는 사무기구를 정비하였으나 사무직원을 지방자치단체의 장이 지방의회의 장과 협의하여 임명하도록 하였다(제83조). 이는 종래의 지방자치법에서 지방의회 의장이 지방의회의 간사와 서기를 의장이 임명하던 규정을 개정한 것으로서 지방의회의 자율성 보장과 관련하여 현재까지 논란을 야기하고 있는 규정이다.

넷째, 종래 지방자치법에 규정되었던 지방선거에 관한 규정을 분리하여 별도의 법률로 규정하게 되었다. 이에 따라 1988년 4월 6일에 지방의원선거법이 제정되었고 1990년 12월 31일에 지방자치단체의 장 선거법이 제정되었다.[20]

다섯째, 지방의회의 구성 시기에 대하여 시・군・구의회부터 구성하되 개정 법률 시행일부터 1년 이내에 구성하도록 하고, 시・도의회는 시・군 및 자치구의 의회가 구성된 날로부터 2년 이내에 구성하도록 하였다(부칙 제2조). 지방자치단체의 장의 선거 시기에 대해서는 따로 법률로 정할 때까지 중앙정부에서 임명하도록 하였다(부칙 제5조).

여섯째, 지방자치단체에 대한 감독 조항을 보완하여 재의요구권, 시정명령, 취소정지권 등을 신설하였다(제157조, 제159조 등).

일곱째, 서울특별시 등 대도시 특례를 규정하였다(제10장).

1988년 4월 6일 전면 개정된 지방자치법에 따라 지방선거를 시행하기 전에 다시 보완하기 위한 개정이 있었다. 1989년 12월 30일 개정된 지방자치법에서는 지방의회 의원선거를 1990년 6월 30일 전, 지방자치단체장선거는 1991년 6월 30일 이전에 실시하도록 규정하였다(부칙 제2조). 1990년 5월 30일 개정된 지방자치법에서는 다시 지방의원선거와 지방자치단체장선거의 시한을 각각 다시 1년 연장하는 규정을 하였다. 이와 같이 지방선거를 연기한 배경에는 기초지방선거에서 정당 공천을 허용할 것인지 여부에 관한 여야의 정치적인 이해관계와 밀접한 관계가 있다. 당시의 여당은 기초지방선거에서 정당 공천을 금지시킬 것을 주장하였고, 야당은 이를 단호히 반대하였다. 정부는 지방선거법이 개정되지 아니하였음을 이유로 지방선거를 연기하였다. 당시 여당이 정당의 공천 배제를 주장한 것은 어떠한 명분에서 주장되었건 지방선거의 연기 명분으로 작용하였다. 1990년 12월 30일 개정된 지방의회의원 선거법 제31조에서는 시・도의회 의원 선거에서만 정당 공천을 허용하고 기초지방의원 선거에서는 정당 공천을 배제하였다. 같은 날 제정된 지방자치단체의 장 선거법 제27조는 시·도지사의 선거에서만 정당 공천을 허용하고 시・군・자치구의 장 선거에서는 정당의 공천과 선거운동을 금지하였다.

이렇게 개정된 지방자치법과 지방의회의원 선거법에 따라 1991년 3월 26일 시・군・자치구의회 의원선거가 실시되었다. 또한 같은 해 6월 20일에 시・도의

20) 이 법률은 다시 1994년 3월 16일에 제정된 「공직선거 및 선거부정방지법」에 통합되었다가 2005년 8월 4일에 개정된 법률에 의하여 공직선거법으로 법률 명칭이 변경되었다. 이에 따라 종전에 지방선거법에 의한 법률제안권의 주도권을 내무부가 갖고 있었으나 통합선거법 제정 이후에는 통상 국회의 정치개혁특별위원회가 주도권을 갖게 되었다는 점에서 중요한 차이가 있다.

회 의원선거를 실시하여 7월 8일에 시·도의회를 부활시켰다. 이로써 지방자치는 30년의 동면으로부터 깨어났으나, 지방자치단체장은 여전히 국가에 의하여 임명하도록 함으로써 불구의 형태를 벗어나지 못하였다.

6) 지방자치법의 정착과 모색기

1991년에 지방의회가 구성되고 난 이후에 중앙정치권에서는 한편으로는 지방자치를 발전시켜야 한다는 주장과 다른 한편으로는 지방자치를 불신하는 주장이 팽팽하게 대립하였다. 특히 지방자치단체의 장 선거에 대한 논쟁은 이러한 자치 세력과 반자치 세력의 극명한 대립을 보여 주었다.

(1) 김영삼 정부 하에서 지방자치법 개정

개혁정치를 앞세운 김영삼 정부에서 정치개혁 입법의 일환으로 1994년 3월 16일 지방자치법을 개정하여 광범위한 규정에 변화가 생겼다.

첫째, 시·군을 통합한 지역 등에 도농복합 형태의 시를 설치할 수 있도록 하였다. 1994년 내무부가 중심이 되어 제기한 도폐지론에 대하여 반대 여론에 부딪혀 실패하였다. 이어 제안한 시·군 통합에 대응하기 위한 규정을 신설한 것이다.

둘째, 주민투표제도의 도입 근거를 지방자치법에 마련하였으나 후속 지방자치법이 제정되지 않아 한동안 실효성을 갖지 못하였다(제13조의 2).[21] 지방자치단체와 장에게 위임된 국가사무나 도사무에 대하여 국회나 도의회가 직접 감사하기로 한 사무를 제외하고 시·도의회나 시·군·구의회의 감사권을 인정하여 국회와 지방의회의 감사권 분쟁에 대한 타협안을 제시하였다(제36조 제3항).

셋째, 지방자치단체의 장을 1995년 6월 30일 이전에 실시한다(부칙 제2조). 지방자치단체장의 선거 시기에 관하여 여러 번 개정을 하였고, 법정 기일을 넘겨 법률을 위반한 경우도 있었으나 이 개정 조항에 따라 지방자치단체의 장 선거를 1995년 6월 27일 지방의회의원 선거와 함께 동시에 실시하였다.[22]

---

21) 지방자치법은 주민투표의 대상·발의자·발의 요건·기타 투표절차 등에 관하여는 따로 법률로 정하도록 정하였으나 실제로 주민투표법이 제정되어 주민투표가 실시 기반을 마련한 것은 2004년 1월 29일(2004년 7월 30일 시행)이다.

22) 1995년 지방선거를 앞두고 또다시 정당 공천 문제로 여야 간에 첨예하게 정치적인 이해관계가 대립되었다. 김영삼 정부에서 정치개혁 입법의 하나로서 정치관계법특별위원회에서 심의하여 1994

넷째, 시·도의 조례로 형벌을 규정할 수 있던 조항을 삭제하고 천만 원 이하의 과태료를 규정할 수 있도록 하였다(제20조). 이는 조례제정권의 후퇴라고 볼 수 있다. 그 밖에 지방의회의 사무직원을 지방의회 의장의 추천에 의하여 지방자치단체장이 임명하도록 개정하고, 지방의회의 재의결에 대한 지방자치단체장의 제소권 및 감독관청의 제소 요구 지시 및 직접 제소권을 규정하였다.

1994년 12월 20일 개정 지방자치법 개정에서는 지방자치단체장의 계속 연임을 3기로 제한하도록 하였으며(제87조),[23] 종래 직할시를 광역시로 명칭을 변경하였다(제2조). 이는 '직할'이라는 명칭이 지방자치와 부합하지 않는다는 비판을 수용한 것이었다.

(2) 김대중 정부 하에서 지방자치법 개정

김대중 정부에 들어서 1999년 8월 31일 개정된 지방자치법에서는 첫째, 주민의 조례 제정 및 개폐청구제도(제13조의 3)와 주민감사청구제도(제13조의 4)를 도입하여 주민참여제도를 확대하였다.

둘째, 지방의회에 연2회 정례회 제도를 도입(제38조)하고, 지방의회의 위원회에 의안발의권을 부여(제58조)하였다.

셋째, 각급 지방자치단체의 장 또는 지방의회 의장들의 전국적 협의체를 설립할 수 있도록 하고, 이들 협의체는 지방자치에 직접적 영향을 미치는 법령 등에 관하여 정부에 의견을 제출할 수 있도록 하였다(제154조의 2).

넷째, 지방자치단체의 장이 궐위 또는 공소 제기된 후 구금 상태에 있거나

년 3월 16일에 여야의 합의 하에 제정된 공직선거 및 선거부정방지법은 광역선거뿐만이 아니라 기초지방자치단체의 선거에서도 정당의 후보자 공천을 허용하고 있다. 그런데 이 법을 시행하기도 전에 여당이었던 민자당에서는 6·27 지방선거를 앞두고 지방행정의 탈정치화를 내세워 기초지방선거에서의 정당 공천 배제는 반드시 실현하겠다는 자세를 보였다. 임시국회에서 정당 공천 배제를 골자로 하는 선거법 개정안의 처리가 야당의 저지로 실패하게 되자 곧이어 새로이 임시국회를 소집하여 여당 단독으로라도 통합선거법을 개정하려고 하였다. 이로 인하여 정국의 경색을 초래하여 국회의 파행적인 운영을 불러왔다. 결국 타협적인 흥정에 의하여 1995년 4월 1일에 공직선거 및 선거부정방지법을 다시 개정하여 기초지방자치단체의 장은 정당 공천을 허용하되 기초지방의회의원의 정당 공천은 허용하지 않도록 하여(제47조) 1995년 6·27 지방선거를 실시하였다.

23) 이에 대하여 헌법재판소는 "지방자치단체 장의 계속 재임을 3기로 제한한 규정의 입법 취지는 장기집권으로 인한 지역발전 저해 방지와 유능한 인사의 자치단체장 진출 확대로 대별할 수 있는바, 그 목적의 정당성, 방법의 적절성, 피해의 최소성, 법익의 균형성이 충족되므로 헌법에 위반되지 아니한다."라고 결정하였다(헌재 2006.2.23. 2005헌마403).

의료법에 의한 의료기관에 60일 이상 계속하여 입원한 경우에는 부단체장이 그 권한을 대행하도록 하였다.[24] 단체장 궐위에 대한 권한대행은 종전부터 있었던 조항으로 문제가 없으나 구금, 입원의 경우 권한대행에 대해서는 비판적인 견해도 없지 않았다. 김대중 정부는 2002년 3월 25일 지방자치법 개정을 통하여 권한대행 사유를 더욱 확대하여 금고 이상의 형의 선고를 받고 그 형이 확정되지 않은 경우를 포함시켰다.

(3) 노무현 정부 하에서 지방자치법 개정

지방분권과 참여를 대선공약으로 내걸고 당선된 노무현 정부는 지방자치제도에 관한 법제를 정비하는 데 상당히 적극적이었다. 특히 주민참여제도의 정비는 주목할 만하다.

첫째, 2004년 1월 29일 주민투표법을 제정하여 10여 년간 지방자치법에 규정되었으나 실효성이 없었던 주민투표제도를 도입하였으며, 재임 중 방폐장 입지 선정, 청주-청원 통합, 제주도 행정 체제 개편 등에 주민투표를 실시하였다.

둘째, 2004년 1월 29일 개정지방자치법에서 지방의회 의원의 신분을 명예직으로 규정하였던 것을 삭제하고 지방의원에 대하여 의정활동비, 여비, 회기수당을 지급할 수 있도록 하였다. 다시 2005년 8월 4일 개정한 지방자치법에서 회기수당을 월정수당으로 변경하고, 지급 기준은 대통령령이 정하는 바에 따라 당해 지방자치단체의 의정비심의위원회에서 결정하는 범위 안에서 당해 지방자치단체의 조례로 정하도록 하였다(제32조). 이에 대해서는 찬반 논란이 있었으나 지방의원의 생활 기반을 보장하여 지방의정을 활성화하려는 의도가 있었다.

셋째, 2004년 1월 29일 지방자치법 개정을 통하여 인구 50만 명 이상의 대도시에 대하여는 그 특성을 고려하여 행정, 재정 및 국가의 지도·감독상의 특례를 규정할 수 있는 근거를 마련하였다(제161조의 2).

---

24) 이에 대하여 헌법재판소는 "권한대행제도에 의하여 자치단체장의 공무담임권이 제한을 받는 것은 사실이나 그 제한은 잠정적이고 그 경우에도 단체장으로서의 신분과 보수도 계속 유지된다는 점에서 공무담임권에 대한 침해가 그렇게 가혹하다고 볼 수 없다. 그렇다면 이 사건 법률 규정은 금고 이상의 형의 선고를 받은 경우만을 권한대행 사유로 삼음으로써 자치단체장의 공무담임권에 대한 제한을 최소화하고 있을 뿐 아니라 이 사건 법률 규정으로 인하여 침해되는 자치단체장의 공무담임권보다 그로 인하여 얻게 되는 지방행정의 원활한 운영이라는 공익이 훨씬 크다고 할 것이어서 이 사건 법률 규정은 헌법 제37조 제2항의 비례 원칙에 위배되지 않는다."라고 결정하였다(헌재 2005. 5.26. 2002헌마699, 2005헌마192(병합).

넷째, 2005년 1월 17일 개정된 지방자치법에서 주민소송제도를 도입하였다. 주민감사청구를 전치 요건으로 설정하였으며 주민감사 청구 요건을 완화하였다(제13조의 4 내지 제13조의 7). 또한, 지방의회의 정례회 및 임시회의 회의 일수 제한을 삭제하고 120일의 연간회의 총일수만 유지하였다. 2006년 4월 28일 개정된 지방자치법에서는 연간회의 총일수와 정례회 및 임시회의 회기는 당해 지방자치단체의 조례로 정하도록 함으로써 지방의회의 자율성을 높였다(제41조).

다섯째, 2005년 8월 4일 개정한 지방자치법에서 부단체장의 직무대행 사유를 확대하여 지방자치단체의 장이 그 직을 가지고 당해 지방자치단체의 장 선거에 입후보하는 경우에는 예비후보자 또는 후보자로 등록을 한 날부터 선거일까지 부단체장이 권한을 대행하도록 하였다(제101조의 2). 직무의 공정성과 선거개입을 차단하기 위한 입법 조치였다.

여섯째, 국제자유도시와 지방분권의 선도지역으로 제주특별자치도를 실현하기 위하여 2006년 1월 11일 지방자치법을 개정하여 지방자치단체의 종류로 특별자치도를 추가하였다(제2조). 또한 제주특별자치도에 대한 행정특례 근거 조항을 두었다(제161조 제2항). 이에 근거하여 2006년 2월 21일 제주특별자치도 설치 및 국제자유도시 조성을 위한 특별법을 제정하였다.

일곱째, 2006년 5월 24일 개정한 지방자치법에 주민소환제도를 도입할 수 있는 근거를 두었다(제13조의 8). 같은 날 주민소환에 관한 법률이 제정되어 주민에 의한 지방행정의 통제를 강화하였다. 다만 하남시와 제주도의 주민소환이 주민기피시설을 이유로 한 것이어서 주민소환 사유를 제한하여야 한다는 비판이 제기되고, 법리 논쟁을 불러일으켰다. 헌법재판소는 주민소환은 정치적인 통제수단으로서 주민소환 사유를 특정하지 않는다고 하여 헌법에 위반된다고 볼 수 없다고 함으로써 주민소환법의 합헌성을 확인하였다.[25)]

여덟째, 직접 지방자치법을 개정한 것은 아니지만 2006년 12월 20일 지방교육자치에 관한 법률을 개정하여 교육감과 교육위원 선임 방식을 주민직선제로 전환하고 교육위원회를 지방의회의 상임위원화로 전환하는 개정을 하였다. 제주도에서는 이미 2006년 2월 20일 제정된 제주특별자치도 설치 및 국제자유도시 조성을 위한 특별법에 의하여 실시된 것을 전국적으로 확산한 것이라고 볼

25) 헌재 2009.3.26. 2007헌마843.

수 있다.

아홉째, 2005년 8월 4일 지방선거에서 정당의 공천을 전면적으로 허용하는 방향으로 공직선거법이 개정되고, 이에 따라 2006년 5·31 지방선거가 실시되었다. 5·31 지방선거에서 기초지방선거에서 정당 공천의 폐단이 여러 가지로 드러나 정당공천제에 대하여 비판적인 견해가 늘어갔다.

(4) 이명박 정부 하에서 지방자치법 개정

이명박 정부 하에서 뚜렷한 지방자치법의 개정은 없었다. 2009년 4월 1일 개정된 지방자치법에서는 지방자치단체의 명칭 변경과 매립지나 지적공부 미등록지 등의 경우에는 지적 등록 과정(제4조), 지방의회의 표결 선포 등(제64조의2), 자문기관의 설치 근거(제116조의) 등을 포함하고 있다. 이명박 정부에 들어서 지방행정 체제 개편 논의를 위하여 국회가 지방행정체제개편특별위원회를 설치하여 운영하였으며, 이를 이명박 정부의 100대 국정과제에 포함시킴으로써 정치권의 논의 여하에 따라서는 지방자치의 근간이 바뀔 수도 있었으나 학계와 시민사회에서는 정치권의 구상에 대하여 비판적인 입장이 우세하였다. 또한 헌법 개정 논의가 진행되었으나 이명박 정부 하에서 지방자치에 대한 큰 변화는 없었다.

(5) 문재인 정부 하에서 30년 만의 지방자치법 전부 개정 노력

문재인 정부는 2017~2018년에 거쳐 국회 여야가 함께 참여한 헌법개정특별위원회를 기반으로 대통령이 공약한 '연방제 수준'의 지방분권형 헌법 개헌을 시도하였지만 결국 여야 간 협력 부족과 정치적 이해충돌로 무산되었다.

다시 대통령소속 자치분권위원회가 지방분권 종합계획을 발표하였고, 이를 실천하기 위하여 2018년 11월 행정안전부는 지방자치법을 전면적으로 개정하겠다고 제안함으로써 1988년 이후 실로 30년 만에 전부개정안을 발표하였다. 청와대 자치발전비서관의 최근 대담에서, 정부가 지방자치법을 전면 개정하고자 하는 주요 목적을 언급한 바 있다. 즉, '지역의 자율성'을 확대하고 '지역민주주의를 실질적으로 강화'하면서 동시에 지방자치단체의 자율성 확대와 책임성을 담보하는 데 관련성 높은 20여 가지 실행 과제를 실천할 수 있도록 하기 위함이라는 것이다(광주 CBS매거진, 민형배 자치발전비서관 대담, 2018.11.26).

이번 개정안은, 형식적인 면에서는 어려운 법률 용어를 쉽게 풀어 쓰거나 조문을 좀 더 명확하게 정리하였다. 내용적으로는 24개 사항을 전면 개정하면서 그에 따른 제도의 대폭적 변화를 통하여 강력한 지방분권을 촉진하는 촉매제로 활용하려고 하고 있다.

기본적인 방향성을 보면, 주민의 자기결정권을 더 보장해 주기 위하여 지금까지 까다로웠던 주민투표, 주민소환 등의 요건을 완화하려고 한다. 또 지방자치단체에 대해서는 부단체장 증원, 특례시의 도입, 지방의회의 인사운영권과 자율성, 책임성을 강화시키면서, 국가와 지방자치단체 간 위계적 관계가 아닌 확실한 상보적인 협력적 동반자 관계로 전환하여 주민 중심의 미래 지향적 지역민주주의를 확립하는 데 일조하기 위한 것이라고 한다.

중요한 것은 지방자치법 전부개정안이 법률적 효력을 가지려면 2019년 국회에서의 법안 통과가 필요하다. 나아가 관련 법령들의 대폭적인 제·개정과 같은 후속 작업들도 남는다. 이미 정부는 2018년 11월부터 「주민투표법」과 「주민소환에 관한 법률」 개정안들도 제안하였고, 일부는 국무회의를 통과한 것도 있다.

정부가 제안하고 있는 「지방자치법 전부개정법률안」은 우선 법 제정 취지에서 제시한 바와 같이 주민자치를 기본으로 하는 주민직접 참정제도 개선과 국가와 지방자치단체, 그리고 이들 상호간의 협력 관계를 강조하고 있다. 또 제도 개선을 위하여 지방자치단체의 구성기관인 단체장과 부단체장 등 집행기관의 자율성 확대와 함께 주민의 대표기관인 지방의회의 인사권, 정책보좌 기능 등도 강화하고 책임성도 함께 갖도록 하였다. 눈에 띄는 것은 지방자치단체의 운영체계를 통일적으로 단체장과 지방의회의 대립형으로 두었던 것을 기관분리형, 기관통합형 등도 가능하도록 길을 열었다는 점이다. 물론 지방재정력을 확보하려는 노력도 법 개정안에 담고 있다.[26)]

그뿐만 아니라 특별한 행정 목적의 실현이나 특별지역에 대해서 '특별지방자치단체'의 설립도 가능하게 하고 있으며, 인구 100만 이상 대도시에 대해서는 '특례시'와 같은 행정적 명칭을 부여하여 그에 맞는 권한과 기능을 갖도록 하였다.

---

26) 30년 만에 처음으로 이 법안에는 지방재정의 안정성 확보를 위하여 '지방재정의 조정'이라는 말이 규정되면서 자치단체 간, 지역 간 재정불균형 해소를 위한 '지방재정조정제도'의 도입을 명문화하였다. 이것은 단순히 지방교부세나 국고보조금 등으로 부족분을 지원해 주거나 지방소비세율을 10% 더 올리는 것에 그치는 것이 아니다. 좀 더 근본적으로 지역 간 재정적 균형을 맞추도록 국가가 지속적으로 지원하여 국가 의존적 지방재정을 탈피하도록 하는 데 필요한 제도이다.

제 3 절 한국 지방자치의 문제 진단과 대안 모색

1. 한국 지방자치의 문제와 대응 방향

1) 자치권의 제약

(1) 헌법과 지방자치법상에서의 제약문제

지방정부의 존재와 그 기본 원칙을 명시하고 있는 것이 한국의 헌법과 그에 따른 지방자치법 및 지방재정법 등 많은 관련 법률들이 있다. 하지만 헌법 제117~118조에서는 기초지방정부에 대한 언급이나 그에 따른 고유의 자치권을 인정하는 명문은 없다. 또한 지방자치법에서도 시 · 도의 상급자치단체와 비교하여 상대적으로 기초정부로서 고유의 자치권 또는 사무권한을 인정하는 명백한 조문 근거도 없다고 할 것이다. 다만 지방자치법 수준에서 시 · 도와 시 · 군자치구 간의 상하 계층 관계를 명시한 조문들에 따라서 시 · 군자치구는 기초지방정부의 지위를 갖게 되었다. 그 결과 지방자치법상에서 부분적으로 보충성의 원칙 조항과 시 · 도의 사무와 구분되는 시 · 군자치구의 사무권한도 행사할 수 있게 하였다. 하지만 여전히 국회와 정부에서 제정한 지방공무원법, 주민투표법, 지방재정법, 공직선거법 및 「지방자치단체에 두는 행정기구와 정원기준 등에 관한 규정 및 시행규칙」, 「지방자치단체에 두는 고위공무원단 직위의 직무 등급 표시에 관한 규칙(부령)」, 「지방자치단체에 대한 행정감사규정」 등의 정부령에 의하여 상당한 자치권의 제약을 받고 있다.

한국 헌법에는 중앙정부와 지방자치단체 간 권한 배분의 원칙과 기본 사항에 대하여 어떠한 조항으로도 명백하게 시 · 도 또는 시 · 군자치구의 자치권을 부여하고 있지 않다. 이는 이미 헌법에서 지방자치단체에 대한 자치입법권을 '법령의 범위 내'에서로 제한하고 있어서(김성호, 2007: 8 참조), 그에 따른 사무권한의 집행자율권도 제약을 하는 결과로 나타나고 있다. 즉, 헌법 제117조 제1항은 지방자치단체 기능으로 "주민의 복리에 관한 사무"만을 규정하였고, 다른 구체적인 사무배분 기준을 명시하지 않았다. 이 때문에 "주민의 복리에 관한 사무"가 무엇인지는 법령상 조문과 관련된 해석으로 구체화되므로(이기우, 2005:

9), 이는 지방자치법 제9조 및 여타의 관련 개별 법률에서 지방자치단체의 자치사무 수행을 위한 권한 범위를 규정하기 때문에 상당한 자치권 제약으로 작용해 오고 있다.

선진국의 기초지방정부와 같이 보충성의 원칙에 근거하여 법률 규정에 특별한 사항이 명기되어 있지 않다면 이는 기초지방정부의 포괄적, 종합적 행정권의 집행자율권을 가진 전권한성의 원칙에 따라 자치권을 인정하는(홍정선, 2000: 35-36; 정재황 외, 2006: 230-231) 경우와는 상당한 차이가 있다. 그 결과 지방이양을 위하여 설치 운영되고 있는 대통령소속 '지방자치발전위원회/자치분권위원회' 등에서 지속적으로 법률 수준에서 국가사무의 지방이양을 심의 의결하여도, 국회의 법률 제·개정이 이를 뒷받침해 주지 못하므로 사실상 단순사무 중심의 개별사무 이양 방식이 되고, 사무이양에 따른 재정 지원 및 재정분권에도 어려움이 큰 것이다.

구체적인 사례로, 제주특별자치도 특별법과 같이 다른 법의 규제 권한을 제주특별자치도 조례로 제정할 수 있도록 '상당한' 특례를 인정받아도 이에 부수되는 과태료 등 벌칙 권한은 구체적으로 위임받지 않을 경우에는 조례로 제정할 수 없는 자치권 한계는 여전히 존재한다. 주민의 권리를 제한하거나 의무를 부과하는 조례의 법률 유보에 관한 헌법 규정 때문이다. 헌법에서 죄형법정주의, 조세법률주의 등을 포괄적으로 규정함으로써 지방자치단체 수준에서 권한이양에 따른 집행력 확보를 위하여 (행정)벌칙 등을 조례로 정할 수 있어야 하지만, 관련 헌법 조항들로 인하여 상당한 제약이 된다. 또한 지역경제 발전을 위해서라도 다양한 조세 감면 및 지방세 신세목의 설치 등의 자율권이 필요하지만, 이 자체도 헌법상 조세법률주의 또는 조세주권주의로 인하여 경쟁국 수준의 최소한의 조세 감면 또는 세율 인하와 지방세 신세목의 설치 등은 특별법 또는 특례부여 수준의 개별 세법 및 조세특례제한법 등에 의해서만 가능한 상황이다.

이처럼 자치입법권을 행정입법인 법규명령보다도 법 체계상 하위로 규정한 것은 적지 않은 자치권의 제약을 가져오고 있다. 이러한 제약이 제도 운영을 위한 실무 차원에서도 큰 장애로 작용한다. 이러한 자치입법권의 제약을 극복하고자 프랑스는 2003년 헌법 개정을 통하여 자치입법권의 법적 지위를 법규명령 수준과 동일하게 인정하는 것으로 헌법에 인정하였다.

(2) 조례제정권의 확대 필요

지방자치단체의 조례제정권에 대하여 1949년 7월 4일 제정된 지방자치법은 “지방자치단체는 법령의 범위 내에서 그 사무에 관하여 조례를 제정할 수 있다.”라고 규정하였다. 다만, 형벌에 대해서만 제9조에서 법률의 특별한 위임이 있을 것을 요구하였다. 1949년 12월 15일 개정된 지방자치법에는 “법률에 특별한 규정이 없는 한 3개월 이하의 징역 또는 10만 원 이하의 벌금, 구류, 과료에 처하는 규정을 제정할 수” 있도록 함으로써 법률의 위임 없이도 일정한 범위의 형벌을 조례로 정할 수 있도록 하였다. 이를 통하여 조례제정권을 다소 확대하였으나 1956년 2월 13일 개정된 지방자치법에서는 “지방자치단체는 법령의 범위 내에서 그 사무에 관하여 조례를 제정할 수 있다. 단, 주민의 권리, 의무에 관한 사항이나 벌칙을 규정할 때에는 법률의 위임이 있어야 한다.”라고 규정하여 법률 유보 조항을 단서로 추가하였다. 이로써 지방자치단체의 조례제정권은 이른바 부담적 조례에 대해서는 빠짐없이 법률유보가 요구받게 되었다. 이러한 조례의 법률 유보 조항은 현재도 지방자치법 제22조 단서로 유지되고 있다. 조례의 제정에 법률의 위임을 요구하는 규정은 외국의 입법례에서는 찾아보기 어려운 실정이다.

오늘날 지역 간 경쟁이 강화되고 지역 실정에 맞는 정책이 요구받고 있다. 지역 간 정책경쟁을 통하여 주민에게 좀 더 양질의 서비스를 좀 더 저렴하게 제공하여야 하는 과제를 안게 되어 지방자치단체의 입법권의 활성화가 강조되고 있다. 지방자치단체의 자치입법권 강화를 위한 지방자치법 개정이 필요하다. 우선 1956년 개정 이전의 지방자치법처럼 조례 제정을 위하여 별도의 법률에 의한 위임을 요구하는 법률 유보 조항을 삭제하는 것이 바람직하다. 특히 도와 광역시, 특별시는 정책기관으로서 지방경제와 지방산업에 대한 자기책임적인 결정이 필요하므로 법률제정권에 버금가는 입법권을 인정하여 지역 간 경쟁과 자기책임성을 강화할 필요가 있다.

(3) 시・도 자치법과 시・군・구 자치법의 분리 필요

지방자치법은 지방자치단체의 종류로 특별시, 광역시, 도, 특별자치도와 시・군・구(자치구)를 인정하고 있다. 그럼에도 불구하고 지방자치단체의 종류에 따른 지방자치법제의 차별성을 인정하지 않고 모두 동일하게 규정하고 있다.

물론 지방자치단체별 사무배분의 기준(제10조), 지방의회 사무기구의 명칭(제90조), 지방자치단체장의 명칭(제93조), 단체장의 명칭과 숫자(제110조), 지방자치단체의 감독기관(제166조 내지 172조), 대도시 및 제주특별자치도 특례(제10장) 등에 시·도와 시·군자치구의 구분을 반영하고 있는 경우가 없는 것은 아니다.

하지만 대부분의 규정은 시·도와 시·군자치구를 구분하지 않고 획일적으로 규정하고 있다. 물론 그중에는 지방의회의 운영 원칙과 회의 운영에 관련된 기술적인 규정과 같이 양자에 공통되는 부분도 있겠으나 양자간의 실질적인 차이를 반영하지 못하고 있는 것이 적지 않다. 광역지방자치단체인 시·도는 기초지방자치단체인 시·군자치구에 대하여 그 위상에 차이가 난다. 시·도는 시·군자치구에 비하여 대체로 규모가 크고, 일상적인 행정 기능보다는 정치적인 기능에 더 역점이 두어져 있음에도 불구하고 조직과 권한, 재정, 감독에서 양자간의 차이를 두고 있지 않고 있다. 오늘날 지역(Region)의 역할과 지역 간 경쟁이 중요시됨에 따라 광역지방자치단체의 권한과 위상을 제고하는 것이 요청되고 있다. 이에 일상적이고 구체적인 생활문제에 대한 집행 기능을 위주로 하는 시·군과 정치적인 기능이 중요한 시·도를 구분하여 각각 시·군·구자치법과 시·도자치법을 제정하는 것을 생각해 볼 수 있다. 외국의 경우에도 예컨대 독일의 경우 읍·면(Gemeinde)에 관한 법률과 군(Kreis)에 관한 법률을 각각 따로 규정하거나 하나의 법전에 각각 이를 다른 편에 규정하는 방식을 채택하고 있다. 더구나 우리나라의 시·도는 독일의 주정부 정도의 규모와 역할이 요구되고 있다는 점에서 따로 시·군자치구와는 다른 별도의 법률로 규정하는 것이 바람직하다.

2) 정부간 관계의 제약

(1) 기초자치단체와 시·도자치단체 간 기능적 중복문제

우리나라 헌법과 법률에 의하면, 기초자치단체인 시·군자치구는 시·도의 조례제정권 범위와 사실상 동일한 수준으로 명시되어 있다. 비록 헌법 해석을 통하여 지방자치단체의 입법권을 넓게 인정하는 방법도 있으나 지방자치가 실시된 이후 22년 이상 논쟁을 해왔음에도 판례는 여전히 지방자치단체의 조례제정권 범위를 현저하게 좁게 해석하고 있다. 특히 사회가 고도화되면서 중앙정부 차원에서도 전국적으로 획일적인 법률로 초래될 부작용을 최소화하기 위해서는 시·도 차원뿐만 아니라 시·군자치구의 입법권에 대해서도 주민의 요구와 지역적 특성을 고려하여 다양화하도록 해 주는 것이 필요하다. 하지만 현재 지방자치단체에 매우 협소하게 법률에 위임되어 시·군자치구에 대한 입법 수요와 현실적으로 대중소 도시 등 기초지방정부들이 요구하는 입법권 사이에는 현실적으로 상당한 거리가 있다. 더구나 중앙정부의 시·군자치구에 대한 지도감독권뿐만 아니라 시·도의 시·군자치구에 대한 감독권에도 상당한 문제점을 야기함으로써 결과적으로 기초지방정부의 자치권을 제약하고 있다.

그 결과 국회나 정부의 획일적인 법률이나 명령의 지역사회를 대표하는 시 군자치구의 특성에 맞는 적합도 등이 현저히 떨어지는 경우가 많다. 예를 들면, 인구 100만 이상의 기초지방정부에 대하여 '특례시'의 행정적 명칭을 부여하고 사무특례를 더 허용하겠다고 하는 2018년 지방자치법 전부개정안을 제안하였다. 그러나 경제활동을 통한 유동인구가 정주하는 거주인구보다 그 유동성이 더 큰 성남시와 같이 인구 100만이 되지 않는 경우나, 상대적으로 전주와 청주 등과 같이 도의 수도 역할을 하면서 경제의 중심이 되는 대도시로서, 과거에는 인구 50만이 넘는 경우를 '특례시'로 설정하기로 하였다가, 현재에는 인구 100만이 안 되기 때문에 '특례시' 지정이 어렵다고 한다면, 이는 그 지역적 특성이나 장단점 등을 고려하지 않고 획일적인 방식으로 자치권 행사 조건과 제도적 여건을 일방적으로 중앙정부가 정해서 주는 경우로 바로 자치정신을 위반하는 조치라고 할 것이다(안영훈, 2019).

시·군자치구는 기초지방정부로서 중앙정부와 시·도와의 수직·수평적 관계에서 볼 때 그 지위가 모호할 뿐만 아니라 '보통지방행정기관'의 한 공공기관으로서 말단의 하급행정기관의 역할과 지위라는 제도적 무게 제약도 크다. 예를 들면, 사무배분 측면에서 볼 때, 국가와 지방이 7 : 3 배분이라면, 이 중에 시·도와 시·군자치구 간의 관계는 대체로 4 : 6이지만, 시·군자치구는 국가위임사무뿐만 아니라 시·도로부터의 위임사무로 인하여 막중한 사무를 수행하는 부담을 안고 있다. 또한 주민과 가장 가까이 있는 지방정부로서 현장사무가 중심이기 때문에 규제의 해결 방안도 제대로 자치권을 행사할 수 없이 대부분 국가와 시·도의 규제 상황에 좌지우지되고 있기 때문이다.

더구나 기본적으로 주민의 일상생활에 관한 서비스 전달과 집행 기능을 하는 기초자치단체의 특성과 지위를 고려하지 않고, 주로 광역적 대기능과 지역정치의 중심 역할을 맡은 시·도와의 차이점을 충분히 고려하지 않고 지방자치법 및 기타 법률들을 제정하기 때문에 시·도와 국가의 다른 지방행정기관들과의 기능적 중복 등이 상당하므로 자치권의 제약도 크다. 예를 들면, 지방자치법 제10조 제3항에서 시·도와 시·군의 기능은 서로 경합하지 않도록 하여야 한다는 불경합성 원칙을 규정하고 있음에도 불구하고 사무처리 실제에서 양자가 경합되고 중복되는 경우가 많다(지방자치법 별표1: 시·도와 시·군자치구 사무배분표).

(2) 읍·면자치의 위상 강화 필요

우리나라의 지방자치단체의 종류는 원래 기초지방자치단체로 시·읍·면과 광역지방자치단체인 도·특별시였으나 1961년 9월 1일 제정한 지방자치에 관한 임시조치법 제2조에 따라 기초지방자치단체를 시·군으로 전환하였다. 이를 1988년 5월 1일 개정한 지방자치법에서 수용함으로써 시·군자치구가 기초지방자치단체로 되었다. 종전에 행정구역에 불과하던 군이 지방자치단체로 되고, 종래에 지방자치단체였던 읍·면은 지방자치단체의 행정구역으로 전환되었다.

읍·면은 대개의 선진국에서 기초지방자치단체에 해당하나 우리나라에서는 군의 하부 행정구역으로 되어 아무런 자치적인 기능이 주어지지 않았다. 이 점에서 군자치로 전환한 것은 기초지방자치의 포기로 볼 수 있는 측면이 있다.[27] 이에 종전 읍·면 단위에서 수행된 주민 근접적인 풀뿌리 자치는 실종되었다. 독일의 경우 여러 개의 지방자치단체를 하나의 지방자치단체로 통합하는 경우 기존 지방자치단체의 자치적 기능을 일부 인정하여 구역위원회제도를 두고 자치적인 결정권을 어느 정도 인정하고 있다. 이러한 주민자치제도를 읍·면 단위로 시행하여 주민의 참여를 활성화할 필요가 있다. 또한 자치구도 그 규모가 매우 커서 주민의 실질적인 참여가 어려우므로 동 단위로 주민자치를 도입하는 것이 바람직하다. 2000년 이후에 전국적으로 주민자치센터를 구성하여 주민자치제도를 도입하려고 하였으나 주민자치센터의 시설관리에 치중하게 되고, 주민자치위원회의 구성에 대한 민주적인 정당성이 결여되어 주민자치 기능을 발휘

27) 도(道)도 광역자치이고 군(郡)도 광역이어서 주민의 참여의식, 공동체의식이 덜어진다는 문제 제기는 이미 1960년대에 있었다.

하지 못하고 있다(이승종, 2016: 174). 이에 읍・면・동 단위의 주민자치제도를 법제화하여 주민이 자치를 체감할 수 있도록 하는 것이 필요하다.

(3) 지방의회의 인사자율권 강화 필요

지방의회의 자율성 보장을 위하여 지방의회 사무직원의 인사독립성 보장문제가 지속적으로 제기되고 있다. 국회의 사무직원에 대한 최종적인 인사권을 국회의장이 갖는 것처럼 지방의회의 사무직원의 인사권도 지방의회 의장에게 보장해 달라는 것이 지방의회 쪽의 주장이다. 1949년 제정된 지방자치법은 "간사와 서기는 의장이 임명한다."(제30조)고 함으로써 지방의회의 자율성을 존중하였다. 1988년 4월 6일 개정된 지방자치법에서 지방의회의 시무직원에 되한 임명권을 지방자치단체장에게 부여하되 지방의회 의장과 협의를 하도록 하였다(제83조). 1994년 3월 16일 개정된 지방자치법에서는 "사무직원은 지방의회의 의장의 추천에 의하여 당해 지방자치단체의 장이 임명한다."로 개정되었으나 지방자치단체장의 임명권의 존속되었다. 2006년 4월 28일 개정된 지방자치법에서는 지방자치단체장이 지방의회 의장의 추천으로 임명하되 별정직・기능직・계약직 공무원에 대한 임용권을 지방의회 사무처장・사무국장・사무과장에게 위임하도록 하였다. 여전히 지방의회의 인사자율성은 보장되지 않고 있으며, 사무직원의 지방자치단체장에 대한 의존성을 탈피하지 못하고 있다. 이는 지방의회의 자율적인 운영을 위하여 바람직스럽지 못하며 양 기관 간의 권력분립의 취지에도 부합하지 아니하므로 이를 1988년 이전의 지방자치법 규정처럼 지방의회 의장이 임명하도록 하는 것이 바람직하다.

3) 소결

한국의 지방자치법은 대체로 중앙정치권의 종속변수로서 개정되거나 개악되어 왔다. 일본의 식민지시대의 자치 경험은 지방자치제도라는 민주적인 제도가 민주주의와는 전혀 거리가 먼 제국주의의 식민지 상황에서 실시됨으로써 중앙집권적인 지배 체제를 뒷받침하는 하부조직으로서 왜곡된 모습으로 비추어졌다. 1948년 헌법에서 지방자치가 보장되고 1949년 7월 4일 지방자치법이 제정되었음에도 불구하고 치안이 불안하고 남북이 대치되어 있다는 이유로 실시되지 않고 있다가 대통령직선제 개헌을 위한 교두보를 확보하기 위한 의도에서 지방자치법이 1952년에서야 비로소 실시되었다. 지방선거에서 야당의 진출이 예상되는 경우에 지방자치법상의 자율성은 약화되고 중앙에 의한 통제는 증가하였다. 4·19혁명 이후에 지방자치제도의 민주화가 시도되었지만 5·16 군사쿠데타로 지방자치는 다시 30년 동면 상태에 빠지게 되었다. 이러한 일련의 상황은 지방자치가 지역문제를 주민이 자치적으로 처리하고 스스로 책임을 지게 하려는 의도보다는 중앙정치권의 집권 세력의 정치적 이해관계에 따라 지방자치제도가 도입되고 변화를 겪게 되고 있음을 보여 준다.

이러한 지방자치제도의 중앙정치 종속성은 1987년 민주화운동 이후에도 변하지 않고 있다. 1988년 지방자치법이 개정되었음에도 불구하고 중앙정치권의 이해 대립으로 1991년에 가서야 지방의회가 구성되고 다시 4년이 지나서야 지방자치단체의 장이 선출되었다. 김영삼 정부, 김대중 정부 하에서도 지방자치법은 자치와 자율을 강화하려는 세력과 중앙집권과 통제를 강화하려는 세력 간의 대립 구도 속에서 지방자치법상의 자율성과 책임성은 일진일퇴를 거듭하였다. 노무현 정부 하에서 지방분권과 주민참여가 국정의 중요 정책으로 등장하면서 주민참여제도의 완비를 가져왔다. 지방분권정책은 역대 다른 정권에 비해서는 상당히 진전이 있었다고 평가할 수 있으나 기대치에는 훨씬 미치지 못하였다. 이명박 정부의 지방정책에서도 뚜렷한 변화의 조짐을 보이지 않았다.

지방자치법 70년을 맞이하면서 이제 지방자치법은 중앙정치권의 정치적인 계산으로부터 벗어나 지방의 고유한 논리에 따라 지방의 자율성과 자유로운 활동을 촉진하고 스스로 책임을 지도록 하는 방향으로 발전해 나가야 한다. 주민의 복지를 향상시키고, 지역 발전을 자기책임 하에 실현하여 국가 전체로서의 통합성과 지역의 다양성이 조화를 이루도록 지방자치법의 진로를 모색할 필요가 있다. 한 걸음 더 나아가서 지방자치법제는 통일문제와 헌법 개정도 고려하면서 논의되어야 한다. 앞으로 지방자치법제 개혁의 핵심은 기초지방자치 수준을 넘지 못하는 광역지방정부의 위상을 어떻게 설정하고 어떤 기능을 부여할 것인지에 있다. 이에 시·도에 대해서는 기초지방자치단체에 대한 제도적인 보장 외에 별도의 법제가 필요하다.

2. 한국 사회의 구조적 변화 필요

1) 한국 사회의 변형

(1) 인구구조의 변화와 사회복지비 지출 증대

우리나라의 경우 고령화뿐 아니라 저출산도 동시에 진행되어 출산율이 OECD 국가 가운데 최저를 기록하고 있으며 2012년도부터 최초로 생산가능 인구(15~64세 인구) 비율이 감소하는 추세이다. 2050년에는 고령인구(65세 이상)가 생산가능 인구(15~64세 인구) 대비 71.0%를 이르게 될 것이라는 것은 이미 주지의 사실이다.

(2) 학령인구 감소와 지역공동체의 붕괴

저출산 · 고령화로 2018년부터 입학자원이 부족할 것으로 예상되며, 이에 대한 준비가 미흡한 실정이라는 점도 주지의 사실이다.

그러나 학령인구가 적어진다는 것은 꼭 위기만은 아니다. "1인당 교육비가 증가할 수 있는 기회임을 의미하며, 이러한 기회를 맞아 교부금의 새로운 용도를 찾기보다는 안정적인 운용 속에서 교육의 질을 높일 수 있는 방안들을 모색

그림 1-1 학령인구 예상

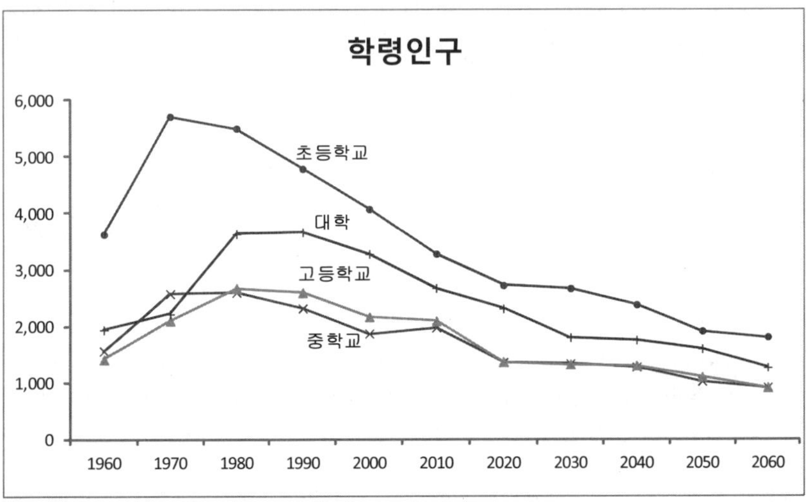

하는 것이 바람직할 것"이라는 의견[28]에 동의하며, 학습사회로의 전환에도 기여할 수 있다고 본다.

이러한 저출산·고령화는 인구 급감으로 인한 농촌 커뮤니티는 이미 붕괴[29]되었고, 도시공동체도 위험 수준에 이르고 있다. 1인 가구 비율이 거의 4분의 1을 차지하고 있으며 2인 가구까지 포함하면 50%를 넘는다는 점은 우리 사회의 가족 구성 자체가 변해 가고 있다는 점을 시사한다.

2) 인구정책의 변화와 중앙-시·도 행정 체계 개편

2019년도를 기준으로 우리나라는 서울특별시와 6대 광역시, 그리고 인구 100만 명이 넘는 5대 도시인 수원, 창원, 고양, 성남, 용인 등이 있으며, 또한 인구 50만 이상의 대도시로서는 부천, 안산, 청주, 전주, 안양, 남양주, 천안, 포항, 화성, 김해 등으로 분포되어 있다. 인구 50만 이상 대도시에는 원활한 지방행정의 수요에 대응하기 위하여 특례 조항을 두고 있다.[30] 그러나 인구 100만 이상을 대도시를 위한 별도의 특례 조항은 별도로 없고 인구 50만 이상의 특례 조항에 적용되고 나머지는 일반시와 같은 법 조항을 적용받고 있는 실정이다. 특히, 경기도, 인천 등 수도권에 집중되어 있는데, 예를 들어 고양시와 같이 인구 100만 명 이상인 수원시 및 이에 육박하는 성남시 등은 행정 수요나 재정 역량 모든 것이 각각 다르므로 이를 특례로써 대응하는 데에는 한계가 있다. 따라서, 경기도 고양시 등의 인구 100만 명 이상의 대도시에 대해서는 광역시로의 전환은 앞서 살펴본 바와 같이 정치적인 부담, 재정적인 부담 등이 발생하고 또한 대도시

---

28) 2010년에 있었던 교부율의 0.27%p 인상은 지방소비세 도입에 따른 내국세 수입의 감소에 따른 교부금 감소 요인을 보정하기 위한 조치이다. 2016년 현재 지방교육재정교부금은 내국세의 20.27%로 고정되어 있다. 그러나 학생 수가 감소함에도 불구하구 교부세율이 감축되지 않은 큰 이유는 교육자치와 중앙정부의 사업이 교육청의 소관으로 이전되었기 때문이라고 볼 수 있다(김진영, 지방교육재정교부금 개선방안에 관한 소고, 기재부중장기재정개혁TF팀발제문, 2016.04.02).

29) 2014년 인구 기준에서 보면, 고령화율이 가장 높은 상위 60개 기초지방자치단체에서 가장 많이 포함된 광역자치단체는 전남으로 15개, 경북 13개, 경남 9개, 전북 8개, 충남 6개, 충북 5개, 강원 3개, 인천 1개 순이다. 인천의 1개 기초지방정부를 제외하고는 특별시 및 광역시에 해당하는 기초자치단체는 상위 60위 안에 들지 않았다. 특별·광역시보다는 도 단위에서의 고령화가 더욱 심각한 수준임을 알 수 있다.

30) 지방자치법 제161조의 2(대도시행정에 대한 특례)의 근거에 따라 행재정 운영 및 국가의 지도·감독에서 그 특성을 고려하여 관계 법률이 정하는 바에 의하여 특례를 둘 수 있도록 되어 있다.

행정 체계의 일원화라는 관점에서 바람직하지 않기 때문에 상위자치단체인 도(道)를 거치지 않고 세종특별자치시와 같이 중앙정부-고양특별자치시(가안)를 설치하는 방안 등에 관한 논의가 필요한 것이다.

2019년 현재 우리나라의 총인구 약 5,170만 가운데 외국인 출신이 200만 명이 넘었으며, 향후에도 적극적 이민정책을 추진하여야 하는 입장에서 다문화, 다언어 등의 사회적 수용성을 증대시키기 위해서는 기존의 중앙과 자치단체 중심의 지방분권 논의는 한계에 부딪히고 있으며 명분론에 빠지고 있다. 따라서 때로는 중앙이, 때로는 지방정부가 때로는 공동체의 주민들에게 권한과 의무를 재배분하는 과감한 개혁이 필요하다. 세계의 주요 국가들은 메트로네이션(Metronation) 전략 또는 메가폴리스(Megapolis) 심지어는 코스로폴리스(Cosmopolis) 전략으로 바꾸어 가고 있다. 인구의 대도시로의 이동은 4차 산업의 시작과 더불어 세계적으로 발생하고 있는 현상이며, 지방 소멸이라는 현상이 불가사의한 것은 아니다. 미래는 국가 간 경쟁보다는 도시 간 경쟁이 우선시되고 있다는 점은 많은 선행 연구가 증명하고 있다.

선진국이라고 하는 나라 치고 지방자치가 활발히 전개되지 않은 나라들은 없으며, 지방의 경쟁력이 국가 발전에 원동력이 되고 있다는 점은 명약관화한 사실이다. 물론 지방과 중앙과의 관계는 각국마다 다르며 정형화된 정답은 없다. 작금의 한국 사회가 갖고 있는 문제점인 고령화문제, 저출산문제, 지역 간·세대 간 가치관과 소득의 격차 등등의 문제들을 보면 미래 한국 사회가 결코 낙관적이지 않으며, 이 시점에서 우리는 중앙과 지방과의 관계를 기존의 '분권과 자율'이라는 명분론적 프레임에서 '신뢰와 협력'이라는 실용적 프레임으로 바꾸어 궁극적인 목적인 분권형 국가를 만들어야만 할 때이다.

대도시에서의 4차 산업 중심의 지역경제 활성화를 통하여 일자리를 만들지 못하면 어느 곳도 못한다. 왜냐하면 과거의 같은 굴뚝산업에서 일자리가 만들어지는 것이 아니라 영상, ICT, 사물놀이, IT 산업 등 도시민과 밀접한 산업을 통하여 일자리가 만들어져야 한다. 과거 산업국가에서는 도농 간의 격차 해소를 위한 형평성보다는 대도시 중심으로 경제 발전, 사회 발전 정책의 중심축이 바뀌어야 한다.

3) 한국 사회의 변혁 필요

(1) 4차 산업으로의 진입

4차 산업혁명이란 IT 및 전자기술 등 디지털 혁명(제3차 산업혁명)에 기반하여 물리적 공간, 디지털적 공간 및 생물공학 공간의 경계가 희석되는 기술융합의 시대를 의미한다. 인공지능, 로봇공학 등의 발전이 4차 산업혁명을 주도하며, 향후 전 세계 산업구조에 상당한 변화를 가져올 것으로 전망한다. 향후 급변하는 일자리 지형에서 미래 고용 전반의 변화와 필요한 직무 역량을 미리 예측하여 기업, 정부, 개인들의 대처가 필요하다.

따라서 고전주의적인 연구방법론에서의 독립변인들과 종속변인들로 형성된 알고리즘은 깨지고 변인과 변인 간의 확률적 게임이 유용한 알고리즘, 행위자의 다양성, 다문화라는 사회적 현상에 덧붙여 AI, IoT, ICT, 3D프린터, VR, AR의 일상화 등의 과학기술적 변화가 정부정책 과정에 영향을 미쳐 변화를 요구하고 있다. 따라서 이들 산업정책과 경제정책 영역에서 지금까지의 중앙은 정책을 수립하고 지방자치단체는 정책을 집행한다는 고전적이면서 수직적 내지 피라미드적인 접근 방법에서 탈피하여 현장에서 정책을 수립하고 집행할 수도 있는 수평적인 관계로 바뀌어야 하는 것이다.

(2) 학습사회로의 전환 필요[31)]

『불평등의 대가(*The Price of Inequality*)』의 저자이며 및 노벨경제학상 수상자인 스티글리츠(Joseph E. Stiglitz)와 그린왈드(Bruce C. Greenwald)가 공저한 『창조적 학습사회: 성장 · 발전 · 사회진보에 대한 새로운 접근(*Creating a Learning Society: A New Approach to Growth, Development, and Social Progress*)』은 전 하버드대학의 경제학과 교수이자 노벨경제학자상 수상자인 애로(Kenneth Arrow)의 기념공연이 확장된 저서이다. 애로 교수는 학습효과의 경제학자로 잘 알려져 있다. 애로는 경제 발전에 성공한 국가들은 평균 성과와 최고 성과의 간격이 적다는 것이다. 문제는 시장 스스로가 학습과 혁신을 효율적인 수준으로 만들거나 반복적인 현상으로 만들고 있는가? 아니라면 정부는 어떤 개입을 필요로 하는

---

31) Stiglitz, Joseph E. & Greenwald, Bruce C.(2015), *Creating a Learning Society: A New Approach to Growth, Development, and Social Progress*, 김민주 · 이엽 옮김(2016), 『창조적 학습사회』, 한국경제신문을 요약 정리하였음을 밝힌다.

가?라는 점이다. 애로 교수의 언급에 따르면, 사회의 발전은 기술 진보인데 두 개의 요인으로 연구개발과 행동학습을 적시하고 있다. 정부의 역할은 어떻게 하면 학습경제와 학습사회를 구축하는지 그리고 사회후생을 강화하기 위하여 정부의 역할을 강조하는 것이다. 솔로(Robert M. Solow)는 지본 축적에 대한 기술 진보의 상대적 중요성을 수량화하였으며, 자본 축적은 한 명의 노동자가 만들어 내는 생산량의 최대 3분의 1 정도만 설명 가능하다는 점을 수리적으로 증명하였다. 이렇게 해서 생산성 증대에 이르게 되는 다양한 종류의 기술 진보가 이루어진다는 것이다. 개발도상국과 선진국의 차이, 즉 1인당 국민소득의 차이는 지식의 차이에 기인한다는 것이다. 따라서 정부는 이러한 차이를 극복하기 위하여 학습사회를 만드는 데 기술 진보 등 혁신이 어느 한 기업 내지 사회에 내생화되면 발전이 힘들며 정부는 학습의 결과를 공유 내지 확산시키기 위하여 외생화하려는 노력을 끊임없이 하여야 한다는 것이다.

지식과 학습에서 시장은 비효율적이라는 증명을 애로가 증명하듯이 스티글리츠 등이 강조하는 바는 선진국과 개발도상국의 차이는 부존자원의 차이가 아니라 지식의 차이이며, 지식은 새로운 배움과 경험의 축적이 학습화되는 것이라고 정의하고 있다. 따라서 우리 사회도 저출산·고령화, 남북 대치 등의 위기보다 학습사회로의 이행을 위한 정부의 역할이 명확하지 못하는 데에 그 문제의 심각성이 깊다.

(3) 집단지성의 활용을 통한 협치와 자율적 거버넌스 시대

캐나다는 이미 「미래정부보고서」에서 소셜미디어 공동체의 국정 참여와 견제가 3권 분립 체제의 한계를 극복할 수 있다고 보고 법제도적 근거를 마련하겠다고 한다. 파워블로거와 같은 공동체는 전국, 지역별로 추천을 받아 파워블로거처럼 상시 운영을 하며, 각종 이슈에 국민과 지역주민의 목소리를 정제하여 자신의 입장과 정책에 대한 우선순위를 표명하고 있다. 국회의원은 국가·외교적 차원, 구의회·시의회는 유지하되 이 정책공동체에서 검증된 인재들이 진출할 수 있게 하여야 한다. 이들 구성은 국민투표와 같이 NGO 추천, 전문가그룹 추천 등 다양한 분야와 방법으로 추천받아야 하는 것이다. 모든 중앙 및 지방정부, 공공기관, 국회 및 의회, 지역공동체에서 쓸 수 있는 정책·국정운영 플랫폼을 구축하여 공공과 국민·지역주민과의 거리를 좁혀야 하며, 수준별로 쉽게 접근하고 지역·생활 이슈를 스스로 결정하는 협치와 자율적 거버넌스(self-governance)시대로 가야 하는 사회로 변화되어야 한다는 주장은 매우 설득력 있다.

4) 소결

이상의 한국 사회가 당면한 사회구조, 기술 변화, 환경 변화 등을 정리하면 <표 1-3>과 같이 요약해 볼 수 있으며, 이러한 과제들에 대한 대응으로서 중앙과 지방의 관계 재설정의 방향성을 개념적으로 제시해 보았다.

표 1-3 한국 사회의 변화에 따른 중앙과 지방의 관계 재설정의 방향성

사회구조, 기술문명, 환경 변화	
사회구조	- 학령인구 감소 및 고령화 - 격차사회의 심화 - 사회복지비용의 지출 증대 - 대도시화 - 의료(건강) 빈곤층의 증대 - 다민족, 다언어, 다문화 - 정보의 집중화로 인한 중앙정부의 과다한 Big Brother
기술문명	- ICT,IoT 매체와 플랫폼의 다양화 - VR, AR 등의 생활화 - 신생에너지 기술의 진화 - 노동의 종언, 대전환의 시대에서 언급한 바와 같이 AI의 일상생활화
환경변화	- 기후 변화의 가속 - 감염병의 확산과 공포는 지속적 - 재난의 복합화 증대 예상 - GMO식품으로부터 노출 증대

➡

중앙과 지방의 관계 재설정
1. 중앙은 사회정책을 지방은 복지정책을 분담함으로써 재정투명성과 책임을 강화 2. 중앙은 규제와 재분배 정책 중심, 지방은 분배와 진흥정책 중심 3. 지방의 과소·과밀에 대응하는 지방행정체계로의 개편 4. 지방재정과 지방교육재정을 통합하는 통합지방재정 운영시스템의 구축 5. 학습사회를 구축하기 위하여 중앙은 대기업정책 및 연구개발사업을 지방은 중소기업정책담당자로의 역할 분담 6. 중앙정부로의 과다한 집중(사법 및 정보화 등)에 대한 지방의 통제 및 참여 가능한 협치시스템 구축이 필요 7. 집단지성의 활용을 통한 협치와 협치와 자율적 거버넌스(self-governance)시대

피케티(Thomas Piketty)의 지적처럼 국가는 방향성을 비전을 제시하여야 한다. 그는 실제로는 경제성장률의 급속한 기대는 불가능하므로 납득할 수 있는 부(富)의 재분배정책이 필요하다는 것이다.

하버드대학원 건축학과 2015년 9월 입학생의 사례를 보면, 학부가 윌리엄스 대학의 라틴어 전공 학생이 선발되는 경우도 있다. 대학원에서 타전공의 학부생을 선발하는 사례는 흔하다. 입학 조건은 들어와서 본수업에 들어가기 전에 물리학을 하버드 대학원의 요구 수준을 통과하면 되는 것이다. 미국 노벨상 수상자의 출신 학부대학은 정말로 다양하여 근 40여 개 대학에 이른다. 그러나 서울대 건축학과 대학원에서는 모두 서울대 학부 건축학과 출신 또는 극히 일부 타 대학의 건축학 전공자만 들어갈 수 있다. 따라서 미국은 다양성 있는 집단엘리트를 만들고 있으나 우리는 단종 교배와 같은 집단을 만들어 파벌 및 패권주의식의 이기주의를 잉태하고 있는 것이다. 즉, 학습사회 자체가 구축이 안 되어 있다.

우리가 지금 라오스, 캄보디아에 가면 우리는 미래 사회에서 마치 과거로 되돌아간 것처럼 그들을 보게 된다. 마찬가지로 과거 1970, 80년대의 한국에 왔던 미국, 독일, 일본사람들이 우리를 보는 모습과 같다. 즉, 동시대에 같은 지구촌 사회이지만 시간의 흐름은 어디는 4차원이고 어디는 1차원적인 것이다. 따라서 벤치마킹 또는 캐치업 등의 정책을 개발도상국에서 펴게 되고, 우리와 같이 성공적인 성과도 거둘 수 있다. 문제는 여기서부터이다. 더 이상 벤치마킹의 필요성을 거부하거나 바뀌는 미래 사회의 모습에 상상력이 모자를 때 그 사회는 퇴보하거나 정체되기 일쑤이다. 과거 필리핀, 아르헨티나, 인도네시아 등의 국가들이 선진국 모델로 발전을 한 과실(果實)을 일부 계층 및 일부 기업이 독점화하고 빈부 격차가 벌어지면서 사회적 갈등이 쌓이고 동시에 국가 발전도 뒤처지게 된 것이다. 지금 한국이 그 상황이다. 지구상에 미래 사회 또는 미래 정책이 있음에도 불구하고 과거 방식을 답습하고 있는 것이다.

위정자 및 학자의 존재 이유는 미래적 가치에서 현재의 길을 밝히는 데에 있다. 분명히 예수, 소크라테스, 부처, 공자 등 성인들, 아니 이순신 장군도 미래에서 오신 분들이었다. 선각자, 선지자 모두 미래에서 오신 분들이다. 어린 학생들 가운데도 미래에서 온 학생들이 보인다. 이들을 키워야 하는데, 우리는 과거 방식에서 그들을 재단해 버려 미래에 대한 준비를 할 수 없게 만든다. 우리에게 필요한 것은 미래에서 온 사람들에게 기회를 더 줘야 하며 우리 스스로 미래의 방식으로 정책을 만들고 과거를 버려야 산다. 과거의 발전 방식과 미래의 발전 방식이 같을 수 없음에도 불구하고 복고적인 정책과 내용이 없는 이미지 메이킹으로서는 한계가 있을 수밖에 없다.

기본 방향은 앞에서 강조하였듯이 의사결정이 고전주의적인 수직적 관계에서 집단지성의 수평적 관계로 변화가 그 어느 때보다도 요구되는 시점이다. 즉, 이제는 지금까지의 중앙과 지방과의 관계 설정으로는 미래 사회 변화에 대응하지 못한다는 관점이다. 향후 우리나라는 예측하건대 50만 이상의 대도시가 현재 16개 정도이나 향후 전 인구의 7~8할은 대도시에 살게 될 것이며, 따라서 이들 도시뿐만 아니라 군의 지방자치단체에게도 폭넓은 행재정의 자치 권한을 부여하여야만 한다.

3. 현 정부의 제도적 변화 모색

문재인 정부는 2017년 전략적 기반으로 "헌법적 가치 강화, 균형발전 상생회의 제도화, 지역발전특별회계 개편"을 토대로 국가균형발전위원회를 출범시켰다. 실무적으로 2018년 2월 28일 국회에서 국가균형발전특별법 개정안도 통과되었다. 2018년 2월에는 '국가균형발전 비전 선포식'을 통하여 지방자치단체의 지역 발전과 직결된 국가균형 발전 비전과 과제를 발표하였다. 이때에 정부는 '분권, 포용, 혁신'을 국가균형발전정책의 3대 가치로 세우고, 실천력 담보를 위하여 3대 전략("① 안정되고 품격 있는 삶, ② 방방곡곡 생기 도는 공간, ③ 일자리가 생겨나는 지역혁신")과 9대 핵심 과제[32]를 실행하여 '지역 주도 자립적 성장 기반 마련'을 이룰 수 있도록 적극 지원하겠다고 하였다. 2018년 10월에 다시 정부는 국가균형발전 5개년계획(2018년 10월), 혁신도시 종합발전계획(2018년 10월) 등 세부 추진 방안을 마련하여 각 지역의 대표들인 지방자치단체장 및 지방의회와 일심동체로 국가균형 발전과 지역 발전을 추진하겠다고 하였다. 특히 정부가 내세운 목표는 2022년까지 지역인구 비중 50% 이상, 지역일자리 비중 50% 이상, 5년간(2018~2022) 농어촌인구 순유입 15년 대비 10% 이상(15년 농어촌인구 939만 명) 달성을 제시하였다.

이를 위하여 새로 개편된 '국가균형발전위원회'는 관련 정책을 총괄 조정하는 역할을 담당하면서 균형발전 특별회계 약 10조 원에 대한 예산 편성 시 의견을 제시하여 특별회계 정부예산에 대한 "배분 · 조성 · 편성"에 결정권을 행사할 수 있는 권한을 부여받았다. 또한 시 · 도가 중심이 되어 중앙부처와 협력사업으

32) "① 지역인재 · 일자리 선순환 교육 체계, ② 지역자산을 활용한 특색 있는 문화 · 관광, ③ 기본적 삶의 질 보장을 위한 보건 · 복지 체계 구축, ④ 매력 있게 되살아나는 농산어촌, ⑤ 도시재생 뉴딜 및 중소도시 재도약, ⑥ 인구 감소지역을 거주 강소지역으로, ⑦ 혁신도시 시즌 2, ⑧ 지역산업 3대 혁신, ⑨ 지역 유휴자산의 경제적 자산화" 등이다.

로 추진하는 경우 예산의 우선 지원이 의무적으로 가능하도록 하는 계획계약제도(지역발전투자협약)의 도입을 적극 추진하고 있다.

국가균형발전위원회와 국토교통부가 2018년 6월에 발표한 '지역발전투자협약제도' 내용에 따르면, 이 제도는 중앙정부와 지방정부 간 협력 모델로서 시·도의 지역정부가 중심이 되어 지역 발전을 위한 중장기 발전계획을 수립하게 되면 중앙정부는 안정적으로 예산 지원이 가능하도록 협력을 제도화한 것이다. 예를 들어, 여러 중앙부처들이 관여되는 사업이 많을 때 주로 포괄보조 형식으로 지원하여 안정적인 사업 추진을 할 수 있게 하려는 것이기도 하다. 또 지역 발전의 근간이 되는 주요 분야를 대상으로 하는바 각 지역이 당면한 과제인 인구감소 및 고령화 대응, 일자리 창출 및 사회 인프라 확충 등을 위한 사업들을 적극 추진하도록 지역 자율성을 촉진하고 독려하기 위함이다. 지역 발전을 위한 투자협약제도는 지역사업을 발전시키기 위하여 투입이 필요한 지방비와 국비의 보조 규모를 고려하여 중앙과 지방 간 상호 협약을 맺고, 국가가 우선적으로 국비를 지원하여 그 실행력을 높이려는 것이기도 하다.

새로운 제도로서 시행 요소 중 가장 중요한 하나가 협약사업 재원을 어떻게 확보할 수 있는가 하는 별도로 재정력 확보 방안도 반드시 준비해 두어야 할 것이다. 여하튼 현 상황에서 국가와 지방자치단체가 상호 사업재원을 분담한다는 취지에서는 국고보조금 일부와 균형발전특별회계의 일부 재원을 활용한 단계적 추진을 고려해 보아야 할 것이다. 그리고 제도의 실효성을 높이는 방법은 투자협약의 법적 구속력을 강화시키는 것인데, 현 상황에서는 쉽지 않기 때문에 협약 주체의 능동적 참여를 유인하기 위한 제도적 장치도 필요할 것이다. 이를 위한 유인 체계 구축을 위해서는 사업별 평가에 기초하여 당해 사업에 대한 인센티브를 지급하는 사업별 지급 방식과 협약 체결사업 전체를 종합 평가하여 협약 당사자인 지방자치단체에 인센티브를 지급하는 포괄적인 지급 방식 등 성과보상 보조금(performance reward grant)제도와 같은 방식의 도입도 구상해 볼 만하다. 자발적 이행 유도를 위하여 벌칙보다 인센티브 조항을 협약에 규정함으로써 지방자치단체로 하여금 중앙부처 정책과 공동 목표의 달성을 가져올 수 있도록 자발적인 체결을 유도하는 방식이 바람직하다.

향후 지역발전투자협약제도를 실행하기 위해서는 국가균형발전 특별회계의 계속사업 중에서 재정안정화가 가능한 사업들을 대상으로 지방자치단체로 하여금 우선사업을 선정하도록 하여 이에 대한 심의를 거쳐 시·도별로 대략 1~3개 사업을 협약을 맺고 추진하는 실험 시기를 거치는 것이 필요하다. 이 제도를 가장 효과적으로 수행하고 있는 프랑스의 교훈에 비추어 볼 때, 이들 협약에 의한 사업은 대략 2~3년 기간을 계획하여 그에 따른 행재정 지원 규모와 추진 일정 등을 명확히 규정하여 실천성을 높이도록 함으로써 이를 평가한 후 재추진하는 방식이 필요하다. 이처럼 실제 지역발전투자협약제도를 도입 운영하기 위해서는 대상 사업과 협의 과정, 투자 분담에 대한 배분 방식 등에 관한 연구, 관련 부처와 지방자치단체의 재정분담력 강화 등 많은 과제들에 대한 사전 연구가 필요하다. 마찬가지로 지방자치 전반에 대한 발전을 촉진하고 한국 자치분권의 '연방제적 수준'까지 끌어올리기 위해서는 그 무엇보다도 현재 30년 이상 개정되지 않고 있는 헌법을 전면적으로 개정하여야 할 것이다. 그러나 그것이 쉽지 않다는 것을 경험하였기 때문에 차근히 제도 개선을 추진해 가야 하고, 그에 따른 새로운 제도를 도입 운영하여야 한다. 그렇게 점진적인 방법으로 새로운 제도를 도입하여 자치분권을 강화시키기 위해서는 사회제도의 제도 실험이 가능한 법률 제정 또는 최소한 헌법 개정을 할 때 그와 관련된 조항을 근거로 두는 방법이 필요하다. 더불어 지방분권 강화를 위한 다양한 조항들이 전면 개정 또는 부분 개정으로 이어지는 것은 더말할 나위 없을 것이다. 이상의 문제를 좀 더 깊이 있게 다루기 위하여 다음 절에서는 한국 지방자치 발전을 위한 헌법 개정 방향에 대하여 세부적으로 논의해 보기로 한다.

제 4 절 한국 지방자치 발전을 위한 헌법 개헌

1. 왜 지방분권 개헌인가?

헌법은 지방자치 발전의 디딤돌이 아니라 걸림돌이 된다. 헌법 제117조와 제118조가 지방의 손발을 묶고 있기 때문이다. 지방이 아래로부터 창조적인 혁신을 하려고 하여도 할 수 없도록 가로막고 있기 때문이다. 지방정부는 손발을 묶어 기능을 마비시키고, 국가는 과부하를 시켜서 기능을 마비시키고 있기 때문이다.

1) 지방자치단체의 하급기관화(헌법 제117조의 법률 우위의 원칙)

지방자치단체는 자치입법권을 가지고 있지만 법령의 범위 내에서 인정된다. 자치입법권은 법령의 범위 안에서 인정되므로 국가가 법령으로 자치사무에 대한 세세한 규정을 하고 있으면 자치입법권을 통한 입법의 여지는 거의 없다(법률 우위의 원칙).

지방자치단체가 처리하는 위임사무에 대해서는 물론이고 자치사무에 대해서도 법령으로 상세한 지침을 정하고 있기 때문에 지방자치단체에게 독자적인 지방정책을 추진할 수 있는 여지가 거의 없다. 자치사무도 그 지침이 중앙정부에 의하여 법령의 형식으로 이미 다 정해진 경우가 대부분이므로 지방자치단체는 독자적인 정책 구상에 따라서 이를 수행할 수 있는 자치 주체가 아니라 사실상 중앙정부의 하급집행기관이 된다. 즉, 지방의 실패는 중앙정부가 법령의 형식으로 입력한 정책의 실패에 기인하는 경우가 많다.

이는 다른 말로 하면 지방정부는 국가의 법령에서 시키는 대로만 하여야 한다. 지방정부는 국가의 법령을 지방에서 베껴 내는 복사기에 불과하게 된다.

2) 자치입법권의 박탈(헌법상의 법률 유보의 원칙): 정책자율성의 질식

주민의 권리 제한이나 의무 부과에 관한 자치입법권은 법령에 위임이 있어야 행사할 수 있다. 많은 헌법학자나 헌법재판소, 법원의 판사들은 이를 헌법 제37조 제2항(기본권 제한의 법률 유보)에 따라 법률의 위임이 없으면 조례나 규칙으로 주민의 권리를 제한하거나 의무를 부과할 수 없다는 입장이다(법률 유보의 원칙). 중앙정부가 규율하지 않는 영역이 있어도 이러한 제약 때문에 자치입법권은 또다시 무력화되고, 그만큼 지방의 정책적인 활동 범위는 축소된다.

독일의 경우에는 주법도 여기에서 말하는 법률에 해당되기 때문에 지방정부의 입법권은 그만큼 폭넓게 보장되지만, 법률제정권이 중앙정부에 독점된 것으로 보는 우리의 현실에서는 지방의 자치입법권 내지 정책자율권은 무력화된다.

더구나 헌법재판소가 독일 판례를 수입하여 적용하고 있는 의회유보설 내지 중요사항 유보설에 따르면, 지방정부의 모든 중요한 결정은 법률로 결정하여야 한다. 이에 따르면, 모든 중요한 사항은 국회가 정하여야 하며, 지방자치단체장이나 지방의회는 중요하지 않은 사항만 결정할 수 있다는 결론이 된다. 이는 지방자치를 보장하여 지방의 다양성을 보장하고, 아래로부터 혁신을 통하여 지역발전과 국가 발전을 꾀하려는 지방자치의 취지에 걸맞지 않다는 것은 자명하다.

이는 국민의 권리와 의무에 관련되는 한 지방은 국가에서 법령으로 시키지 않은 일을 하여서는 안 된다는 것을 의미한다. 국가가 시키는 대로만 하여야 하고, 시키지 않는 일을 하여서는 안 되는 지방정부가 혁신적인 정책을 구사하여 지역을 발전시킨다는 것은 기대하기 어렵다.

3) 자치조직권의 무력화(헌법 제118조의 지방조직 법정주의)

헌법 제118조는 의회와 지방자치단체장의 선임 방식을 비롯하여 지방자치단체의 조직과 운영 방식 등을 법률로 정하도록 하고 있다(조직 법정주의).

지방자치단체의 조직은 지역에 따라 다양한 특성이 반영될 필요가 있고, 행정혁신은 대체로 조직혁신을 통하여 일어난다. 지방조직을 기관의존형으로 할 것인지, 기관독립형으로 할 것인지, 합의제 기관으로 할 것인지, 지방자치단체장과 지방의회의 관계를 어떻게 설정할 것인지, 지방선거를 어떤 방식으로 할 것인지를 일일이 국가가 법률로 규정하도록 하고 있는 것이다. 이는 독립하여 분가한 자식의 집에 가구 배치까지를 부모가 결정하고 자식들이 따라야 한다고 강요하는 것과 같다.

지방분권이 잘된 스위스의 경우 중앙정부의 조직은 지방정부의 조직 중에서 잘 운영되는 것을 본받아 혁신하는 경우가 적지 않다. 중앙정부를 합의제 기관으로 운영하는 것, 직접민주제의 도입, 복식부기제도의 도입 등이 이에 해당한다. 아래로부터의 정부혁신은 지방의 조직자율성을 보장함으로써 큰 위험 없이 검증된 제도를 채택할 수 있게 되는 것이다. 지방자치단체의 조직 법정주의를 통하여 우리는 아래로부터의 혁신 효과를 원천적으로 봉쇄하고 있으며, 지방이 필요에 따라 조직을 변용할 수 있는 가능성을 배제하고 있다. 예컨대, 부시장을 몇 명으로 할 것인지, 의회와 집행기관의 관계를 어떻게 설정할 것인지, 집행기관을 독임제로 할 것인지 합의제로 할 것인지 다양한 실험과 지역 특성의 반영이 요구되는 분야이다. 이를 전국적으로 획일적으로 법률로 규정하는 것 자체가 반분권적인 발상이다.

4) 소결: 왜 법률 개정만으로 안 되는가?

많은 사람이 헌법을 개정하지 않더라도 법률 개정으로 자치권을 보장하는 것이 가능하다는 입장이다. 물론 조금은 나아질 수 있을 것이다. 하지만 법률 개정만으로는 자치권 보장이 불가능한 경우가 적지 않다. 예컨대, 현안 문제가 되고 있는 정당 공천 배제문제이다. 정상적인 헌법 해석에 따르면, 법률로 이를 규정할 수 있다. 하지만 여당과 야당은 한목소리로 정당 공천 배제가 헌법에 위반되기 때문에 불가하다는 입장을 취하였다. 헌법 개정이 없는 한 논란은 계속될 것이다.

주민의 권리 제한이나 의무를 부과하는 조례는 헌법에 따라서 원천적으로 불가능하다. 이 경우에 일일이 개별적으로 법률에 위임 근거를 마련해 주면 될 수 있다는 반론도 있으나 법률 개정도 헌법 개정 못지않게 힘든 작업이다.

어린이놀이터 안전문제는 1990년 초에 시민단체들의 문제 제기와 엄청난 노력에도 불구하고 방치함으로써 불량놀이시설로 어린아이가 깔려 죽고 나서도 내버려 두고 있다가 2008년에 와서야 겨우 어린이 놀이시설 안전관리법이 제정되었다. 헌법 개정을 통하여 바로 해결할 수도 있는 문제를 20년 가까이 온갖 투쟁을 거치면서 겨우 법제화하는 것은 서울과 부산을 KTX로 금방 갈 수 있는 것을 몇 달간 걸어가는 것과 마찬가지이다.

마찬가지로 지방자치법 제22조 단서 삭제, 지방의회 사무직원 인사권의 독립문제 등과 같은 작은 문제도 22년 이상 개선을 요구해 왔지만 아직도 개선의 기미를 보이지 않는다.

법률 개정은 경우에 따라서는 헌법 개정보다 더 어려울 수 있다. 입법자들이 자신들의 이익을 위하여 헌법을 핑계로 법률 개정을 회피할 수 있기 때문이다.

2. 지방분권 개헌을 위한 몇 가지 제안

1) 지방정부를 하급기관에서 독자적 정책기관으로!

지방의 조례가 법령의 범위 내에서만 제정할 수 있도록 하고, 국회와 중앙정부의 각 부처가 세세한 부분까지 법령으로 규정하게 된다면 지방정부는 결국 중앙정부가 법령의 형식으로 규정한 정책을 집행하는 하급기관에 불과하게 된다. 그렇게 해서는 지방정부의 독자적인 정책과 다양한 정책을 통한 아래로부터의 혁신을 기대할 수 없다. 지방자치단체가 단순히 중앙정부의 하급기관이 아니라 독자적인 정책기관으로 자리 매김하고, 혁신이 지방에서 일어나서 중앙정부를 혁신하도록 하는 지방분권의 기능이 발휘될 수 있도록 하기 위해서는 다음과 같은 다양한 방법을 생각할 수 있다.

첫째, 중앙정부가 입법권을 행사하는 경우라도 불필요하게 세세한 부분까지 법령으로 규정할 수 없도록 중앙정부의 입법권의 한계를 설정하는 방식이다. 중앙정부가 법령을 규정하는 것은 전국적인 통일이 반드시 필요한 최소의 범위에 그치고, 지방정부가 독자적인 정책을 채택할 수 있도록 입법 자율의 영역을 남겨 두는 방식이 있다. 예컨대, "국회와 국무총리, 각부 장관은 전국적인 통일을 위하여 불가피한 경우에만 입법권을 행사할 수 있다."라고 헌법에 규정하여 국회와 각 부처의 입법권의 한계를 설정하는 방식이다.

둘째, 중앙정부가 입법권을 행사할 수 없는 지방의 독자적인 입법권을 행사하도록 하는 방안이다. 즉, 지방정부의 독자적인 입법 분야를 헌법에 규정하는 방식이다. 헌법에서 규정하는 분야에 대해서는 지방정부만 입법권을 행사할 수 있도록 하고, 국회와 중앙정부의 각 부처에서는 아예 입법권을 행사할 수 있도록 하는 것이다. 만약 이러한 입법 사항에 대하여 국회나 중앙부처가 입법권을 행사하면 관할권 위반으로 무효가 되도록 하는 방안이다.

셋째, 지방의 조례와 국가의 법령이 충돌하는 경우에 지방의 법령에 우위를 인정하는 방식이다. 즉, 국가법령과 지방법령이 경합하는 경우에 지방법령의 우월성을 인정하는 방안이다. 전국적으로 획일화된 국가법령이 지역 실정에 맞지 않거나 지방정부가 중앙정부보다 더 나은 입법을 할 수 있는 경우에 국가의 법령에도 불구하고 지방에서 달리 규정할 수 있도록 하는 것이다(변형입법권, "불구하고" 조항). 국가법령에 대하여 지방법령의 우월적인 효력을 보장함으로써 법령의 다양성, 즉 지방 간의 정책다양성을 보장하고, 지방 간의 정책 경쟁을 가능하게 한다. 또한 중앙정부와 지방정부 간에도 정책 경쟁을 가능하게 한다. 국가는 지역에 관련된 법률이나 명령 등을 규정할 때 지방의 의하여 다른 규율이 행해질 수 있다는 것을 의식하여야 하며, 입법에 신중을 기하고 더 높은 수준의 정책을 입법화할 수 있도록 노력하게 된다. 또한 지방정부도 국가의 법령에 반하는 입법을 하기 위해서는 주민을 납득시킬 수 있어야 한다. 주민이 납득하지 못하는 지방입법은 지속성을 갖기 어렵다. 이를 통하여 지방과 국가는 더 나은 입법을 하기 위하여 서로 경쟁을 하게 된다.

2) 피동적 지방정부를 자발적인 정책기관으로(법률 유보를 조례 유보로!)

국가가 법령으로 위임하지 않는 일을 지방정부가 할 수 없다면 지방정부는 수동적이고 피동적인 역할을 하는 데 그칠 수밖에 없다. 이는 지방정부가 주민복리를 실현하기 위하여 적극적인 조치가 필요함에도 불구하고 법령의 위임이 없으면 손발을 묶어 놓고 있어야 한다는 것을 의미한다. 지방정부는 중앙정부가 시키는 일을 하면 안 된다는 것이 된다. 예컨대 헌법 제37조 제2항은 "국민의 모든 자유와 권리는 … 법률로써 제한할 수 있으며 …"라고 규정하고 있다. 또한 헌법 제59조는 "조세의 종목과 세율은 법률로 정한다."라고 규정하고 있다. 지방에 세원이 풍부하여도, 지역재정이 아무리 궁핍하여도 지방정부는 법률의 규정이 없으면 과세할 수 없다는 것이다. 이렇게 해서는 지방정부가 주민복리의 실현을 위하여 효과적으로 대응할 수 없다. 이에 헌법 제37조 제2항은 "국민의 모든 자유와 권리는 … 법률과 조례로써 제한할 수 있으며 …"로 개정하여야 한다. 헌법 제59조도 "조세의 종목과 세율은 법률과 조례로써 정한다."라고 개정되어야 한다.

3) 지방재정의 보장

지방자치권은 지방재정의 뒷받침이 없으면 공허한 장식에 불과하다. 지방재정은 지방자치를 물질적으로 뒷받침하는 디딤돌이 된다. 하지만 최고 규범인 헌법에는 지방재정에 대하여 아무런 지침을 설정하지 않고 있다. 전적으로 법령에 위임되어 있다. 이는 지방정부와 경쟁 관계 또는 긴장 관계에 있는 국가기관에 지방의 운명을 맡기고 있는 것이 된다. 지방과 상반된 이해관계를 가진 국가기관에 지방의 운명을 백지위임하고 있는 셈이다. 지방의 운명을 지방이 스스로 결정하는 지방자치를 위해서는 지방재정에 관하여 다음과 같은 헌법 규정이 필요하다.

(1) 국가세원과 지방세원의 헌법적 보장

세계 역사적인 관점에서 보면 국가적인 큰 변화와 혁명은 대부분 세금문제를 둘러싸고 일어났다. 미국의 독립전쟁이 그렇고, 프랑스혁명도 그렇고, 영국의 명예혁명도 마찬가지이다. 우리나라의 동학혁명도 마찬가지이다. 그럼에도 불구하고 우리 헌법에는 세금에 관한 규정이 없다. 전적으로 법률에 맡기고 있다.

지방자치의 본질은 각자 자신의 돈으로 스스로 살림을 꾸리도록 하는 데 있다. 스스로 결정한 업무를 수행하는 데 소요되는 비용을 자기 책임으로 받아들이고, 이를 주민들이 조세로 부담하도록 연결하는 것이 필요하다. 이를 위하여 지방세를 어떻게 부과하고, 징수하며, 이를 어떻게 어디에 쓸 것인지를 가능한 한 지방이 스스로 정하도록 하는 것이 바람직하다. 현재는 지방세에 대한 지방의 과세권이 있다고 할 수 없다. 세목과 세율 모두 중앙정부가 결정하기 때문이다. 지방정부에 세목과 세율을 스스로 결정할 수 있는 과세권을 부여하는 것이 지방재정의 자율성과 책임성을 보장하기 위하여 필요하다.

지방정부를 중앙 의존에서 벗어나 자율의 주체로 설 수 있도록 하기 위해서는 지방의 과세권을 보장하고 소득세나 법인세 부가가치세 등 중요 세원을 지방정부에서도 필요에 따라 과세할 수 있도록 헌법에서 보장해 주어야 한다. 이에 개인이나 법인의 소득세에 대하여 지방자치단체도 부과할 수 있는 세원공유제도를 도입할 필요가 있다. 중앙과 지방 간에 수직적인 이중과세 내지 중복과세를 허용하여야 한다. 국세와 상관없이 지방에서도 소득세나 법인세 등 현재 국세로 분류되어 있는 세금을 부과할 수 있도록 하는 것이 필요하다. 독일이나 스위스 등과 같이 선진국에서는 국세와 지방세의 세목이 중복하도록 하고 있어도 큰 문제가 없다. 국세에 대해서는 헌법에서 방어적으로 규정하여야 한다. 국세의 종목과 최고세율은 헌법에서 규정하도록 한다. 이에 대하여 지방세의 종목과 세율은 지방자치단체마다 조례로 제정할 수 있도록 하는 것이 바람직하다. 지방세의 종목은 헌법에서 직접 배제하는 것을 제외하고는 모두 보장하는 포괄적인 규정을 헌법에 두어야 한다.

(2) 중앙정부 재정책임의 지방정부에 전가 금지에 관한 헌법 규정

지방자치단체가 복지 지출의 급증으로 몸살을 앓고 있다. 국가가 결정한 복지정책의 비용의 상당한 부분을 지방정부로 전가시키고 있다. 중앙정부는 선심만 쓰고 비용은 지방자치단체로 하여금 지출하도록 하는 구조 속에서 도덕적 해이가 발생한다. 지방정부는 국가사무인 복지사무를 수행하는 손발에 불과하다. 국가사무인 복지사무의 소요비용은 당연히 국가가 부담하여야 한다. 복지사무를 수행하는 지방자치단체는 국가를 대신하여 복지의 배달 책임을 맡고 있는 것이다. 지방으로 하여금 복지비용을 부담하게 하는 것은 배달부에게 물건값도 내라고 하는 것처럼 부당하다.

중앙정부가 결정한 복지비용은 중앙정부가, 지방정부가 결정한 복지정책은 지방정부가 그 비용의 전액을 부담하도록 하여야 한다. 중앙정부가 결정한 복지를 일반재원인 지방교부세로 비용을 충당하도록 해서는 안 된다. 이는 결국 중앙의 비용을 지방으로 전가하는 결과를 초래하기 때문이다. 중앙정부가 법령으로 결정하여 증가된 비용은 일반재원인 지방교부세 외에 별도의 재원을 마련하여 비용을 부담하도록 하여야 한다. 이것을 연계성의 원칙(Konnexitätsprinzip)이라고 한다. 스위스 헌법은 이를 헌법에 명시하고 있다. 비용을 지불하는 자가 결정을 하도록 하고 있다. 독일의 주헌법들도 이를 도입하고 있다. 미국에서도 재정 지원 없는 위임사무 개혁법(Unfunded Mandates Reform Act)을 통하여 이에 대처하고 있다.

(3) 재정조정제도에 관한 헌법적 규정

지역 간의 재정격차 문제를 해결하기 위한 헌법적인 규정이 필요하다. 지방과세권의 자율성 보장은 자칫하면 지방 간에 빈익빈 부익부를 고착화할 수 있으며, 재정이 빈약한 지역에서는 재정에 관한 지방자율 대신에 중앙정부의 개입을 선호하는 경향이 나타날 수 있다. 재정이 풍부한 지역의 세금 중에서 일부를 재정이 빈약한 지역에 이전하는 수평적인 재정조정제도를 통하여 재정격차를 해소하고, 중앙의 간섭은 배제하는 방법이 바람직하다. 지역간 연대를 통하여 재정을 조정하고 중앙정부의 간섭은 배제하는 지혜를 발휘하는 것이 필요하다. 가능하면 재원이 풍부한 서울과 경기도, 울산 등에서 먼저 이를 제안하면서 다른 지방과 함께 세원 공유와 함께 지방과세권의 요구에 지방이 한목소리를 내도록 하는 것이 필요하다.

또한 중앙정부는 지역 간 재정격차를 조정하는 역할을 수행하여야 한다. 즉, 수직적인 재정조정제도도 존치하도록 한다. 하지만 그 규모 면에서는 수평적인 재정조정을 일차적으로 고려하고, 수직적인 재정조정은 보충적으로 보장하는 것이 바람직하다. 헌법에서는 자세하게 규정하기 어렵기 때문에 "지역 간 재정 격차를 해소하기 위하여 법률이 정하는 바에 따라 지방과 지방 간의 수평적인 재정조정과 국가와 지방 간의 수직적인 재정조정을 한다."는 규정이라도 넣는 것이 바람직하다. 또한 재정조정의 기준도 단순하고 명확하게 규정하는 것이 바람직하다. 예컨대 '재정력 지수', '지방으로서 감당하기 어려운 재난이나 구조적인 재정 수요' 등이 이에 속한다.

4) 양원제의 도입

연방제도를 포함하여 지방분권적인 권력구조를 가진 국가에서는 대체로 양원제도를 취하고 있다. 국가 전체의 이익을 대표하는 하원과 지방의 이익을 대변하는 상원이 상호 견제하도록 함으로써 중앙정부가 지방정부의 자치권을 일방적으로 침해하는 것을 방지하고, 지방의 자치권을 방어하는 것을 가능하게 한다. 양원제는 의회 내의 권력분립을 의미한다. 동시에 국가 전체의 의사결정 과정에서 지방의 참여를 의미한다. 이 점에서 양원제는 국가와 지방 간의 수직적인 권력분립을 구체화한 것이라 볼 수 있다.

양원을 구성할 때 하원은 인구 비례로 구성하지만(민주주의 원리) 지역을 대표하는 상원은 지역 간에 동등한 참여를 보장하거나 인구가 작은 지역에 인구가 많은 지역보다도 상대적으로 많은 대표성을 인정함으로써 대규모 지방과 소규모 지방 간의 균형을 이루도록 하고 있다(지역주의 원리). 이에 대규모 지방과 소규모 지역 간의 권력분립이 이루어지고 있다.

선거구에 관한 헌법재판소 결정과 양원제 도입

헌법재판소가 평등선거를 이유로 선거구 간의 인구 편차를 3:1에서 2:1로 바꾸라고 한 것(헌재 2014.10.30. 2012헌마192 등)은 우리 국회가 전국적 이익을 대변하는 비례적 민주주의의 관점에서 보면 타당성이 없지 않으나 지방분권적인 지역 간 대등성의 관점에서 보면 문제가 있다.

헌법재판소의 선거구에 관한 결정은 지역 간의 평등을 보장하기 위한 제도적 장치를 필요로 한다는 점에서 상원의 설치를 요구하는 계기가 될 수 있을 것으로 본다.

5) 국민결정권의 보장

먼저 국민주권을 실현할 수 있도록 헌법이 개정되어야 한다. 헌법 제1조 제2항은 "대한민국의 주권은 국민에게 있고, 모든 권력은 국민으로부터 나온다."라고 국민주권주의를 규정하고 있다. 하지만 국민들이 주권을 어떻게 행사하는지에 대해서는 규정이 없다. 주권자는 주권을 직접 행사할 수 있어야 한다. 이는 국회의원을 4년마다 직접 선출하고, 대통령을 5년마다 선출하는 것만으로는 충분하지 않다. 국민이 선출한 국가기관이 국가의 의사에 반하는 결정을 하는 경우에 이를 거부할 수 있어야 한다. 또한 국민이 선출한 국가기관이 국민이 바라는 결정을 하지 않는 경우에 국민이 스스로 결정할 수 있어야 한다. 이러한 국민거부권과 국민발안권이 보장되지 않으면 국민이 주권을 행사할 수 있다고 할 수 없다. 국가기관이 하여야 할 일은 하지 않고, 하지 말아야 하는 일을 하는 경우에도 두고만 바라보아야 하는 국민은 주권을 가졌다고 할 수 없다. 4년마다, 혹은 5년마다 실시되는 선거를 통하여 국가기관의 담당자를 교체할 수 있다고 하더라도 교체된 권력자가 국민의 의사에 다른 결정을 하리라는 보장은 어디에도 없다. 국민이 주권을 가졌다고 하기 위해서는 국민이 직접 국가의 주요한 현안문제에 대하여 결정할 수 있어야 한다.

국민의 대표자가 국민이 원하지 않는 입법을 하는 경우에는 국민의 이름으로 이를 거부할 수 있어야 한다(국민투표제도, Referendum). 또한 필요한 일을 국회나 대통령이 하지 않는 경우에는 국민이 직접 입법을 할 수 있어야 한다(국민발의제도, Volksinitiative).

6) 국민 주도 헌법개정권의 보장

국가기관에게 권력을 부여하는 헌법은 당연히 국민에 의하여 제정되고 개정되어야 한다. 국민이 헌법 제정과 헌법 개정의 주체여야 한다. 하지만 1948년 이후 현재까지 아홉 차례의 헌법 개정을 하는 동안에 국민이 실질적으로 헌법 개정의 주체가 된 적은 없었다. 국민에 의하여 헌법 현실이 바뀐 4 · 19혁명이나 6월항쟁에 의한 헌법 개정에서도 국민이 헌법 개정을 주도한 것은 아니었다. 헌법개정안은 항상 몇 명의 권력자에 의하여 밀실에서 만들어지고, 국민의 대표기관인 국회는 이를 추인하는 역할을 하는 데 그쳤다. 헌법이 국민투표에 의하여 개정된 것은 맞지만, 국민들 사이에 헌법 개정의 내용에 대하여 심도 깊은 토론이 이루어진 적은 없었다. 그동안 헌법 개정은 대부분 헌정 위기 상황에서 이루어졌다. 헌법개정안을 거부한다는 것은 헌정 질서의 중단을 초래할 위기 상황에서 국민들은 헌법개정안에 찬성하지 않을 수 없는 위협을 느꼈다. 헌법 개정에서 국민투표는 개정 헌법에 형식적인 정당성을 부여하는 요식행위에 불과하였다. 국민들은 국민투표에서 헌법개정안을 통과시키는 거수기에 불과하였다. 개정된 헌법은 국민의 입장에서 보면 우리의 헌법이 아니라 그들의 헌법에 불과하게 되는 것이다. 헌법을 일상생활 속에서 사랑하고 가꾸고 수호하려는 국민의 애국심을 기대하기 어려운 이유이다.

더구나 현행 헌법은 헌법 개정의 발의를 권력자인 대통령과 국회의원만 할 수 있도록 하고 있다. 즉, 권력자들의 이해관계를 담은 헌법안만 국민투표에서 찬반을 물을 수 있게 된다. 일반국민은 헌법 개정에서 주도적인 역할을 할 수 없도록 되어 있다. 이에 헌법 개정은 철저하게 권력자들에 의하여 주도되고 헌법개정권자인 국민은 소외되어 왔다. 주권자이고 헌법 개정의 주체인 국민이 헌법 개정을 주도할 수 있도록 일반국민에게도 헌법 개정을 발의하여 주도하고 국민투표 과정에서 국민 사이에 광범한 토론이 이루어질 수 있도록 하여야 한다. 그래야 국민들이 헌법을 우리의 헌법으로 받아들이고, 지키고 수호하려는 노력을 할 수 있게 될 것이다. 이를 위하여 다음과 같은 헌법 개정이 필요하다.

> 헌법 제129조 ①100만 명 이상의 유권자는 헌법개정안을 발의할 수 있다.
> ②제1항에 의하여 발의된 헌법개정안에 대하여 100일 이내에 국민투표를 실시한다.
> ③투표자 과반수의 찬성을 얻은 헌법개정안은 확정되며 대통령은 이를 즉시 공포하여야 한다.

3. 지방분권 개헌 어떻게 할 것인가?

1) 토플러의 경고와 미래 질서의 실현

"한국은 지금 선택의 기로에 있다. 그 선택은 모든 한국인뿐만 아니라 향후 수십 년 동안 자손들에게도 영향을 미칠 것이다. 한국인이 스스로 선택하지 않는다면 타인에 의하여 선택을 강요받을 것이다. 선택은 다름 아닌 … 종속국가로 남을 것인가, 아니면 … 선도국가로 남을 것인가 하는 것이다. 선택은 반드시 조속하게 이루어져야 한다."

"(중앙집권적 관료) 시스템은 한국의 경제개발시대에 적절하게 작동할 수 있었다. 하지만 지식기반경제 및 사회에서는 적절하게 기능을 할 수 없기 때문에 그러한 시스템은 점점 더 퇴색해 가고 있다. 간단히 말해서 정부의 근본적인 변화가 절실히 요구된다"(앨빈과 하이디 토플러(Alvin & Heidi Toffler), 『위기를 넘어, 21세기 한국의 비전』, 2001 중에서).

"우리 생활 주변에서 지금 새로운 문명이 그 모습을 드러내고 있으나 눈먼 사람들이 이를 억압하고 있다."

"오늘의 과도한 중앙집권화는 한 바구니에 너무 많은 의사결정 부담(달걀)을 담고 있다. 그 결과 의사결정의 과부하가 나타난다. … (분권)이 정치적 마비 상태에 대한 해독제이다."

"오늘날 결정적인 투쟁은 산업사회를 옹호하고 유지해 가려는 자(중앙집권주의자)와 그것을 뛰어넘어 전진해 가려는 자(분권주의자) 간의 싸움이다. 이것은 또한 내일을 위한 거대한 투쟁(super-struggle)이다.

"새로운 정치 체제의 필요성에 대하여 아주 광범위한 공중 토론을 시작하여야 한다. 우리는 정치적 개편을 위한 가장 광범위하고도 상상력이 풍부한 제안을 만들어 내고 참신한 아이디어를 분출하게 하는 회의, TV프로그램, 콘테스트, 모의 연습, 모의헌법 제정회의 등을 필요로 한다. … 정치적 변화에 대한 책임은 우리에게 있다. 우리 자신부터 시작하여야 한다. … 우리 스스로를 교육시켜야 한다"(앨빈과 하이디 토플러, 『새로운 문명의 창조: 제3물결의 정치』 중에서).

2) 국민의 목소리를 모으기 위한 현실적 방안

지방분권 개헌은 기득권을 지키기 위한 반분권연대에 맞서서 새로운 정치질서를 건설하기 위한 대투쟁이다. 반분권연대는 중앙정치인, 중앙관료조직, 중앙정부에 유착한 일부 경제 세력 등이 포함된다. 이들은 조직화되어 있고, 강력한 영향력을 가지고 있으며, 자금과 권력의 뒷받침이 든든하다. 기득권을 지키기 위한 목표와 의식으로 탄탄한 연대의식을 가지고 있다. 이에 대항하는 분권전선은 권력도 없고, 자금도 없으며 조직화되어 있지도 못하다. 처음부터 분권전선에게는 불리한 전쟁이다. 하지만, 후자는 명분을 가지고 있고, 다수가 속한다. 문제는 분권전선의 의식을 강화하고, 조직화하고, 동원할 수 있는 자원을 집결시키는 데 있다.

불리한 것을 기회로 삼을 줄 알아야 한다. 지방분권의 발의권을 가진 중앙정치인(국회의원과 대통령)은 기득권을 지키기 위하여 지방분권 개헌에 소극적이다. 표면으로는 지방분권 개헌을 지지하는 경우도 있지만 내심으로는 별로 반기지 않는다. 하지만 이들의 치명적인 약점이 있다. 여론의 향배이다. 이는 곧 표의 향배이고, 정치인의 권력 기반에 관련된 문제이다. 지방분권 전선은 무엇보다도 가시적인 조직을 형성해 내어야 한다. 지방분권 주체의 형성이다. 다음으로 국민의 목소리를 모으는 일이다. 지방분권을 요구하는 목소리를 더 이상 중앙정치인이 무시하고 외면할 수 없을 수준으로 큰 목소리로 묶어 내어야 한다. 마지막으로 국민 다수의 지지를 기반으로 중앙정치인이 분권 개헌에 동참하도록 목줄을 죄는 것이 필요하다.

(1) 지방분권 주체의 형성

지방분권 세력을 조직화하고 역량을 강화하는 것이 필요하다. 지방분권을 주장하는 학자들과 시민사회, 지식인, 언론, 지방정치인, 그리고 일반주민을 묶어 내는 작업이 필요하다. 여기저기 흩어져 있는 분권 세력을 엮어 강력한 전선을 형성하는 것이 필요하다. 지방분권은 무엇보다도 지방자치단체에 관련된 것이다. 지방자치단체는 지방분권 개헌의 직접적인 이해당사자이다. 지방분권은 결국 지방자치단체를 위한 것이다. 이에 지방분권의 주체 형성과 활동에 지방자치단체가 필요한 지원을 하여야 한다.

(2) 지방분권의 여론 형성과 확산

첫째, 지방분권의 목소리를 중앙정치인에게 잘 들리도록 하여야 한다. 작은 목소리를 큰 목소리로 증폭하여야 한다. 이를 위해서는 주민교육이 불가결하다. 실질적인 주민교육을 위해서는 교육이 풀뿌리 단위로 이루어져야 한다. 읍면동 단위의 교육이 필요하다. 교육의 기회 마련에 시·군자치구가 적극적으로 동참하도록 하여야 한다. 교육의 내용도 추상적인 교육이 아니라 중앙집권으로 인하여 어떤 폐단이 있고, 지방분권이 되면 주민의 생활이 어떻게 달라지는지에 대한 구체적인 이해를 할 수 있도록 하여야 한다. 교육은 단지 지식을 전달하는 데 그쳐서는 안 되며, 교육을 받은 주민들이 지방분권 주체로 참여할 수 있도록 하여야 한다.

둘째, 지방분권 여론을 증폭시키기 위한 이벤트가 요구된다. 주민들의 분권의식을 공유하고 확산시키는 갖가지 계기가 기획되고, 확산되어야 한다. 지방분권실천대회, TV 토론, 지상토론, 웅변대회 등 각종 콘테스트, 원탁회의, 모의 헌법개정회의 등이 이에 속할 수 있다.

(3) 선거를 통한 압박

곧 총선을 앞두고 있다. 총선은 유권자의 요구를 정치에 투입하기 위한 축제이다. 국민의 요구를 외면하는 중앙정치인을 퇴출시키고, 국민의 요구를 중요시하는 정치 세력으로 물갈이하는 정화의식이다. 유권자들은 선거를 통하여 지방분권을 위한 요구를 하여야 한다. 단순히 지방분권 공약을 하도록 요구하는 것만으로는 부족하다. 왜냐하면 중요한 공약이 표를 얻기 위한 구호에 그치는 경우가 많기 때문이다. 공약(公約)이 공약(空約)으로 되는 경우를 많이 보아 왔다. 정당 공천 배제 공약도 그 한 예에 속한다. 이제 유권자들은 공약에 속지 않아야 한다. 유권자들은 내년의 총선전에 개헌안의 국회 통과를 요구하여야 한다. 국회의원 2/3 이상의 찬성으로 지방분권개헌안을 국회에서 통과시키도록 하여야 한다. 이를 위하여 적극적으로 노력한 국회의원을 국민들이 지지하도록 하고, 이를 적극적으로 반대하거나 소극적인 태도를 보인 국회의원은 퇴출시키도록 하여야 한다. 단순한 공약이 아니라 임기 동안의 실적을 평가하여 투표를 하겠다는 유권자의 태도 변화가 필요하다.

3) 아래로부터 변혁을 통하여 나라를 바꾼다

주민의 변화와 동참을 이끌어 내는 것이 출발점이고 목표이다. 이를 위한 지방분권 연대의 결성과 확산이 필요하다. 주민과 국민의 의식과 손발을 질곡으로부터 해방하여 지방의 변화를 가져오고, 지방 의식과 손발을 중앙정부의 재갈로부터 풀어서 나라를 바꾸어 내는 것이 새로운 정치질서의 핵심이다. 이는 결코 중앙정치인의 호의에서 나오지 않는다. 중앙집권으로부터 이득을 보고 있는 기득권층은 그 지위를 잃거나 나라가 망할 때까지 특권을 놓을 생각을 하지 않을 것이다. 아래로부터 엄청난 압력과 요구가 있는 경우에 그들은 움직일 것이다. 다행인 것은 중앙정치인 중에도 소수이긴 하지만 미래의 정치질서를 앞당겨 건설하려는 세력이 있다는 점이다. 중요한 것은 나부터 먼저 시작하고 이웃에 전파하여야 한다는 점이다.

4) 소결

그동안 각 정부별로 추진한 자치분권의 성과와 노력에도 불구하고 우리나라의 지방자치는 아직까지 반쪽형 구조를 가지고 있다는 비판을 받고 있다. 중앙정부 위주의 사무배분 체계, 국가사무와 지방사무의 관계 모호, 국가 위주의 재원배분 체계, 지방세원 확충의 사실상 불가능, 조례제정권의 한계 등이 그 주요 내용이다. 이러한 비판은 지방분권의 추진 방향이 통합적이고 체계적이었다기보다는 사안별로 검토되는 분산적이고, 단절적인 지방분권 추진에서 오는 결과라고 할 수 있다. 이는 향후 지방분권 추진의 방향이 헌법에서부터 시행령과 조례 제정에까지 이르는 체계적인 제도의 틀을 검토하고, 사안별 평가와 추진에서 국정관리 체계의 전체적인 틀 속에서 판단하고 추진하는 노력이 필요하다는 점을 시사하고 있다. 동시에 중앙과 지방의 대립이 아닌 상생 기반의 형성, 지방자치단체 내부의 공동체 형성과 주민자치 등에 대한 과제들에 관심을 가져야 할 것이다.

PART

2

외국 지방자치의 현주소

Chapter 02

영국 지방정부

제 1 절 영국 지방정부 탄생의 사회경제적 배경

1. 영국 지방정부의 특성

1) 개요

영국은 잉글랜드, 웨일스, 스코틀랜드, 북아일랜드라는 지역으로 구성된 단방제 국가이다. 단방제 국가임에도 불구하고 4개의 지역은 연방제에 가까운 높은 수준의 자치권과 재량권을 갖고 있다. 잉글랜드는 영국 인구의 84%를 차지하고 있으며, 런던을 중심으로 한 지역이다. 인구의 8%를 차지하는 스코틀랜드 지역에는 스코틀랜드의회(Scottish Parliament),[1] 인구의 5%를 차지하는 웨일스 지역에는 웨일스의회(Welsh Assembly)[2]가 설치되어 독자적인 정치와 행정을 수행한다. 인구의 3%를 차지하는 북아일랜드에도 북아일랜드의회(Northern Ireland Assembly)[3]가 설치되어 이양된 권한을 행사한다. 4개 지역의 지방정부는 상이한 체제 하에서 운영되고 있다. 여기에서는 주로 잉글랜드와 스코틀랜드 지역의

1) 129명의 의원으로 구성됨.
2) 60명의 의원으로 구성됨.
3) 108명의 의원으로 구성됨.

지방정부를 중심으로 논의하였다. 잉글랜드는 영국에서 가장 큰 지역이고 스코틀랜드는 다양한 측면에서 여타의 지역과 상이하기 때문이다. 스코틀랜드에는 아직도 독립을 지지하는 정치 세력이 독립을 위한 주민투표를 요구하고 있는 실정이다.

2) 영국 지방정부의 특성

영국의 지방정부는 계속성과 변화라는 관점에서 연구의 가치가 있다. 비교적 외국의 침략이 없었던 영국은 1066년 이후 외부의 힘에 의한 강제적인 변혁을 겪지 않았다. 중앙정부는 물론 지방정부의 수준에서도 전통을 비교적 순탄하게 보존할 수 있었다. 그럼에도 불구하고 영국이 사회·경제적으로 발전을 성취함에 따라 중앙정부와 지방정부는 이에 능동적으로 대처하는 대응력을 보여 주었다. 대표적인 것이 산업화로 인한 상황 변화에 대한 지방정부의 변화로 1835년 도시법인법(Municipal Corporation Act)의 제정이었다. 이 법률에 따라 선출직 공무원으로 지방의회를 구성하게 되었다(Norton, 1994).

영국 지방정부는 사회·경제적 상황에 따라 지방의 다양성과 전국의 통일성과의 조화를 모색하여 왔다는 점도 주요한 특성이다. 다음 절에서 논의하는 바와 같이 영국의 지방정부는 7세기부터 태생하기 시작하여 매우 다양한 형태로 발전하였다. 교구회(parish), 버러(borough), 타운(town) 등의 형태로 나타났다. 19세기 말을 기준으로 교구회와 학교구역의 수는 25,000여 개였다. 구역정부(district)와 카운티(county) 수준의 지방정부의 수가 3,000여 개에 달하였다(Elcock, 1994). 새로운 문제점이 발생될 때마다 종합행정기구보다는 단일의 사무를 수행하는 특별지방정부를 창설하는 관행이 지배하였기 때문이다.

산업화 이후 교통의 발달로 인구의 이동이 급격히 증가하면서 지역 간의 서비스 격차를 줄이는 정책을 전국 단위에서 추진하였는데 중앙정부의 지방정부에 대한 통제로 이어지는 결과를 낳기도 하였다. 대표적인 예가 1980년대 대처 수상이 추진한 지방정부의 개혁이 여기에 속한다(Stewart & Stoker, 1995).

3) 영국 지방정부의 기원

잉글랜드 지방정부는 교구회(parish), 버러(borough), 타운(town) 등의 형성으로부터 발전하였다. 교구회가 탄생된 사회·경제적 배경은 7세기에 기초하고 있다. 교구회는 7세기에 태생되어 1894년 구역정부(district)에 의하여 대체되기까지 앵글로색슨의 지방자치 기구로서 발전되었다. 교구회의 의사결정은 지역주민이 직접 참여하는 방식으로 이루어졌으며, 주민들은 순번제에 의하여 교구회의 사무를 담당하였다. 순번제에 의한 관리자는 무보수 명예직이었으며, 이와 같은 전통은 현재까지도 영국 지방의회에 남아 있다(Humes, 1991).

교구회의 사무는 점차 확대·발전하였다. 초기 교구회의 주요 사무는 치안을 유지하고 법을 집행하는 것이었다. 교구회는 치안과 법의 집행을 담당할 경찰을 임명할 권한을 갖고 있었다. 점차로 지역의 쾌적환경(amenity)을 위하여 도로조사를 담당하게 되었다. 엘리자베스 여왕이 1601년 빈곤법을 제정함에 따라 빈곤 퇴치라는 사회복지사무가 교구회의 주요한 기능이 되면서 점차로 교구회는 지방종합행정기관으로 발전하였다(Kingdom, 1993).

교구회는 지방의 종합행정 기능을 수행할 재원을 충당하기 위하여 지방세를 부과할 과제자주권을 보유하였다. 교구회가 부여하였던 지방세(rates)는 대처(M. Thatcher)의 보수당 정부가 지방개혁의 차원에서 1988년 폐지하기까지 잉글랜드 지방정부의 주요한 지방세였다.

교구회가 7세기에 태생되었지만 근대적 의미의 지방자치 배경은 12세기라는 일반적인 견해이다(Wilson & Game, 1994; Elcock, 1994; Humes, 1991). 영국의 지방자치와 지방정부는 절대왕정에 대한 견제의 의미를 갖는 분권적인 전통에 따른 것이다(Kavanagh, 1990). 잉글랜드 지방정부는 타운과 버러를 중심으로 발전하였다. 잉글랜드와 웨일스 지역에서 농촌으로부터 이주한 사람들이 타운과 버러를 형성하게 되었다. 이에 따라 이들 지역은 행정구역이었던 카운티와는 분리된 행정서비스를 제공할 필요성을 느끼게 되었다.

절대군주는 왕립헌장(royal charter)을 통하여 타운과 버러의 독자적인 지위를 인정하였다. 왕립헌장을 통하여 군주는 타운과 버러에 일정한 범위의 자치권을 인정하고 타운과 버러는 절대군주에게 충성을 약속하였다. 타운과 버러의 자치권은 자치조직권, 자치행정권, 자치재정권을 포함하고 있었다. 지역주민들이 관리를 직접 선출하였으며, 자치행정권을 통하여 효율을 강조하였다. 자치재정권에 기초하여 세금을 징수하였으며, 징수한 세금 중의 일부분은 군주에게 납부하였다. 버러와 타운의 자치권은 절대군주가 임명한 평화판사의 감독 하에 이루어졌다.

카운티(county)와 샤이어(shire)는 중앙정부의 지방행정조직으로서 군대와 법의 집행 및 세입의 토대가 되었다. 일선 행정 및 사법을 담당하는 행정 단위로서 카운티와 샤이어의 책임자는 세리프(sheriff), 평화기사, 평화판사라고 불리는 중앙정부의 관리였다. 중앙정부의 지방사법 및 행정관이었던 세리프는 앵글로색슨, 평화기사는 노르만 시대의 명칭이며 후에 평화판사로 대체되었다. 평화판사는 1835년 현대 지방정부법인 도시법인법의 제정 이후에는 사법 기능만을 수행하게 된다. 이들은 중앙정부의 관리임에도 불구하고 분권적인 시각이 매우 강하였다(Kavanagh, 1990).

스코틀랜드 지역의 지방정부 기원은 12세기로 추론하며 형태도 잉글랜드와 같이 교구회, 버러 및 카운티였다. 특히 버러는 스코틀랜드의 대표적인 도시인 애버딘, 던디, 에든버러, 퍼스를 대상으로 발전하였다(Norton, 1994).

2. 영국 지방정부의 사회 · 경제적 배경

1) 영국 지방정부의 사회 · 경제적 배경

영국은 위에서 언급하였듯이 농촌의 인구가 유출되어 도시로 이동하면서 도시문제가 증가하기 시작하였다. 특히 산업혁명 이후 급격히 증가하는 도시의 행정 수요에 대한 대응을 통하여 지방정부의 형태가 변화하기 시작하였다. 도시의 새로운 행정 수요는 빈곤의 해결, 상 · 하수도의 확충 및 위생적인 환경의 유지, 도로 및 교통시설의 보완, 교육의 양적 · 질적인 향상, 범죄 예방 및 퇴치, 소방의 확보 등 광범위한 범위로 확대되었다.

영국의 전통에 따라 초기의 대응은 특별지방정부를 설립하는 방식이었다. 13세기 상 · 하수도 특별위원회, 17세기 빈민 퇴치를 위한 교구회, 18세기 도로 건설을 위한 고속도로 신탁(Turnpike Trust), 18세기 도로와 가로등의 유지와 보수를 위한 개량위원회(Improvement Commission) 등이 대표적인 예이다.

빈곤의 문제는 1601년 빈곤법에 따라 교구회가 담당하여 왔으나 1834년 새로운 개정 빈민법(Poor Law Amendment Act)에 따라 구빈위원회가 구성되었다. 이 밖에도 1835년 도로법에 의한 고속도로위원회(Highway Boards)가 구성되어

도로의 건설 및 유지를 담당하게 되었다. 도시의 위생 수요를 충족시키기 위하여 1848년 공공위생법(Public Health Act)이 제정되어 지방위생위원회(Local Health Boards)가 설치되었다. 지방의 교육을 위하여 1870년 교육법(Education Act)과 초등학교법(Elementary Education Act)이 제정되어 카운티와 구역정부에 학교위원회(School Board)가 구성되었다. 초등교육을 위하여 도시에서는 타운위원회(Town Board)와 농촌에서는 농촌위원회(Rural Board)가 구성되었다.

2) 1835년 도시법인법의 제정

(1) 도시법인법의 제정 배경

영국, 특히 잉글랜드 지역의 지방정부는 1835년을 계기로 커다란 변화와 발전을 맞게 되었다. 그때까지의 새롭게 대두하는 행정 수요에 대한 대응 방식과 당시 존재하였던 버러와 타운 등의 문제점을 토대로 새로운 방식을 채택하는 계기가 마련되었기 때문이다. 도시법인법(Municipal Corporation Act) 또는 도시개혁법(Municipal Reform Act)이라는 제도가 1835년 제정되었다.

도시법인법의 제정 배경은 12세기 이후 관행화된 특별지방정부의 체제와 19세기 초의 버러와 타운정부가 갖고 있던 문제점들이었다. 교구회와 빈민위원회를 시작으로 무수히 탄생된 특별지방정부로 지방정부의 체계는 매우 복잡하여 시민들조차 서비스의 접근에 어려움을 겪었다. 관행적으로 이어진 특별지방정부의 방식을 지양하고 새로운 형태의 접근 방식이 요구되었다.

12세기 이후 영국 지방정부의 대표적인 형태인 버러와 타운정부가 지닌 문제점으로 크게 두 가지가 비판되었다. 첫 번째 문제점은 버러와 타운정부가 지역공동체의 이익을 대변하고 있지 못하였다. 버러와 타운정부가 주민이나 지역공동체의 이익을 대변하기보다는 소수 관리의 이익을 대변하고 있었다. 두 번째 문제점은 첫 번째와 직접적인 관련성을 지니고 있는 것으로, 관리들의 보수가 지나치게 많은 것이었다. 아울러 버러와 타운정부가 소유한 재산이 주민의 것으로 인식되기보다는 관리들의 소유로 인식되는 폐단이 이어졌다(Jennings, 1935).

이러한 문제점을 기초로 하여 영국의회는 1833년 잉글랜드와 웨일스 지역의 지방정부를 연구·검토하기 위한 선정위원회(Select Committee)를 구성하였다. 선정위원회의 제안에 따라 지방정부의 개혁을 위한 왕립위원회(Royal Commission)가 구성되어 285개의 모든 타운이 조사 대상이 되었다.

(2) 도시법인법의 주요 특징과 의의

상기의 왕립위원회의 연구 결과가 1835년 도시법인법이다. 1835년 도시법인법은 1882년의 개정을 거친 이후 1900년 지방정부법의 개정 이후 많은 부분이 개정되었다. 그럼에도 불구하고 1835년 도시법인법은 영국 지방정부의 정치사에서 매우 중요한 특징과 의의를 지니고 있다.

앞에서 논의한 바와 같이 영국은 지방의 행정 수요가 발생할 때마다 특정한 행정을 수행하는 특별지방정부를 구성하는 특별한 접근 방식이 관행이었다. 특별지방정부의 구성을 통하여 단일사무별로 대응하는 방식이 행정 체제의 복잡성을 낳자 종합행정 방식으로의 전환을 모색하게 되었다. 도시법인법은 이러한 새로운 접근 방식을 제도화하였다는 의의를 지닌다(Humes, 1991; Elcock, 1994).

1835년 이전에는 타운과 버러라는 종합적인 지방행정을 담당하는 지방정부와 다수의 특별지방정부가 혼합되어 행정서비스를 제공하였다. 타운과 버러도 헌장의 내용에 따라 다양한 형태를 띠고 있었다. 도시법인법의 주요한 특징은 다양한 형태의 타운과 버러를 통일적으로 규정하는 것이었다. 이를테면 지방정부의 헌법적 성격을 띤 규정이었다. 아울러 도시법인법의 제정으로 지방의 종합행정을 담당하는 타운과 버러의 기능이 강화되었다. 도시법인법의 주요 내용은 아래에서 논의한다.

(3) 도시법인법의 주요 내용

도시법인법 제정 이전에는 지방정부가 탄생될 때 헌장의 내용에 따라 다양한 형태를 띠었다. 도시법인법이 제정됨에 따라 다양한 지방정부가 통일적인 버러정부로 전환되었다. 도시법인법의 제정에 따라 새롭게 개혁된 버러정부의 수는 178개였다.

버러정부를 개혁시킨 도시법인법의 가장 중요한 내용은 선출직 지방정부로 전환하였다는 점이다. 비록 지방세(rate)를 납부하는 납세자에게만 선거권이 부여되었지만 납세자가 선출한 지방의회가 통치하는 지방정부를 가능하게 한 제도적 토대가 도시법인법이었다. 선거권자는 지방세를 납부하면서 해당 구역에 3년 이상 거주한 사람으로 한정되었다. 개혁된 지방정부의 책임성을 높이기 위하여 지방재정에 관한 사항을 공개하고 감사를 받아야 하였다. 이를 위하여 유급의 사무국장과 회계관을 고용하도록 규정하였다.

선거제도는 소선거구에 단순과반수제도를 채택하였다. 런던광역시(Greater London Authority)에 1999년 비례대표제가 도입된 점을 제외하곤 현재까지 소선거구에 단순과반수제도가 유지되어 왔다.

도시법인법은 지방정부의 구성으로 지방의회와 앨더맨(Alderman)제도를 도입하였다. 지방의회는 3년 임기의 지방의원으로 구성하고 이와는 별개도 6년 임기의 앨더맨을 선출하여 지방의회의 의결권을 부여하였다. 앨더맨은 원로의원이나 전문가 중에서 지방의원의 일정 비율을[4] 선출하여 지방의회의 전문성과 계속성을 유지하기 위한 제도였다. 앨더맨제도는 1974년 지방정부법의 개혁에 의하여 폐지되었다(Wilson & Game, 1994).

3. 헌법 및 법률에서 영국 지방정부 규정

1) 불문헌법의 국가

대부분의 국가는 헌법에서 지방정부와 지방자치에 관한 규정을 두고 있다. 헌법에서 규정하는 내용은 국가마다 상이하지만 지방자치의 보장과 자치권 중앙-지방의 관계 등이 공통적인 사항이다. 지방자치의 보장과 자치권의 보장이라 함은 주민 주권에 기초한 지방정부의 수립과 운영을 의미한다. 주민 주권은 주민의 직접 참여는 물론 선거에 의한 간접 민주주의를 규정하고 있다. 지방자치와 지방정부는 권력 분산의 차원에서 헌법적 사항이다(Bennett, 1993).

그런데 영국은 주지하다시피 불문헌법(Unwritten Constitution)의 국가이다. 대륙법계에서 보장되는 지방자치와 지방정부의 헌법 규정은 존재하지 않는다. 그럼에도 불구하고 영국의 지방자치와 지방정부는 오랜 기간의 전통과 사회적 관습 및 법률에 따라 보장되어 왔다. 영국이 1997년 노동당 정부가 출범할 때까지 유럽의 지방정부 헌장(European Charter of Local-self Government)에 서명하지 않은 주요한 이유이다. 유럽의 지방정부 헌장에 서명하게 되면 헌장이 헌법적인 구속력을 갖게 됨을 염려하였기 때문이다.

---

4) 지방의회에서 앨더맨(Alderman)이 차지하는 비율은 지방정부마다 상이하였으며, 50% 이상을 앨더맨으로 구성한 지방정부도 존재하였다.

지방자치와 지방정부에 관한 성문헌법적 보장이 부재함에도 불구하고 지방자치와 지방정부가 지속적으로 발전되어 온 데에는 영국의 오랜 정치적 배경에 기인한다. 19세기 말부터 국회의원은 지역 이익을 대표하는 대리자였다. 지역의 엘리트로서 의회에 진출하게 되면 가장 높은 우선순위가 자신이 선출된 지역의 이익을 보호하는 것이었다. 이와 같은 전통은 1980년까지 지속되었다.

2) 의회 우월의 원칙

영국의 지방자치와 지방정부가 헌법적 보장을 받지 못함에 따라 영국의 지방정부는 의회 우월의 원칙(Supremacy of Parliament)에 입각하여 의회에서 의결하는 법률에 따라 언제든지 변경 또는 개혁의 대상이 되었다. 앞에서 논의한 1835년 도시법인법이 제정된 이후 수많은 법률의 제정 또는 개정을 통하여 지방정부의 형태와 구조 및 기능이 변화되었다.

의회가 제정한 주요한 법률과 내용은 보면, 1835년 도시법인법에 의한 선출직 지방정부의 출범, 1888년 지방정부법에 의한 카운티정부의 수립(런던 카운티 포함), 1894년 지방정부법에 의한 하위 지방정부의 출범, 1899년 런던정부법에 의한 광역런던시(London County Council)의 하위 지방정부인 도시버러 탄생, 1963년 런던정부법에 의한 런던광역시의회(Greater London Council) 탄생, 1972년 지방정부법에 의한 2층제의 구축, 1985년 지방정부법에 의한 런던광역시와 대도시 지방정부의 폐지, 1999년 런던정부법에 의한 런던광역시(Greater London Authority)의 부활, 2000년 지방정부법의 개정에 의한 지방정부의 기관 구성의 다양화 도입, 2011년 지방주의법(Localism Act)에 의한 지방주의의 강화 등이 이어져 왔다.

3) 상위법 위반 무효의 원칙

영국의 지방정부는 법률이 허용하는 범위 내에서 재량권 및 자치권을 행사하지만 지방정부에서 규정한 자치법률이 상위법에 저촉될 때에는 당연히 무효이다. 이를 상위법 위반 무효의 원칙(Ultra vires)이라 부른다. 'Ultra vires'는 'beyond the powers'를 의미한 라틴어로서 특정한 행위가·주어진 권한의 밖에 있음을 의미한다. 매우 엄격하게 준수되는 원리로서 다양성을 유지한 채 전국적 통일성을 유지하는 데에도 크게 영향을 미치고 있다.

4) 기능열거주의

영국은 다음 절에서 논의하는 바와 같이 매우 복잡한 계층구조와 기관 구성 형태를 채택하고 있다. 그럼에도 불구하고 각각의 지방정부가 담당하는 기능과 중앙정부의 기능은 분리 체제에 기초한다.

중앙정부와 지방정부의 기능을 분리하는 방식에는 예시주의와 열거주의가 있다. 예시주의는 지방정부에 지역의 발전과 복지 증진을 위하여 포괄적으로 기능을 이양하고 중앙정부는 실증법을 통하여 각각 기능을 예시하는 방식이다. 열거주의는 지방정부가 수행할 기능을 중앙정부가 구체적으로 적시하는 방식으로서 구체적으로 명시하지 않은 기능은 지방정부가 수행하지 못한다. 주로 영국을 포함하여 미국과 캐나다 등 영미계의 국가가 채택하고 있다. 열거주의에 따르면 중앙정부와 지방정부 간의 사무배분이 비교적 명확하다는 장점이 존재한다.

제 2 절 영국 지방정부의 유형 및 특성

1. 지방정부의 유형

1) 계층별 유형

잉글랜드 지역에서 계층별 지방정부의 유형은 지역정부와 통합정부를 우선 논의할 수 있다. 이를 제외하면 많은 지역에서 2층제와 단층제가 채택되었다. 2층제를 채택할 경우 상위지방정부는 런던지역을 제외하고 카운티이며, 하위 지방정부는 비도시권 구역정부, 광역버러, 런던버러로 구성된다. 단층제 지역은 단일정부(unitary government)라 불린다.

(1) 지역정부

영국은 잉글랜드, 웨일스, 스코틀랜드, 북아일랜드라는 지역으로 구성되어 잉글랜드를 제외하고는 각 지역에 지역정부(Regional Authorities)가 설치되어 고도의 자치권을 행사하고 있다. 반면 잉글랜드에는 그러한 지역정부가 설치되어 있지 않고 바로 영국정부의 통치를 받는다.

잉글랜드 지역의 효과적인 행정 수행을 위하여 1994년부터 런던지역을 포함하여 9개 지역으로 구분하고 지역정부의 수립을 추진하였으나 주민들의 반대로 무산되었다. 반면 지역의 광역적 발전을 효과적으로 추진하기 위하여 1994년부터 2012년까지 지역개발청(Regional Development Agency)을 설치하였다. 현재 런던지역은 선출직 시장과 시의회를 토대로 지역정부를 구성하였으나 그 밖의 8개 지역에는 비선출직인 리더위원회(Leader's Boards)가 자문 역할을 수행하고 있다. 리더위원회는 런던 이외의 지역 내에 소재하는 지방정부 리더들의 자발적인 지역조직이다.

2000년 설치된 런던광역시(Greater London Authority)는 지역정부의 예로 평가되기도 한다. 잉글랜드에서 그 외 8개의 지역에는 지역을 대표하는 지방정부는 없고 리더위원회가 자문 역할을 수행할 뿐이다.

(2) 런던광역시

1986년 대처 수상에 의하여 런던광역시의회(Greater London Council)가 폐지된 이후 런던지역은 다수의 공동위원회, 런던버러, 런던시(City of London)가 행정을 수행하였고, 런던지역 전체를 대표하는 광역정부는 존재하지 않아 전략적 리더십을 발휘하기 어려웠다. 1997년 노동당이 집권하면서 지방분권의 공약에 따라 2000년 새로운 형태의 런던광역시(Greater London Authority)가 탄생되었다.

새로운 런던광역시는 처음으로 시장-시의회를 선출하는 기관분리형을 도입하였고, 시의원의 수도 25명인 소의회제도를 채택하였다. 런던광역시는 광역도시를 대표하는 지역정부인 동시에 상위지방정부의 기능을 수행하며 런던광역시 산하에 32개의 런던버러가 존재한다.

이 밖에 런던 도심의 1.12 평방마일(sq mile)을 차지하는 런던시가 설치되어 있다. 이 지역은 12세기 앵글로색슨 시대부터 독특한 지위를 인정받았으며, 현재까지 이어지고 있다. 런던시의 의회는 앨더맨의회(Court of Alderman)와 일반시의회(Court of Common Council)로 구성된다. 앨더맨의 임기는 종신이었으나

1960년대부터 6년으로 축소되어 현재에 이른다. 25개의 선거구에 1명씩 선출한다. 앨더맨 중에서 시장을 선출한다. 시의회는 선거구당 2~10명까지 선출하며 정원은 100명이다. 사업 집중 지역에서 80명의 시의원, 거주 집중 지역에서 20명의 시의원을 선출한다. 집행기관은 시장과 수석행정관이 담당한다. 런던시의 유권자는 거주자와 이 지역에서 사업을 수행하는 기업의 종사자들이다. 현재 거주자의 수는 7,000명 선인데 반하여 기업 유권자는 32,000명 선이다.

(3) 통합정부

통합정부(Combined Authorities)는 영국이 지방자치에 대한 탄력적인 운영을 보여 주는 대표적인 사례이다. 아래에서 논의하는 바와 같이 영국의 계층구조는 1972년 2층제로 대대적인 개혁을 단행한 이후 1986년 런던광역시와 6개 대도시 정부의 폐지, 1990년대 단층제의 개혁과 잉글랜드 지역정부의 창설을 위한 시도가 이어졌다.

런던광역시의회와 대도시정부는 1986년 대처 수상의 개혁에 의하여 폐지되었다. 이때 향후 대도시 지역의 광역행정이 어렵게 될 것이라고 문제점이 예측되었다. 이를 보완하는 차원의 도시제도가 통합정부이다.

통합정부는 잉글랜드 지역 내에서 지역의 규모보다는 작고 기존의 상위 지방정부보다는 큰 구역으로 형성된 지방정부이다. 광역적 차원의 교통계획과 경제 발전을 목적으로 형성되는 지방정부로서 지방정부의 자발적인 의사에 따라 구성된다. 2009년 지방민주주의와 경제발전 및 건설법(Local Democracy, Economic Development and Construction)의 제도적 바탕 위에 설립된다. 통합정부는 최초로 맨체스터 지역의 제안을 수용함으로써 시작되었다.

현재까지 2011년 광역맨체스터통합정부를 포함하여 9개의 통합정부가 설치되어 있다. 이들 지역은 대부분 1986년 폐지된 대도시정부의 구역이다. 통합정부는 중앙정부와의 협상(city deals)을 통하여 높은 수준의 권한을 이양받을 수 있는 이점이 있다. 통합정부의 구성은 주민의 직접선거가 아니라 간접선거에 의하여 구성되는 것이 현재까지의 추세였다. 그러나 2016년 지방분권법(Cities and Local Government Devolution Act)에 따라 선출직 시장도 허용되었다. 영국 역사상 최초의 직선제 시장은 2000년 선출된 런던광역시장이었다.

(4) 상위지방정부

잉글랜드 지역에서 상위지방정부(Upper－tier local Authorities)는 27개의 비대도시 카운티, 6개의 대도시 카운티, 런던광역시로 나뉘었으나 6개의 대도시 카운티는 1986년 폐지되었다. 런던광역시는 위에서 논의하였으므로 여기에서는 27개의 카운티정부에 관하여 논의하였다. 카운티정부는 1888년 지방정부법에 따라 탄생되었으며, 비도시지역의 카운티와 대도시 카운티로 대분된 것은 1974년 이후이다. 그 후 대도시지역의 카운티는 폐지되어 현재에는 비대도시 지역에 27개의 카운티 정부가 존재한다. 비대도시 카운티는 교육, 전략적 기획, 교통계획, 대중교통, 고속도로, 소방, 사회서비스, 도시관, 쓰레기 처리 등의 기능을 수행한다.

(5) 하위지방정부

잉글랜드 지역의 하위지방정부(Lower－tier local Authorities)는 201개의 비대도시 구역정부 36개의 대도시 버러, 32개의 런던 버러로 구성된다. 비대도시 구역정부는 대도시 이외의 지역에 설치되어 있는 카운티의 하위지방정부이다. 주로 주택, 계획 신청, 레저 및 레크리에이션, 쓰레기 수거, 환경보건, 세금 징수 등의 기능을 수행한다. 대부분의 구역정부는 버러의 자격을 가지며, 시장을 임명할 수 있다.

(6) 단일지방정부

영국은 1889년 이후 상위지방정부인 카운티의 기능과 하위지방정부인 버러의 기능을 동시에 가지는 단층제의 카운티버러가 존재하였다. 단층제라는 용어는 종종 신중하게 사용되어야 하는 경우도 있다. 카운티버러 산하에 교구회가 있는 경우에는 종종 2층제로 볼 수 있기 때문이다. 1972년 지방정부법에 따라 폐지되기까지 존재하였으며 대부분이 도시지역이었다.

1992년 지방정부법의 개정에 따라 대도시권 이외의 지역에 단일정부(Unitary Authorities)로의 개혁이 논의되어 현재에는 잉글랜드의 지역에 55개의 단일정부가 탄생되었다. 단일정부는 카운티정부와 구역정부의 기능을 모두 수행하는 지방정부이다. 현재에도 기존의 단일정부 간 통합, 카운티정부와 구역정부의 통합을 통한 단일정부로의 개혁이 진행되고 있다.

2) 기관 구성의 유형

영국 잉글랜드 지역은 전통적으로 기관통합형의 국가였으나 2000년 지방정부법의 개정으로 기관 구성을 다양하게 선택할 수 있게 되었다. 2000년 지방정부법의 기본 취지는 잉글랜드의 지방정부를 현대화하는 것이었다. 집행기관의 형태를 의회지도자-캐비닛형 또는 직선제 시장-캐비닛형 중에서 선택하도록 권장되었다.

지방이 선택할 수 있는 선택지는 아래에서 보는 바와 같이 네 가지가 있었다. 2007년 지방정부와 공공보건법(Local Government and Public Involvement in Health Act)에 따라 직선제 시장-관리자형은 폐지되었다. 2011년 지방주의법(Localism bill)에 따라 인구 85,000명 이하의 작은 지방정부는 전통적인 위원회 제도로 회귀할 수 있게 허용되었다.

(1) 의회지도자-캐비닛형

의회지도자-캐비닛형(Council leader-cabinet type)의 지방정부는 2000년 지방정부의 현대화라는 개혁 프로그램에 따라 도입된 제도이다. 중앙정부의 의원내각제와 유사한 형태이다. 지방의회의 다수당이나 다수당이 없는 경우 연합을 통한 다수당의 대표가 의회지도자가 되며 지방의원으로 캐비닛을 구성하여 집행기관을 구성한다. 캐비닛형 구성원이 집행기관의 기능을 수행하는 실·국장을 맡는다. 집행기관의 의사결정은 의회지도자를 포함한 캐비닛을 통하여 이루어지면 실·국장에게 위임되기도 한다. 집행기관의 활동은 지방의회에 정기적으로 보고한다. 이들의 결정은 감사위원회(Scrutiny Committee)가 감사한다.

지방의회는 의회지도자를 선출하며 의회지도자와 캐비닛이 작성한 예산안의 심의·의결, 지역발전계획의 승인, 지방정부의 헌법과 같은 중요한 정책의 결정과 집행기관에 대한 감사 등을 통하여 견제와 균형의 원리를 구현한다. 종종 의회지도자에 대한 불신임을 의결하기도 한다. 지방의원의 윤리적인 사항은 감사위원(monitoring officer)이 담당한다.

(2) 직선제 시장-캐비닛형

전통적으로 기관통합형의 영국이 직선제 시장(Directly elected mayor-cabinet type)을 최초로 검토한 것은 보수당의 환경장관이었던 헤젤타인(Michael Heseltine)

이었다. 1997년 노동당이 집권하면서 직선제 시장제도가 지방정부의 현대화 개혁 과정에 주요한 메뉴가 되어 2000년 지방정부법의 개정에 따라 지방정부가 선택할 수 있는 대안 중의 하나가 되었다.

이 법의 기본적인 목표는 전통적인 위원회제도를 폐지하는 것이었다. 모든 지방정부에 집행기관의 개정을 의무화하였다. 직선제 시장제도를 도입하는 경우에는 반드시 주민투표를 실시하도록 규정하였다. 2007년 지방정부와 공공보건법(Local Government and Public Involvement in Health Act) 이후에는 주민투표를 거치지 않고 직선제 시장제도를 선택할 수 있게 간소화되었다. 이 경우 지방의회가 3분 2 이상의 의결정족수로 직선제 시장제에 찬성하여야 한다. 모든 지방정부가 재차 집행기관의 변경을 의무적으로 검토하여야 하였다.

2011년 캐머런(D. Camercn) 정부의 지방주의법에 따라 중앙정부가 특정 지방정부의 집행기관을 결정할 주민투표를 개시할 권한을 보유하게 되었다. 2012년 10개의 대도시지역을 중심으로 주민투표가 실시되었다.

2015년 기준으로 16개 지방정부가 직선제 시장제도를 도입하였다. 그런데 2011년 지방주의법에 따라 위원회제도도 부활되었다. 브리스톨(Bristol) 1개의 도시만 직선제 시장제도를 찬성하고 9개의 지역에서는 부결되었다. 2017년에는 위에서 논의한 통합정부의 기관으로서 직선제 시장제도가 도입되었다.

2000년 런던광역시가 탄생하면서 최초의 직선제 시장은 런던광역시장이 되었다. 그 후 현재까지 15개의 지역에서 직선제 시장제도를 채택하였다.

(3) 직선제 시장-관리자형

직선제 시장-관리자형(Directly elected mayor-council manager type)은 선거에 의하여 선출된 시장과 행정전문가인 관리자를 집행기관으로 구성하는 제도이다. 2000년 지방정부법에 따라 도입되었으나 2007년 폐지되었다. 스토크 온 트렌트 시(Stoke-on-Trent City)에서만 채택되었다가 2008년 의회자도자-캐비닛형으로 재차 변경된 제도이다.

(4) 위원회

1933년 지방정부법에 따라 도입된 위원회제도는 영국의 가장 전통적인 제도 중의 하나이다. 1989 지방정부 및 주택법(Local Government and Housing Act)에 의거, 위원회(Committee type)는 정당별 구성 비율에 따라 구성되어야 한다. 캐머런 정부가 출범한 이후 2011년 지방주의법이 제정되었다. 이 법에 따라 영국 지방정부의 기관 구성 중의 선택지로 위원회제도가 부활되었다.

위원회제도는 지방의회의 의결로 리더와 위원회를 구성한다. 위원회는 지방의회의 정당별 구성 비율에 따라 지방의원으로 구성된 합의적 의사결정의 기구이다. 위원회에서 결정되지 못한 사안은 본회의에 부의된다.

2. 지방의회

영국 지방의회는 기관분리형과 기관통합형의 형태에 따라 지위와 역할이 상이하다. 위에서 논의한 바와 같이 의회지도자-캐비닛형과 위원회제도는 기관통합형이며, 직선제 시장-캐비닛형은 기관분리형이다. 위원회형은 기관통합형에 속한다. 대부분의 지방정부가 의회지도자-캐비닛형이거나 위원회형을 채택하고 있다.

1) 지방의원의 역할

(1) 지역의 대표자

지방의원은 런던광역시의 비례대표[5]를 제외하곤 선거구에서 선출되기 때문에 지역주민의 대표자이다. 하위지방의원의 유권자는 5,000명 내외이며, 상위지방의원은 10,000명 내외이다. 대의회제도를 채택하고 있기 때문이다.

(2) 옴부즈맨

지방의원은 옴부즈맨(ombudsman)으로서 무엇보다도 부정하거나 부당한 행정에 대한 유권자의 민원을 해결하고 있다. 일상생활에서 발생하는 다양한 행정조치에 대하여 유권자의 소리에 귀를 기울이고 있다. 대표적으로 평생교육원의 수강료에 대한 민원 해결이 여기에 속한다.

(3) 지역의 지도자

지역의 지도자로서 지역의 현안에 대하여 주민들을 설득하고 계몽한다. 정책 결정 과정에서 지역의 의견을 대변하기도 한다.

---

5) 런던광역시의원은 14명이 선거구에서 선출되며 11명이 비례대표이다.

(4) 정책결정자

지방의원의 가장 중요한 역할은 지방정부의 주요한 정책을 결정하는 것이다. 예산 심의와 의결, 중요한 조례의 결정 등은 물론 중요한 시책 등은 지방의회의 의결을 거쳐야 한다.

(5) 행정의 관리자 및 감시자

기관통합형의 경우 직접적으로 행정을 담당하고 있기 때문에 행정 및 공무원을 관리한다. 집행부서의 실・국장을 지방의원이 겸직하기 때문이다. 기관분리형의 경우 행정을 감시・감독하는 지위에 서게 된다.

2) 지방의회의 구성 및 법적 지위

지방의회의 법적 지위와 구성 현황을 보면 대의회제도를 채택하고 있다. 물론 2000년 설치된 런던광역시는 25명의 소의회제의 유급제를 채택하였으나 그 외 대부분의 지방의회는 명예직을 유지하고 있기 때문에 대부분의 지방의원은 본업을 가지고 있으며 대의회이다.

지방의원을 직업별로 보면 사무노동자의 비율이 32.5%, 전문직 28.1%, 교사 및 교수가 12.3%, 사무직이 13.4%, 육체노동자가 13.7%를 차지하고 있다.

3) 지방선거

(1) 선거구제

잉글랜드 지방의원의 선거구는 소선거구가 일반적이다. 비교적 동일한 수의 유권자를 기준으로 선거구가 획정되며, 보통 선거구당 1~3명의 의원이 선출된다. 카운티의회는 1인 선거구, 대도시구역의회는 3인 선거구, 단일정부와 런던버러는 1~3인 선거구제도를 채택하고 있다.

동일한 선거구에서 3명이 선출되는 경우에도 매년 1/3씩 교체되는 선거이기 때문에 선거에서 선출되는 지방의원의 수는 1명인 소선거구제도인 셈이다. 당선자는 단순과반수(simple plurality system)에 의하여 결정된다. 전체를 교체하는 선거를 하는 경우 2명을 선출하는 선거구에서는 유권자가 2표를 행사하기 때문에 소선거구제에 가깝다.

(2) 선거일

선거일은 5월 첫 번째 목요일이다. 다만 유럽의회 선거가 있는 연도에는 유럽의회 선거일로 변경할 수 있다.

전체를 교체하는 지방의회는 4년마다, 50%를 교체하는 지방의회는 2년마다, 1/3씩 교체하는 지방의회는 4번째 연도를 제외하고 매년 선거를 실시한다.

(3) 정당 공천

지방선거에서 정당 공천이 가장 적절하게 이루어지는 곳이 영국이다. 거의 모든 선거에서 정당 후보자들이 민주적으로 공천된다. 무소속 후보는 매우 적은 수가 당선된다.

(4) 선거관리

우리나라는 선거관리를 전문적으로 실행하는 중앙선거관리위원회가 지방선거도 관리하는 방식이다. 영국의 지방정부는 선거관리자(returning officer)가 선거관리를 담당한다. 선거관리자는 지방의회의 의장 또는 시장이 담당한다.

(5) 선거권과 피선거권

영국 지방선거에서 선거권과 피선거권의 연령 제한은 동일하다. 18세의 영국 시민, 또는 일정한 자격을 갖춘 영연방이나 유럽연합국가의 시민이면 유권자이다. 유권자가 피선거권을 가지려면 선거일 이전에 다음 요건 중의 하나를 충족하여야 한다.

① 등록된 지방정부의 유권자

② 지방정부 내의 1년 이상의 부동산 소유자 또는 거주자(임차인)

③ 해당 지방정부 내의 1년 이상 직장 근무지

④ 1년 이상의 거주자

4) 기관분리형의 지방의회

잉글랜드 지역에서 기관분리형 지방정부의 출현은 2000년 이후부터이다. 기관분리형의 구조에서 지방의회는 기관통합형의 경우와는 상이하다. 기관분리형에서는 견제와 균형의 원리에 따라 지방의회는 집행부서를 통제・감시한다.

대표적인 기관분리형의 지방의회는 런던광역시의회이다. 2000년 이후 직선제 시장제도가 도입되어 영국 지방자치 역사상 최초의 기관분리형 지방정부 하에서 시의회가 운영되고 있다. 런던광역시의회는 14명의 지역구 의원과 11명의 비례대표로 구성된다. 비례대표는 런던광역시 전체의 유권자를 대상으로 한 정당명부식 비례대표이다. 런던광역시의회는 시장을 중심으로 한 집행기관을 감시·감독하는 것이 첫 번째의 역할이다. 견제와 균형의 원리에 기초한 활동이다.

두 번째의 역할을 예산을 심의·의결하는 것이다. 우리나라의 경우 지방의회는 예산을 삭감하는 것만 가능하고 새로운 비목을 설치하거나 증액할 경우에는 지방정부의 장의 동의를 받도록 되어 있다. 런던광역시의회는 2/3의 정족수로 집행부서의 예산안을 자유롭게 수정할 수 있다.

세 번째의 역할은 시장이 제시한 정책안에 대하여 수용 또는 거부할 수 있다. 런던광역시의회가 최고의 정책결정기관임을 제도적으로 뒷받침하고 있다.

그 밖에 런던광역시의 교통, 보건, 환경 등의 주요 문제에 대하여 조사하여 결과를 출판한다. 때로는 적절한 정책대안을 권고할 수도 있다.

25명의 런던광역시 의원은 16개의 상임위원회로 배정되어 활동하고 있다. 감사위원회, 예산성과위원회, 예산감시소위원회, 확인청문위원회, 분권위원회, 경제위원회, 교육위원회, 환경위원회, 런던광역시감독위원회, 보건위원회, 주택위원회, 온라인범죄예방위원회, 기획위원회, 경찰범죄예방위원회, 재생위원회, 교통위원회가 구성되어 있다.

3. 지방정부의 특성

1) 지방정부의 이론적 토대

영국의 지방정부는 크게 세 명의 사상가 및 이론가의 주장에 기초하여 발전하여 왔다. 근거하는 이론에 따라 영국의 지방정부는 전통적 모형, 민주성 모형, 효율성 모형으로 나눌 수 있다(Norton, 1994).

보수주의 정치가 버크(Edmund Burke)가 제시한 전통적 모형에 따르면, 지방정부는 지역의 역사적 전통을 적절히 유지·보존하며, 지역 공동체를 중심으로 주민 간의 유대감이 제고되는 것이 매우 중요한 요인이다. 산업혁명 이전의 전통적인 지방정부의 경계 조정은 이와 같은 요인이 크게 작용하였다. 그러나 산업혁명의 발전으로 지역 간의 인구이동이 급격한 수준으로 높아지고 이에 따른 지방정부의 행정구역이 확대 또는 조정되는 일이 잦아짐에 따라 전통적 모형의 설명력은 크게 약화되었다.

민주성 모형의 정립에 영향을 미친 학자는 밀(John Stuart Mill)이다. 지방정부와 민주주의는 매우 밀접한 관계를 맺고 있다. 지방정부는 우선 수직적 권력 분립의 장치이다. 중앙정부와 지방정부 사이에 권력이 분립됨으로써 민주주의의 원리를 구현하는 도구가 된다. "지방자치는 민주주의의 학교"라는 주장과 일치하는 것으로 지역주민의 참여와 협상 및 해결 과정은 민주주의의 발전과 직결된다. 풀뿌리 민주주의라는 표현도 지방정부의 필요성을 직접적으로 보여 주는 용어이다. 민주주의에 대한 다양한 형태의 훈련이 없이는 얻을 수 없는 귀중한 가치이기 때문이다. 지방정부는 주민들이 손쉽게 접근할 수 있는 정부로서 이러한 경험의 기회를 제공한다.

지방정부는 주민의 세금을 사용할 때 효율성을 고려하여야 한다. 낭비의 요소를 제거하고 적극적으로 재정의 가치를 제고하는 규범을 준수하여야 한다. 효율성 모형은 1980년대 이후 영국 지방정부의 개혁 과정을 뒷받침한 모형이다. 사회복지 국가의 건설을 위하여 막대한 예산을 현장에서 집행하였던 지방정부가 낭비의 대명사가 되면서 신공공관리에 입각한 개혁운동이 대처 수상에 의하여 강력하게 진행되었다. 당시 지방정부 개혁운동의 이론적 기초는 효율성 모형이었다.

2) 지방정부의 다양성

(1) 지역에 따른 다양성

영국 지방정부의 특성을 논의할 때 지역에 따른 다양성을 빼놓을 수 없다. 여기서 지역이라 함은 잉글랜드, 웨일스, 스코틀랜드, 북아일랜드 지역을 의미한다. 비록 영국은 제도적으로 단방제 국가이지만 실질적인 운영은 준연방제이다.

잉글랜드와 웨일스는 지리적 근접성과 역사적 상황 때문에 다소 유사한 제도도 많지만 잉글랜드와 그 밖의 지역은 매우 상이하다. 1997년 웨일스 지역과 스코틀랜드 지역에 각각 지역정부를 설치한 것도 지역의 다양성에 기초한 지방분권적 조치였다. 스코틀랜드의회와 웨일스의회는 높은 수준의 자율권을 행사한다. 중앙정부에 위임된 특정한 권한을 제외하고는 스코틀랜드의회와 웨일스의회가 해당 지역 내의 정치와 행정을 담당한다. 북아일랜드도 독자적인 의회를 창설하여 이 지역의 정치와 행정을 담당한다.

(2) 지방정부의 다양성

잉글랜드의 지방정부는 구조의 관점에서 매우 다양하다. 앞에서 논의한 지역정부 외에 통합정부와 핵심지방정부(principal councils)로 크게 나누어 논의할 수 있다. 핵심지방정부라는 것은 잉글랜드 내에서 지역주민들에게 다양한 행정서비스를 제공하는 일반지방정부를 의미한다. 2017년 12월 기준으로 57개의 단층제정부(singer–tier government), 34개의 상위지방정부(upper–tier government), 269개의 하위지방정부(lower–tier government)가 존재한다. 단층제정부에는 55개의 단일정부(unitary government), 런던광역시에 존재하는 협의의 런던시(City of London), 그리고 섬으로 구성된 실리제도(Isles of Scilly)정부이다. 34개의 상위지방정부 중에서 6개의 대도시카운티는 1986년 해체되었고, 런던광역시는 2000년 창설되어 현재에는 27개의 비(非)대도시 카운티와 더불어 28개가 존재한다. 비대도시 카운티는 해당 지역에서 교육기관의 역할을 동시에 수행한다.

하위지방정부는 201개의 비대도시 구역정부, 36개의 대도시 버러, 32개의 런던버러로 구성된다. 영국에서 실질적으로 교구회를 제외하고 주민에게 가장 가까운 정부이다.

(3) 지방정부 구조의 다양성

영국은 의회민주주의의 전통에 따라 지방 수준에서는 위원회형 구조가 일반적이었다. 시대 상황의 변화에 따라 1인 리더십의 중요성에 따라 이와 부합하는 지방정부의 구조개혁이 2000년에 이루어졌다. 런던광역시에 최초의 직선제 시장과 시의회를 구성하였다. 이 밖에도 직선제 시장과 캐비닛형, 위원회형 중에서 지방정부의 선택에 따라 다양한 구조가 허용되고 있다.

3) 지방정부 이중 체제

지방정부의 계층이 2층제인 경우 상위지방정부와 하위지방정부의 구성 방식은 다양하다. 중앙정부가 상위지방정부의 장을 임명하고 상위지방정부의 장이 하위지방정부의 장을 임명하는 방식이 존재하며, 이러한 형태를 통합 체제라 칭

한다. 포르투갈이나 그리스의 경우가 여기에 속한다.

상위지방정부의 장은 중앙정부에 의하여 임명되며, 하위지방정부의 장은 지역주민의 선거 또는 지방의회 의장이 겸직하는 형태를 분리계층 체제라고 부른다. 우리나라에서 1952~1960년 사이에 실시된 형태이다.

세 번째의 체제는 상위지방정부의 장과 하위지방정부의 장을 모두 지역주민의 선거에 의하는 형태이다. 이러한 형태는 이중 체제라고 칭하며 우리나라와 영국의 경우가 여기에 속한다. 영국은 현재 단층제, 2층제 등이 동시에 채택되고 있지만 지방정부의 장은 직접선거 또는 간접선거에 의하여 선출되는 이중 체제의 국가이다.

제 3 절 영국의 지방정부 사례

1. 중앙과 지방의 행정 · 재정적 관계

1) 영국 중앙-지방 관계의 이론적 모형

영국의 정부 간 관계는 이론적 모형과 공식적 정부 간 관계로 나누어 논의할 수 있다. 전자는 영국에서 중앙-지방 간의 관계에 대한 변화를 이론적인 측면에서 논의한 것인 반면, 후자는 제도상 또는 관행상의 중앙-지방 간의 상황에 초점을 둔다.

영국의 정부 간 관계에 관한 이론적 모형은 크게 통제모형과 협력모형으로 나뉘며, 전자는 집행기관 모형(Agency model)과 승무원 모형(Stewardship model)으로 세분된다. 후자는 상호의존 모형(Power-dependence model)과 동반자 모형(Partnership model)으로 나뉜다(김순은, 2005).

집행기관 모형에 따르면, 지방정부는 중앙정부의 집행기관으로서의 지위에 초점을 둔다. 따라서 중앙정부의 지시나 명령 및 감독이 지방정부의 행정에 직접적인 영향을 미친다. 지방정부를 중앙정부의 하위 행정기관으로 보는 모형이다. 승무원 모형과의 차이점은 승무원에게 주어진 현장에서의 재량을 강조한다.

집행기관 모형은 일반적으로 영국의 중앙-지방의 공식적인 관계에 초점을 두며 중앙-지방의 관계를 상하·수직 관계로 인식한다.

협력모형은 중앙정부와 지방정부 간의 비공식적·작업적 관계에 초점을 둔 실증적 관계이다. 지방정부는 제도상 중앙정부의 하위에 위치하지만 인력과 조직 등 중앙정부와 비교할 때 월등한 자원을 보유하고 있다. 중앙정부는 반면 제도상의 권한과 재원 및 높은 수준의 정보 등을 보유하고 있다. 국정의 공통 목표를 위해서는 상호간의 자원 및 역량을 활용하는 것이 요구된다. 공통 목표를 위하여 상호간의 자원에 의존하는 형태이다.

중앙-지방의 진일보된 관계가 파트너십 모형이다. 중앙정부는 지방정부를, 지방정부는 중앙정부를 국정의 파트너로서 인식하고 상호 신뢰와 협력 속에 국정의 공통 목적을 수행하는 모형이다. 1997년 노동당 출범 이후 중앙정부와 지방정부는 중앙-지방 간 협약(Central-local Concordat)을 통하여 상호간의 신뢰를 바탕으로 국정을 추진하였다.

2) 중앙과 지방의 정부간 공식적 관계

(1) 중앙-지방 간 행정적 관계

① 의회우월주의와 월권 무효의 원칙

영국의 중앙-지방 관계를 결정하는 가장 중요한 원칙은 의회우월주의와 월권 무효의 원칙이다. 성문헌법이 부재한 영국에서 최고의 법적 권위는 의회가 갖고 있다. 의회는 의원들의 의결에 의한 법률에 따라 언제든지 헌법적 사항을 포함한 모든 제도와 원칙을 개정할 수 있다. 지방정부와 관련된 모든 제도적 사항은 이제까지 의회의 법률에 따라 변경되어 왔다. 아울러 지방정부가 제정한 자치법률도 법률에서 구체적으로 규정한 사항 내에서 유효하면 이를 위반하였을 때에는 무효이다. 영국의 중앙-지방 간의 정부간 관계도 이러한 원리와 원칙에 따라 형성되어 왔다.

② 공식적 행정적 관계의 제도

영국에서 중앙-지방 간의 행정적 관계에 영향을 미치는 가장 중요한 제도는 법률이다. 법률을 통하여 중앙정부는 지방정부와의 행정적 관계를 형성한다.

1980년 대처 수상의 지방정부에 대한 통제와 감독도 법률의 제정을 통하여 이루어졌다. 특히 교육 분야에 발동되는 대집행권(default power)도 법률에 기초를 두고 있다. 이 밖에도 중앙정부의 명령, 행정지침, 법원의 판결, 중앙정부의 감사, 재정적 통제가 중앙-지방의 정부간 관계에 영향을 미친다.

(2) 중앙-지방 간 재정적 관계

영국의 중앙-지방의 재정적 관계는 매우 집권적이었다. 유럽 국가 중에서 가장 집권적인 체제였다. 2011년 기준으로 GDP 대비 지방세의 비율이 스웨덴 15.9%, 캐나다 15.3%, 독일 10.9%, 프랑스 5.8%인데 비하여 영국은 2.5%였다(House of Commons Communities and Local Government Committee, 2014).

따라서 지방정부의 재정은 중앙정부의 이전재원, 지방세(카운슬세, conucil tax), 기업재산세(비즈니스레이트, business rate), 기타 사용료와 수수료 등으로 충당된다. 지방세인 카운슬세는 재산과 거주하는 사람의 수에 따라 세율이 결정되기 때문에 재산세와 인두세의 성격을 지니고 있다. 영국의 지방세는 징수기관과 부과기관(precepting authorities)이 이원화되어 있다. 징수기관은 세금을 징수하는 지방정부로서 징수기관이 징수한 지방세는 부과기관에 각각 배분된다. 징수기관은 앞에서 논의한 지방정부 가운데 잉글랜드 지역은 구역정부(district authority)이며, 부과기관은 런던광역시, 카운티카운슬, 통합정부, 합동위원회(joint board), 교구회의회가 있다.

기업재산세는 2013년 4월 이전에는 지방정부가 징수하고 중앙정부는 지방정부가 징수한 기업재산세 전체를 대상으로 일정한 공식에 따라서 지방에 재배분하는 국세의 성격이었다. 조세수입의 3.53%를 차지하였다. 2013년 4월 이후에는 2012년 지방재정법에 따라 징수한 지방정부가 수입의 50%를 보유하고, 나머지 50%는 종전처럼 재정교부금으로 재배분하는 체제로 전환되었다.

중앙정부의 이전재원은 크게 국고보조금(hypothecated fund)과 세입지원금(revenue support fund)으로 나뉜다. 전자에는 교육보조금, 주택보조금, 보건 및 웰빙보조금 등이다. 2013/2014년 기준으로 볼 때 지방정부의 재정구조는 지방세인 카운슬세가 34.7%, 교부세가 22.5%, 기업재산세의 보존분이 15.5%, 경찰보조금이 11.2%이다(House of Commons, 2014).

2. 스코틀랜드의 분권화 사례 및 경향

1) 노동당의 지방분권

(1) 지방분권의 배경과 주요 내용

① 지방분권의 배경

유럽 선진국 중에서 가장 중앙집권적인 요소가 강한 국가 중의 하나가 영국이다. 전통적으로 분권적인 체제 위에 근대국가를 수립하였으나 공리주의 사상과 사회복지국가의 건설을 추진하면서 집권적인 성격이 두드러지게 되었다. 1970년 말 IMF 구체금융 이후 집권한 대처 수상은 강력한 중앙집권적 지방정부 개혁을 추진하였다. 지방정부의 재정적 통제를 강력하게 추진하였으며, 대처 수상의 개혁에 소극적이었던 런던광역시의회(Greater London Council)와 6개 대도시 지역의 광역정부를 해체하는 결과로 이어졌다. 이와 같은 중앙집권적 개혁은 지방의 민주주의를 훼손하였다는 비판의 대상이 되었다. 1997년 총선거를 앞두고 노동당은 지방분권을 선거공약으로 제시하였다.

1987년 총선에서 승리한 노동당은 선거공약에 따라 보수당의 중앙집권정책을 지방분권정책으로 전환하였다. 이때부터 시작된 영국의 지방분권정책은 현재까지도 이어지고 있다(김순은, 2001, 2017). 노동당 정부의 지방분권에 대한 의지는 미루어 왔던 유럽 지방정부 헌장에 서명함으로써 확인되었다. 노동당 정부의 지방분권은 지역정부로의 정치적 분권과 지방정부의 구조개혁 및 주민 참여의 확대라는 관점에서 진행되었다. 지역정부로의 정치적 분권은 런던광역시(Greater London Authority)의 탄생과 스코틀랜드의회의 설치로 나타났다.

② 지방분권의 주요 내용

런던광역시의 탄생은 광역지역정부의 설립과 지방정부의 구조 개편의 의미를 동시에 지녔다. 1986년 해체된 런던광역시의회(Greater London Council)가 런던광역시(Greater London Authority)라는 새로운 이름으로 탄생되면서 정부의 구조가 전통적인 위원회를 채택하지 않고 직선제 시장제도를 도입하였기 때문이다.

1986년 런던광역시의회가 해체된 이후 런던지역은 기초지방정부인 런던버러가 주요한 역할을 수행함은 물론 광역행정은 다수의 합동위원회(Joint Board)가 담당하였다. 종합적인 광역적 지방정부가 부재하여 런던지역의 전략적 리더십의 결여로 도시행정의 어려움이 가중되었다. 이에 노동당은 2000년 새로운 이름의 런던광역시를 도입하였다.

런던광역시가 새로운 구조와 특징을 지녔다는 점도 주목받을 만하였다. 영국의 지방정부는 선출직 지방의회의 장이 의전의 역할만을 수행하는 시장이 되는 기관통합형이 오랜 전통이었다. 2000년 런던광역시는 시장과 시의원을 선거로 선출하는 기관분리형을 채택하였다. 시의원의 규모를 25명으로 축소하여 대표적인 소의회제도를 도입하였다. 런던지역의 국회의원의 수가 77명인 점을 고려하면 매우 혁신적인 제도였다. 14명의 시의원은 지역구에서 선출하며 11명은 비례대표이다(김순은, 2001).

노동당 정부가 추진한 지방분권 중에 지방정부의 구조 개편이 포함되었다. 앞에서 간략히 서술하였듯이 지방정부의 구조를 개선하는 것도 주요한 지방분권의 내용이었다. 기존의 위원회제도를 직선제 시장-캐비닛형, 의회지도자-캐비닛형, 직선제 시장-관리자형 중에서 지역이 주민투표로 결정하게 하였다. 의욕적인 시도와는 달리 직선제 시장제도를 도입한 지역은 2015년 기준으로 16개에 머물고 있으며, 직선제 시장-관리자형은 2007년 폐지되었고, 전통적인 위원회로의 회귀도 가능하게 하였다. 직선제 시장-관리자형으로 변경하였다가 의회지도자-캐비닛형으로 전환한 도시는 스토크 온 트렌트시(Stoke-on Trent City)이다.

2) 스코틀랜드의회의 설치와 지방분권

(1) 지방분권의 배경

1703년 잉글랜드와 통합된 스코틀랜드는 지역의 정체성을 바탕으로 분리주의 운동이 지속적으로 발생하였다. 1973년 스코틀랜드의 분리주의는 헌법위원회(the Royal Commission on the Constitution)로 이어졌고, 헌법위원회의 연구결과물이 1978년 스코틀랜드법이다. 스코틀랜드법의 제정 목적은 스코틀랜드의 분권을 강화하는 스코틀랜드의회를 설치하는 것이었으나 1979년 3월에 실시된 주민투표율이 40%에 미치지 못하여 주민투표는 무효화되었다.

1997년 노동당이 재집권함에 따라 스코틀랜드의 독립운동에 대한 중앙정부의 타협안으로 1979년의 시도에 이어 스코틀랜드의회를 설치하는 정책에 대하여 1997년 9월 주민투표를 거쳐 스코틀랜드법이 제정되었다.

(2) 지방분권의 내용

스코틀랜드법에 따라 스코틀랜드는 일부 영역을 제외하고는 거의 독립국가에 가까운 자치권을 갖게 되었다. 국방, 외교, 국가안보, 이민, 사회보장 등 전국적인 규모나 전국에 걸쳐 통일이 필요한 영역을 제외하고는 스코틀랜드의회에 권한이 이양되었다.

스코틀랜드 정부는 보건, 교육, 사법과 경찰 및 지방정부의 관련된 업무를 담당한다. 이외에 독자적인 교육 체제, 지방행정 체제, 사법 체제를 구축하고 있다. 아울러 스코틀랜드의회는 과세자주권도 일정한 범위 내에서 보장하고 있다. 유럽의회에 대표를 파견할 수 있는 외교권도 갖고 있다. 유럽의회의 탈퇴를 결정한 영국 정부와는 달리 잔류를 희망하였던 스코틀랜드는 향후 독립운동의 지속될 가능성이 남아 있다. 보수당의 집권 이후에도 스코틀랜드 지역에 좀 더 강화된 지방분권이 예상되는 이유이다.

3) 보수당의 지방분권

(1) 지방분권의 배경

노동당은 스코틀랜드의회의 설치를 통하여 스코틀랜드의 분리를 무마하였다. 그와 같은 유화책에도 불구하고 스코틀랜드의 독립 및 분리주의는 지속되었다. 2014년 9월 스코틀랜드 독립을 위한 주민투표의 실시가 대표적인 예이다. 비록 주민투표의 과반수를 얻지 못하여 시도는 좌절되었으나 2015년 스코틀랜드 총선거에서 스코틀랜드 국민당이 59석 중 56석을 차지하여 새로운 돌파구를 기대하고 있다.

이와 같은 분위기를 반영하여 중앙정부와 스코틀랜드 정부는 상호 협력을 통하여 지방분권의 취지를 극대화하려고 노력하고 있다. 중앙과 지방정부의 권한 배분은 유동적이며, 1999년 이후 현재도 계속적으로 논의되고 있다. 예를 들면 2009년 구성된 캘먼(Calman)위원회는 과제자주권을 포함한 분권개혁안을 권고하였다.

(2) 지방분권의 내용

2012년 중앙정부는 캘먼위원회의 권고를 수용하여 과세자주권이 크게 신장하였다. 강화된 과제자주권은 2016년부터 발효되었다. 과세권의 강화로 소득세율이 증가되었으며, 토지세 및 쓰레기매립장세 등이 도입되었다. 2014년부터 스코틀랜드 정부는 차입권이 확대되었다. 채권을 발행할 수 있는 새로운 권한은 스코틀랜드 정부의 재정력 강화에 기여할 것으로 기대하고 있다(Office of the Advocate General for Scotland, 2015).

4) 최근 경향

중앙정부와 스코틀랜드의회는 소올협약(Sewel Convention)이라는 바탕 위에 스코틀랜드 지방분권을 관리하고 있다. 소올협약은 1998년 지역정부로의 지방분권을 논의하였던 기구로서 소올 위원의 이름에서 유래하였다. 영국 정부가 새로운 입법을 추진할 때 다음과 같은 경우에는 반드시 스코틀랜드 정부의 동의를 구해야 하는 협약을 의미한다.

- 지방분권과 관련된 사항
- 스코틀랜드 부처의 권한에 영향을 미치는 사항
- 스코틀랜드의회의 권한과 관련된 사항

이러한 원칙에 따라 2014년 9월 스코틀랜드 지역의 독립에 관한 주민투표가 45 : 55로 부결된 이후 캐머런 영국 정부는 2014년 11월 스미스위원회(Smith Commission)에서 스코틀랜드에 더욱 강화된 권한을 부여하는 의결을 하였다.

강화된 권한은 소득세에 관한 완전한 과세자주권, 스코틀랜드 지역에서 징수된 소비세의 지분 보장, 차입권의 확대, 그리고 확장된 사무에 관한 것이었다. 이를 뒷받침하기 위하여 2015년 1월 영국 정부는 법률안을 제출하여 2016년 스코틀랜드법이 개정되었다.

스미스위원회의 권고에 따라 2016년 3월 발효된 스코틀랜드법은 1998년 스코틀랜드법의 지방분권보다 강화된 것이었다. 가장 중요한 내용은 스코틀랜드의회의 운영과 관련된 제도 및 선거 체제에 대한 개정 권한을 스코틀랜드의회로 이양한 것이다. 스코틀랜드의회는 2/3의 정족수로 스코틀랜드의회 운영제도를 개정할 수 있게 되었다.

그뿐만 아니라 스코틀랜드의회는 도로표지판, 자동차 제한 속도, 해변가의 오일 및 가스 추출, 도로 사용권, 소비자 보호 분야에 통제 권한을 이양받게 되었다. 여기에는 스코틀랜드 지역에서 징수된 소비세의 일정 부분을 스코틀랜드가 보유하는 내용도 포함되어 있다.

3. 잉글랜드의 분권화 사례 및 경향

1) 노동당의 지방분권

(1) 지방분권의 배경

노동당의 지방분권 배경은 앞에서 논의한 바와 같다. 스코틀랜드, 웨일스, 북아일랜드 지역을 대상으로 중앙정부의 권한을 이양하는 지방분권의 배경은 잉글랜드 지역에서도 유사하였다. 중앙집권적이었던 보수당의 정책에 대한 반작용으로 노동당은 지방분권을 통하여 지역 발전을 모색하였다.

(2) 지방분권의 내용

① 런던광역시의 창설과 지방정부 구조의 개혁

1986년 보수당 정부가 해체한 런던광역시(Greater London Authority)를 2000년 노동당은 부활시켰다. 런던지역의 광역적 사무와 대도시의 전략적 리더십 확보를 위한 지방분권적 개혁의 일환으로 런던광역시를 창설하였다. 앞에서 논의한 바와 같이 지방정부의 구조를 위원회에서 직선제 시장-캐비닛형, 의회지도자-캐비닛형 등으로 개편하는 내용의 개혁도 노동당이 추진한 지방분권 개혁이었다.

② 지역개발청의 설치

노동당은 기본적으로 지역 발전을 위해서는 광역지방정부가 필요하다고 판단하였다. 잉글랜드 지역을 9개로 나누고, 지역의 발전을 추진하는 주체로서 지역개발청(Regional Development Agency)을 설치하였다.

런던지역은 1986년 폐지하였던 런던광역시를 부활하여 런던광역시가 런던지역의 개발공사(London Development Agency)의 역할을 담당하게 되었으며, 그 외 8개 지역에는 1998년 지역개발청법에 따라 지역개발청을 설치하였다.

유럽의 지역정부가 유럽의회에 발전기금을 신청할 수 있듯이 지역개발청도 유럽의회에 개발기금을 신청할 수 있는 자격을 부여받았다. 지역개발청은 기업혁신기술부에서 임명한 15명의 이사로 구성되었으며, 이들은 주로 지방정부, 경제단체, 노동조합, 봉사단체 등에서 선발되었다. 주요 기능은 해당 지역의 발전계획을 수립하는 것이다.

지역개발청은 주로 지방정부, 경제단체 및 시민단체의 대표로 지역에 구성된 광역회의(Regional Chamber)의 감시·감독을 받았다. 광역회의는 1998년 지역개발청법에 따라 구성된 간선의 기구였으며, 지역의회(Regioal Assembly)라는 명칭으로도 사용되었다. 2008년과 2010년 사이에 지역의회는 모두 폐지되었으며, 지역개발청은 2012년 보수당에 의하여 폐지되었다.

② 지역정부의 시도

노동당은 지역정부(Regional Government)가 지역 발전의 주체가 되는 것이 바람직하다는 판단에 따라 잉글랜드 지역에도 지역정부의 수립을 추진하였다. 2002년 5월 「당신의 지역, 당신의 선택(Your Region, Your Choice: Revitalizing the English Regions)」이라는 백서에 기초하여 2003년 「지역의회(준비)법(Regional Assemblies (Preparation) Act)」을 제정하였다. 이때 지역정부의 위상은 이미 설치된 스코틀랜드, 웨일스의 의회에 상응하는 것이었다.

잉글랜드의 북동, 북서, 요크셔와 험버 지역의 계층제를 검토하고, 2004년 11월 잉글랜드 북동지역에 지역정부의 수립에 대한 주민투표가 최초로 실시되었다. 투표율은 48%였으며, 지역정부의 수립에 대하여 찬성이 22%, 반대가 78%로 나타나 지역정부 수립안이 부결되었다. 잉글랜드 북서 및 요크셔 및 험버 지역의 주민투표는 연기됨과 동시에 지역정부의 시도가 중지되었다.

그 후 2004년 머지사이드 지역에 머지사이드의회(Merseyside Assembly)의 설치가 제안되었으며, 시지역(city region)이라는 개념이 2005년 총선거에서 선출직의 광역정부에 대신하는 대안으로 제안하였다. 현재에는 잉글랜드 지역에 잉글리시의회의 설치를 민주당이 제안하였다.

④ 최상의 가치 도입

지방정부는 재정의 효율을 높여야 한다. 1945년 이후 사회복지 국가를 건설하는 과정에서 지방정부가 낭비의 대명사가 되었기 때문이다. 대처 수상은 공공부문에도 강제입찰제도(compulsory competitive tendering)를 도입하여 지방정부도 민간부문과 경쟁해야 하였다. 경쟁입찰에 실패하면 해당 부처가 폐지되는 매우 강력한 개혁이었다(Department of Environment, Transport and the Regions, 1999; 김순은, 2001).

노동당은 보수당이 도입하였던 강제입찰제도를 폐지하고 최상의 가치(Best value)제도를 도입하였다. 최상의 가치는 지방정부가 민간기업과의 경쟁을 지양하고 오히려 민간부문이나 시민단체와의 협력을 통하여 재정의 효율을 제고하기 위한 것이었다. 지방정부는 중앙정부가 제시한 4C를 고려하면서 재정의 효율을 제고하는 재량을 부여받았다. 4C는 도전(Challenge), 비교(Compare), 자문(Consult), 경쟁(Compete)의 머릿글자를 모은 것으로, 새로운 환경에 도전하고, 상호 비교와 자문을 통하여 지방정부 재정의 효율을 높이기 위하여 상호 경쟁할 것을 주문한 제도였다.

⑤ 중앙-지방의 전략적 파트너십 구축

노동당이 잉글랜드 지역에 추진하였던 지방분권의 두드러진 특징 중의 하나가 중앙-지방 정부 간 관계의 혁신적 실험이었다. 지방정부를 정책의 파트너로 인식하고 중앙정부와 지방정부의 대표가 정기적으로 만나 국정을 논의하는 과정을 제도화하였다. 다양하였던 지방정부협의회가 단일화되어 지방정부의 대표성이 간결하게 정리된 것도 중앙-지방 전략적 파트너십을 형성하는 데 크게 도움이 되었다.

노동당 정부는 출범 초기부터 중앙-지방 파트너십 회의(Central-local Partnership Meeting)를 통하여 상호간의 정부와 정책 내용을 공유하였다. 중앙정부의 주요한 지방정책들이 파트너십 회의를 통하여 확정되었다. 중앙정부와 지방정부가 합의하여 공공서비스의 우선순위를 결정하였다. 중앙정부가 지방정부의 성과를 제고하기 위하여 포괄적 성과평가제도(Comprehensive performance assessment)를 도입하였는데, 이 제도도 파트너십 회의를 통하여 결정되었다(김순은, 2005).

후에 중앙정부와 지방정부는 상호간의 협약(Central-local Concordat)으로 발전되어 중앙정부 정책의 우선순위, 지방정부 정책의 우선순위 등을 상호 협약을 통하여 결정하였다. 상호간의 협약을 통하여 형성된 혁신적 관계는 정책 집행의 효과성을 크게 제고하였다(김순은, 2005).

2) 보수당의 지방분권

(1) 지방분권의 배경

1997년 이후 노동당 정부는 다방면에 걸쳐 지방분권을 추진하였다. 역설적으로 한편으로는 중앙집권적인 규제도 강화하였다. 특히 지방정부의 성과를 관리하고 광역적 차원의 발전 체제를 구축하는 정책은 집권적인 방식으로 추진하였다.

노동당은 지방정부의 성과를 관리하기 위하여 2002년부터 포괄적 성과관리제도(comprehensive performance assessment)를 도입하였다. 이 제도는 2009년 포괄적 지역평가제도(comprehensive area assessment)로 전환될 때까지 감사위원회가 주관부처로서 지방정부의 성과를 평가하여 웹사이트에 공개하였다. 감사위원회는 이 밖에도 복지기관과 소방기관 및 최상의 가치를 추진하는 기관에 대한 감사관을 지명하였다. 이와 같은 제도는 성과와 관련하여 지방정부는 중앙정부의 통제로 인식하게 되었다.

앞에서 논의하였던 지역개발청의 운영 방식도 비판의 대상이 되었다. 본래의 취지는 지역개발청이 지역 발전을 추진하는 분권적인 의도가 강하였으나 운영조직이 이사회의 임원을 중앙정부가 임명함으로써 집권적인 성격을 띠게 되었다(김순은, 2011).

2010년 5월 출범한 캐머런 정부는 노동당의 정책을 폐지 또는 축소하고 새로운 관점에서 지방분권을 실시하였다. 거대사회론(big society)이라는 용어가 캐머런 정부의 지방분권의 특색을 압축적으로 시사하고 있다(김순은, 2011). 보수당 정부는 노동당 정부가 역점을 두었던 포괄적 지역평가제도와 지역협약제도를 폐지하였다.

중앙집권적 기관이라고 비판받았던 기관들이 폐지되었고, 포괄적 지역평가평가를 담당하였던 감사위원회와 아울러 지역의 경제 발전을 추진하였던 지역개발청을 폐지하였다.

(2) 지방분권의 내용

보수당의 지방분권 내용은 크게 규제 완화, 재정분권, 권한이양, 지방정부의 투명성 제고와 책임성 강화, 공공서비스 제공의 다양화로 크게 나누어 논의할 수 있다(김순은, 2011).

① 규제 완화

캐머런 정부는 노동당 정부가 다양한 지방분권을 추진하였음에도 불구하고 지방정부에 대한 중앙정부의 규제가 강화되었다고 판단하였다. 무엇보다도 지방정부에 대한 포괄적 성과평가가 발전하게 된 포괄적 지역평가제도에 의하여 지방정부의 자율성을 크게 훼손하였다고 판단하였다.

지방정부가 감사나 보고 등 부수적인 사무에 사용하는 시간을 축소하고 지방정부의 재량을 강화한다는 관점에서 포괄적 지역평가를 폐지하고 지방정부에 대한 감사는 최소화하였다. 포괄적 지역평가를 담당하였던 감사위원회는 2015년 3월 31일부로 폐지하였고, 각 부처의 보고 사항도 최소화하였다. 이 밖에 지방분권의 저해 요인을 분석하는 작업에도 착수하였다.

② 재정분권

전통적으로 영국의 지방재정은 중앙의존도가 매우 높았다. 지방세가 레이트 단일세제로 구성되어 있었고, 대처 수상이 법인재산세(non-domestic rate)를 국세로 전환하였기 때문에 지방재정은 더욱 악화되었다.

캐머런 정부는 2012년 지방재정법의 개정을 통하여 국세로 전환하였던 법인재산세를 개선하였다. 징수한 법인재산세의 50%는 징수한 지방정부에 귀속하고 나머지 50%만 상생기금으로 조성하여 전국에 재배분하는 방식으로 전환하였다. 이외에도 조건부 국고보조금은 폐지하였다.

③ 권한이양

캐머런 정부는 지방정부로의 권한이양에도 적극적이었다. 2011년 지방주의법을 제정하여 거대한 사회라는 명분 하에 공동체의 권한을 강화하였다. 지방주의법은 캐머런 정부가 추진한 지방분권의 상징이었다. 지역의 경제, 사회, 웰빙의 권한을 강화하는 것으로 주목적으로 공동체의 활성화에 초점을 맞춘 입법이었다(Department of Communities and Local Government, 2009).

지방정부의 조직권도 강화하였다. 지방정부가 지방정부의 구조를 자율적으로 선택할 수 있는 재량을 부여하였고, 이 중에는 직선제 시장제도가 포함되었다. 정부의 적극적인 권고에도 불구하고 전통에 익숙한 잉글랜드에서는 직선제 시장제도를 선택한 지방정부의 수가 16개에 머물고 있다. 직선제 시장-관리자형을 폐지하고 전통적인 위원회로의 전환도 허용되었다.

전통적인 위원회로의 재전환은 지방의회의 권한을 강화하는 차원이었다. 중앙정부가 제시하였던 표준위원회제도는 폐지하고, 지방의회 내에 감사위원회를 설치하면 별도의 감사 및 평가 체제를 두지 않아도 되었다.

특히 도시지역에 대한 지방분권을 강화하는 정책을 채택하였다. 시지역(city region)이 형성된 8개 핵심 도시와 지방분권이 강화된 협상을 추진하였다. 비록 직선제 시장제도의 반대에 부딪혀 계획과는 차질이 발생하였지만 시지역으로의 지방분권은 현재도 추진 중에 있다.

무엇보다도 공동체와 시민사회의 권한이 강화된 점이 주목할 필요가 있다. 지방정부가 제공하는 행정서비스에 대하여 자원봉사단체, 공동체, 교구회, 2명 이상의 공무원이 이의를 제기하면 새로운 구매절차를 수립하여야 한다.

공동체가 지역 발전을 위하여 필요하다고 판단하면 지역공동체의 자산을 구매할 권한을 부여하였고, 공동체가 자산의 구매에 참여할 구매입찰권이 부여되었다.

④ 지방정부의 투명성 제고와 책임성 강화

보수당 정부는 지방정부로의 권한이양과 더불어 지방정부의 투명성과 책임성을 제고하는 방안도 염두에 두었다. 지방정부의 투명성과 책임성의 강화는 주민 참여의 방식과 연결하였다.

무엇보다도 주민투표의 활성화를 모색하였다. 지방정부의 중요 사항에 대하여 주민투표로 결정하게 함으로써 주민의 참여와 책임성을 높였다. 대표적으로 지방정부의 구조, 즉 직선제 시장제도를 주민투표로 결정하는 제도를 도입하였다.

지방정부에의 주민통제도 강화되었다. 지방정부가 카운슬세(지방세)를 인상하는 것에 대한 주민의 거부권을 도입하였다. 기업분 재산세의 인상에 대한 거부권도 도입되었다. 주민들은 동시에 고위 공직자의 임금 인상에 대해서도 규제

할 수 있다.

⑤ 공공서비스 제공의 다양화

중앙정부는 광역과 기초의 수준에서 공공서비스의 다양화를 모색하기 위한 방안도 추진하였다. 광역 수준에서는 노동당 시대의 정부사무소와 지역개발청을 폐지하고, 대안으로 지역기업 파트너십(local enterprise partnership: LEP) 프로그램을 개시하였다. 지역기업 파트너십은 2011년부터 지방정부와 지역기업들 간의 파트너십을 구성하여 지역경제 및 지역의 일자리 창출을 포함한 지역 발전을 숙의한 체제였다. 2012년 폐지된 지역개발청의 지역 발전 기능을 흡수하였다.

기초 수준에서는 공동의 역할과 권한이 강화되었다. 공동체조직이 공동체의 역사적인 자신을 취득할 수 있는 권한을 부여받았다. 공동체조직이 지방정부가 생산하여 제공하는 서비스의 입찰에도 참여할 수 있게 되었으며, 이를 위하여 공동체조직의 예산제도가 도입되었다. 현재는 공동체조직이 지방정부의 공동체조직 예산 공모에 신청하는 방식으로 진행되고 있다.

3) 최근 경향

보수당 정부의 지방분권정책은 현재에도 강력하게 추진되고 있다. 잉글랜드의 지역정부와 관련된 이슈도 정리되었다. 이를 사안별로 정리하면 아래와 같다.

(1) 시티딜

시티딜(city deal)은 2011년 제정된 지방주의법(Localism bill)에 따라 도시권의 발전과 고용 창출을 위하여 도입된 분권적 정책이다. 시티딜은 중앙정부와 도시정부와의 계약에 속한다. 시티딜에 따라 도시권은 경제 발전, 고용 창출 및 투자의 활성화를 위한 제도적 권한을 이양받았다. 공공자금의 사용처에 대한 사항도 포함된다. 런던지역을 제외한 8개의 핵심 도시를 포함하여 2012~2014년 사이에 28개 도시권과 협상을 체결하였다(Cabinet Office, 2013; 이원섭, 2017).

8개의 핵심 도시는 버밍엄, 브리스톨, 리즈, 리버풀, 대맨체스터, 뉴캐슬, 노팅엄, 셰필드이다. 20년 이내에 이 지역에서 175,000개의 일자리와 37,000개의 견습생 훈련을 기대하고 있다.

(2) 발전 협상

발전 협상(growth deal)은 영국 정부가 장기적인 지역의 경제 진흥을 위하여 지역의 지역기업 파트너십(LEP) 사이에 체결된 협약이다. 앞에서 논의하였듯이 노동당 시대의 지역개발청을 폐지하고 새롭게 구축한 지역기업 파트너십은 지방정부와 지역기업 사이에 형성된 파트너십으로서 지역경제의 발전을 추진할 새로운 추진 체제이다. 주로 노동자의 기능훈련을 위한 자본투자에 사용되어야 한다.

발전 협상은 현재까지 3차에 걸쳐 이루어졌다. 2016년 제1차에는 잉글랜드 지역의 39개 지역기업 파트너십 사이에 20억 파운드의 지역발전기금(Local Growth Fund)과 40억 파운드의 예산 등 총 60억 파운드의 자본이 투자되었다.

제2차 협상은 10억 파운드의 예산이 증가되었다. 제2차 협상에서는 사회간접자본(SOC)과 주택 및 기타 기금이 종합적으로 사용되었다. 현재까지 3차에 걸친 발전 협상이 이루어졌다.

(3) 통합정부의 도입

2009년 지방민주주의 · 경제발전 · 건설법(Local Democracy, Economic Development and Construction Act)이 제정되어 2개 이상의 정부가 통합한 통합정부(Combined Authority)를 구성할 수 있는 제도적 여건이 마련되었다. 잉글랜드 지역에서 지역정부를 설치하려던 노동당의 정책이 성과를 거두지 못한 데 대한 대안이었다. 통합정부는 2016년 도시 및 지방분권법(Cities and Local Government Devolution Act)에 따라 중앙정부와 분권 협상의 주체가 되었다.

(4) 분권 협상

영국에서는 2009년 통합정부의 설치가 가능해지면서 지방분권 논의가 활발해지기 시작하였다. 2014년 11월 대맨체스터 통합정부와의 논의가 최초의 분권협상(devolution deal)이었다. 2015년 총선거를 앞두고 셰필드, 웨스트요크셔 등으로 이어지고, 2016년 3월 기준으로 12지역에서 협상이 완료되었다. 이와는 별개로 런던광역시와도 분권 협상이 진행되었다.

여기에 영국 잉글랜드 지역에는 2016년 도시 및 지방분권법을 제정하면서 본격적인 지방분권을 실시하였다. 이 법의 특징은 모든 지방정부에 일괄적으로 지방분권을 실시하는 것이 아니라 통합정부, 도시권 지방정부와 개별적으로 협상에 따라 지방분권의 범위와 집행에 관한 사항을 결정한다는 점이다.

중앙정부에서는 재무부(HM Treasury)와 주택·공동체·지방정부부(Ministry of Housing, Communities and Local Government)의 대표가 참여하고, 지역에서는 지방정부와 지역기업 파트너십이 협상 대표이다.

2017년 3월까지 8개의 도시권이 분권 협상을 완료하였다. 도시정부는 중앙정부와 분권 협상에 합의하면 지방의회의 인준을 받음으로써 분권 협상이 완료된다. 5개 지역에서는 지방의회의 승인을 받지 못하였다(이원섭, 2017).

(5) 웨스트 로디언 쟁점의 정리

블레어(T. Blair) 총리의 노동당이 스코틀랜드와 웨일스 지역에 의회를 설치하고 지방분권을 강화함에 따라 야기된 이슈가 웨스트 로디언 쟁점(West Lothian Issue)이었다. 중앙정부 의회에서 스코틀랜드와 관련된 사항의 대부분은 스코틀랜드에 이양하고, 중앙정부에서 스코틀랜드 지역에 관련된 입법을 논의할 때에는 스코틀랜드 지역에서 선출된 의원들에 의하여 결정된다. 반면 잉글랜드 지역에 영향을 미치는 사항에도 스코틀랜드 지역 출신 의원들이 참여함으로써 불공정하다는 논란이 제기되었는데 이를 웨스트 로디안 쟁점이라 한다.

잉글랜드 지역에만 국한되는 입법을 논의할 때에는 잉글랜드 지역의 의원들만 참여하여야 한다는 주장이 지속되어 왔다. 2015년 10월 22일 의회에서 잉글랜드 이슈는 잉글랜드 의원만에 의하여 결정하는 'English votes for English laws' 체제가 찬성 312, 반대 270표로 가결되어 웨스트 로디언 쟁점은 해결되었다.

Chapter
03
프랑스 지방정부

제 1 절 프랑스 지방분권 추진 배경과 지방분권형 헌법 개정

1. 지방분권 추진 배경

1) 지방분권의 시작

프랑스는 1982년 신지방자치법(또는 신지방분권법) 실시 이전에도 코뮌(Commune), 데파르트망(Départements), 레지옹(Région) 등이 국가의 지방행정기관이면서 행정구역 단위로서도 존재하였다. 새롭게 지방분권이 시행된 1982년부터는 국가의 지방행정 단위와는 별도로 공법체의 법적 실체로서 지방자치정부를 구성하여, 주민의 직접선거를 거쳐 선출된 지방의회 중심의 국가-지방정부라는 이원적 통치 체제로 새로 출범하게 되었다. 즉, 사회당 정부의 적극적인 지지를 받고 1982년 신지방분권법 「코뮌 기초지방정부, 데파르트망 도지방정부, 레지옹 지역지방정부의 권리와 자유와 권리에 관한 법(loi relative aux droits et libertés des communes, des départements et des régions)」을 제정하여 지금까지 지방분권화를 지속 추진하여 왔다.

이 법은 프랑스 1958년 제5공화국 헌법 제34조, 제37조의 자치(행정)권 보장 조항에 근거하고, 지방정부의 행정행위와 관련된 상위법인 유럽연합법 및 프랑스 국내 관련 성문법과 행정판례 등에 근거하여 지방자치가 시행되고 있다. 1982년 신지방분권법의 의미는 간단히 네 가지로 요약이 가능하다. ① 신지방분권법은 주택, 문화, 도시계획, 공적부조 등 다양한 분야에서 지방정부가 행사하는 고유 권한을 확대시켰다(중앙 권한의 적극적인 지방이양). ② 지방정부의 정책결정권에 대한 국가의 통제를 완화시켰다. 1982년부터 프랑스 정부는 지방자치단체의 행정행위가 법률에 위반되었을 경우에만 행정법원에 지방자치단체의 결정(취소)을 제소하는 제도 전환으로 국가의 지도감독권을 축소하였다. 다만, 예외적으로 예산과 경찰사무에서 불법행위가 발생한 경우에 한하여 국가가 지방정부에 대한 대집행권을 행사할 수 있다. ③ 신지방분권법 제정 다음 해인 1983년에 국가와 지방정부, 지방정부 상호간의 권한 배분 원칙을 제시한 「사무배분기본법」 등을 제정하여 신지방분권법을 보완하였고, 국가와 지방 간 명확한 권한 배분, 역할 분담에 의한 자치권 확보를 강화하였다. ④ 신지방분권법을 제정하면서 기초정부와 도정부에 이어 새로운 지방정부로서 레지옹(Région) 지역정부를 탄생시켰다(지역정부화 촉진).

그런데 정부는 지방분권을 지속적으로 추진하면서 국가가 수행하던 사무를 지방정부로 이양하여 그 사무 집행을 이원적 행정 체제로 해결하고자 하였지만, 2000년대 이후로 20여년이 지나면서 지방정부를 대표하는 단체장 및 지방의회의 지방정치권에서는 사무이양에 따른 국가의 재정 지원이 계속 줄어들었고, 반대로 지방정부의 재정 부담은 가중되면서 지역경제 등 총체적으로 상당한 후유증을 겪게 되었다. 이는 국가와 지방정부 간 사무배분법 근거에 의한 '사무이양에 따라 그에 상응한 재정보전 원칙' 등 상호 신뢰계약이 무너지게 되었던 것이다. 이는 지방정부의 자주재원이 빈번하게 침해당하는 일이었고, 통합지방정부법(2006)에서 제정하고 있는 자주재원 규정을 빈번하게 위반하면서 결과적으로 국가와 지방정부 간의 신뢰계약이 무너지게 된 원인을 제공하였다(Hervé, 2011: 78). 이로 인하여 정치적 갈등을 겪으면서 프랑스 국회에서는 비록 통합지방정부법(사무배분법 포함)에서 자치재정권 등의 보장 조항을 규정하였지만, 헌법에서 지방세 자주권 및 자치재정권을 보장하는 규정이 없다는 점에 문제의 근본원인이 있다는 의견 일치를 보았다. 따라서 자치권을 침해하지 못하도록 재정부문에서의 자치권을 규정하는[1)] 헌법 조항을 자세히 명문화하여야 한다는 점에 상원·하원 국회에서 합의를 보게 되었다. 그러한 논의의 결과로 나타난 것이 대통령과 수상, 상·하 양원 국회의원들이 모두 지방분권정책의 촉진을 보장하기 위한 조치로 2003년 3월 지방분권형 헌법 개정을 단행하였다.

2. 지방행정 체제 발전 과정

1) 자치계층 체제

프랑스는 약 6,600만 명의 인구를 가진 단일국가로서 의회내각형 (반)대통령제 통치 형태를 유지하고 있으며, 상원(Senate)·하원(National Assembly) 양원제의 대의기구와 다수당의 수상으로 대표되는 행정부 내각을 구성하는 체제를 갖는다.

프랑스의 지방자치제도는 크게 3단계의 계층 체제인 코뮌, 데파르트망, 레지옹 등으로 이루어진 지방정부(collectivités territoriales)로 구성된다. 다음 <표 3-1>에서 보는 바와 같이 기초정부(코뮌)는 34,970개가 있고, 데파르트망(도지방정부)는 96개가 있다. 또한 레지옹으로 불리는 지역지방정부는 프랑스의 본토에는 12개, 코르시카 및 해외 영토 2개 등을 포함하여 총 14개가 있다. 그리고 특별 지위의 지방정부는 코르시카 등 5개가 있다.[2] 이들 지방정부는 각각 별개의 독립법인으로 헌법상으로 지방정부 간 동등한 관계성을 명시하고 있어서 상호 지도·감독의 관계가 아닌 협력 관계를 유지한다. 그러한 이유 때문에 지방정부 간 협력 방식인 정부간 조합제도가 기초정부의 숫자만큼이나 존재한다.

2) 지방분권의 단계별 추진 과정

프랑스의 지방자치 발전은 크게 3단계로 구분할 수 있다.

(1) 1단계

제1단계는 1982~2002년의 기간으로 지방분권형 헌법 개정이 이루어진 2003

1) 상원의회의 법률심의위원회(Commission des Lois du Sénat) 의견이 반영되어 헌법 제72-2조에서 자치재정권 보장 조항이 좀 더 세부적으로 규정되었다.
2) 프랑스 내무부 지방행정총국(2019.06), Les collectivités locales en chiffres 2019, p.19.

표 3-1 프랑스의 지방정부 계층 및 지방정부 수(1999~2017년)

지방정부 종류	1999년	2012년	2015년	2019년
코뮌(Commune) 기초정부	총 3만 6,779 프랑스 본토 3만 6,565 해외영토(DOM) 114 기타 100	총 3만 6,700 프랑스 본토 3만 6,474 해외영토(DOM) 114 기타 100개	총 3만 6,744 프랑스 본토 3만 6,529 해외영토(DOM) 129 기타 100개	34,970
데파르트망 (Département) 도정부	총 100 프랑스 본토 96 해외영토(DOM) 4	총 101 프랑스 본토 96 해외영토(DOM) 5	총 101 프랑스 본토 96 해외영토(DOM) 5	96 도정부
레지옹(Région) 지역정부	총 26 프랑스 본토 21 코르시카 1 해외영토(DOM) 4	총 26 프랑스 본토 22 코르시카 1 해외영토(DOM) 4(3)	총 27 프랑스 본토 22 코르시카 1 해외영토(DOM) 4	14 지역정부 특별지위 지방정부 5
해외영토 (Territoites d'outre-mer) 지방정부	총 2	총 2 Wallis et Futuna, Terres australes et antarctiques françaises	총 5 Walliis et Futuna, Terres australes et antarctiq-ues françaises	기초정부조합 36,588
특별한 지위를 가진 해외영토 지방정부	4	4 Nouvelle-calédonie, Polynéesie française, Mayotte, saint-Pierreet-Miquelon	1 Nouvelle-Calédonie	재정자립형- 광역연합형 자치단체조합 2,133

그림 3-1 프랑스 지역정부의 통합(22개에서 17개로 축소)(2014년)

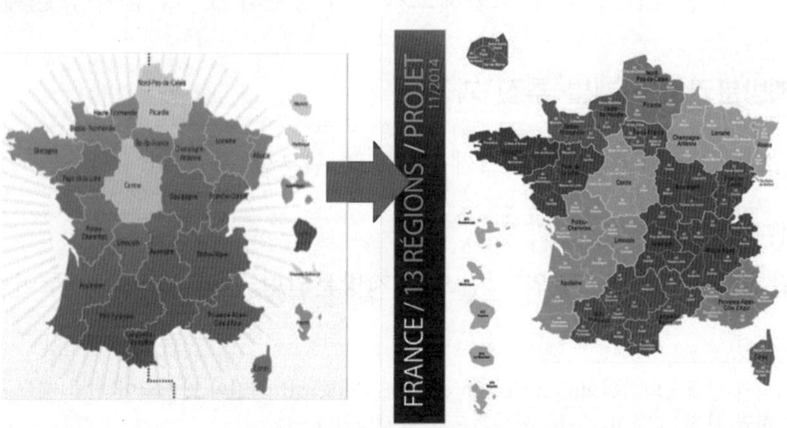

년 전과 후로 나뉜다. 이때는 과거에 존재해 왔던 기초정부법, 도정부법 등을 개편하여 사회당 중심으로 「신지방분권법」을 제정하면서 국가 권한의 지방정부로의 이양, 과거 국가의 행정기관이었던 레지옹 지역정부를 지방정부의 하나인 지역정부로 법인화하였고, 사무배분법을 제정하여 중앙 권한의 지방이양을 추진한 시기였다.

1982년 「신지방분권법」의 제정과 함께 다음 해에는 지방이양과 정부간 사무구분을 위한 「사무배분법」이 별도로 제정되면서 중앙정부와 지방정부 간 기능배분 및 권한 분담, 그리고 그에 따른 재정적 이양이 지속되었다. 그 결과 「신지방분권법」 제정 후 4년간 70개가 넘는 국가의 후속 법률과 800여 개에 가까운 시행령 등을 제정·운영하였다. 특히 기초정부의 기능으로 문화, 도시계획, 주택, 공적부조 등 분야에 자치권을 확대하였고, 국가의 지방정부에 대한 사후적 통제 및 사전적 통제를 폐지하였으며, 행정행위의 위반을 적발하면 이를 행정법원에 소를 제기하여 법적 분쟁을 해결하도록 개편하였다.

또한 지역정부인 레지옹이 창설되면서 주요 기능으로 지역개발권 및 지역경제 발전 등의 분야에서 자치권을 인정하였다. 그리고 세수징수권의 결합을 기초로 한 도시간연합기구(urban communities, agglomerations)를 창설하여 지방정부간 협력을 촉진하기도 하였다. 나아가 지방자치제도 운영에 관련된 여러 지방자치 관련법들을 통합하여 합본으로 통합지방정부법(Code general des collectivites territoriales)을 새롭게 구축하였다. 이 통합지방정부법에서는 파리시, 리옹시, 데파르트망, 레지옹 등 지방정부 종류별로 그 자치입법권, 자치조직권, 수행사무 등을 세부적으로 명시하였고, 지방재정과 지방공무원법제 등도 함께 포함하였다. 따라서 이러한 통합지방정부법전은 약 1,800개의 조문으로 구성된 하나의 두꺼운 책자처럼 만들었고, 그 내용으로는 지방정부 조직, 지방재정, 행정기관 운영 및 지방정부 인력 등을 각각 1~5편과 권, 장 등으로 재구성하여 모든 사람이 쉽고 편리하게 통합지방정부법전을 활용하도록 하였다.

(2) 2단계

제2단계는 2003~2009년인데, 이때 2003년에 있었던 헌법 개정 이후의 단계로 시작하면서 완전하게 지방정부의 권한이 확대되었고, 국가의 지방이양에 따른 재정 지원도 확실하게 강화되었다. 이때는 크게 지역계획, 사회복지, 공적부조 등 재정지출이 큰 사무들도 국가로부터 도지방정부와 지역정부에 대폭 이양되기도 하였다. 이때 대량의 국가사무의 지방이양에 따른 재정보전이 가장 중요한 이슈였으며, 이를 위한 재정평가위원회 등이 활발하게 활동하게 되었다.

그리고 이 제2단계에서 가장 큰 사건은 프랑스 헌법의 대폭 개편으로 주로 지방분권에 관련된 조문들에 대한 완전한 개편이 이행되었다. 따라서 '지방분권형 헌법 개정'을 이행하게 된 원인을 살펴보면 다음과 같다. 1982년 새로운 지방분권법 이후 프랑스의 국가사무의 지방이양이 대폭 이행되었음에도 재정적 지원은 크게 확대 및 확보되지 못하고 있었다. 그와 동시에 2000년대에 들어와서 유럽연합의 국가들은 지방분권을 대대적으로 촉진하였으며, 특히 같은 대륙법계 국가인 스페인과 이탈리아 등의 지방분권 촉진이 프랑스보다 더 상대적으로 강화되어 왔다. 이는 마스트리히트 조약(Maastricht Treaty)을 시작으로 유럽연합 국가들 내에서 유럽연합법에 근거하여 지방자치권 및 지방분권을 기본법으로 인정하게 되었고(1985년 유럽지방정부헌장의 제정 등), 많은 나라에서 이러한 경향을 촉진하는 헌법 개정이 이행되었다.

이러한 외부적 자극과 프랑스 내부적으로는 재중앙집권화의 경향과 함께 지방분권 원칙들에 위반되는 중앙정부의 정책 결정들이 더욱 증가하면서 실질적인 지방분권의 가치 상실이 다수 목격되었다. 특히 재정배분의 중앙집권의 확대 등과 같은 방해 요소들이 많이 발생하자, 상원과 하원은 근본적으로 문제를 해결하기 위해서는 헌법의 개편이 필요하다는 공감대를 갖고 시민에게 가장 가까운 국가로 만들기 위한 장치로서 지방분권형 헌법 개정을 단행하게 되었다.[3)]

프랑스의 대의기구인 상·하 양원의 2/3 찬성으로 2003년 드디어 프랑스 정부는 지방분권형 헌법 체제를 갖추게 되었다. 그 결과 2003~2012년의 기간 동안 개헌에 따른 후속 조치와 개혁 조치들이 괄목할 만하게 이행되었다. 이 기간에 국가는 공공정책 개혁(Revision general des politiques publiques: RGPP)의 개편 카드를 꺼내서 2007~2012년까지 완료한다는 목표를 갖고 500개가 넘는 개편안을 이행하였다. 즉, 중앙정부는 지방정부에 대한 개혁이 아닌, 전국 지방에 소

3) 프랑스 헌법 개정의 주요 원인들은 다음과 같다. ① 지방정부의 지방세 재원의존도는 지방세제도의 복잡성과 불투명성으로 인하여 1995년 54%에서 오히려 떨어짐, ② 국가의 보조금제도가 지속적으로 증가하여 자주재원 확보에 실패, ③ 사무이양에 따른 중앙의 재정 지원은 시간의 흐름에 따라 실제 투입되어야 할 비용 대비 비율이 감소되어 지방의 재정 부담을 가져옴, ④ 주거세 폐지로 인하여 조세수입도 감소됨(안영훈, 2017).

재한 국가의 행정기관들에 대하여 개편정책들을 추진하였던 것이다.

(3) 3단계

제3단계는 2009년 당시 대통령의 의지에 따라서 지방행정체제개편위원회 (comité pour la réforme des collectivités locales)가 구성되어 최종보고서를 대통령에게 보고하였는데, 이때 20개가 넘는 행정체제 개편정책을 제안하고 실천하도록 권고하였다. 따라서 이 3단계는 2010~2015년과 함께 2017년 및 2018년까지 그와 관련된 개편이 지속되고 있다고 할 수 있다. 주요 내용은 레지옹 지역정부를 26개가 되는 것을 12개로 줄이고, 도지방정부에 대한 통폐합도 권고하였으며, 그에 따라서 대략 50만 명이 넘는 지방의원의 숫자를 줄이는 방안도 제안하였다.

그 결과 현재 도(Département) 지방정부는 통합되어 96개로 줄었고, 전체적으로 26개가 되는 프랑스의 지역정부(Région)는 14개로 축소되었다. 그리하여 프랑스 본국 12개, 코르시카와 해외영토 등을 합쳐서 14개가 되었다. 이는 3~4백만 수준의 주민 수를 고려한 지방정부 간 자율적 통폐합 정책을 유도하는 측면이 강하였다. 동시에 대도시권(Metropole)은 전국적으로 11개를 설치하였다. 예를 들면, 파리시를 중심으로 주변의 수도권 도지방정부들인 센생드니 (Seine-Saint-Denis), 발드마른(Val-de-Marne), 오드센(Haut-de-Seine) 등과 주변 기초정부들이 단합하여 파리시를 중심으로 한 정부간 협력기구로서 새로운 '그랑파리(Grand Paris)' 연합정부를 출범시키게 된 것이다.

3. 2003년 지방분권형 헌법 개정

1) 헌법 개정 원인

(1) 직접적 원인

프랑스가 지방분권을 추진하는 과정에서 헌법 개정이 필요하게 된 원인은 크게 직접적 원인과 간접적 원인으로 구분할 수 있다. 직접적 원인은 앞에서도 잠깐 언급한 바와 같이, 한마디로 말하면, 사무이양에 따른 재정보전이 제대로 이행되지 못하면서 지방정부 재원의 재중앙집권화 경향 때문이었다. 1987~1996년 사이에, 지방정부의 총지출에서 차지하는 사무이양에 따른 재정보전을 받아

지출한 수준은 13.5~17.8% 수준을 나타냈다. 반면, 같은 기간에 지방정부의 총 재원에서 차지하고 있는 국가로부터의 이전재원은 9.5%에서 8.3%로 축소되었다. 각 계층의 지방정부 상황을 보면, 데파르트망 도정부의 경우 1989년 1.26%에서 1996년에는 0.89%로, 레지옹 지역정부의 경우는 1989년 0.96%에서 1996년 0.66%로 줄었다.[4] 그리고 지방정부의 지방세에 대한 재원의존도를 보면 1995년 당시 평균 54% 수준이었으나, 그 이후 2003년 수정헌법 전까지 지방정부의 재원 의존도가, 지방채 수입원을 제외하고 볼 때, 전체적인 지방세 수입의존도는 레지옹 지역정부는 36%, 데파르트망 도는 43%, 코뮌 기초정부는 48% 수준으로 떨어져 있었다.[5] 주요 원인은 복잡하고, 주민들도 이해하기 어려우며 복잡하고 불투명한 지방세제도에 그 원인이 있었고, 다른 원인으로는 국가가 지방정부에 지원하는 (국가보상 명목의) 보조금제도가 1983년 이후에는 13배, 그리고 1987년부터는 3.3배 수준으로 증가되어, 지방세에 의한 자주재원 확보제도의 운영보다는 국가로부터의 보상제도가 더욱 자치재정권을 잠식해 왔었다. 그 결과 지방세 자주재원과 국가보상 재원 간의 경계가 무너질 정도까지 자치권 침해를 받게 되었다.

(2) 간접적 원인

간접적 원인은 먼저 정치적 환경 변화가 지속적으로 일어났기 때문이다. 유럽연합 주요 선진국들의 지방분권이 가속화되었다. 유럽연합 국가 중에서 (중앙집권형) 단일국가들의 모태가 되었던 프랑스의 나폴레옹형 행정 체제 방식에 기초한 근대국가 모습이 사라져 갔고, 유럽연합의 지방정부들은 조직·기관 구성의 다양함이 확대되고, 법률제정권(pouvoir législatif)을 소지하였거나 또는 법규명령권(pouvoir réglementaire général)을 소지한 국가들이 많이 나타나 지방자치권의 확대 현상은 각 국가의 헌법상 자치권 인정, 유럽연합기구에 의한 보장이 확대되고 제도화되어 정치적 토대를 확보해 갔다. 대표적으로 이탈리아, 스페인, 영국의 스코틀랜드, 벨기에, 아일랜드, 북유럽 국가 등은 지역정부(Regional government) 강화 및 자율적인 지역의 정치사회적 공간 창조를 위하여 광역정부 중심의 새로운 지역형 국가통치(Regionalized State) 체제를 채택하였다. 이는 유럽

4) Rapport de Pierre Méhaignerie du 13 novembre 2002, n° 377, pp.42-43.
5) Rapport de Pierre Méhaignerie du 13 novembre 2002, n° 377, p.6.

연합을 중심으로 통일 유럽을 건설하는 과정에서 마스트리히트 조약(Masstricht Treaty)을 시발로 '지역' 중심의 폭넓은 지역주의 및 신지방분권주의(Regionalism, New Localism)를 지향하는 것과 맥락을 같이한 것이라고 보겠다. 프랑스 국내 정치권에서도 신지방정부법 제정 이후 지방분권을 촉진한다고 결의하였기 때문에 정책적 지향성을 위해서라도 헌법 수정이 필요하였다.

(3) 정리

그동안 재중앙집권, 지방자치권의 (부분적) 상실, 지방분권 원칙에 위배되는 정책 결정의 증가 등 지방분권 가치를 심각하게 위반하는 사례들이 빈번하게 지방분권 촉진을 방해하는 요인으로 작용해 왔다. 이를 해소하기 위한 근본적인 해결 방안이 바로 헌법의 개편이었다. 그리고 좀 더 직접적인 정치 요인으로는 최우선의 지방분권 가치로 '풀뿌리 근린통치' 실현을 위한 정치적 정당성이 필요하였다. 그리하여 2000년대 당시 대통령인 자크 시락(Jacques Chirac)은 이미 2002년 주창하였고, 법률로 제정된) '풀뿌리 근린통치'의 원칙을 내세우며 헌법 개정을 통한 새로운 국가 발전의 도약을 천명하였다(2002년 4~5월).[6] 당시 행정부의 수반인 수상 장 피에르 라파랭(Jean-Pierre Raffarin)은 유럽 차원에서 프랑스의 공화국 지위의 가치와 새로운 국가 창조 등의 기치 하에 "시민들에 가장 가깝고 친근한 이웃과 같이, 시민들의 소리와 요구에 가장 가까이서 귀담아 듣는 공화국(République de proximité, proche des citoyens, attentive à leurs préoccupations, à leur écoute)"을 되찾고자 정치개혁을 주창하였다.

또 다른 간접적 원인으로는 주로 지방분권 관련 국제법·국내법 체계의 헌법적 일치가 필요하게 되었다. 마스트리히트 조약 이후 유럽연합은 여러 유럽연합 관련 국제법에서 지방자치권(l'autonomie locale, local autonomy)을 기본법으로 인정하였고, 두 번째는 프랑스의 해외영토에 속한 지방정부의 법적 지위가 변화되면서, (해외영토의) '레지옹'이 과거 영조물(營造物, public institution)의 지위에서 레지옹 지방정부로 재탄생하여 법체계상 헌법적 근거 규정들의 수정이 필요하게 되었다.

---

6) '풀뿌리 통치'는 복잡한 문제에 대해서는 그 문제와 가장 가까이에 있는 현장에서 결정을 하도록 책임성을 부여함으로써 복잡한 상황을 정리할 수 있게 해 주는 장점을 갖고 있다. 따라서 '풀뿌리 근린통치' 체제에서는 시민들이 접근하기 쉬운 수준에서 결정을 하게 되면 그와 관련된 모든 정체성들이 알려지게 된다(2002년 4월 10일 대통령 자크 시락의 루앙 연설).

2) 헌법 개정 내용

(1) 헌법 개정 조항

프랑스는 2년여에 걸친 국민적 논의를 거쳐, 2003년 3월 17일 상・하원 합동총회를 열고 총 894표 중(하원 의원 573표, 상원 의원 321표) 873명이 출석하여 862명이 투표한 결과 찬성 584표, 반대 278표의 의결을 거쳐 프랑스 민주공화국의 지방분권 조직에 관한 헌법 조항을 수정하였다. 당시 수정된 헌법 조항은 총 10개 조(관련 조항 14개)로서 지방정부에 대한 권한의 이양과 지방정부의 실험적 권한 집행을 보장하기 위한 내용을 중심으로 개정하였다(<표 3-2> 참조). 2003년 3월 28일에 수정헌법을 공포하였고, 이후 시행령 등을 통하여 권한이양 방법을 구체화하여 2004년부터 시행이 가능하도록 개혁을 추진하였다.

프랑스 제5공화국 1958년 헌법에서는 제12장 '지방정부' 편에서 헌법 제72조에 근거하여 "지방정부는 법률이 규정한 조건에 근거하여 선출직 공직자가 자율적인 행정을 수행한다."라고 규정하였고, 단지 3개 조항만 관련되었던 지방분권 조항이었지만, 2003년 수정헌법에서는 제1조와 함께 14개 조항들이 개정되었던 것이다.

표 3-2 프랑스 지방분권형 헌법 개정 조항(1958~2003)

1946년 헌법 (관련 조항 1개)	1958년 (제5공화국) 헌법 (관련 조항 3개)	2003년 지방분권형 헌법 (관련 조항 제12장 14개)
지방자치권 원칙(Le principe de libre administration)을 규정*)	지방분권 관련 조항: - 지방분권 관련 조항은 총 92개 조항 중 6개 조항 - 6개 조항 중 3개 조항은 해외영토에 관련된 조항 - 제72조: 1946년 헌법의 지방자치권 원칙 승계, 지방정부의 종류 열거 등 - 제24조: 상원의회가 지방정부를 대표하는 역할을 한다고 규정 - 제34조: "지방선거 규정은 법률로 정하고, 지방정부의 자치행정권은 법률이 정하는 바에 따른다."	2003년 수정헌법에서 지방분권 관련 조항(제12장): - articles 24; 34; 39;71-1; 72; 72-1; 72-2; 72-3; 72-4; 73; 74; 74-1; 75; 75-1 - 제1조: "프랑스 공화국은 지방분권 조직에 기초한 국가이다." (l'organisation décentralisée de la Républiqu.)

* 1979년 5월 23일 헌법위원회의 결정으로 합헌성을 완전히 확정한 바 있다(결정 79-104호).

지방분권 관련 주요 개정 내용을 정리하면 <표 3-3>과 같다. 2003년 수정 헌법은 <표 3-3>에서 보는 바와 같이 지방정부에 대한 권한의 확대 및 이양에 따른 지방정부간 재정력 격차를 시정하는 조치로 중앙정부 재정조정제도를 헌법에 규정하였다.

표 3-3 2003년 프랑스 헌법 개정 내용

개정 조항	주요 변경 내용
제1조	기존의 명시 사항인 "프랑스는 단 하나의 공화국이며 분리될 수 없다."의 규정 이외에 추가적으로 "공화국은 지방분권 조직에 기초한 국가이다."를 명시(La France est une République indivisible. Son organisation est décentralisée)
	개정 조항: Article 1er "La France est une Réepublique indivisible, laïque, déemocratique et sociale. Elle assure l'éegalitée devant la loi de tous les citoyens sans distinction d'origine, de race ou de religion. Elle respecte toutes les croyances. « Son organisation est décentralisée. » (제1조: "프랑스 공화국은 지방분권 조직에 기초한 국가이다.")
제13조	해외영토를 지방분권 조직체로 포함하여 규정한 조항
제24조의4	상원의회는 지방정부를 대표한다.
제34조의12	지방정부의 의미 중 "local"을 "territoriales"로 바꾸면서 해외영토 등을 포함한 지방분권 조직체를 강조(La loi déermine les principes fondamentaux de la libre administration des collectivité «territoriales»)
제37-1조	지방정부의 지방분권 정책에 따라 제도 개선을 위한 '실험법'에 근거를 둔 제한된 기간 내에, 특정한 제도 개선 목적을 갖고 제도를 실험할 수 있다는 근거 조항(Article 37. al. 1) La loi et le rèlement peuvent comporter, pour un objet et une duré limité, des dispositions à caractère expéimental)
제72조 (6개 항/조문)	- 총체적 권한의 원칙과 보충성의 원칙을 동시에 규정 - 지방정부 간(상위지방정부/하위지방정부 간) 통제/감독행위를 원천적으로 금지하는 지방정부 간 상호간섭주의 배제. 그러나 지방정부 간 행정 업무의 중복이나 행정 조율이 필요한 때는 협력의 필요성을 명시
제72-1조	지방정부가 주민의 의사와 상반된 조례 및 규칙 제정의 경우, 그리고 지방정부의 부당한 행정행위에 대하여 문제 제기를 제도화하는 '주민발의제'를 명시
제72-2조 (재정자치권 보장)	- 수정헌법 제72-2조는 "지방정부는 법률이 정하는 조건에 따라 자유롭게 이용할 수 있는 재원을 가지며(제1항)", "법률이 정하는 한도 내에서 지방정부가 과세표준과 세율을 정하는 것을 인정할 수 있다(제2항)"고 규정하고 있다. - 국가는 "각 계층의 지방정부에 대하여 일정한 부분 자율적인 자원 배분 몫을 보장해" 주어야 한다. 또한 국가와 지방정부 간 이행된 모든 권한이양에 대해서는 "그 권한을 이행할 때 사용된 동일한 자원 사용 권한도 이양"해 주어야 한다(제3~4항)", "법률은 지방정부 간 형평을 촉진하기 위하여 재정조정제도를 정한다(제5항)"고 명시하고 있다.

(2) 헌법 개정으로 도입된 새로운 개념

헌법 개정으로 도입된 새로운 개념은 크게 세 가지인데, 보충성의 원칙(La subsidiarité, 수정헌법 제72조 2항), 선도 역할을 하는 지방정부(la notion de collectivité chef de file, 제72조 5항), 제도실험법(le droit à l'expérimentation, 제37-1조) 등이 대표적이다. 그리고 좀 더 구체적으로 개정된 헌법에 따른 정치 체제 및 권한 배분 관계 등의 변화를 정리하면 다음과 같다.

① 국가의 정치 체제(구조)가 더욱 분명한 구도를 갖게 되었다.[7] 즉, 헌법 제1조에서 프랑스는 지방분권 조직을 필수로 하는 국가통치 체제를 갖는다고 선언하였다. ② 그럼에도 불구하고 국가의 통합성, 통일성을 재확인함으로써 오히려 헌법 제1조의 의미는 법적 논리에 맞게 지방정부는 분권화된 제도로서 국가의 완전한 하나의 구성 요소로 존재하게 된다. 이때 국가 자체도 분열됨이 없이 지방분권 체제를 유지하여야 한다는 조건을 명문화하였다. ③ 중앙-지방정부 간 권한 배분 관계에 영향 : 1982년 신지방정부법 및 1983년 사무배분법 등을 제정한 이후, 새로운 차원에서의 중앙-지방정부 간 권한 배분 원칙을 확정하여 이에 따른 새로운 역할 분담 체계를 구축하게 되었다. ④ 프랑스 수정헌법 제72조 2항은 총체적 권한의 원칙과 보충성의 원칙을 동시에 규정하고 있다. 프랑스에서 자치행정권 및 자치조직권의 인정은 1946년 헌법에서 처음으로 인정된 바 있으며, 다시 1958년 10월 헌법 제12장 '지방정부' 편에서 헌법 제72조 3항에 근거하여 "지방정부는 법률이 규정한 조건에 근거하여 선출직 공직자가 자율적인 행정을 수행한다."라고 규정하였다. 그리고 이미 헌법 제34조에서 지방정부의 자치행정권을 인정하고 있었으며, 지방정부의 자체재원에 대한 규정도 명문화한 바 있다. ⑤ 중앙 권한의 지방이양 시 총체적 권한의 원칙에 대한 확정 : 지방정부법에 규정된 '총체적 권한의 원칙'(전권한성 원칙)의 의미는, 지방정부는 기본적으로 행정 관할구역 내에서 그 지방정부에 가장 적합한 기능(vocation générale)을 총체적으로 수행하는 것이 가장 효율적이며, 지역 이익에 관한 사항에 대해서는 모두 관여할 권한이 있다는 것을 의미하였다. 이에 대하여 2003년 헌법이 수정되면서 제72조 2항에서 이를 다시 명문화하였다. 즉, "지방정부는 관할지역 내에서 가장 적절하게 권한을 행사할 수 있다고 판단되는 사항에 대해

---

7) 헌법 수정 직후 두 가지 중요한 조직법 제정: territorial authorities' right to derogate from provisions regarding their competences(Organic Law 2003-704); local referendums(Organic Law 2003-705).

서는 총괄적으로 결정하여 집행할 수 있는 소명을 가진다."고 하여 지방정부의 총체적 권한의 원칙을 규정한 이 내용이 지방정부의 자치(행정)권과 보충성의 원칙을 연결해 주고 있다. 또한 프랑스는 헌법 제72조에서 특례적 지위를 가진 지방정부의 개념을 구체적으로 도입하여 지방정부 간 협력기구(조합제도, les établissements publics locaux, les établissements publics territoriaux, les sociétés d'économie mixte)의 법적 존재성과 구별 가능하도록 하고 있다. 지방정부의 재정 확충으로 가장 중요한 수정헌법 제72-2조에서의 사무이양에 따른 재정보전의 헌법상 명문화, 자치재원(세수)의 보장, 지방정부 간 격차를 줄이기 위한 재정조정제도의 의무적 시행 등을 헌법에 규정한 것이다.

3) 개정된 헌법의 의의: 자치분권 원칙 정립

프랑스가 2003년 3월 28일 단행한 헌법 개정은 그동안 지방분권의 제도적 장치와 관련된 지방자치법들이 관련 개별 법률에 따라 규정되어 있는 한계를 극복하고 헌법에 명시하였다는 데에 커다란 의의가 있다. 즉, 지방자치권에 관한 내용을 국민의 기본권으로 규정하고, 명문화함으로써 지방자치의 기본적 사항을 헌법 조항으로 규정하여 보장한 것이다. 지방분권형 헌법으로서의 규범적 가치를 정립하고 있는 내용을 크게 '다섯 가지 지방분권 기본 원칙'으로 추출해 낼 수 있다.

① 지방분권에 기초한 분권조직 원칙(Le principe de décentralization)

수정헌법 제1조의 "프랑스 공화국은 국가 조직이 지방분권 체제에 기초하고 있다."고 천명하면서 '지방분권 조직 원칙'과 함께 공화국의 가치인 국가주권의 불가분성, 정치와 종교의 분리 원칙, 민주주의와 평등의 사회정신에 기초한 원칙들을 동일한 차원에서 제1조로 규정하였다. 이 의미는 분권조직 원칙은 국가와 지방정부의 정부간 관계 모델을 살아 숨쉬게 만드는 기본 조직 원리로써 작동하는 중요한 원칙이기도 하다(Hervé, 2011: 72).

② 지방자치(행·재정)권 원칙(Le principe de libre administration)

'지방자치권(libre administration)'의 근거를 프랑스 헌법이 규정하고 있다. 헌법 제34조 3항(2문)에서 "법률로 지방정부의 자치권(libre administration), 사무권한과 자원 등에 관한 기본 원칙들을 결정한다."고 하였다. 헌법 제72조 3항에서도 "법률로 규정한 범위 내에서 지방정부는 선출된 의회를 통하여 자유롭게 자치권을 행사한다. 그리고 지방정부의 사무권한을 행사하기 위하여 법규제정권을 갖는다."고 규정하였다. 이와 같이 법률이 아닌 헌법에서 두 가지 실질적인 조건을 명시하고 있다. 하나는 '선출된 의회'(주민의 직접선거)의 존재이고, 다른 하나는 '법률이 정한 권한 사항들에 대하여 행사할 수 있는 권한 및 법규제정권'이다. 헌법 조항이 명시적으로 규정한 바로는 '선출 원칙'은 프랑스 지방정부를 만드는 실체적 요소로서, 이 사실로부터 지방민주주의는 역사적으로 밀접하게 '지방자치권 원칙'과 연결되어 있다는 것을 재확인하였다. 이것은 (주민 직선의) 선출 원칙이 없이는 지방정부가 존재할 수 없다는 명제가 성립되는 것을 보여 주고 있다.[8] 선출의회(un conseil élu), 지방자치권(une libre administration), 사무권한(des compétences), 사무권한 이행을 위한 법규제정권(un pouvoir réglementaire pour exercer ces dernières) 등이 법적 구성 요소이다. 이들 구성 요소 중 어느 하나라도 없다면 '지방정부'의 지위를 갖지 못한다고 할 것이다.[9] 예를 들면, 2014년 부분적으로 통합을 예정하고 있는 데파르트망 지방의회와 레지옹 지방의회가 상호 중복적인 지방의회를 구성한다고 하여도 '지방정부'로서 존재할 수 있는 법적 구성 요소인 선거로 구성된 의회, 지방자치권, 사무를 수행할 수 있는 법규제정권 등에 대한 어떠한 배제 요인도 없다고 한다면, 이러한 법적 요건을 유추하여 헌법위원회는 이와 같은 지방의회 통합은 헌법의 지방분권 원칙에 위배되지 않는다고 결정하고 있다(2010년 10월 9일 결정).

③ 보충성의 원칙(Le principe de subsidiarité)

이 원칙을 규정한 조항은 2003년 헌법 제72조 제2항으로 "지방정부는 모든 사무권한에 관한 결정을 할 때 가능한 한 사무를 가장 잘 이행할 수 있는 자치계층이 이를 결정(수행)할 수 있도록 할 의무가 있다."고 되어 있다. 보충성의 원칙은 '근접성 원칙(근린 원칙, principle of proximity)'과 유사성을 가진다. 앞서 풀뿌리 근린 원칙과 관련하여 언급한 바와 같이 시민과 가장 가까운 하위 자

8) Michel Verpeaux, Droit des collectivités territoriales, *PUF,* 2008, 2e édition, p. 153.

9) François Luchaire, Gérard Conac, Xavier Prétot, Collectif, in « La Constitution de la République française, analyse et commentaire», *Economica* 2009, 3 e édition, p. 1706.

치계층에서 잘 경영할 수 있도록 하는 것이 최우선으로 중요하다. 이것이 보충성의 원칙이고, 근린 원칙이기도 하다. 그러므로 이 원칙에 따라 중요한 사무권한의 배분이 이행되어야 한다는 것을 시사한 것이다. 프랑스에서는 이미 1983년 사무배분법이 있었고, 그 법률 내용에도 보충성의 원칙을 규정한 바 있으며, 2003년 헌법 개정을 통하여 헌법적 차원의 원칙으로 명시적으로 개념을 규정하고, 이 원칙에 따라 '사무이양'과 '사무배분'을 실시하였다.10)

④ 지방분권제도의 실험 원칙(Le principe d'expérimentation)

과거에도 제도의 실험장치가 있었다. 하지만 2003년 수정헌법 전까지 제도실험은 국가만이 이를 행사할 수 있었다. 그리고 기존 법률에 대한 예외적 환경이나 적용 배제 절차 여건이 이행되지 못하였기 때문에 제한적으로 불완전한 제도실험 환경 하에서 이행된 바 있었다. 하지만 근거 조항인 수정헌법 제72조 제4항에 따라서 지방정부도 제도실험을 할 수 있는 권한이 있다.11) 제도실험 대상을 법적인 예외 사항으로 규정한 이유는, 다양한 사회적 · 정치적 · 행정적 환경에서 그리고 복잡하게 얽혀진 상황 속에서 도출된 불안정한 결과와, 사용 가능성이 불확실한 기술에 대한 의구심, 다양한 찬반 의견의 상존, 새로운 계획의 수립 및 실천 가능성 등의 원인 때문에 한정된 기간과 정해진 목적의 범위 내에서 한시적으로 정치 · 행정적 제도를 실험을 할 수 있다는 가능성만으로도 기존 법령의 제약으로부터 한시적으로 제외될 수 있다는 점에서 제도실험에 관한 헌법 규정은 충분한 당위성을 뒷받침해 주는 것이라고 하겠다. 수정헌법 이후에 제도실험을 통하여 이행된 정책들은 최저생계비(RMI) 정책, 국가의 지방행정기관 재편, 지방정부 간 협력 발전 포괄교부금, 국영철도의 지역 간 차등적 요금제 시행, 철도광역화 등이다.

---

10) "하위계층에서 모든 결정, 모든 행정처리가 잘 이행되면 상위계층까지 이러한 사항들을 중앙집권화시킬 필요가 없다"(라파랭 수상, 2002년 11월 20일 국회 연설).

11) (헌법 조항 원문): "지방정부 또는 지방정부 연합체는 경우에 따라서 법률과 시행령이 규정한 내용에 의거하여, 실험적 지위로, 실험 대상 및 기간을 제한적으로 정하여 실험 대상과 관련된 여타의 다른 법률과 시행령 규정들에 저촉되지 않도록 예외 규정으로 정할 수 있다." («[…] Les collectivités territoriales ou leurs groupements peuvent, lorsque, selon le cas, la loi ou le règlement l'a prévu, déroger, à titre expérimental et pour un objet et une durée limités, aux dispositions législatives ou réglementaires qui régissent l'exercice de leurs compétences»).

⑤ 재정자치권(L'autonomie financière)

재정자치권은 자원운용 자치권, 지출결정 자치권을 포함하는 의미이며, 법률로 제정된 의무지출 내용도 역시 이에 포함된다.

제 2 절 프랑스 지방정부의 조직과 자치권

1. 지방정부의 조직 구성

1) 통합형 지방의회의 구성

(1) 의회 조직

프랑스는 이미 1958년 헌법 제72조 제2항에서 모든 지방정부는 지방의회의원이 직접 선출되면 지방의회(assemblées délibérantes locales)를 구성하고, 지방의회에서 대표되는 의회 의장을 선출한 후, 선출된 의회 의장이 지방정부를 대표하는 수장이 되는 기관통합형의 합의제 기관(organes collégiaux)을 모든 지방정부가 동일하게 구성 운영하고 있다. 우리는 이것을 '지방의회 – 단체장 통합형' 민주주의라고 부른다.

지방정부의 조직과 그 구성자율권은 헌법 제72조 및 제34조에 근거한 자치행정권, 자치조직권 등이 보장되어 있고, 그에 근거하여 최소한의 법적 규정으로 통합지방정부법전에서 명시한 기관 구성 최소 조건들을 준수하면서 자율적인 조직, 인사권을 행사하도록 되어 있다.

기관 구성 형태를 간단히 보면, 지방의회 의장은 행정기관의 최고책임자가 되면서 동시에 지방정부의 수장인 단체장을 겸직하게 된다. 의회 의장이 단체장을 겸직하게 되므로 지방정부의 모든 정책 결정과 지방정부 법률 제정은 지방의회와 집행부가 공동으로 협력 조정하여 최고의결기구인 지방의회에서 의장이자 단체장의 지휘 하에 결정하는 다수당 책임정치를 실행하고 있다. 물론 행정적 전문성을 최대한 활용하기 위하여 전문행정관으로서 수석행정관이 집행기관의 업무를 총괄하는 사무총국장이 있다. 이 사무총국장은 의회의 의결로 단체장이 임명하며, 직업공무원들인 지방공무원의 인사 운영을 총괄한다.

지방의회 의원 수를 보면, 그 면적과 주민 수에 따라서 상당한 편차가 있지만 운영상의 구조와 헌법적, 지방정부법적 권한에서는 그 효과가 동일하다. 다만 지방의원 정수는 주민의 규모에 따라서 정해져 있고, 이에 대해서는 통합지방정부법전에 규정하고 있다. 이에 근거하여 만든 <표 3-4>에 따르면, 코뮌(Commune)기초정부에서는 주민 수가 5천 명 이하가 전체 기초정부 중 96.5%가 되고, 이들 지방의원의 임기는 6년이며, 정수는 주로 9~69명이고, 주민 100명이 안 되는 경우는 9명이고, 주민 30만 명이 이상은 69명으로 정하였다.

(2) 기초의회

기초정부의 지방의회(conseil municipal) 의원에 대해서는 그 선출 방식이 혼

표 3-4 기초정부 주민 수에 따른 지방의원 정수

기초정부 인구	의원 정수
100 미만	9
100~499	11
500~1,499	15
1,500~2,499	19
2,500~3,499	23
3,500~4,999	27
5,000~9,999	29
10,000~19,999	33
20,000~29,999	35
30,000~39,999	39
40,000~49,999	43
50,000~59,999	45
60,000~79,999	49
80,000~99,999	53
100,000~149,999	55
150,000~199,999	59
200,000~249,999	61
250,000~299,999	65
300,000명 이상	69명

합명부투표(scrutin de liste mixte) 방식으로 선출한다. 즉, 주민 수 3,500명 이상의 기초정부에서 선출하는 방식이고, 그 이하 규모가 작은 기초정부는 다수명부투표(scrutin plurinominal) 방식으로 선출한다. 예를 들어서, 파리시 같은 경우는 아롱디스망(Arrondissement: 준자치구)을 중심으로 선출직 의원의 명부가 고정되어 있어서 혼합투표 방식을 사용하지 않으면서 2번 투표하는 결선투표 방식인데, 이러한 제도를 다수명부 2차 투표(scrutin de liste majoritaire à deux tours avec listes bloquées sans panachage) 방식이라고 한다.

(3) 광역의회

중간 지방정부인 데파르트망 의원에 대한 선거는 행정 단위이면서 선거구의 하나인 캉통(Canton)을 중심으로 한 명의 도의원을 선출하는데, 이 경우는 단기명의 다수득표제(un scrutin uninominal majoritaire à deux tours) 방식으로 선출한다. 도의원의 임기도 마찬가지로 6년이며, 이들 도의원의 정수는 20~68명 수준인데(프랑스 선거법 제191조) 이는 주민 수 규모와 비교해 볼 때 다른 주요 선진국에 비하여 대의회제를 구성하는 요인이 되고 있다. 이 때문에 프랑스의 지방의회 의원 총수는 사실상 약 50만 명 수준이다.[12)]

지역정부인 레지옹은 현재 14개로 데파르트망의 관할행정구역이 각 선거구 기반이 되면서, 주민 수에 비례하여 선출직 인원 수가 달라지는데, 레지옹 의원 선출 방식은 결선비례대표 방식이다.

(4) 지방의원 직무

이렇게 선출된 지방의원의 경우 과거에는 다양한 분야에서의 겸직을 허용하였으나 현재는 중앙의 선출직과 지방의 선출직 등 크게 두 가지 분야에서의 겸직만 허용하고 있다. 왜냐하면 과거부터 국회의 상하 의원들은 3/4 이상이 지방정치에서 단체장 및 의원을 겸직한 경우가 빈번하였다. 동시에 기초의원의 경우, 데파르트망 등 광역 지방의원 후보자로서 여러 곳에서 출마할 수 있는 기회를 주지만, 두 곳에서 당선되었다고 하여도 선거 결과 후에는 어디에서 선출직을 유지할 것인지 결정을 하도록 하여 기초 단위에서는 겸직이 금지되나 광역

---

12) 2010년 선거의 경우를 보면, 지방의원 총수: 520,436명: 기초의원 수 514,591명, 데파르트망 의원 수 4,037명, 레지옹 의원 수 1,880명 등이었다(프랑스 통계자료, Les collectivités locales en chiffres 2007, 2007년 3월, 프랑스 내무부 발간).

지방의회 의원으로의 한 직무의 겸직은 허용하고 있다. 기초의회 의장의 경우에는 다른 기초정부의 선출직을 겸직하는 것을 금하고 있다.

그 밖에 상호 겸직이 금지된 선출직은, 레지옹 지역정부 의원, 데파르트망도 지방정부 의원, 시의회 의원과 시 외의 인구 2만 명 이상 기초정부 시장, 인구 10만 명 이상의 기초정부 부시장 등의 선출직 및 유럽의회 의원 등이다. 또 기초의원의 경우 국가직 중에서 겸직을 할 수 없는 것은, 국가임명지사 및 부지사, 도 사무총장, 국가경찰 공무원, 국립병원장, 시립 고용증진센터장 등이다. 또한 반대의 경우도 마찬가지인데, 국가직으로서 지방의 선출직을 겸할 수 없는 경우가 있는데 지휘관급 경찰공무원, 공안경찰관, 수사관, 경찰서장 등 고위공무원들은 지방의원 후보자가 될 수 없고, 선출직에 진출하기 위해서는 사임을 하여야 한다.

2) 지방의회 권한 및 기능

지방의회는 관할행정구역 내에서 지방정부의 최고입법기관으로 조례 제정 등 법규제정권을 행사한다. 법적으로 제공하여야 하는 지방공공서비스 등과 관련한 행위규제, 인허가규제에 관한 법규를 제정하고 행정기관에 대하여 주민을 대표하는 감독기관이 되기도 한다. 특히 주민을 대표하여 주민을 위한 정책 결정을 하여야 하고, 그 결정에 따라서 제대로 정책 집행이 되는지에 대한 감사와 통제 등 감독 기능을 한다. 그리고 예산 운영에 대한 통제, 재정관리에 대한 감시꾼(watchdog)으로서 역할도 수행한다. 또한 정치적 권한은 기관통합형이기 때문에 지방의회는 단체장에 대한 불심의 의결권은 행사하지 않는다.

지방정부 계층별로 그 주요 권한을 보면 다음과 같다. 기초의회(conseil municipal)는 단체장이 수립한 예산 운영에 대한 의결 및 승인, 그리고 지방세 징수를 위한 세율의 결정, 지방채 발행을 위한 승인, 수정예산의 재결정 또는 확정, 지방공공서비스를 제공할 때 징수하여야 하는 각종 사용료 및 공과금의 수준 결정, 단체장 중심의 공공회계 결산 승인 등이라고 하겠다. 이외에도 다른 지방정부 의회와 공통된 사항으로 공공서비스 제공을 위한 산하기관 등 공적 조직 및 설치, 이에 관련된 사무 신설 등에 대한 결정권을 행사한다. 또 공공사업관리, 공공재산의 관리와 도로 같은 공적 인프라의 관리 및 유지, 기간시설의 정비 등 기초인프라 사업계획과 집행, 관리 등에 관련된 모든 업무에 대한 승인 및 결정권을 행사한다. 지방정부의 최종 의결기관으로서 지방정부에 관한 '사무, 자산관리, 기관 운영' 등에 관한 전반적인 권한을 행사한다.

중간(도) 지방정부로서 프랑스의 데파르트망 의회(conseil général)는 주로 광역적 인프라의 건설, 유지 및 관리의 책임을 맡고 있다. 예를 들면, 건설교통 분야에서는 주로 데파르트망 지방정부 소속의 도로관리, 대중교통관리, 상업적 항구의 통합관리, 그리고 국토계획 분야에서는 도의 개발계획과 도시개발계획, 공영주택단지 건설계획, 사회복지 분야에서는 모자복지, 장애인복지, 보건의료, 사회부조 등 광범위하며, 교육문화 분야에서도 중학교와 청소년기술학교, 도서관 운영, 문화유산 보호, 축제와 관광산업 연계 등 다양한 기능을 수행하고 그에 따른 자율적 권한을 행사한다.

지역정부로서 레지옹의회(conseil régional)도 지역 전반에 대한 기능을 수행하는데, 지역문화 보존과 관리, 시·도 간 협력사업 이행, 지역경제 발전, 지역개발 촉진 등 국가기관들과 밀접하게 협력하여 국가 전체의 경제 발전, 지역 발전에 총력을 기울이고 있다. 이러한 기능을 수행하면서 지역정부는 예산 편성에 관한 자율권, 지역 발전을 위한 자율적 의제 설정과 정책 집행, 이를 위한 국가와의 행정협약(계획협약) 등을 체결하여 책임성을 행사한다. 이와 함께 중앙정부의 종합지역발전계획을 보완 지원하면서 해당 지역의 지역 개발, 지역경제 발전에 힘을 쏟고 있다.

3) 지방의회와 자치단체장 간 관계

프랑스 지방정부 내에서 지방의회와 단체장 간 통합형 방식의 조직 운영 체계로 이루어져 있지만 의회와 단체장 간에도 긴장 관계는 유지되고 있다. 통합형의 지방정부 내에서 의회 의장이면서 단체장은 주민을 대표하는 기관대표이기 때문에 강력한 리더십과 권한을 행사하고, 그러한 권한을 인정받고 있다. 비록 단체장이 지방의회에서 간접선거에 따라 지명을 받고 있으나, 이는 형식적인 절차이고 실질적으로는 이미 단체장이자 지방의회 의장이 될 수 있는 후보자가 강력한 리더십을 발휘하여 지방선거 때 '정당명부식 지방선출직 후보자'를 정하게 되므로 지방선거에서 형식적인 선출직의 정당명부 1순위가 아닌, 실질적인 지방정치의 주역으로서 지방선거를 책임지는 정치적 리더라고 할 수 있다. 이러한 리더의 지휘 하에 지방의원으로 선출될 수 있는 후보자들이 모여 정당의 후보자명부를 만들어서 주민들로 하여금 지방선거에서 선택받도록 하기 때문에, 실질적으로 주민들은 선거에서 이길 경우 다수당에서 누가 단체장이 되고 지방의회 의장이 될 것인지 잘 알고 있다. 말하자면 선거 후에 다수 득표를 받은 정당명부가 의회의 과반수를 확보하기 때문에 이러한 다수 득표에 기반을 둔 강력한 지방의회 의장 겸 단체장이 탄생되는 것이다.

특히 대도시의 지방의회 의장 겸 단체장은 우월적 지위를 행사하게 된다. 그 사례가 파리(Paris), 마르세유(Marseille)와 같은 대도시인데, 이 대도시는 기본적으로 기초정부라는 법적 지위를 갖고 있지만 대도시 출신의 단체장은 사실상 데파르트망 의회 및 레지옹 의회 의장(단체장)들보다도 더 막강한 권한을 갖고 있다.

이러한 권력 관계에서 지방의회의 상임위원회 또는 특별위원회의 의장들은 주로 지방의회 의장인 단체장으로부터 사무 수행 및 권한 행사의 일부를 위임받은 수임권자들로 선출되기 때문에 이들이 다시 집행기관에서는 부단체장의 지위를 갖게 된다. 즉, 단체장의 많은 책임 업무 중에서 일부를 위임받아 직무대행 방식으로 권한을 행사하고 책임을 맡고 있다. 이것은 특히 제도적으로 부단체장의 정수는 해당 지방정부 내에서 지방의원 총수의 30% 범위 내에서 부단체장들이 임명되고, 이들은 소관 분야별로 상임위원회의 의장 또는 주요 위원이 되어 집행기관의 행정조직과 밀접하게 연계되어 이들 기관의 정책 이행을 주도한다. 말하자면 지방의원들이 직접 행정기관 업무를 책임지는 내각제(Cabinet) 형태의 기관 운영 방식이다.

2. 지방자치권 내용과 범위

1) 자치입법권

프랑스 지방정부의 자치입법권은 사실상 오랜 역사를 갖고 있다. 왜냐하면 지방자치법이 이미 1831년, 1837년부터 기초정부인 코뮌법, 1838년에는 데파르트망법 등이 제정되었기 때문이다. 당시에 가장 두드러진 것은 1884년 제3공화국 시대에 기초정부법(grande loi municipale)이 제정되면서 부분적으로도 지방자치가 활발하게 이행되었다.

20세기 들어서면서 1957년, 1977년 기초정부법이 다시 개편되었고, 드디어 사회주의적 개념을 표방하는 사회민주당 중심으로 프랑스는 지금의 신지방분권법을 제정하여 자치입법권의 근거를 확보하게 되었다. 그 법이 1982년 제정된 「코뮌, 데파르트망, 레지옹의 권리와 자유에 관한 법(loi relative aux droits et liberts des communes, des départements et des régions)」이었다.

이로써 프랑스 지방정부들은 새로운 지방분권 체제 하에서 200개 이상 후속 법률들의 뒷받침을 받아 사무배분에 관한 입법권, 지방이양과 재정 지원을 받을 권리 등에 기초하여 지방정부의 자치사무 설정 및 자치권의 보장에 관한 입법권 확보, 국가의 사전통제 폐지와 함께 지방정부의 정책결정권의 보장과 사후적인 적법성 통제 유지 등으로 자치입법권을 행사하게 되었다.

이러한 지방정부의 자치입법권은 2003년 지방분권형 헌법 개정으로 더욱 헌법적인 지위를 통하여 그 근거를 갖게 되었는데, 다음과 같은 헌법 조항들이 관련되어 있다. 즉, 개정헌법 제72조 제3항에서 '자치입법권'을 명기하고 있는데, 이를 보면 <표 3-5>와 같다. 이것이 의미하는 바는 지방정부의 자치입법권에 대한 범위는 사실상 중앙정부와 지방정부 간 법률적 효력 관계가 어떻게 설정되는가에 달려 있다는 것을 의미한다.

이 헌법 조항은 실제로 지방의회의 자치입법권을 규정하고 있는 것인데, 앞서 정부간 관계에서 결정된다는 점에서, 중앙정부의 행정수반인 수상의 법규제정권으로 그 법적 관할 범위가 규정되지 않으면, 이때에는 지역정부가 법규제정권을 사용할 수 있다. 이것을 중앙정부의 법규제정권은 1차적 지위를 갖는다고 하고, 지역정부에 대해서는 2차적인 법규제정권을 행사하는 지위에 있다고 할 것이다.

표 3-5 프랑스 지방정부 자치입법권 보장을 위한 헌법 조문

원문	번역
Article 72, ③Dans les conditions prévues par la loi, ces collectivités s'administrent librement par des conseils élus et disposent d'un pouvoir réglementaire pour l'exercice de leurs compétences.	프랑스 헌법 제72조③: 법률에서 정하는 바에 따라 지방정부는 선출된 지방의회를 통하여 자율적으로 행정권을 행사하며, 그 권한을 행사하기 위한 행정입법권을 가진다.

프랑스 헌법에 근거하여 다시 재편된 「통합지방정부법전(Code général des collectivités territoriales)」에 자세하게 자치입법권 및 포괄적인 자치권을 보장받고 있다. 즉, 1996년에 새로운 편제를 갖게 된 「통합지방정부법전」은 지방정부의 조직, 인사, 사무, 재정 등의 분야와 함께 각 지방정부 계층별 수행사무를 구분하여 명시하고 있으며, 자치입법권의 세부 범위가 되는 조직과 인사, 재정 등에 대해서도 개별적인 명문 규정들을 갖고 있다.

프랑스 「통합지방정부법전」에는 다른 여러 관련법과 시행령까지 모두 포함되어 있다(안영훈, 2017 참조). 이에 1,800여 조문을 가진 「통합지방정부법전」의 법률 부분은 총 7편으로 되어 있다. 1편은 지방정부 조직과 지역, 주민, 시장, 행정기관, 시의회, 기초정부 간 조합제도 등 지방정부 자치조직권, 자치인사권 등 일반적 구성 요건들 제정한 법률 조항들이다. 2편은 기초정부의 창설, 폐지, 기초정부 입법권, 주민 참여, 기초정부의 기관 구성, 지방재정 등 기초정부 자치입법권, 조직과 운영 등에 관한 규정들이 있다. 제3편은 도지방정부의 자치입법권, 조직·운영 등에 관한 규정을 제정하였다. 제4편도 지역정부에 대한 내용을 포함하고 있다. 5편은 지방정부 간 협력에 관하여 규정하였고, 제6편은 헌법 제74조에서 규정하고 있는 해외영토의 지방정부들에 대한 규정, 제7편은 헌법 제73조에서 규정하고 있는 기타 해외영토 및 다른 지방정부들에 대하여 규정하고 있다.[13] 시행령 부분(Partie réglementaire)도 법률 조항의 순서에 따라서 규정하고 있다.

이 「통합지방정부법전」에서 지방정부 재정 관련은 예산, 지출, 수입, 회계, 특별회계 등을 규정하고 있다. 지방정부 행정기관에 대해서도 행정기구 구성과 함께 집행기관으로서 지방공공서비스를 제공하는 주체로 지방공공서비스의 분야별로 그 사무를 국가·지역·도·기초정부별로 배분을 명시하였다. 주요 기능 분야는 도서관, 박물관, 화재보호국, 각종 지방서비스기관 등이다.

그리고 지방정부의 인력인 지방공무원의 직렬, 인사 운영 체계 등도 제1편을 중심으로 하여 자치인사권과 함께 연결하여 시행령과 관련한 조항으로 구성되어 있다. 나아가 가장 큰 변화는 2003년 헌법 개정과 함께, 프랑스 상·하원 국회는 2000년대부터 3년여에 걸쳐 국민적 논의를 거쳐서, 드디어 2003년 3월 17

13) https://www.legifrance.gouv.fr/affichCode.do;jsessionid=7BDFA6E9B1161A272E2C0B117ABBCDA0.tplgfr34s_2?cidTexte=LEGITEXT000006070633&dateTexte=20171016.(2017년 9월 검색)

일 상·하원 합동총회를 열고 지방분권과 관련된 프랑스헌법 조문 중에서 총 10개 조의 14개 조문을 완전히 개정하였다.

이후 관련 법률과 시행령 등을 통하여 권한이양 방법을 구체화하여, 과거 제5공화국 헌법 제12장 '지방정부' 편(제72조 3개 조문)을 대폭 개정하여 제1조 "지방분권에 의한 국가조직을 구축한다."고 천명하고, 그와 관련하여 세부적으로 14개 조문을 제·개정하였던 것이다.

2) 자치행정권

프랑스의 지방정부가 행사하는 자치행정·조직권에 관한 자치권 범위는, 법적으로 먼저 프랑스 헌법 제72조 제3항에 따라 지방정부에 대한 창의적 정책 집행 권한을 부여해 주고 있다. 이 헌법 조항은 사실상 지방정부에 대한 자치입법권으로서 법규명령권(un pouvoir réglementaire)을 보장한 것으로서, 과거의 지방정부 조례제정권에 대해서 법적인 지위를 높여서 법률이 규정한 조건 범위 내에서, 말하자면 지방정부 조례는 법률에 위반하지 않는 경우에는 창의적으로 자체적인 정책 집행이 하도록 자치결정권을 보장한 것이다. 이러한 자치권 보장을 2003년 헌법 개정을 하면서 제72조 제3항에서 이를 명백하게 한 것이다. 부언하면 프랑스에서 지방정부의 자치조직·행정권 등을 포괄하는 자치입법권의 범위는 국회가 제정한 법률을 위반하지 않고, 법률에서 정한 바에 따라서 자율적으로 행사할 수 있다.

또한 2003년 개정헌법 제37-1조에서 지방정부가 새로운 제도 운영 등이 필요하다고 할 때에는 이러한 정책과 제도의 실험을 정당하게 국회에 요청할 수 있도록 '제도실험'할 수 있는 정책안 제안권을 행사할 수 있도록 하여 자율적인 정책 이행 역량을 확대시켰다고 할 것이다.

3) 사무권한

프랑스의 3계층 지방정부인 레지옹(Région), 데파르트망(Département), 코뮌(Commune)은 헌법에서 상호 평등한 관계를 유지한다고 규정하였으며, 「사무배분법」에 근거하여 중앙정부와 지방정부, 지방정부 상호간 명백한 사무배분으로 그 역할과 기능을 분담하고 있다. 특히 프랑스 헌법 제72조는 중앙-지방정부

간 사무배분의 원칙으로서 '총체적 권한' 및 '보충성의 원칙'을 동시에 규정하였다. 즉, 보충성의 원칙에 따르면, 주민에게 가장 가까이서 공공서비스를 제공할 수 있는 분야는 기초정부가 이를 수행할 수 있고, 그렇지 못할 경우에는 도지방정부, 지역정부 등이 수행을 하고 최종적으로 중앙정부가 책임을 지도록 하는 원칙을 의미한다.[14]

프랑스는 이탈리아, 스페인과 달리 헌법에서 국가와 지방정부 간 사무배분을 명시하지 않았으며, 그 대신 1983년 법률로 「사무배분법」을 제정하였고, 이러한 사무배분 체계를 「통합지방정부법전」에 각 지방정부의 종류에 따른 사무수행 내역을 규정하였다. 국가의 위임사무(delegated function)는 '의무 수행사무'로 명확하게 법령상에서 의무적으로 수행하여야만 하는 사무로 규정한 바 있다. 이 부분은 통합지방정부법 제L.2122-22조에서 명시하였다.

프랑스 기초정부가 주민을 위한 기본적인 기초 단위 사무를 수행하고 있다면, 중간 지방정부로서 데파르트망은 주로 기초정부를 보완하는 좀 더 광역적 기능을 수행하고 있다. 예를 들면, 고등학교, 특수학교, 주거사업 결정, 국가 주택정책 지원, 광역권 직업교육 계획 수립, 교통계획 수립, 공항 신설, 국철과 계약, 운하 및 강변 항구 관리, 국가-지역정부 간 지역개발계획 수립 등의 사무권한을 수행하고 있다.

이와 같이 헌법에서는 보충성의 원칙과 전권한성의 원칙을 명시하였다면, 「사무배분법」에서는 중앙-지방정부 간 사무배분에서 각자 수행하는 자기책임성 원칙과 함께, 사무를 이양하여 다른 지방정부가 수행할 때에는 그에 맞는 재정 지원을 하도록 의무적으로 규정하고 있다. 나아가 프랑스 헌법 제72조가 의미하는 것은 중앙정부가 행정입법에 따라 제정하지 않은 분야에 대해서는 지방정부가 자치적으로 사무권한을 수행할 수 있도록 자치입법권이 허용되고 있어서 자치권의 범위를 상당히 확대해 주고 있다. 한 발 더 나아가 지방정부 간 상호 감독 및 통제의 행위가 효력이 없도록 이를 금하고, 결과적으로 상호간 간섭을 할 수 없으며, 원천적인 협력적 관계의 유지를 명시하였다. 반면, 사법적 권

14) 프랑스 헌법 제72조 ② 지방정부는 그 차원에서 가장 잘 시행될 수 있는 소관 사항에 대한 권한 전반에 대하여 결정하여야 한다(Article 72 ② Les collectivités territoriales ont vocation à prendre les décisions pour l'ensemble des compétences qui peuvent le mieux être mises en oeuvre à leur échelon).

한에 대하여 지방정부에 대한 자치권 명문 규정은 헌법과 통합지방정부법전 등에는 규정하지 않아 이에 대한 사법 권한은 없다고 할 수 있다. 다만, 지방정부의 자치권이 침해되었을 경우에는 우리나라의 헌법재판소에 권한쟁의심판 청구를 하는 바와 같이 행정법원의 중재, 판결 등의 절차를 밟도록 하였다.

4) 자치조직권

프랑스의 지방정부는 헌법 제72조에 근거하면, 코뮌(Communes) 기초정부, 데파르트망(Départements) 도(중간)지방정부, 레지옹(Régions) 지역정부, 특례적 지위를 가진 지방정부(collectivités à statut particulier), 그리고 헌법 제74조에서 명시하고 있는 해외영토 지방정부(collectivités d'outre-mer régies par l'article 74) 등이라고 되어 있다.

이러한 가운데 프랑스 지방정부의 기관 형태는 기본적으로 획일적인 지방의회-단체장 통합형(organes collégiaux)을 유지하고 있다. 외형적인 기관 구성은 획일적으로 단일 모델을 유지하고 있으나, 지방정부 내부의 기관 운영 체제는 조직 구성 및 운영의 자율성을 보장하고 있다. 이에 대하여 프랑스 헌법 제74조에서 지방정부의 주요 기관의 하나인 '지방의회(l'assemblée délibérante)'를 명확하게 최고(정책)결정기구로 규정하였다. 이미 1958년 제정된 헌법에서 그 근거를 찾을 수 있다. 말하자면 지방정부 자치조직권은 헌법 제72조 제2항의 '자치행정권'과도 직접 관계가 있지만 제34조에 따르면 법률을 제정하여 지방정부의 지위와 자치조직권의 범위 등을 결정할 수 있도록 하였다. 다시 말하면 헌법 제72조에서는 지방정부로 하여금 자치권을 행사할 수 있는 '조직자율권'을 보장하고 있으면서 동시에 법률에 따라 세부적인 사항을 제정 또는 제한할 수 있는 여지를 두고 있다. 그럼에도 헌법에서 지방정부의 자치행정권 및 자치조직권을 폭넓게 보장하는 것은 명백한 사실이다.

이에 따라서 지방자치법인 「통합지방정부법전」에서는 다른 법률과의 관계 속에서, 지방행정 업무 수행을 위한 기관조직은 최소한의 제한 조건만 명시하도록 하였기 때문에 '자치경찰', '소방구조구급대' 등과 같은 지방공공서비스를 제공하는 조직 및 지방공무원 운영 체계 등은 법률의 최소 제한 규정을 준수하면서 지방정부들이 자율적으로 운영하는 체제로 되어 있다.

즉, 개별 지방정부가 필수적으로 조직하여 공공서비스를 제공하여야 하는 사항들에 대해서는 법률에서 의무적으로 이를 규정하여 준수하도록 하였는바, 예를 들면, '기초정부 단위에서의 복지센터', '상하수도 생산 · 관리조직', '묘지 · 쓰레기처리 관리조직' 등 기초 단위, 도중간정부 단위, 지역정부 단위에서 사무배분의 권한에 따라서 정책 집행 및 서비스를 제공할 때 요구되는 최소한으로 수행 조건 및 조직 운영 조건 등 필수적인 내용과 법적 준수 사항은 개별 법률 및 「통합지방정부법전」에 명시하여 최소적 의무 규정으로 근거를 두면서 자율성과 통일성의 조화를 유지하고 있다.

5) 자치재정권

(1) 지방세 체계

프랑스의 지방세 체계는 기본적으로 헌법 제72-2조에서 법률에 따라서 지방세 설치 및 세율 조정 범위 등을 제정할 수 있도록 되어 있다.[15] 또한 중앙정부의 사무를 지방정부에 이양할 경우에는 그에 상응하는 재정이양을 필연적으로 하여야 한다고 제72-2조 제4항에 명시하였다.[16]

지방정부가 행사할 수 있는 지방세 과제자주권에 대한 프랑스 헌법 규정은 다음과 같다. 즉, 헌법 제34조 제1항에서 "법률은 다음 사항, 모든 조세의 과세기준, 세율, 및 모든 세금 징수 방식, 화폐 발행제도 등을 제정한다."고 명시하였다. 그뿐만 아니라 지방정부의 과제자주권과 재정지출권, 사무이양에 따른 재정이양 보장 등과 같은 사항도 헌법 제72-2조에서 "① 지방정부는 법률의 조건에 따라 지방정부 재원을 자유롭게 사용, 처분할 수 있다. ② 지방정부는 모든 종류의 세금을 전부 또는 일부 징수할 수 있다. 지방정부는 법률이 정하는 범위 내에서 과세표준과 세율을 정할 수 있다."고 하였다.[17]

---

15) Article 72-2② Elles peuvent recevoir tout ou partie du produit des impositions de toutes natures. La loi peut les autoriser à en fixer l'assiette et le taux dans les limites qu'elle détermine.

16) Article 72-2④ Tout transfert de compétences entre l'État et les collectivités territoriales s'accompagne de l'attribution de ressources équivalentes à celles qui étaient consacrées à leur exercice. Toute création ou extension de compétences ayant pour conséquence d'augmenter les dépenses des collectivités territoriales est accompagnée de ressources déterminées par la loi (제 72-2 ④ 국가와 지방정부 간 모든 권한이양은 그 사무 수행에 조달되었던 재원을 이양해야 한다. 지방정부 지출을 증가시키는 모든 사무의 신설 또는 확대는 법률에서 정하는 재원을 이양한다).

17) Article 34 ① La loi fixe les règles concernant l'assiette, le taux et les modalités de recouvrement

이러한 헌법의 근거와 법률적 근거에 따라 지방세는 크게 직접세와 간접세로 이분화되어 있다. 즉, 지방정부가 주민들로부터 징수하는 직접지방세(fiscalité directe locale)는 크게 네 가지이다.[18)]

① (주민)거주세(taxe d'habitation: TH): 소유자 유무와 관계없이 1가구 1주택 거주자에게 부과

② 건물 포함 토지세(taxe foncière sur les propriétés bâties: TFPB): 건물 소유주에게 부과

③ 건물 없는 토지세(taxe foncière sur les propriétés non bâties: TFPNB): 토지 소유주에게 부과

④ 사업세(taxe professionnelle)를 폐지하고 그 대신 신설된 지역경제기여세(contribution économique territoriale: CET)[19)]

이들 지방세에 대하여 프랑스 지방정부는 그 지방세율의 결정권, 면제 조건의 제정 및 폐지 사항, 주민거주세의 감면 조건 등의 부분에 대해서는 법률이 제정한 범위를 위반하지 않는 한계 내에서는 제한적 조세제정권을 행사할 수 있다. 다시 말하면, 지방세에 대해서는 법률로 제정한 상한선 그리고 법률에 의한 과세표준 및 세율 결정 범위 등과 같은 세율 규칙 등 법률을 위반하지 않는 범위에서는 자율권이 부여되어 있다.

(2) 지방재정조정제도

다른 한편으로 지방정부 간 세원 차이로 인하여 재정적 불균형이 존재하기 때문에 이 같은 불균형을 해소하기 위하여 중앙정부는 국가교부금을 배분하기도 하며, 동시에 지방정부 간 재정적 균등화를 위한 '지방재정조정제도'를 헌법에 명시하여 지방정부 간 불평등을 제거하는 데 노력하고 있다.

---

des impositions de toutes natures ; le régime d'émission de la monnaie./Article 72-2 ② Elles peuvent recevoir tout ou partie du produit des impositions de toutes natures. La loi peut les autoriser à en fixer l'assiette et le taux dans les limites qu'elle détermine.

18) 지방세와 관련한 세부적인 사항은 헌법 제34조 규정 및 조세법전(Code général des impôts, CGI)에서 명시.

19) 기업토지이용세(cotisation foncière des entreprises: CFE)와 기업부가가치세율(cotisation sur la valeur ajoutée des entreprises: CVAE)로 구성. ① 지방정부 상호간 직접지방세의 세수입에 따른 수입 격차가 크다는 점과 ② 이에 대한 배분 방식의 문제점, ③ 그와 연계한 국세 이전에 의한 재정보전, ④ 전국에 지사 등을 가진 기업 네트워크에 따른 지방세 부과 방식 결정 등과 같은 기존의 한계 부분을 개선하고자 함.

이를 위하여 국가는 국가의 보조사업을 통하여 특정보조금을 포괄적 교부금(globalisation)으로 전환하여 지방정부에 재정 지원을 하고 있다. 말하자면, 특정보조금은 특별한 목적 실현을 위하여 사용하지만 중앙정부의 통제와 관여를 수반하게 되는 문제가 있다. 하지만 포괄교부금의 경우는 그 용도를 지정하지 않기 때문에 이를 받는 지방정부들은 재정자율권을 기본으로 정책 집행의 자율성을 그대로 보장받을 수 있다는 장점이 있다. 이와 같이 중앙정부가 지방정부에 대한 재정 지원을 '포괄교부금'제도를 통하여 실현하기 위해서는 무엇보다도 객관적인 배분 기준을 채택하는 것이 중요한데, 이 기준에는 재정잠재력, 징세노력도 등과 같은 객관적 지표를 기본으로 하고 있고, 또한 지속적으로 이러한 지표 체계의 유지 및 적용 방식은 투명하고 객관적인 절차와 과정을 통하여 수정하고 신뢰 하에 보완작업을 함으로써 모든 지방정부로 하여금 중앙정부에 대한 신뢰를 갖도록 하고 있다.

보완제도로서 활용되는 지방재정조정제도는 지역균형발전정책과도 긴밀하게 연계되어 있으며, 헌법 제72－2조 제5항에서 이를 명시하였다. 즉, "법률에서 지방정부 간 균등성을 촉진할 목적으로 균등화 장치를 제정하여야 한다."[20] 지방정부에 대한 재정보전과 함께 재정 지원에 대한 규정들은 별도의 사무배분법에서 구체적으로 명기하였으며, 이것을 다시 「통합지방정부법전」 제1614－1, 4조 등에 전반적으로 규정해 두고 있다.

이것이 의미하는 바는 다음과 같다. 즉, 중앙정부가 지방에 배분하는 일반교부금의 경우, 경상교부금 및 투자교부금 등이 있는데, 이러한 교부금 총액은 사실상 국가 전체의 거시경제 지표에 밀접하게 연동되어 있어서 세입에 의한 균등화 효과는 근본적으로 제한적이다. 이러한 제약을 극복하고 지방정부 상호간 권한 확대, 그리고 중앙정부로부터 사무이양에 따른 지방정부 간의 재정력 격차가 발생하여 어려움을 겪게 되는 상황을 예방하기 위해서라도 일반교부금 및 포괄교부금 이외에 별도로 '균등화기금'과 같은 지방재정조정제도를 운영할 필요에 따라 이러한 제도적 보완장치를 헌법에 명시하여 시행하고 있는 것이다.

지금까지 국가가 지방정부에 재정 지원을 하는 기본적인 제도들이 헌법에서 명시된 것을 알 수 있었다. 이러한 헌법상 명문 규정에 근거하여 중앙정부는 지

20) Article 72－2 ⑤ La loi prévoit des dispositifs de péréquation destinés à favoriser l'égalité entre les collectivités territoriales.

방정부에 대한 재정 지원 방식을 다음과 같은 원칙에 따라 시행하고 있다. ① 지방이양에 따라 국세와 지방세를 조정하고 있는 바, 이미 유류내국세 일정을 지역정부에, 보험 관련 특별세 일부 등도 이미 도지방정부에 이양을 완료하였다. ② 재원 이전 원칙은 총액(Intégralité)을 지원하는 것을 준수하도록 하였다. 또한 ③ 지방이양에 따라서 '비용평가위원회'의 결정에 근거하여 필요한 경우는 추가적으로 재정지출을 하여 보전할 수 있도록 하였다. 그리하여 ④ 지방이양에 따라서 재정 지원이 더 필요한 금액 및 증가 비용 등에 대해서는 중앙정부 대표와 지방정부 대표들로 구성된 비용평가위원회(CCEC)의 자문을 거쳐서 주무부처인 내무부 장관의 최종 결정으로 재정 지원을 하도록 하였다.

(3) 지방재정 현황

프랑스 지방정부의 전체 재정 규모를 짐작하기 위하여 지방정부 총세입 및

표 3-6 프랑스 지방정부 총세입 및 총세출(2016년 기준)

(단위: 10억 유로)

수입, 지출	코뮌 기초정부	지방정부 연합	기초정부 연합	데파르트망 도정부	레지옹 지역정부	총액
경상수입	79.8	27.6	107.5	65.6	22.9	196.0
주요 지방세	43.8	9.9	53.7	21.6	4.8	80.1
기타 지방세	6.4	4.7	11.1	23.7	10.2	45.0
국가 교부금	16.9	8.3	25.2	13.0	6.6	44.8
기타 보조금	3.7	1.3	4.9	4.5	1.0	10.5
서비스 수입	5.6	2.5	8.1	0.4	0.0	8.5
기타 수입	3.5	0.8	4.4	2.4	0.3	7.1
경상 지출	68.7	22.6	91.3	59.1	18.3	168.8
구매 지출	16.7	6.3	23.0	5.3	2.1	30.4
인건비	36.9	7.8	44.7	12.2	3.3	60.1
재정 지출	2.3	0.8	3.1	0.9	0.6	4.6
사업비 지출	9.9	6.6	16.5	39.9	12.1	68.4
기타 지출	2.8	1.3	4.1	0.9	0.2	5.3
투자 수입	11.1	3.6	14.7	3.0	2.9	20.6
투자 지출	19.3	8.2	27.5	9.8	9.6	46.9

출처: 프랑스 내무부의 지방정부 통계집, Direction générale des collectivités locales(2017), Les collectivités locales en chiffres, p.9.

총세출을 살펴보면 <표 3-6>과 같다. 즉, 2016년 기준으로 지방정부들의 총수입은 약 0.5% 증가하였고, 이를 금액으로 환산하면 총 1,970억 유로가 된다. 이 총액 중에서 1,288억 유로는 세수입이고(65.4%), 나머지 412억 유로는 정부교부금(concours financiers de l'Etat)이며, 이것이 20.9% 수준을 기록하고 있다.

반면, 지방정부가 지출한 금액의 경우는, 총경상지출(depenses de fonctionnement des collectivités locales)은 1,685억 유로가 된다. 이 중에서 기초정부가 54%, 도지방정부는 1/3 이상, 레지옹 지역정부는 11%의 경상지출을 기록하였다. 그 지출 내역을 보면 기초정부(communes), 지방정부연합(groupements à fiscalitè propre) 등에서 지출된 인건비가 각각 55%와 35%를 차지하고 있다. 그리고 도지방정부와 레지옹 지역정부의 주요 지출 내역으로는 주로 사업비 지출(depenses d'intervention)이 증가하였는데 각각 68%와 66%를 기록하였다.[21]

지방정부의 총세입 중에서 국가로부터 이전받은 내역들은 주로 조세수입 이전, 경상교부금, 재정수입부과금, 지방세감축보정액, 직업능력개발훈련지원금, 중앙부처 보조금 및 기타 벌과금의 이전과 기타 지원금들이다. 이에 대해서는 2015년 기준으로 국가의 이전 총액을 명시하면 <표 3-7>과 같다.

그리고 좀 더 세부적으로 2017년을 기준으로 해서 국가가 지방정부에 대하여 이전한 총괄 재원은 총 999억 유로가 된다. 이에 대해서는 다음의 [그림

표 3-7 2015년 기준 지방정부의 총세입 중 국가 이전 내역

구분	금액
조세수입이전(fiscalité transférée)	334억 유로
경상교부금(dotation globale de fonctionnement)	309억 유로
재정수입부과금(Autres prélévements sur recettes)	135억 유로
지방세감축보정(contrepatie de dègrèvement lègislatifs)	112억 유로
직업능력개발훈련지원금(Mission RCT)	38억 유로
중앙부처보조금(subventions des ministères)	33억 유로
기타 지원금(Autres councours)	32억 유로
벌과금 이전(produit des amendes)	7억 유로

21) 프랑스 내무부 지방정부총국 2017년 통계자료: Direction générale des collectivités locales(2017), Rapport de l'Observatoire des finances et de la gestion publique locales, pp.21-29.

그림 3-2 프랑스 국가의 지방정부에 대한 이전재원 규모(2017년 기준)

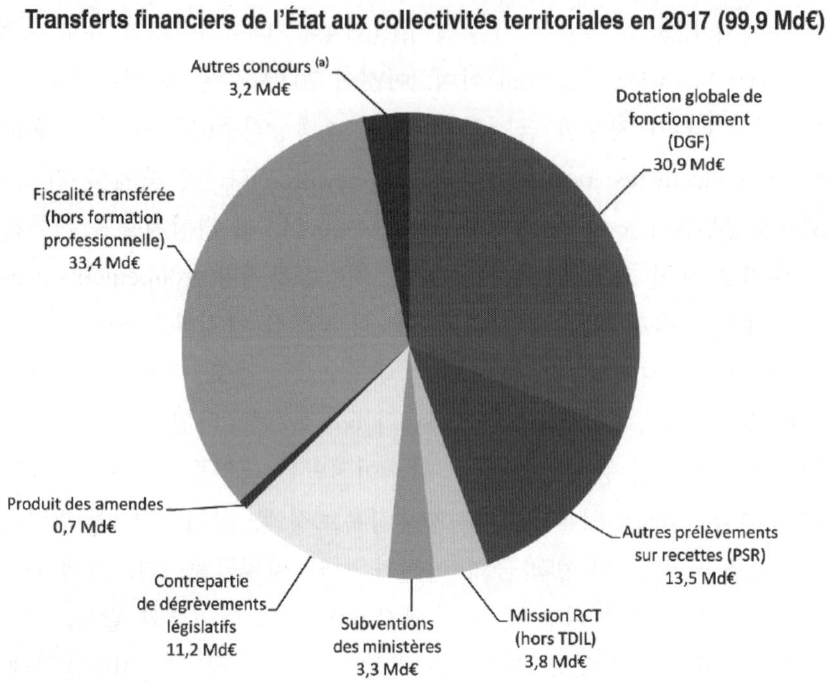

출처: 2017년 예산법률(loi de finances initiale pour 2017).

3-2]에서 어떻게 배분되어 있는지 세부적으로 나타나고 있다.

제 3 절 프랑스 지방정부 사례와 헌법 개정 효과

1. 파리시정부

1) 파리시의 지방행정 조직 체계

(1) 파리시의 창설 및 근거

파리시는 1871년 파리 코뮌(Paris Commune) 봉기 때문에 다른 지방정부와 완전히 다른 특별법이 적용된 이후 1964년 7월 법에서부터 기초정부(Commune)와 광역정부(Département)의 지위를 동시에 가진 법적 특례를 부여받은 대도시 지방정부로 변화되어 왔다. 현재의 광역권을 행정관할구역으로 하고 있는 일드프랑스(Ile-de-France) 지역정부(Région)와 함께 수도권의 지방정부를 형성하고 있다. 특히 파리시를 포함한 프랑스 3대 도시 파리-리용-마르세유(Paris-Lyon-Marseille)의 지방정부는 「통합지방정부법전」에 따라서 준자치구의회 의원과 구청장을 직선하여 구성한 아롱디스망(Arrondissement)을 가진 특례적 지위를 부여받고 있다.[22] 오늘날 파리대도시권은 파리시를 중심으로 1,584개 기초정부를 포함하고 있고, 이 중에서 400개 정도가 일드프랑스 수도권 밖에 위치하고 있다. 1990~1999년도 사이에 대략 135개의 기초정부가 파리대도시권으로 포함되면서 확장된 바 있다.

(2) 파리시의 법적 지위

기초정부와 도정부의 이중적 지위를 가진 파리시의 상하 계층 간 관계를 살펴보면, 하위 행정계층으로서 준자치구 아롱디스망은 20개이며, 이들의 구청장은 구의 주민들로부터 직접 선출된 구의원들 중에서 정치 리더가 구청장이 된다. 동시에 이들은 상위 행정계층인 파리시의 시의원 겸 부시장이 된다. 2019년 현재 부시장은 준자치구의 구청장 20명을 포함하여 21명이다. 선출직의 부시장들은 출신 관할구의 민원사무, 초등학교, 건축허가권 등에 대한 책임을 맡는다.

파리시의 하위계층에 속하는 아롱디스망은 법인격을 갖지 않는 파리시의 하위행정 단위이면서 준자치 행정계층으로 운영되며 주민이 직선하는 지방의원으로 준자치구 의회가 구성되고, 이 중에서 상위 1/3의 준자치구 지방의원은 파리시의 시의원 지위를 갖게 된다. 사무권한을 행사할 때 관할행정구역의 공공기관과 복지시설 등에 관한 행정사무에 대하여 파리시의 위임을 받아 자율적으로 운영한다. 예산은 모두 파리시로부터 교부받으므로 자치재정권이 없고, 예결산의 승인도 파리광역시의 감독을 받고 있다.[23] 이때 하위계층인 준자치구는 법인격을 갖지 않는 파리광역시의 하위 행정 단위의 하나를 구성한다. 파리시 지방의원 총수는 총 517명이지만 이는 20개 준자치구를 포함한 기초의회 의원들이며, 이

22) 프랑스 통합지방정부법(Code général des collectivités territoriales, 2015) 제2부 제5권 파리시 편.
23) 프랑스 통합지방정부법(Code général des collectivités territoriales), 파리시 편.

중에서 기초의회의원(conseillers d'arrondissement: CA)이면서 광역의원(conseillers de Paris: CP)을 겸직하는 파리광역시(Département) 지방의원은 163명이다. 파리시의 시장(Le maire de Paris)은 기관통합형이기 때문에, 지방선거에서 주민 직선으로 선출되지 않고, 163명의 광역의회 의원들에 의한 6년 임기의 간접 선출직이다.[24]

(3) 파리시의 기관 구성 형태 및 시장의 권한

① 프랑스 지방정부의 기관 구성 근거 및 단체장 권한[25]

프랑스 지방정부는 현재 주민 직선에 의한 지방의원들이 의회를 구성한 후에 의원들의 선거를 통하여 단체장이 임명되는 획일적 기관 구성 체계를 유지하고 있다. 기본적으로 지방정부의 권력구조 및 기관 구성 형태에 대해서는 1958년 헌법 제72조 제2항에 근거를 두고 있다. 그리고 통합지방정부법에서 각 지방정부의 계층별(Commune-Département-Région)로 그 지방정부의 기관 구성과 사무에 대하여 규정하고 있다.

따라서 프랑스 지방정부의 통일적인 기관 구성 형태는 지방의회 의장이 단체장을 겸직하는 합의제 기관(organes collégiaux)으로 지방의회(assemblées délibérantes locales)를 설치하여 간선되는 의회-단체장 통합형의 지방민주주의 운영 시스템을 갖고 있다. 이에 따르면, 지방정부의 자치행정 및 자치조직권은 지방의회가 직접 법규 성격의 행정행위를 통하여 기관 구성 형태를 다양하게 직접 제정할 수 있다고 하는 주장도 있으나,[26] 프랑스에서 자치행정조직의 기본 원칙은 선출직 지방의회의 존재와 그와 관련된 선거제도 및 행정사무의 운영 체계 등과 관련되어 현재까지 획일적인 통합형을 유지하고 있다.

---

24) 2014년 3월 지방선거 전까지의 행정 체제를 보면, 파리시 부시장(Les adjoints au maire de Paris)은 파리시 광역의회의원 중에서 선임된 37명이며, 통상 그 수는 파리시 광역의원 총수의 30%를 넘지 않도록 되어 있다(최대 48명까지). 파리시 부시장들은 파리시 광역의원들의 비밀투표로 선출되며, 파리시 행정 업무 중 도시 개발, 건축, 지역 발전, 환경, 기후 변화, 교통, 재정, 안전, 주택, 문화, 사회복지 등에 대한 개별적인 행정권을 위임받아 행정책임을 행사하면서 파리시장의 시 업무를 보좌한다.

25) 이 내용은 다음 책에서 발췌, 수정하였다: 안영훈(2013), 『선진 지방자치제도: 프랑스편』, 한국지방행정연구원.

26) M. François Luchaire, «Les fondements constitutionnels de la décentralisation», *Revue du droit public*, 1982, p.1543.

그러나 2016년부터는 지역정부가 서로 통폐합을 할 수 있어서 그에 따른 통합형으로도 구성될 수 있기 때문에 부분적으로 다양한 기관 구성 유형을 가질 수 있는 길이 생겼다. 통합형에 따라서 의회의장 겸직의 단체장을 포함한 지방의회가 지방정부의 모든 정책결정권 및 자치입법권을 보유하면서 동시에 자치행정의 궁극적 책임도 진다. 다만 자치행정의 전문성을 살리기 위하여 수석행정관(행정기관의 사무총국장, Secretaire Général) 또는 시경영인제 등과 같은 영미법계 국가의 조직 운영 형태를 도입하여 획일적 조직 운영을 다양화하는 대안으로 활용하고 있다. 집행부와 의정 업무 등을 총괄하는 수석행정관으로서 행정사무총국장은 의회로부터 임명된다. 이를 포함하여 주요 행정부서의 장을 의회에서 선임하고 있으므로, 이를 통하여 의회가 집행부서에 깊숙이 관여하고 있다. 결과적으로 프랑스와 같은 통합형 기관 운영 체계에서는 파리시도 마찬가지로 의회가 집행기관의 조직·인사권에 대한 통제뿐만 아니라 기관 운영에서도 의회의 영향력 아래에 놓여 있어 파리시 의회의 권한이 강한 통합형 기관 구성 체제로 운영된다.

「통합지방정부법전」에 근거한 단체장의 권한을 보면, 지방정부의 이해에 관련된 사항을 일상적으로 관리 및 운영하는 임무를 수행하며 그와 관련된 주요 권한을 행사한다. 다양한 업무 수행을 보좌받기 위하여 부단체장 및 분야별 전문행정인에게 법률적 위임권을 부여하는 위임 결정이 가능하다. 「통합지방정부법전」 제L1111-2조(자율적 사무처리권, 국가와 협력 의무)와 제L2121-29조(기초정부의 자치경영권) 이하 등에 의한 시장의 자치권을 보면, 기초정부 재산의 보존 및 관리(운영)와 그 결과로 기초정부 권한의 모든 보존행위, 수입 및 자산·자원의 관리, 그리고 법적 청원자(소송당사자)로서 사법절차상 지방정부를 대표한다고 하였다. 그리하여 단체장의 지휘 하에 지방정부는 권한 코뮌, 데파르트망, 레지옹은 지역생활에 시민 참여를 보장하는 법적 제도틀을 구축하여 지역시민의 다양성을 보장하고, 국토의 관리와 개발, 경제·사회·위생·문화·과학의 발전과 또한 환경 보호, 삶의 질 개선 등에 국가와 협력한다. 또한 「통합지방정부법전」 제L.2122-22조의 16항 및 제L2132-1조(기초의회의 자치결정권) 규정에 근거하여 기초정부의회는 기초정부를 대표하여 수행하고자 하는 행정행위를 결정 의결한다.

② 파리시장과 부시장 권한

이상과 같이 시장의 고유 권한으로 인정되는 경우는 주로 집행기관 운영을 위한 인사권 행사, 자치경찰권 및 국가경찰권의 위임행사 등이 있다. 파리시장도 국가경찰이 대신 경찰권을 행사하지만, 수도권의 특수성 때문에 주차 단속 및 일반풍속 위반 등의 특별사법경찰권은 파리시장이 이를 행사하고 나머지 대부분의 치안은 국가경찰이 담당하고 있다. 일반적으로 시장과 마찬가지로 파리시장도 파리시가 기초정부로서 국가의 하위행정 단위의 역할도 수행하기 때문에 국가사무를 집행하는 국가의 지방행정기관 대표기관이라는 이중적 지위를 행사한다. 이를 위하여 하는 일은 주로 법률의 공포 및 게시, 호적조사, 선거인명부 관리 등을 위한 권한 행사, 이와 관련한 행정질서(명령)권과 사법질서(명령)권을 가지고 행사한다.

또한 「통합지방정부법전」에 의한 법적 근거에 따라서 일반적으로 파리시장은 파리시의 지방공무원에 대하여 자율적인 인사권을 행사한다. 이 경우 주로 2개 직렬에 관련하여 인사권을 직접적으로 행사하는데, 하나는 집행부의 지방의원들을 보좌하는 정책보좌관제도(Emplois de cabinet)이다. 이에 속한 직위는 선출직 리더의 정치적 조언자, 전문적 보좌 인력으로 시장 등 선출직 공무원의 임기 동안 자유롭게 임용된다. 이들이 합법적으로 선출직 공무원(단체장, 지방의원)에게 부여된 자유재량직 임용 대상이다. 또 다른 자유재량직은 행정기관의 업무를 총괄하는 사무총국장(수석행정관), 국장급 및 개인비서 등이라고 할 수 있다. 다른 전문직 공무원에 대해서는 지방공무원제 규정에 따라서 인사와 승진 등 모든 인사관리는 수석행정관 직무를 수행하는 사무총국장이 전문경영인으로 이를 행사한다.

부단체장은 지방정부법에서는 선출직 지방의원 수의 1/3 이하로 제한하고 있어서, 과거 파리시의 부단체장은 40명이 넘은 경우도 있었으나, 현재 파리시 부단체장은 21명으로 각 준자치구(準自治區)인 아롱디스망의 구청장이 직무를 맡아 파리시의 다양한 업무를 파리시장으로부터 위임받거나 대리로 임무를 수행한다.

2) 파리시의 지방행정 운영 체계

(1) 파리시의 사무권한

파리시의 사무권한은 기본적으로 사무배분법에 근거하며, 「통합지방정부법전」에서 파리시에 관하여 제정된 편에 기관의 조직과 사무권한 등이 총체적으로 규정되어 있다. 먼저 지방정부에 대한 사무배분법에 근거하여 지방정부 간 사무배분 체계를 정리하면 <표 3-8>과 같다.

파리시와 같은 기초정부인 코뮌(Commune)은 환경, 쓰레기 처리문제, 탁아소, 유치원, 초등교육 등과 같이 주로 주민의 기본적인 생활에 필요한 전반적인 업무를 관장하고, 도(Département)의 지위에서 수행하는 지방사무는 주로 사회

표 3-8 프랑스 지방정부 간 사무배분 현황

지방정부 / 사무 분야	코뮌(Commune) 기초정부	데파르트망(Département) 도정부	레지옹(Région) 지역정부
주거/주택	영세민주거보조계획 수립, 지방주택 건설계획, 건축허가	영세민을 위한 주택정책 입안, 주거자를 위한 정책 수립, 주택정책위원회의 운영	주거자 우선사업의 결정, 국가의 주택정책에 대한 보충적 지원
교육	탁아소, 유치원, 초등학교의 건설 및 관리	중학교 건설 및 관리	고등학교, 특수학교, 해양전문학교 지원 및 관리
보건/사회복지	방역활동, 위생보건 의료서비스, 공적부조 요청자 서류관리	사회복지 비용 부담 및 규정 수립, 사회・의료서비스 계획의 수립 및 공포, 최저생계비 지급 대상자에 대한 재정 지원	-
직업훈련	-	-	26세 미만 성인을 위한 전문직업 교육 실시, 지역권 직업교육 연례계획 수립
교통/해양	도시 대중교통 운송 체계 수립, 도시이동교통망 계획안 수립	농촌지역 대중 운송 도로망 관리, 해양/항구 관리, 국철과 협약 체결	교통계획 수립, 공항 신설, 국철과 계약, 운하시설 및 강변 항구 관리
국토개발/토지개발	도시개발계획, 토지이용계획의 입안 및 인가, 지역개발을 위한 코뮌 간 개발헌장 수립 및 승인	농촌설비 보조계획안 작성	국가-레지옹 간의 국토개발 계약에 따른 지역개발계획안 작성
환경, 문화재 관리/보존	가정용 쓰레기 수거 처리, 유물 및 유적지 보호, 음악/무용/미술 교육	도립도서관, 박물관 조성 재정 지원, 고문서 보존/고문서관리국 재정 지원	산업용 쓰레기 처분을 위한 계획안 입안, 박물관 조성과 재정 지원, 고문서 보존

출처: 프랑스 통합지방정부법전(2015).

복지 지원사무들이다. 그리고 지역정부(Région)인 경우에는 경제 및 국토개발사업을 관장하는 것으로 사무배분이 되어 있다. 좀 더 구체적으로 기초정부로서 파리시의 주요 사무권한을 보면 다음과 같다. 시장이 준비한 예산의 의결 및 승인, 지방세율의 결정(네 가지 지방세: 주거세(taxe d'habitation), 사업세(taxe professionnelle), 건축물토지세(taxes foncières sur les propriétés bâties), 미건축물토지세(taxes foncières sur les propriétés non bâties), 서비스 제공에 따른 각종 공과금(사용료) 결정, 지방채의 승인 결정, 수정예산의 확정, 시장의 행정회계(시장의 부재에 따른)와 파리시의 공공회계에 관한 경영회계의 승인 등이 있다. 그리고 파리시가 시민들에게 공공서비스를 제공하기 위한 조직과 기구의 창설(organisation et création de services publics communaux) 및 이와 관련한 직무(emploi)의 신설권 등을 보장받고 있다.

(2) 파리시의 대도시권 발전에 관한 계획권

기초정부이면서 도자치정부인 파리시는 특히, 공영물 및 공공사업의 관리(gestion du domaine public et des travaux publics), 집합적 설비(équipements collectifs)의 설치 등도 자유재량권이 있다. 예를 들면 공영물 관리 차원에서 파리시는 관할도로를 관리하며, 새로운 건축, 대규모 수리, 관리유지공사 등에 대하여 사업계획을 승인하는 권한을 행사한다. 그리고 파리시에 귀속된 자산(공공사용자에게나 공공서비스에게도 할당되지 않은 모든 재산, 토지, 숲, 목장 등)을 관리한다. 파리시의 의회의 결정에 따라서 집행기관은 부동산을 취득하고, 파리시의 재산 양도 및 매각 등에 관한 권한을 행사한다. 다른 기초정부와의 협력 및 조합제도 운영을 위한 규약 또는 헌장(les chartes intercommunales)을 승인하여 지방공공서비스를 제공하는데, 필요에 따라서 자유재량에 의한 조직 설치와 인력 운영 등을 자유롭게 할 수 있다. 기본계획과 관련해서는 파리시의 토지운용계획안(plan d'occupation des sols: POS)을 승인하여 파리시가 경제 발전을 추구하거나 기초행정서비스를 유지하기 위한 직・간접 사업 결정 및 정책 결정 등을 하고 있다.[27]

27) 통합지방정부법 제2편 기초자치단체의 조직, 사무권한 조항 중 파리시 편(Livre V: Dispositions particuliéres).

(3) 2016년 '그랑파리'(파리시 대도시권 연합기구)의 출범

프랑스 지방정부 체제는 기관통합형으로 지방의회의 의장이 단체장이 됨으로써 의정 일치에 의한 강력한 집행권을 행사하고 있고, 국가사무와 지방사무를 동시에 수행하는 이중적 행정 주체의 역할을 담당한다. 특히 프랑스 지방정부 수를 고려하여 볼 때 너무나 규모가 작은 지방정부들이 대다수를 구성하고 있어서 국토 정비와 설비투자 등 비용이 많이 드는 현대 지방정부의 임무를 수행하기에는 물질적 · 재정적인 수단이 아주 미약한 상황에 있다. 이러한 불리한 여건을 극복하기 위하여 수많은 지방정부 간 협력기구(자치단체간 조합제도)를 활용하고 있다.

현재 파리시는 2016년부터 새로운 파리시 대도시권 연합기구인 그랑파리(Grand Paris)를 출범시켰다.[28] 파리시는 2016년 1월 1일부로 그랑파리 대도시권 연합도시의 구심점으로 재탄생되면서, 파리시와 센생드니, 발드마른, 오드센 등 3개 도정부의 123개 코뮌 기초정부들과 함께 (총 126개 지방정부) 인구 650만의 연합형 대도시권을 발족시켰다. 파리대도시 지역(Métropole)이 형성되면 이 연합체에 향후 39개의 도시재생 · 지역개발 분야 관련 지방공기업들도 포함될 예정이다.[29]

그랑파리는 파리시가 직접 경영하는 방식(gestion directe)의 소속기관은 아니지만, 이 분야에 해당하는 공공기관으로는 파리시의 특별회계(budgets annexes)를 기준으로 한 파리시 공공기관이 있다. 파리시 공공기관 중에서 상하수도 운영기관, 청소관리기관 등 상공업형 공공서비스를 제공하는 공공기관(services locaux spécialisés ayant un caractère commercial et industriel)들이 있다. 이들 기관은 일반회계가 아닌 특별회계로 운영된다. 이를 통하여 지방공공서비스를 제공하고 그에 따른 사용료 및 수수료를 징수한다. 이 분야의 공공기관은 크게 4개 분야로 나뉘며, 기초정부(코뮌)의 지위 수준에서는 상수도 특별회계, 하수도 특별회계, 대중교통 특별회계, 장례 특별회계 등이 있고, 도정부(데파르트망)의 지위로 는 사회보장(l'aide sociale à l'enfance) 특별회계가 있다.

---

28) 통합지방정부법전 제5편, 제2권, 제9장(Chapitre IX: La métropole du Grand Paris).

29) http://www.grand-paris.jll.fr/en/grand-paris-project/overview/id/40(2015년 12월 검색).

그림 3-3 2016년 출범한 그랑파리의 권역 및 계획권

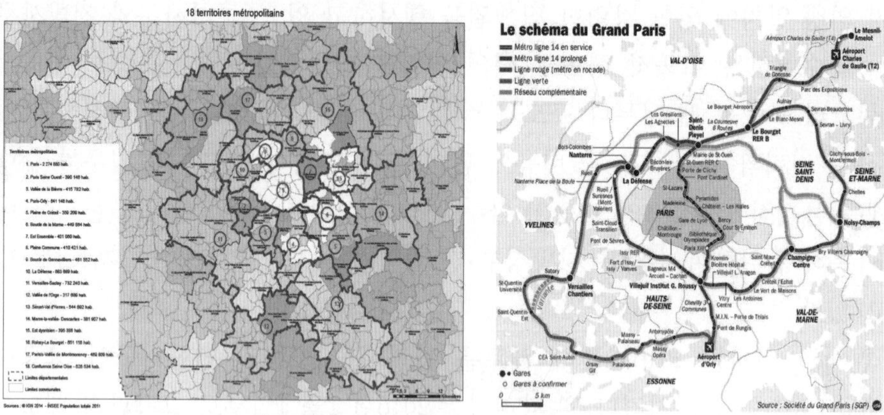

3) 파리시의 지방재정 체계

파리시 재정수입은 주민세, 토지 및 건물세 관련 직접 지방세와 기타 광고수입, 기업으로부터의 사용료 징수 등의 간접세가 있다(세수입의 2/4). 그리고 국가로부터 받는 경상포괄보조금(dotation globale de fonctionnement)과 투자포괄보조금(dotation d'équipement) 등이 세수입의 1/4을 차지한다. 지방분권법에 따른 재정지원금으로 부가가치세 보전금(le Fonds de compensation de la TVA, FCTVA) 등이 또한 약 23% 정도 차지한다. 그리고 세외수입 및 지방채 발행으로 약 15% 정도를 충당하고 있다(2013년 프랑스 내무부 통계자료: 2011년 말 기준).

파리시의 2015년 당초예산을 기준하면 총수입(2015)은 93억 7,800만 유로이고, 총지출(2015)은 93억 7,800만 유로 수준이다. 수입 항목에 따른 재정 수준을 보면, 경상수입 80.03억 유로(지방세 54억 7,300만, 교부금 9억 7,500만 등), 투자수입 5억 9,600만 유로, 지방채 등 7억 4,400만 유로, 자산수입 2,100만 유로, 특별수입 1,400만 유로 등이다. 지출 항목을 보면, 경상지출 74억 9,900만 유로(인건비 22억 5,900만, 일반경상비 8억 400만 유로 등), 파리시 대중교통 3억 7,800만 유로, 자치단체연합체 경상지출 1억 1,500만 유로, 경상보조지출 2억 9,500만 유로, 투자지출 14억 8,700만 유로, 채무지출 2억 유로 등을 기록하고 있다(파리시 재정보고서 2015, chiffres cles de la collectivite parisienne BP 당초예산 2015).

2. 2003년 지방분권형 헌법 개정의 효과: 행재정 이양 결과

1) 사무이양에 따른 인력 이양 근거

2003년 수정헌법의 근거 규정에 따라서 이를 실천하기 위한 집행 법률인 2004년 8월 13일 2004－809호 법률 「사무이양에 따른 지방정부의 자율과 책임에 관한 법률(LRL)」을 제정하고, 이에 약 13만 3천 명의 정규직(Emplopis en équivalent temps plein: ETP) 인력 이양을 명시하였다. 그리하여 이 법률에 근거하여 초기 133,000명의 인력 이양을 추정하였으나, 실지 이양 대상이 된 인력은 상근직 128,348명이고, 이에 대한 재정보전도 결정하였다(Doligé & Jeannerot, 2010: 23) 실제는 2006년부터 이양 인력의 평가를 시작하였는데, 상원의 '지방정부 및 지방분권위원회'의 전신인 지방분권위원회(l'Observatoire de la décentralisation)에서 이미 2006년부터 기술자, 노무자, 서비스 인력, 국가도청 소속 건설국 공무원 등 인력의 지방 이양에 관한 문제를 다루어 왔다.[30] 이들은 인력 이양 예상 인력의 약 95%에 달하였는데, 주로 기술자, 노무자, 서비스 인력(TOS), 국가도청 소속 건설국 공무원(DDE) 등의 국가 인력이었다.[31]

지방정부가 중앙으로부터 인력 이양을 받기 위해서는 다음 세 가지 조건을 사전에 검토할 필요가 있다. ① 사무의 이양 : 이양하여야 할 사무의 내용, 범위, 임무, 수행 조건 등을 정할 필요가 있다. ② 조직의 이양 : 정부령에 근거한 부서(담당조직)의 이양도 함께 고려하게 되는 것으로, 관련 분야 및 관련 사무의 인력 이양은 결과적으로 담당부서의 이양을 고려하여야 하는 것으로 이를 이양받을 지방정부가 어떻게 조직을 재구성할 것인가에 대한 검토도 필요하다. ③ 신분(직위)의 이양 : 프랑스 국가공무원의 경우 약 2년의 결정 기간을 부여하여 지방공무원의 지위로 새롭게 바꿀 것인지, 또는 '기간의 제한을 두지 않는 파견 형식의 국가공무원 지위'를 유지할 것인지의 결정이 필요하다. 이에 관련한 법제의 준비 및 시행도 준비할 필요가 있다. 그뿐만 아니라 지방정부의 입장에서는 국가로부터 받는 이양 인력에 따른 재원 이양도 충분하지 못할 것을 염려하게

30) Eric Doligé, Observatoire de la décentralisation, « Transferts des personnels TOS et DDE », Rapport n° 62 (2006－2007).

31) 약어: transfert des personnels techniciens, ouvriers et de service (TOS) et de celui des personnels des directions départementales de l'équipement(DDE).

되는데, 사실상 보면 국가와 지방정부 간 인력 이양에 따른 재원 이양의 총액 산정에 대한 견해 차이가 발생하게 된다. 이 경우에도 초기 재원 이양 예상액은 24,600억 유로였지만, 2005년 5월 수상이 제시한 총액은 19,560억 유로였다(Doligé & Jeannerot, 2010: 13).

2) 인력 이양 절차와 결과

(1) 후속 조치를 위한 법률 제정 및 위원회 운영(2004년 8월 이후)

2004년 8월 13일 2004-809호 법률「사무이양에 따른 지방정부의 자율과 책임에 관한 법률(LRL)」에서 약 13만 3천 명의 정규직(Emplopis en équivalent temps plein: ETP) 인력 이양을 명시하였고, 같은 해 12월 22일부터 '국가-지방정부 간 인력 이양 후속조치위원회(Commission commune de suivi des transferts de personnels entre l'État et les collectivités territoriales)'를 운영하였다. 이 위원회를 통하여 인력 이양을 협의하기 위한 협약을 채택하고, 그 협약에 따라서 국가를 대표하는 임명도지사와 지방정부를 대표하는 위원을 선정하여 후속조치위원회는 정기적으로 이양에 따른 지침을 지시하게 되었다. 2004년 8월 법률(제104-IV조)에 규정한대로 국가와 지방정부 간 이견이 발생하여 지방정부가 인력 이양 협약 체결을 거부하였을 때 이를 조정하기 위하여 설치를 규정한 국가협상위원회(Commission nationale de conciliation)도 2007년 10월 31일 정부령으로 설치·운영되었다. 정부가 인력 이양 모범협약안을 제시한 이후 3개월 이내에서 국가와 지방정부 간 협약이 체결되지 않을 경우에는, 이 국가협상위원회의 권고를 받아 지방정부 담당부처(내무부)와 인력 이양이 관련된 중앙부처들 간에 공동으로 정부령 제정을 통하여 인력 이양 대상이 되는 부서들의 목록을 작성하기로 하였다. 예를 들면, 사회보장 및 공적 부조 업무를 담당하던 인력 이양의 경우, 45개 데파르트망 도정부와 3개 지역정부만이 인력 이양 협약을 체결하고, 나머지 지방정부들은 이와 관련하여 결과적으로 정부령이 제정한 것에 근거하여 인력 이양을 추진하였다.

(2) 지방 이양에 따른 '비용평가자문위원회(CCEC)' 설치(2005년 3월~)

2004년 8월 법률은 2005년 3월 10일 설치된 비용평가자문위원회(Commission consultative sur l'évaluation des charges: CCEC)의 기능을 완전히 바꾸어 놓았다.

비용평가자문위원회는 22명 위원으로 구성되며, 국가와 지방정부를 대표하는 대표위원들이 동수로 참여한다. 이 위원회는 결과적으로 지방정부재정심의위원회(formation restreinte du Comité des finances locales: CFL)의 역할을 수행하게 되었다. 이 위원회의 주요 기능은 국가와 지방정부 간 사무 이양에 따른 재정보전에 대한 검토, 평가 등을 수행하는 데 있다. 따라서 이양에 따른 재정보전을 어떻게 할 것인가 하는 평가 등의 방법을 고민하고 결정하는 위원회이므로 지방정부들이 사무 이양을 받은 후, 이양된 사무를 수행하는 데 소요되는 총비용 및 평가 방법 등을 정한다. 회의는 전체회의와 코뮌 기초정부, 데파르트망 도정부, 레지옹 지역정부 등 각 지방정부별로 회의를 진행하기도 하면서, 각 지방정부가 관련된 경우 또는 각 이양 분야에 따라서 별도 회의를 진행하여 왔다. 그 결과 2010년을 기준으로 보면 이 위원회는 143개의 이양 관련 정부령을 검토하였고, 그중에서 138개 정부령이 전원 합의에 따라 승인된 바 있다. 2010년 기준으로 약 37회 전체회의를 가졌다(Doligé & Jeannerot, 2010: 15).

(3) 집행령 제정으로 추진(2005년 5월 이후)

인력 이양은 (협약 체결과 관련한 내용 등을) 정부령에 기초하였고, 이에 내무부는 2004년 12월 정부회람으로 기본 시안(기준)을 제시하였다. 그리하여 2005년 5월 24일 2005-529호 정부령에 의거하여 각 레지옹/데파르트망을 중심으로 국가 임명 도지사와 협상을 위하여 지방정부를 대표하는 지방정부위원회(Commissions tripartites locales)가 설치되었다. 국가와 지방정부 간 지방 이양 및 인력 이양에 관한 논의를 위하여 정기적으로 회의를 개최하여 추진하였다.

(4) 인력 이양 결과

인력 이양에 관한 전체 개요를 보면, 총인원 117,000명이 지방공무원으로 전환되었다. 주로 레지옹과 데파르트망으로 배분되었으며, 사무 이양과 함께 고려해 볼 때, 데파르트망 도정부로는 약 67,000명, 레지옹 지역정부로는 약 50,000명의 국가공무원이 지방공무원으로 전환하였다(Doligé & Jeannerot, 2010: 21). 레지옹 지역정부의 총인원은 2002년의 경우 지방공무원 총정수의 0.8% 정도였으나 더 증가하였다. 데파르트망과 레지옹 지방정부는 이때까지 주로 A와 B 직급이 더 많은 인력 구성 상황에서 지방으로 인력 이양 대상인 TOS는 모두 C 직급이었기 때문에 인력 구조가 상당한 정도의 변화를 가져왔다. 예를 들면 두

(Doubs)라는 데파르트망 도정부의 경우 C 직급이 당초 25%였던 것이 51%로 갑자기 증가하였다. 이 도정부는 전체적으로 기술직렬이 가장 증가한 것으로 나타났다. 즉, 2005년 125명의 기술직이 2009년에는 780명으로 증가한 것으로 집계되었다. 한편 2005년부터 각 지방정부는 매년 인력 채용 수를 늘려 왔다. 그 결과 어떤 지방정부의 경우에는 대략 3배의 인력이 증가한 곳도 있었다. 이때의 채용 인력은 주로 특정 직무 수행을 위한 인력 임용, 장애인 우대, 전문직의 전환을 통한 인력 충원 등이며, 주요 분야는 서비스 분야, 학교 급식 전문 분야, 사회복지 전문 분야, 심리치료 등 의료 분야가 주류를 이루었다.

특히 중고등학교 등 교육기관에 종사하는 공무원들이 지방으로 대다수 이양된 것이다. 자세히 보면, 2005년 12월 정부령을 기초로 중앙정부로부터 인력 이양을 시작하면서 교육부 등 관련 부서의 이양과 함께 인력 이양이 2009년 1월 1일자로 종료된 바 있다. 교육 분야 이양 대상 인력은 주로 TOS 직무를 수행하는 인력으로 이 중에 86.3%의 인력인 총 77,828명이 모두 지방공무원으로의 전환을 완료하였다. 나머지 6.4%에 해당하는 5,817명만이 파견 직위를 선택하게 되었다. 전체적으로 상근직 94,804명이 이양되었고, 이 중에 49,729명은 레지옹 지역정부로, 45,075명은 도정부로 배치되었다.

비용 보전 총액은 26억 6,000만 유로이고, 이 중에서 레지옹 지역정부에 보전된 금액은 13억 9,700만 유로, 데파르트망에게 보전된 금액은 12억 6,300만 유로이다(Doligé & Jeannerot, 2010: 94). 특히, 농업학교 분야의 인력 이양의 경우 레지옹 지역정부로 재정 보전한 총액은 2007~2010년간 7,568만 유로가 되었다.

다음으로 건설교통부 인력의 지방 이양을 보면 다음과 같다. 데파르트망 도로, 지방의 국도, 데파르트망과 코뮌의 항구, 주택연대기금 관리인력, 해양전문기술고등학교, 민간항공 교통공항, 내수운하, 국가관리항구 일부 등으로 이미 2003~2004년 법률로 이양이 추진되었던 분야들이다. 2006년 11월 정부령과 2007년 5월 11일 정부령을 거쳐 2007년 1월 1일 사무 이양을 완료하기로 하였다. 도로관리 인력에 대한 이양도 지속적으로 추진되어 왔으며, 2006~2009년 여러 정부령으로 계속 인력 이양을 추진하였다. 이미 2007년도에 인력 이양 대상 인원의 95%가 신분 전환을 완료하였으며, 2010년에는 나머지 5%까지 전체적으로 완료하였다. 이양 대상 상근직 정원 26,634명이 지방정부로 이양되었다. 이 중에서 23,817명의 상근직(실수요 인력 24,019명)이 완전하게 지방공무원으로 전환하였다(Doligé & Jeannerot, 2010: 26). 2010년 예산법 결정 기준으로 보면, 인력 이양에 따른 재정 보전은 2007년에 이미 총 9억 6,165만 유로에 달하였다(Doligé & Jeannerot, 2010: 94). 예를 들면, 파리 지역에 속하고 있는 센생드니(Seine-Saint-Denis) 데파르트망 도정부의 경우, 2008년 1월에 사무 이양이 완료되었고, 그에 따라서 총정원 상근직 664명(현원 672명)이 이양되었으며, 이 중에서 정원 364명(현원 369명)이 완전하게 지방직으로 전환하였다.

3) 재정 보전 결과

초기 국가가 예상한 재정 보전 총액은 공식적으로는 26억 6천 유로이고, 이 중에 13억 9,700만 유로는 레지옹 지역정부로, 나머지 12억 6,300만 유로는 데파르트망 도정부로 재정 보전하도록 예정되었다. 건설교통부의 인력 이양에 대해서는 9억 6,165만 유로였다. 이를 모두 합하면 국가가 보전하여야 될 전체 액수는 36억 유로가 되었다. 이에 대한 결정액 및 재정보전 절차를 보자. 실제로 사무 및 인력 이양에 따른 비용이 어느 정도 소요될 것인가에 대해서는 이를 실제 집행하는 지방정부들만이 정확하게 그 소요 비용을 측정할 수 있는 것이 문제이다. 그런데 국회에서 예상한 총액은 81억 8,000만 유로이고, 도로 분야에 책정한 보전액은 11억 유로, 교육 분야는 20억 유로, 인력 이양에는 17억 5,000만 유로 등이었다.

재정보전에 관한 이행 절차를 좀 더 자세히 보면, 2005년 5월 4일부터 비용평가자문위원회(CCEC)가 개최되어 인력 이양에 따른 재정보전을 위한 평가 방법 등에 관하여 전반적인 논의를 시작하였다. 이어 일반 원칙들에 대하여 2006년 4월 6일 회의를 통하여 정부령으로 구체화된 입법작업을 완료하였다. 이 회의에서 교육 분야의 서비스, 노무 및 기술인력(TOS)에 대한 데파트르망 도정부와 레지옹 지역정부로의 이양에 관한 재정보전 사항을 결정하였다. 2006년 11월 14일 회의에서는 상근직 이외의 비상근직에 대한 여타의 비용 보전 총액에 대하여 논의 후 관계 부처 간 공동정부령 등을 제정하였다. 이후 2007년 3월 13일 회의로 이미 결정된 사항을 실행하였고, 다시 2007년 12월 11~18일 회의에서는 농업고등학교 및 해양특수고등학교 등의 인력 이양에 따른 재정보전 평가 방법 등에 관하여 전과 마찬가지로 전반적인 논의를 시작하였다. 동시에 교육부 및 건설교통부, 농림부 등의 인력 이양 관련 문제에 대한 20여 개 이상의 공동정부령을 검토 결정하였다. 2008년에도 11월 13일과 27일 등 회의를 개최하면서 2007년 11월 15일에 결정된 건설교통 분야의 사무 이양에 관련한 비정규 직원의 인력 이양에 따른 재정보전 등을 논의하였고, 관련 정부령을 검토하여 승인하였다. 2009년에도 계속 회의를 거쳐 결정하였는 바, 동년 6월 30일 총회에서 보건복지부의 비정규직 및 퇴직 인력 등에 관한 인력 이양 시 보전하여야 할 비용에 관한 총액을 결정하였다. 다시 11월 26일 회의에서는 이양사무의 담당조직 이양에 관련된 총 44개의 정부령을 검토한 후 보전비용을 결정하였다.[32)]

비용평가자문위원회(CCEC)에서 기초지방정부에 관한 의제는 사실상 2009년 12월 2일 처음 논의되었고, 이는 경제개혁에 관한 2008년 8월 4일 법률 제13조에 근거하여 사무 이양에 따른 재정보전 방법에 관해서 전반적인 절차를 논의하는 방향에서 개최되었다. 비용평가자문위원회(CCEC)가 지속적으로 개최되면서 검토 협의를 거쳐 좀 더 세부적으로 인력 이양에 따른 재정보전 방법에 관한 계산식 등이 더욱 정교해졌으며, 지방정부에 유리한 방향의 결정들을 끌어내기도 하였다.

4) 이양 결과 평가

대체로 2003년 수정헌법 제72－2조에 근거한 재정보전을 실시한 원칙이 지켜졌다. 전체적으로 국가가 사무에 소요한 경비에 대한 총액 보전(intégralité)을 비교적 충실하게 하였고, 사무 수행 시 부수적으로 발생된 재원(잉여금, 세외수입)도 함께 이양(concomitance)하였다. 이를 위하여 비용평가자문위원회(CCEC)의 검토 의견을 거쳐 정부령으로 근거를 제정한 후 사무 이양에 따른 소요 비용 이양을 검토하여(contrôle) 법적 근거를 마련하여 시행하였기 때문이다.

따라서 하나의 교훈은 지방정부로 하여금 지속적으로 사무를 집행할 수 있도록 하기 위하여 재정보전의 지속성을 보전하는 방법으로(2004년 8월 법률 제119조), 동 수정헌법의 관련 조항에서 규정한 바와 같이 자치재정권 보장 목적에 부합하도록 국가는 지방정부에 대하여 모든 종류의 세수 기반을 보장할 수 있는 권한(지방정부의 지방세 확립권)을 부여하도록 하여야 한다. 프랑스의 경

32) 비용평가자문위원회(CCEC) 보고서(2010), Rapport d'activité 2005~2009.

우는 2004년 8월 법률 제104조에서 '재정보전을 보장하는 조항(la clause de sauvegarde)'을 명시하였다.

결과적으로 재정보전 절차와 결과에 대해서는 비용평가자문위원회(CCEC) 수준에서 큰 어려움 없이 해결되었다(Doligé & Jeannerot, 2010: 50). 하지만 여기서도 중요한 점의 하나는 인력 이양 시 추가적으로 고려하여야 할 비용이 있다. 그 사례로는 이양 인력의 보수 수준에 대한 결정에 합의하였으며, 지방정부가 부담하여야 한 고용주의 사회보장 분담액에 대한 보전도 정상적인 합의를 거쳤고, 사회보장 분담금 총액에 대해서도 큰 무리 없이 국가-지방정부 간 합의에 따라서 결정되었다. 그 밖에도 교육비용, 비상근직 활용을 위한 보전비용, 업무 수행에 따른 추가적 경상비용, 정년퇴직 등으로 사라지게 될 인력(직무)에 대한 예상 보전액 등을 확보하는 것도 실제 재정보전이 충실하게 이루어지기 위해서는 지방정부가 주의를 기울여 사전평가액에 포함하여야 할 필요가 있다.

3. 지방분권형 헌법 개정의 시사점

1) 지방분권형 헌법 개정의 의미

프랑스는 지방분권형 헌법 가치를 실현하기 위하여 2003년 헌법 개정을 하였고, 이를 통하여 국가의 통치 원리로서 지방분권 체제(principe de decentralization) 하에서 민주공화국을 실현한다는 목표를 천명하였다.

이를 요약하면 다음과 같다. 즉, 지방정부의 자치권(libre administration)을 헌법 조항에서 규정하였고, 이러한 자치권 행사를 지방정부 자치입법권을 '법규제정권(un pouvoir réglementaire pour exercer ces dernières, 헌법 제72-3조)'으로 명시하여 확대시켰다. 더불어 지방정부의 행·재정 자치권은 총체적 사무 수행 권한과 보충성의 원칙(principe de subsidiarité)에 따라 수행할 수 있도록 하였다. 그뿐만 아니라 지방정부가 새로운 제도 운영을 필요로 할 경우에는 사회제도를 실험할 수 있도록 지방분권 관련 제도의 실험 원칙(principe d'expérimentation)도 헌법에 천명하였다. 이렇게 제도실험을 단행한 대표적인 사례들을 보면, 최저생계비(RMI) 정책, 국가의 지방행정기관 재편, 지방정부 간 협력 발전 포괄교부금, 국영철도의 지역 간 차등적 요금제 시행, 철도광역화 등이 있다. 이처럼 자치권 행사를 위해서는 지방정부의 자율적 재정권(autonomie financière, 헌법 제72－2조)을 인정하여야 하고 이에 대해서도 헌법에 명시하였다. 요약하면, 프랑스가 2003년 헌법 개정을 단행하여 통치 체제를 전면 개편하고자 한 이유는 바로 지방분권 촉진을 위해서는 지방자치법 수준이 아닌 헌법에서 이를 명확하게 그 원칙과 기본 운영 체계를 천명함으로써 그 하위 국가 법률로 구체화하는 작업이 강제되도록 하는 바가 중요하다는 점을 강조한 것이다. 그 결과 중요한 시사점들을 정리해 보면, 지방분권 강화를 위하여 사무권한을 제대로 수행할 수 있도록 하여야 하는데, 이를 위해서는 보충성의 원칙(헌법 제72조 2항)에 따라 주민과 가장 가까운 기초정부 중심으로 자치사무를 수행할 수 있도록 하고, 이를 위한 재정자치권을 충실하게 보장하도록 함으로써 지방이양, 자치사무의 수행 등에 차질이 없도록 하는 제도적 보장이 중요하다는 것을 알 수 있다. 또한 보완적 조치로서 필요한 경우에는 사회제도를 실험을 통해서 그 실천이 가능하다는 확실성을 담보받도록 하는 제도실험(헌법 제37－1조)이라는 획기적인 방안을 도입한 것도 크게 주목하여야 할 시사점의 하나이다.

종합하면, 지방분권 촉진은 개별적 법률 차원에서 제·개정 방식으로는 제도 개선의 한계가 명확하기 때문에 이를 극복하기 위해서는 가장 상위법이고 법규범의 기준이 되는 헌법을 개정하는 것이 절대적으로 필요하였던 것이다. 이것은 개별법에 의한 지방분권 추진이 시간이 지나면서 그 동력이 약해지면 다시 중앙집권적인 경향을 갖고 지방분권의 가치와 원칙 이행을 잊어버리기 때문이다. 그러한 프랑스의 경험 때문에 국회의 상·하원과 지방정부 대표들이 전면적인 헌법 개정을 통하여 지방분권의 명백한 원칙과 그 정신을 헌법에 새겨 넣은 것이라고 하겠다.

2) 지방분권 촉진을 위한 재정분권 강화 필요

이러한 헌법적 차원에서의 중앙－지방정부 간 관계를 개편하는 작업들이 선행되었기 때문에 현 시점에서 프랑스의 중앙－지방정부 간 관계는 상당히 의미있는 법의 지배(rule of law) 형태를 유지하고 있다. 우리나라 지방자치제도에도 도입이 필요한 부분들을 보면, 프랑스의 지방정부 대표기구들이 국회에 직접 지방자치제도 개선에 필요한 법률안을 제출할 수 있는 권한이 있다. 파리시의 시장 및 파리시정부연합체 등에서도 국회에 법률안 제안권을 행사하고 있는 바와 같다. 또 다른 벤치마킹 대상으로는 법령사전심사제도의 운영이 있는데, 우리나라의 경우 국회에서 법률안 제안 시 사전에 규제개혁위원회를 통하여 규제 발생 사항에 대한 검토와 재정 부담 발생 가능성에 대한 사전 검토 절차가 있다. 이와 동일하게 지방정부에 관련된 법률안이 제안되면, 이에 대한 사전 지방분권 영향평가를 하는 '입법안 사전평가제도'를 운영하는 것도 좋은 사례의 하나이다. 이 과정에서 국가가 지방정부에 대하여 사무 이양을 하게 되거나 또는 국가의 위임사무를 제정할 때, 일방적이지 않고 또 재정 지원이 충분하게 이행되도록 함으로써 지방정부의 자치권이 제약받지 않도록 사전 검토 절차를 공식화하는 방안도 지방분권을 보호하고 강화시키는 방안의 하나가 된다. 프랑스는 '국사원(Counseil D'Etat)'이 이미 국회의 제정법률안에 대한 사전 검토와 함께 '헌법위원회'도 함께 사전심사를 거쳐서[33] 지방분권 원칙에 부합되는지, 자치권의 침해가 없는지 등을 합법성, 합헌성, 적법성 등의 원칙에 따라 시행하고 있어서 법률 등의 시행에 따라 발생 가능한 갈등과 반목 등을 사전에 제거, 축소시키고 있다.

지방분권을 실현하는 데 가장 필요한 요건의 하나는 지방재정의 충분한 지원이라고 할 것이다. 재정 지원과 관련한 정부간 관계도 중요한 지방분권 촉진 요건의 하나이다. 이 점에서 프랑스로부터 얻을 수 있는 교훈은 다음과 같다. 즉, 중앙-지방정부 간 관계에서 재정 관계는 중앙부처의 일방적인 관계 속에서 이행되기보다는 상호 국민을 대변하고, 주민의 대표로서 그 권한과 기능을 수행하기 때문에 서로 협의하고 조정, 협력하는 대화의 장 및 토론의 장을 마련하는 것이 중요하고, 이러한 협력의 장은 가능하면 법적인 근거에 따라 운영되는 시스템이 그 지속성을 담보할 수 있다고 할 것이다. 이에 프랑스는 여러 가지 제도를 운영하고 있다. 예를 들면, 지방재정운영위원회(Comité des finances locales: CFL), 사무이양재정평가위원회(Commission consultative d'évaluation des charges: CCEC), 법규범평가위원회(Commission de contrôle et d'évaluation des normes: CCEN) 등 다양하다.

---

33) 프랑스 국회는 1995년부터 국회사무처 형식의 국회입법개선처(Office parlementatire d'amélioration de la legislation)를 만들어 법령 재·개정 시 사전심사 및 영향분석 등을 시행하고 있다. 이 기관의 3대 임무로는 입법안의 적절성에 관한 평가, 입법안의 간결함과 통합성 유도, 법률 집행에 필요한 시행령안 제정에 대한 감독 등이다.

지방재정운영위원회(CFL)와 사무이양재정평가위원회(CCEC) 등은 중앙부처 대표와 지방정부 대표들이 함께 모여 구성된 위원회이며, 전자는 총 64명 위원이 매년 2회 이상 회의를 통하여(통합지방정부법전, 제L.1211-3조 이하) 국가교부금과 보조금 등 주요 재원 배분을 협의하여 실시하고 있다. 후자는 1983년 설치되었고, 2004년에 다시 재편되어 지방재정을 좀 더 정확하고 지방 이양된 사무 수준에 맞게 평가하고, 비용 추계를 하며, 익년을 대비하여 이양된 재정의 수준이 적절하였는지 평가를 한 후 균형적인 재정 배분이 되도록 노력하는 위원회이다. 구성 인력은 총 22명으로 중앙부처에서는 예산 장관, 내무부 장관 등이 참여하고, 지방의 대표로는 지방정부협의회 대표, 시장 대표 등 모두 동수로 구성되는 위원회로서 형평성을 유지하도록 하였다.

3) 지방정부협의회 활동 강화

이외에도 중앙-지방정부 간 거버넌스 시스템을 구성하는 협력위원회들은 다양하게 창설 연계되어 있다. 그 사례를 보면, 전국 중앙-지방정부 정치리더협의회(Conférence nationale des exécutifs: CNE)가 2007년부터 국가 차원에서 결성 운영되는 협력위원회이며, 수상이 위원장이 되고 지방분권 관련 장관(내무부 장관, 에너지 장관, 경제고용 장관, 예산 장관, 유럽연합 장관)들이 함께 참여하고, 지방정부 측에서는 시장협의회, 도협의회, 지역정부협의회 대표들이 각 6명씩 참여하는 정치 리더들 간의 협력위원회로서 전반적인 지방정치, 지방분권 관련 정부의 정책, 중앙과 지방 간의 협력 방식을 어떻게 재편할지 등을 논의하고 결정하는 공식기구이기도 하다. 또 별도로 국가재정 문제를 논의하기 위하여 프랑스 대통령이 직접 회의를 주관하는 재정문제협의회(Conférence sur les déficits publics)도 정책적 논의 및 결정기구로서 큰 역할을 담당하고 있다. 이와 유사한 공공재정운영위원회(Conseil d'orientation des finances publiques), conférence nationale des finances publiques)는 주요 경제부처 장관과 지방정부 대표들이 모여 협의하는 정기적 회의 운영기구이기도 하다.

이러한 정부간 관계 협의회와 위원회들이 활용하는 협력 수단으로 프랑스가 자랑하고 있는 대표적인 정책 수단들은 중앙정부와 지역정부 간 계획계약(Contrat de Plans), 도시재생계약(Contrat de ville: CDV), 안전지역 확보계약(Contrats locaux de securite: CLS) 등 행정계약 형태로 국가와 지방정부 상호간에 공동 참여를 통하여 사회적으로 소외지역 등으로 분류된 곳, 도시재생사업으로 도심지 개발 등을 필요로 하는 지역 등에 함께 협력하여 마을 발전, 지역 발전을 통한 국가 발전을 도모하는 다양한 협력 채널과 협력 체제를 유지하고 있다. 이러한 점들로부터 우리나라도 국가와 지방자치단체 간, 그리고 지방자치단체 상호간 협력 체계를 유지하기 위하여 강력한 협력 수단과 협력기구를 활성화하는 것이 필요하다.

4) 지방분권 수정헌법 집행에 따른 성과와 과제

(1) 지방분권 국가의 중요성

프랑스 2003년 헌법수정 이후 제1조가 갖는 의미는, 풀뿌리 주민참여 정신과 연계하여, 단일국가이지만 지방분권제도를 보장함으로써 지방민주주의 실현으로 모든 시민은 법 앞에 평등하다는 헌법적 원칙을 구체적인 방법으로 실천하고자 하는 노력의 산물이라고 할 수 있다. 구체적으로는 주민투표제도와 주민발안제도 등의 도입을 통하여 주민직접참여 기회를 확대하였다(헌법 조항 제72조3항). 그뿐만 아니라 3만 4천여 개의 기초자치단체와 함께 96개의 중간자치단체, 14개의 레지옹 지방정부들로 형성된 프랑스 지방행정 체제의 경우는 너무 많은 비용이 소요될 뿐만 아니라 경제적 효과성도 의문시된다는 비판에 항상 직면해 있어서 주민투표를 통하여 지방자치단체 간 통폐합으로 행정구역 개편을 시도할 수 있는 가능성을 열어 두었다.

(2) 사무배분 원칙의 재정립과 자치법규 제정권의 강화

그리고 중앙-지방정부 간 권한 배분을 재정립하는 데 기여하였다. '총체적 권한이양 원칙' 등 이전의 사무배분 원칙을 실효성 있게 재정의하였다. 1995년 2월 4일 법률 제65조에서 새로운 사무배분 원칙을 규정하였고, 2003년 헌법 수정 이후 2003년 8월 1일 조직법과 2004년 7월 29일 조직법 제2004-758호에서 지방정부의 사무배분을 또다시 규정하였다. 부수적으로 이와 같은 사무배분 재정립에 따라 재정보전 및 재정보전에 대한 평가, 합법성 문제, 국가의 지방행정조직 재정비, 지방정부 간 협력조직에 대한 새로운 규정 등 다양한 측면의 관련 내용들도 재정리되었다. 다른 한편으로 2003년 헌법 개정 후 2004년 2개의 조직법 개정과 함께 지역정부 권한이 확대되었는데(헌법 제72-2조: 지역정부에 대한 재정권 보장) 이 법률들을 통하여 지역정부의 사무배분을 재정의하면서 그 역할의 중요성을 다시 한번 강조하였다. 레지옹 지역정부는 지역계획, 경제 발전, 구조기금의 재정관리, 직업교육, 지역병원 운영 및 병원 재정관리, 대중교통, 관광 등의 책임을 수행하도록 확대되었다. 반면에, 데파르트망 지방정부는 사회부조, 기초수입보장제(RMI), 기초고용수입보장제(RMA) 등에 대한 책임성이 확대되었다. 법적 권한 측면에서도 2003년 헌법 수정 후 지방정부의 법규제정권 개념이 확장되었다. 2003년 수정헌법 제72조 2항과 제3항 특히 제72조 3항의 법규제정권을 인정하는 규정(the power to make local regulations)에서, 수상(중앙정부)의 법규제정권에 의한 관할 범위가 규정되지 않은 경우에는 지역정부의 법규제정권이 행사될 수 있고, 이러한 의미에서 중앙정부 법규제정권이 1차적이고, 지역정부의 법규제정권은 2차적인 지위를 갖는다고 하였다. 과거에는 간접적인 의미를 가졌으나, 2003년 헌법 수정으로 이 부분을 명문화하여 '직접적인 2차적 법규제정권' 성격을 갖게 된 것이다. 따라서 법률의 적용을 위한 조치, 절차 등을 규정하는 법규제정권의 성격이 아니라, 바로 법률 집행을 위한 조치·절차와 관련된 2차적 성격의 법규제정권을 의미하게 되었다.

(3) 자치재정권의 헌법적 보장과 발전 방향

특히 프랑스의 2003년 수정헌법은 지방재정과 관련한 '자치재정권'에 대하여 헌법에서 근거 규정을 명문화하였다. 그 근거 규정은 프랑스 헌법 제72-2조의 경우와 같이, "지방정부는 법률이 정하는 바에 따라 자주재원을 부여받는다. 지방정부는 조세수입의 일부 또는 전부를 받을 수 있으며, 법률이 정하는 한도 내에서 지방정부가 지방세의 과세물건 및 세율의 결정이 가능하다. 조세수입을 비롯한 지방정부의 고유재원은 지방정부 종류별로 전체 수입 중 일정 비율을 유지한다. 국가와 지방정부 간의 권한 이전은 이에 상응하는 자원 배분이 따라야 하며, 지방정부 간 형평성을 제고하기 위한 지방재정조정제도에 관하여는 법률로 정한다." 앞서 살펴본 바와 같이 2003년 개정된 헌법에는 재정자치에 관하여 지방정부의 과세표준과 세율을 정할 수 있는 권한, 재정지출의 자주성, 중앙 권한의 이양과 재원(비용 보상)의 동시 이양, 지방정부 간 재정조정제도 등을 규정하였다.

하지만 이렇듯 지방분권을 지향하면서 아직 문제가 되고 있는 것들도 있다. 예를 들면, 유럽연합의 대다수 국가는 3계층형의 지방정부조직을 갖고 있기는 하지만, 프랑스는 3만 4천 개로 파편화되어 어떻게 지방경쟁력을 국가경쟁력으로 승화시킬 것인가 하는 문제가 있다. 이를 위하여 레지옹 지역정부는 '전략적 논리'에 기반을 두고, 데파르트망 도정부는 '연대성 논리'에 기반을, 코뮌 기초정부는 '근린성 논리'에 기초하면서 한쪽에서는 행정 체제 개편도 추진하고 있다. 또 다른 하나는 프랑스 정부는 '총체적 사무이양 원칙'이 실제로 분담되는 사무 유형들이 존재하기 때문에 어려움이 크다는 점에서 지방정부 간 타협적인 사무 수행 체계를 활용하여야 한다는 점을 고민하고 있다. 주로 지방정부 간 협력기구(조합)에 의한 사무 수행 사례, '선도 지방정부'에 위탁한 사무 수행, 또는 두 개 이상의 공공법인에게 사무 수행 권한을 부여하지 않도록 하는 제한 원칙을 적용하는 방법도 동원하고 있는데, 완전하지는 않지만 어느 정도 해결책으로 유효하다는 의견이기도 하다.

이 밖에도 많지만 우리나라와 관련하여 가장 중요한 지방정부의 자주재원 확보를 위한 방향을 간략히 제시하고자 한다. 우리나라는 2008년 세계적으로 금융위기를 거치면서 중앙정부가 주요 복지사무 중 60여 개 이상에 대하여 충분한 재정적인 지원과 보충 없이 지방자치단체로 이양한 결과 지금까지 광역자치단체와 기초자치단체는 기능 배분에 따른 재원의 지원 부분에서는 상당한 고초를 겪고 있다. 이전재원 비중이 높을 경우 지방자치단체의 재정자율성은 상당히 제한되어 그만큼 지방자치단체의 재정책임성이 약화되었다는 것을 의미한다. 프랑스를 포함한 유럽연합의 지방자치 선진국들에서 지방정부가 차지하는 지방세에 의한 재정자율도는 약 40% 이상을 차지하기 때문에 중앙정부로부터의 기능 이양에 따른 사무를 이행하는 데에도 큰 어려움을 겪지 않는다. 더구나 프랑스 같은 나라는 기능 이양에 따라서 반드시 국가사무로 수행하였을 때의 소요 비용만큼 지방정부로 이양하여야 한다는 점을 사무배분법에 명시하고 이를 실천해 오고 있다는 것도 알 수 있다. 그리고 사례에서 살펴보았듯이 헌법으로 지방재정 보전 등의 규정을 보장하였을 때 효과가 더 크다는 점이 실제 입증되었다고 보겠다.

따라서 우리의 경우 중앙 권한의 지방이양을 위하여 가장 먼저 중요하게 해결하여야 할 과제는 지방자치단체가 재정적으로 책임을 질 수 있도록 하는 방안을 마련하는 것이라고 할 수 있다. 원론적 입장에서 다시 한번 정리하면, 지방소비세의 도입을 확대하면서 지방자치단체의 자율적 세수입 비중을 높여 국가로부터 이양받은 사무들을 제대로 지역주민들을 위하여 책임 있게 수행할 수 있도록 하여야 한다. 지방자치단체의 재정자립도를 높여 주면서 이들 지역 간 재정 불균형도 해소해 주어야만 이양된 사무를 수행하는 데 주민들에게 차별을 두지 않는 지방공공서비스를 제공해 줄 수 있을 것이기 때문이다. 재정적 지원이 가장 기본적인 해결 방향이기는 하지만 이외에도 다양한 법과 제도 개선이 뒷받침되어야 한다. 이에 대한 해결 방안 연구는 이미 많은 학자와 연구자들이 제시하였기 때문에, 여기서는 장기적으로 사무배분 원칙과 기준에 준한 중앙 권한의 지방이양 절차를 거쳐 자치사무화, 법정위임사무화, 국가직접 수행사무 등으로 재분류하여 이양하는 방안을 마련하여야 한다는 점을 강조하고자 한다. 나아가 주요 지방자치 선진국들이 보여 주고 있는 자치분권형 지방정부 운영 체계를 적극 활성화하여야 한다는 점에서 한국에서의 지방분권형 헌법 개정이 이루어지기 전까지라도 미국의 지방정부들이 채택·운영하고 있는 홈룰차터(Home-rule Charter) 방식, 영국 지방정부 주민이 스스로 선택하고 있는 지방정부헌법(local constitution) 방식에 의한 기관 구성 형태의 다양한 운영 방식이라도 먼저 도입 실천할 필요가 있다. 그리하여 스페인·이탈리아 지역정부의 주민투표에 따라 지역정부의 기관 구성을 다양하게 선택하는 방식 등과 같은 제도들의 도입 운영이 실효성을 확보할 수 있도록 하는 것이 가장 좋은 현실적 대안이 될 것으로 판단한다. 우리나라 지방자치단체에게도 이제는 헌법과 지방자치법을 대폭 개정하여 실질적인 자치권을 법적으로 보장해 주고, 지방자치단체로 하여금 '자치헌법(local constitution)'을 제정하여 실질적 자치권을 행사할 수 있도록 해 주는 것이 절실하다고 본다.

Chapter 04 독일 지방정부

제 1 절 독일 지방자치의 역사적 발전 과정

1. 독일 연방국가의 역사적 발전과 시대적 배경

1) 독일 연방국가 개요

독일은 인구가 약 8,200만 명이다. 2014년 기준으로 16개의 주(Land)와 약 12,003여 개의 기초지방정부(Gemeinde), 295개의 광역지방정부(Kreis)를 포함하여 각 주의 법률이 정하는 각급 지방정부로 구성된다. 독일은 1945년 제2차 세계대전에서 무조건 항복을 하게 됨으로써 연합국의 점령 하에 동·서독으로 분단되었다가 1990년에 통일되었다. 독일의 통일은 동동에 속한 5개의 주를 부활하여 독일연방공화국에 가입하는 형식으로 이루어졌기 때문에 통일 후에도 이전의 헌법인 기본법이 적용된다.

독일은 연방국가로서 지방자치(Kommunale Selbstverwaltung)는 통상 기초지방정부인 게마인데 자치와 광역지방정부인 크라이스 자치 등을 의미한다. 하지만 지방분권의 관점에서 보면 연방국가와 주정부 간의 분권도 포함하므로 주의 자치(Landesautonomie)를 함께 논의하여야만 전체를 파악할 수 있다. 연방국가에서 주의 자율성이나 단일국가에서 지방정부의 자치권은 절대적인 차이라기보다는 상대적인 차이에 불과하다. 만약 연방국가에서 지방분권은 대부분 연방과 주 간의 분권이 대부분을 차지하게 되므로, 이를 제외하고 기초지방정부의 분권만을 살펴보는 경우에 극히 일부에 대한 지방분권만을 파악하게 된다. 이에 독일의 지방자치에서는 연방과 주 간의 분권을 포함하여 논의하기로 한다.

2) 독일연방의 출현

독일의 지방정치 체제는 먼저 연방국가로서 분권적인 권력구조를 바탕으로 한다. 이러한 독일의 연방국가는 합리적인 정책 구상과 결정에 의한 것이라기보다는 특수한 정치적인 상황의 변화에 의하여 결정되어 왔다고 볼 수 있다.

1806년 나폴레옹에 의하여 라인동맹(Rheinbund)이 결성되었고, 처음에는 16개 국가가 가입하였으며, 신성로마제국이 해체를 선언한 후 23개국이 추가로 가입하여 39개 국가가 가입한 국가연합이 프랑스와 동맹을 맺어 존속하였으나 나폴레옹의 원정 실패 후 1813년 해체되었다. 독일연방국가의 뿌리는 나폴레옹의 몰락 후 유럽 정치 질서의 재편을 논의한 1814년 빈 회의에 의하여 탄생한 독일연방(Deutscher Bund)에서 찾을 수 있다.

독일연방은 주권을 가진 독일 지역의 제후국과 자유시와 오스트리아, 프로이센과 덴마크, 네덜란드가 합의하여 결성한 국가연합(Staatenbund)이었다. 독일연방은 1815년에서 1866년까지 존속하였으며 연방국가로서 성격을 갖고 있었다. 독일연방은 구성 국가들을 구속하는 권리를 가졌기 때문이다. 이러한 연방의 권리는 국가통치권이 아니라 국제조약에 의한 합의에 기초를 두었다. 독일연방은 독일의 대내적이고 대외적인 안전을 보장하고 구성 국가들의 독립성과 불가침을 보장하는 목적을 가졌다. 모든 침략에 대하여 독일 전역이 상호 지원할 의무가 있었고, 적어도 전시(戰時)에는 연방이 독일국가들의 공수동맹이 되었다. 하지만 구성국가들 중 특히 오스트리아나 프로이센은 유럽의 강자로서 이전과 마찬가지로 독자적인 외교적 이해 관계를 추구하였다.

연방기관으로는 상설 연방회의로서 연방의회(Bundestag)를 프랑크푸르트에 두었다. 연방의회는 총회(Plenum)와 소의회(Engerer Rat)로 구성되었다. 총회는 모든 구성 국가의 파견위원으로 구성되었다. 독일연방을 이루는 39개의 모든 구성국가는 최소한 1표 이상의 의결권을 가졌다. 오스트리아, 프로이센, 작센, 바이에른, 하노버, 뷔르템베르크는 4표를 가졌으며, 나머지 국가들은 1표 내지 3표를 가졌다. 소위원회는 총회의 상설위원회로서 11개의 큰 국가들이 각 1표씩, 나머지 국가들은 총 6표의 의결권을 갖도록 하였다. 연방회의에서는 오스트리아가 의장국이 되었다. 연방회의는 오늘날 국회와는 달리 의원이 자기 책임 하에 직무를 수행하는 것이 아니라 파견한 국가의 정부위원으로 파견되었으며, 해당 정부의 지시에 따라야 하였다. 이러한 연방회의의 구성 방식은 오늘날까지 연방참사원의 구성으로 이어져 독일연방제도의 한 특색을 이루고 있다. 이러한 연방회의 구성 방식은 독일연방에서 처음 채택된 것은 아니고 그 이전에 이미 신성로마제국이 레겐스부르크에서 1663년부터 1806년까지 제국의회(Immerwährender Reichstag)를 각 구성 국가가 파견한 대리인인 위원으로 개최한 데서 유래한다.

독일연방은 강대국인 프로이센과 오스트리아의 대립과 매우 상이한 국가관, 사회관으로 인하여 독일 전역을 경제공동체로 통일하는 데는 실패하였다. 이에 내수시장의 확대와 자유 거래를 위하여 오스트리아를 제외하고 프로이센이 주축이 되어 다른 영주국가들과 1833년에 독일관세동맹(Deutscher Zollverein)을 맺었다. 관세동맹은 결과적으로 독일연방 내에서 프로이센의 지위를 강화하고 소독일주의를 확산하는 데 기여하였다.

독일연방은 특히 프로이센과 오스트리아의 대립으로 정치적, 경제적, 사회적인 문제를 해결하는 데 실패하였고, 여러 차례의 개혁 시도도 성공하지 못하였다. 이에 진정한 의미의 연방국가를 통하여 독일민족의 국가적 통일을 요구하는 목소리가 커졌다. 이러한 요구는 1848년 3월 혁명 이후 국민회의(Nationalversammlung)가 의결한 제국헌법 초안으로 나타났다.

2) 1848년 독일혁명과 연방제 헌법 초안

1848년 3월 독일에서는 프랑스의 2월 혁명에 자극을 받아 독일 전역에서 혁명이 전개되었다. 자유주의자들의 주도로 정치적 자유와 민주적 개혁, 독일의 국가적인 통일을 추구하였으며, 국민의회를 구성하여 헌법 초안을 작성하였다. 프랑크푸르트의 파울스교회(Paulskirche)에서 초안이 만들어졌기 때문에 프랑크푸르트 제국헌법 또는 파울스 교회헌법이라고 한다. 이 헌법 초안은 연방국가 형태를 채택하였다. 연방의 구성 국가들은 제국헌법으로 제한되지 않는 한 독자성을 갖도록 하였다. 제국 권력의 중심은 연방의회인 제국의회(Reichstag)에 두도록 하였다. 제국의회는 양원제로서 국민원(Volkshaus)과 국가원(Staatenhaus)으로 구성되었다. 국민원은 국민이 직접 보통선거로 선출한 국민의 대표기관이었으며 유권자 10만 명당 1명을 뽑도록 하였다. 국가원은 192명으로 구성하되 절반은 구성 국가의 정부에서, 절반은 구성 국가에 의하여 선임하도록 하였다. 6년 임기로 3년마다 절반씩 개선하도록 하였다. 프로이센이 40명, 오스트리아가 38명을 배정하고 그 밖에는 국가의 규모에 따라 배정하되 최소 1명 이상으로 하였다. 양원의 의견이 일치하는 경우에만 의결되도록 하였다.

제국은 외교, 선전포고 및 강화, 군대에 대하여 배타적인 입법권을 가졌고, 선박, 철도, 우편에 대한 최고감독권을 가졌다. 그 밖에 관세와 무역, 화폐, 도량형 등 독일의 법적 통일성에 관한 배타적인 입법권이 제국에 부여되었다. 비용을 충당하기 위하여 제국은 관세와 공동소비세를 가졌다. 또한 헌법 초안에는 황제와 제국의회와 대등한 지위를 갖는 제국법원을 설치하도록 하였다. 혁명의 실패로 프랑크푸르트 제국헌법 초안은 실현되지는 못하였지만 민주적 연방국가를 실현하고 연방적으로 국가 통일을 달성하는 데 지속적인 영향을 미쳤다.

3) 북독일연방

오스트리아와 프로이센 간의 전쟁으로 1866년 독일연방은 와해되었다. 전쟁에서 승리한 프로이센이 주도하여 북독일연방(Norddeutscher Bund)을 설립하였다. 이로써 신성로마제국 이래 독일 지역에서 강대국이었던 오스트리아를 독일연방에서 추방하고, 이후 통일 과정은 프로이센을 중심으로 소독일주의를 중심으로 전개된다. 북독일연방은 독일에서 최초의 연방국가로 설치되었고, 이후 독일 연방국가의 선구자로서 모범이 되었다.

연방의회는 연방참사원(Bundesrat)과 제국의회(Reichstag)로 구성되는 양원제였다. 연방참사원은 구성 국가들이 파견한 위원으로 구성하였다. 연방의회의 의장은 연방수상이 겸하였다. 연방참사원에서 43개 의석 중에서 17개 이상을 배정하여 프로이센이 주도적 역할을 하도록 했다. 당시 프로이센의 인구는 전체 인구의 80% 이상을 차지하였다. 제국의회는 국민의 일반, 직접, 비밀선거에 의하여 구성하였다. 법률안은 연방참사원과 제국의회가 모두 찬성을 하는 경우에 의결되었다.

프로이센의 우월적인 지위로 인하여 연방의 수반은 프로이센 왕이 되었으며 황제의 칭호가 주어졌다. 그는 연방수상을 임명하였고, 연방수상은 황제의 행위에 부서권을 가졌다. 수상으로는 프로이센의 수상이고 외무장관인 비스마르크(Otto E. L. von Bismarck)가 임명되었다. 북독일연방은 연방국가로서 독일제국의 연방제도와 같은 것으로 보고 있으나 미국이나 스위스의 연방제도와는 상당히 다른 독일 특유의 연방국가로 볼 수 있다.

4) 독일제국

북독일연방은 1870년 독일-프랑스전쟁에서 승리하였고 남독일 국가들이 북독일연방에 가입하게 된다. 1871년 독일헌법이 제정되고 독일제국(Deutsches Kaiserreich)이 성립되어 프로이센 국왕인 빌헬름 1세는 베르사유 궁전에서 독일 제후국들의 추대를 받는 형식으로 독일제국의 황제로 즉위하였다. 독일제국은 북독일연맹의 영토적 확장으로 볼 수 있다. 독일제국은 독일 지역에서 근대 국민국가를 탄생시킴으로써 현대 독일의 모태가 되었다.

독일제국은 연방국가로서 구성되었다. 다만, 구성 국가들의 내부 구조에 대해서는 헌법상의 동질성(Homogenität)을 규정하지 않았다. 각 구성 국가들은 독립적인 개별 국가로서 지위를 갖고 있었고, 특히 자신의 정부 형태를 스스로 결정할 수 있었다. 한자도시(Hanseatic Town)인 브레멘과 함부르크, 뤼베크를 제외한 모든 개별 국가들은 입헌군주적 국가였다. 이로써 독일제국은 프로이센국왕의 우월적 지위와 주도권을 전제로 한 군주연맹으로 볼 수 있다. 독일제국은 프로이센의 수상인 비스마르크의 주도 하에 성립되었다. 프로이센은 독일제국 영토의 65%와 인구의 62%를 차지하였다. 프로이센은 연방참사원에서 전체 58석 중 17석을 차지하여 우월적 지위를 헌법적으로 보장받았다.

연방참사원(Bundesrat)은 구성 국가의 정부 대표자들로 구성되었다. 연방의회는 총 58석으로 구성되었는데, 프로이센이 17석을 차지하고 나머지 국가는 규모에 따라 1석에서 6석이 배정되었다. 독일제국의 주권은 황제에게 있지 않았고, 구성 국가 정부의 전원합의체인 연방참사원에 있었다. 연방참사원의 위원들은 의석 수만큼의 대리인을 위원으로 파견하였고, 위원들은 개별 국가의 지시에 따라 활동하고 표결에 참여하였다. 각 국가의 위원들은 통일적으로만 표결권을 행사하였다. 이로써 독일제국의 헌법은 독일연방의 연방의회의 전통을 계승하였다. 연방참사원은 민주적으로 구성된 제국의회와의 관계에서 군주들의 정치적 우선권을 유지할 수 있도록 하였다.

제국의회(Reichstag)는 다수대표제에 의하여 선출된 의원으로 구성되었다. 1차 선거에서 절대 다수표를 얻지 못하면 2차 투표에서 상대 다수로 당선되었다. 1874년부터 397개의 선거구가 있었다. 제국의회의 헌법상 역할은 한정되어 있었고, 제국정부 운영에 대한 영향력은 크지 않았다. 왜냐하면 연방수상이 제국의회의 신임에 의존하지 않았기 때문이다. 제국의회는 입법에서 발안권에 한정되었다. 연방의회의 예산승인권이 유력한 권력 수단이 되었다. 연방참사원이 제국의회보다 강력한 권한을 가졌다. 이 점에서 제국의회는 제2원으로서 지위를 가졌다.

제국법률은 연방참사원과 제국의회가 일치된 결정을 하는 경우에만 성립하였고, 연방참사원은 제국의회가 제안한 법률안과 법률 의결에 대한 의결을 하였으며, 절대적인 거부권을 가졌다. 연방참사원은 제국 법률을 집행하는 데 필요한 일반행정규칙을 제정하여 제국의 업무 수행에 강력한 영향력을 행사하였고, 개별 국가에 대한 연방 감독에도 참여하였다. 연방헌법 개정에는 연방참사원 재적의원 3/4의 찬성이 요구되었다. 연방참사원은 황제의 승인을 얻어 제국의회를 해산할 수도 있었다.

시간이 지남에 따라 연방참사원이 제국의회에 가지는 헌법상의 우월적인 지위는 감소하였다. 독일제국에서 정당 간의 경쟁이 강화되면서 제국의회는 원래의 열악한 지위를 향상시키는 데 성공하였다. 제국수상의 임면 과정에는 관여할 수 없었지만 국가 활동의 증가로 정치적 평형추 역할을 점차적으로 확대하였다.

집행기관의 구성에는 프로이센의 우월적인 지위가 반영되었다. 정부수반은 프로이센의 군주가 독일제국의 황제로서 맡았다. 황제는 연방참사원을 소집하였고 의장을 맡았다. 황제는 국제법상으로 외국에 대하여 독일제국을 대표하였고, 연방수상과 연방공무원을 임면하였다. 그는 해군과 육군에 최고 명령권을 가졌다. 다만 바이에른 군대에 대해서는 평시에 바이에른 왕이 최고명령권이 부여되었다. 제국정부의 유일한 기관인 제국수상(Reichskanzler)은 국왕의 행위에 대한 서명권을 가졌고 책임을 졌다. 제국수상은 프로이센의 수상 겸 외무장관이 겸직하였다.

독일제국에서 전통적인 국가 기능은 제국과 개별 국가 사이에 권한으로 배분되었다. 독일제국의 주된 활동 분야는 입법에 있었다. 당시의 다른 연방국가와 비교하여 제국헌법은 입법권의 비중을 개별 국가보다는 제국에 중점을 두어 배분하였다. 이에 대하여 법률의 집행 기능은 원칙적으로 개별 국가에 배분되었다. 다만 외교 관계나 군사 관계, 우편 관계에 대해서는 제국에 유보되었다. 제국과 개별 국가 사이에 권한을 배분할 때 미국 연방 체제와 같이 정치적인 분야를 따르지 않고, 기능(입법 또는 행정)에 따라 배분하였다. 이러한 결합 체제(Verbundsystem)는 오늘날까지 독일연방제의 특징으로 유지된다.

5) 바이마르공화국

제1차 세계대전으로 인하여 독일에서 연방국가적인 질서는 동요하였고 마침내 붕괴되었다. 제1차 세계대전 말기인 1918년 11월에 킬(Kiel) 수병들의 반란을 시발로 11월 혁명이 일어나서 독일제국 황제는 폐위되어 네덜란드로 망명하였다. 11월 혁명 속에서 바이마르공화국(Weimar Republik)이 탄생하였는데, 공화국의 명칭은 새로운 헌법 제정을 위한 국민회의가 바이마르(Weimar) 시에서 개최된 데에서 유래한다.

국민회의에서 다수가 집권적인 경향이 지배적이었다. 국민대표자회의로부터 헌법 초안 작성을 위탁받은 프로이스(Hugo Preuss)는 의회에 의하여 지배되는 분권화된 단일국가(dezentralisierter Einheitsstaat) 형태를 구상하였다. 연방의회는 국민 직선에 의하여 구성된 국민원과 주의회에서 선출된 국가원으로 구성하도록 하였다. 구성 국가들의 정부는 제국의 입법 과정에 더 이상 참여하지 못하도록 하고 제국정부의 권한을 대폭 확대하였다. 개별 국가들은 프로이스의 헌법 초안에 대하여 거칠게 저항하였지만 국민의회에서 큰 공감을 얻지 못하였다. 국민회의는 연방국가적인 질서를 채택하기는 하였지만 분권화된 단일국가에 가까웠다. 독일제국의 구성 국가들은 주(Länder)로 강등되고, 많은 권한을 상실하였다. 주는 일정한 자율성과 결정의 자유를 유지하였지만 높은 수준의 통일성이 요구되었다. 바이마르공화국의 중앙집권적 경향은 무엇보다도 제국의 입법권 확대로 나타났다. 또한 주행정에 대한 제국의 감독도 강화되었다.

제국참사원(Reichsrat)은 연방기관으로서 제국의 입법과 행정에 대한 주의 대표기관이었지만 종래의 연방참사원의 지위보다 약화되었다. 제국참사원은 인구수에 따라 의석이 배정되었지만 어떤 주도 2/5 이상의 의석을 갖지 못하도록 하였다. 이에 따라 프로이센은 인구 비례로 보면 53석에 해당하지만 이 규정에 따라 26석만 배정되었다. 주들은 주정부의 각료나 수임자로 대표하도록 하였으나 프로이센에 대해서는 특칙을 두어 프로이센 의석의 절반은 도(Provinz) 행정에 의하여 대표하도록 하였다. 이는 독일제국에서 프로이센의 우월적 지위로 인한 부작용을 방지하기 위한 조치였다. 1930년 제국의회는 총 67석 중에서 프로이센이 26석, 바이에른이 11석, 작센 7석, 뷔르템베르크 4석, 바덴 3석, 함부르크, 헤센, 튀링겐이 각각 2석이었고, 나머지 주들은 각각 1석으로 구성되었다.

제국참사원의 의장은 제국정부의 각료가 맡기로 되어 있었는데 통상 내무장관이 맡았다. 각 주 대표들의 통일적인 의결권 행사는 강제되지 않았다. 제국참사원의 입법 과정에 참여권은 과거의 연방참사원에 비하여 매우 제한적이었다. 제국의회가 의결한 법률안에 대하여 제국참사원은 이의를 제기할 수 있지만 제국의회는 2/3 이상 다수결로 이를 거부할 수 있도록 하였다. 이 경우에 연방대통령은 법률안을 공포하거나 국민투표에 회부할 수 있었다. 헌법 개정에서도 제국참사원은 2/3 다수결로 거부권을 행사할 수 있었다. 제국참사원은 제국의회의 헌법 개정 의결에 대하여 국민투표를 요구할 수 있었다. 제국참사원은 제국행정이 명령을 제정하는 경우에 동의권을 가졌다. 다만, 바이마르공화국에서 제국행정이 취약하였기 때문에 주들은 제국에 대하여 헌법에 규정된 것보다는 강한 영향력을 행사하기도 하였다.

6) 나치 체제에서 연방국가 질서 붕괴

1933년 1월 30일 나치당(Nazis: 국가사회주의 독일 노동자당)의 당수인 히틀러(Adolf Hitler)가 제국수상으로 임명되었다. 나치 세력은 연방제를 포함한 권력분립의 원칙을 극복하여야 할 민주적 질서의 기본 요소로 보았다. 당의 전권과 무조건적인 복종을 요구하는 지도자 국가의 원칙에 합치되지 않았기 때문이다. 아직 나치정부가 설치되지 않았던 주에 제국감독관을 보내서 나치정부를 출범시켰다. 이를 통하여 바이에른, 작센, 뷔르템베르크, 바덴, 헤센, 함부르크, 브레멘, 뤼베크 주정부를 무력화시켰다. 1933년에 두 차례의 획일화법(Gleichschaltungsgesetz)을 제정하여 선거를 실시하지 않고 주의회를 제국의회의 선거 결과에 맞추어 재편하였다. 제국감독관을 상설기구로 설치하여 제국수상의 지침을 주에서 수행되도록 하였다. 1934년에 획일화가 마무리되어 주가 가진 모든 자율적 권한은 제국으로 이양되고, 주정부는 제국의 하부행정기관이 되었다. 민주적 공화국의 종말은 연방제 질서의 종말을 가져왔다.

7) 전후 서독 지역의 연방국가적 질서의 재건

1945년 5월 8일 독일의 무조건 항복으로 1945년 6월 5일자로 독일 지역에서 최고 권력을 승전국들이 인수하였다. 주의 지배권도 연합국의 군사정부에 인수되었고, 각 점령 지역의 군사정부가 무제한적으로 행사하였다. 연합국의 지배하에서 독일 지역에 중앙집권적 체제를 도입할 것인지 분권적 연방제 질서를 도입할 것인지뿐만 아니라 프로이센을 어떻게 할 것인지에 대한 다양한 논의가 있었다. 연합국들은 프로이센을 해체하여야 한다는 것과 독일의 권력 남용을 방지하고 침략성을 방지하여야 한다는 데 의견이 일치하였다. 하지만 구체적인 구상은 매우 상이하였다. 독일에 연방국가적 성격을 강화하여야 한다는 의견, 독일을 분할하여 분권화하여야 한다는 의견, 독일을 여러 독립국가로 분할하여 국가연합을 구성하여야 한다는 등 점령국의 이해 관계를 반영한 다양한 의견이 제기되었다.

이미 1945년 2월 얄타회담에서는 처칠과 루스벨트, 스탈린이 독일 국가 질서로 권력 남용을 초래할 수 있는 권력 집중은 피해야 한다는 데 합의를 하였다. 연합국들의 독일 정치 질서 구상은 각각 달랐다. 중앙집권적인 프랑스는 독일에서 극단적인 분권화정책을, 소련은 중앙집권적인 단일국가를, 영국은 분권적인 단일국가를, 미국은 연방적 질서를 도입하려고 하였다. 1947년에 접어들면서 소련과 서방 연합국가 사이의 대립은 심각한 수준에 이르러 합의가 불가능하게 되었다. 1948년 초에 서방 점령국인 미국, 영국, 프랑스와 벨기에, 네덜란드, 룩셈부르크가 참여한 6개국 회의를 런던에서 개최하여 중앙집권적 제국의 재건 대신에 개별 국가의 권리를 적절하게 보장함과 동시에 중앙정부의 권한도 동시에 보장하고 개인의 자유와 권리를 보장하는 완화된 형태의 연방국가를 3개 점령 지역인 서독일 지역에 도입하기로 합의하였다. 6개국 회의의 결과는 이른바 프랑크푸르트문서(Frankfurter Dokumente)로 서방 점령 지역의 3개국 군사정부 수반들에 의하여 1948년 7월 1일에 서방 점령 지역의 주지사들에게 전달되었다. 이 문서는 서독일 지역의 연방국가 설치를 위한 헌법 제정의 주도와 책임을 독일의 주지사들에게 위임하는 내용을 포함하였다. 주지사들은 서방 지역에서만 헌법을 제정하게 되면 독일 분단이 고착화될 우려가 있다는 점을 들어 헌법제정회의 소집을 위탁한 것에 강력한 이의를 제기하였다. 독일의 주지사들은 1948년 7월에 코블렌츠(Koblenz)에서 회의를 열어 기본법의 초안 작성을 위한 헌법평의회(Parlamentarischer Rat)를 설치하고, 기본법에 헌법적 지위를 부여하지 않기 위하여 국민투표를 실시하지 않기로 합의하여 군사정부 수반들에게 건의하였다. 군사정부 수반들은 처음에 이러한 제안을 수용할 의사가 없었으나 주지사들과 면담과 타협을 통하여 절충안을 채택하였다. 이를 통하여 독일의 일부 영토인 서독일 지역에서 연방국가를 설치하는 길이 열렸다.

하지만 독일에서 연방국가의 설치가 서방 점령 지역의 연합국에 의하여 주도된 것만은 아니었다. 독일 내에서도 많은 학자가 연방국가적 질서를 도입하여야 한다는 주장을 하였다. 특히 미국이나 스위스로 이민을 한 독일 학자들이 연방제도를 전쟁을 유발하는 독일 국가 체제에 대한 치료제로 제안하였다. 적지 않은 독일의 국내 학자들도 독일에서 전체주의적 통치가 반복되어 권력 남용이 재발하는 것을 막기 위하여 연방국가적 질서가 필요하다는 확신을 전파하였다.

독일의 정당들도 공산당을 제외하고는 연방국가적 질서를 도입하는 강령이나 활동을 하는 정당은 없었다. 하지만 연방적 질서의 도입 강도에서는 상당한 차이가 있었다. 자민당(FDP)이 가장 약한 형태의 연방 형태를 주장하였고, 사민당(SPD)은 좀 더 강한 연방제를 주장하였으며, 기민당(CDU)과 기사당(CSU), 독일당(DP) 순으로 좀 더 강한 연방제의 도입을 주장하였다.

프랑크푸르트문서를 전달받음으로써 연방적 국가 질서를 구체화하는 작업은 서방 점령 지역의 주지사들의 책임이 되었다. 11명의 주지사들은 헌법위원회로서 헌법평의회를 구성하기로 결정하였다. 헌법평의회는 각 주 의회에서 선출한 65명의 의결권 있는 위원과 베를린에서 선출한 5명의 의결권 없는 위원으로 구성되었다. 위원은 인구 75만 명당 1명을 선출하였다. 미국 점령 지역에서 25명, 영국 점령 지역에서 32명, 프랑스 점령 지역에서 8명을 선출하였다. 1848년 9월에 회의를 개최하고 아데나워(Konrad Adenauer)를 의장으로 선출하였으며, 9개의 소위원회를 구성하였다.

헌법평의회는 주지사들이 소집한 헌법초안위원회(Verfassungskonvent)의 보고서로 제출한 149개조로 구성된 초안을 기초로 논의를 시작하였다. 많은 쟁점에 대하여 격렬한 논쟁이 있었다. 특히 연방상원을 설치할 것인지 연방참사원을 설치할 것인지, 연방과 주 사이에 재정입법권과 재정행정권을 어떻게 배분하고 조세수입을 어떻게 배분할 것인지, 재정조정을 어떻게 할 것인지 등에 대하여 특히 심한 논쟁이 있었다. 독일 전통에 따라 연방참사원 체제로 갈 것인지 아니면 미국식으로 상원 체제로 갈 것인지에 대해서는 격렬한 논쟁이 있었지만 독일의 전통을 수용하되 절충하는 선에서 타협하였다. 재정문제에 대해서는 재정행정은 연방과 주사이에 배분을 하고, 주간에 재정조정을 하고, 재정입법권은 연방이 대부분 가지되 주정부를 대표하는 연방참사원이 조세입법권에 연방의회와 동등하게 권한을 가지는 것으로 대타협을 하였다. 입법권과 행정권의 배분에서도 한 정책 분야의 입법권과 행정권을 연방 또는 주에 배분하는 방식을 따르지 않고, 독일의 전통적인 방식에 따라 입법권은 주로 연방에 배분하고 행정권은 주에 주로 배분하는 결합 체제(Verbundsystem)를 하여 주의 독자성보다는 일체화(Unitarisierung)를 강화하였다. 또한 주정부의 대표들이 참여하는 연방참사원이 연방의회의 결정에 참여하고 연방법률의 집행도 주에 배분됨으로써 연방 수준에서도 주 수준에서도 독자적으로 사무를 처리하는 것이 어렵게 되었다.

1949년 5월 8일에 헌법평의회는 53 : 12로 기본법을 의결하였다. 반대표 12표 중 6표는 기사당(CSU)에 소속된 위원들이었는데, 이들은 기본법이 너무 중앙집권적이라고 생각하였다. 이어 3명의 군사정부 수반들이 승인하였고, 각 주 의회의 비준을 받아 1949년 5월 23일 기본법이 공포되었다. 이로써 서독일 지역에 연방국가적 질서가 수립되었다.

8) 동독 지역의 중앙집권적 국가 질서와 통일 후의 변화

소련군이 점령하였던 동독 지역에서 국가구조는 서독 지역과는 다른 방향으로 전개되었다. 공산국가인 소련은 민주적 중앙집권제(demokratischer Zentralismus)를 조직 원리로 채택한 국가였다. 민주적 중앙집권제는 정당과 사회와 국가의 구성 원리로서 공산국가에서 노동자계급과 그 정당이 단일적인 지도와 지휘를 하여야 한다는 것이다. 단일적 지휘는 수평적인 차원이나 수직적인 차원에서 정치적인 반대 세력이나 정치적인 다양성이 존재할 수 없다는 의미가 된다. 민주적 중앙집권제는 1905년 레닌에 의하여 볼셰비키의 조직이론과 실무를 위하여 처음으로 도입되었다. 이는 모든 국가적·국가적인 근본 문제는 지역적인 경험을 평가하여 중앙집권적으로 결정되어야 한다는 것이다. 상급기관의 결정이나 조치는 하급기관에 대하여 무조건적으로 구속한다는 것이다. 이에 따라 지방적이고 지역적인 이익은 억제되어야 한다. 이에 따르면 연방제나 지방분권과 같은 어떠한 형태의 권력분립에 의한 권력 억제도 부정된다.

소련 점령 지역인 동독 지역에서는 1945년 여름부터 정치조직이나 사회구조, 경제구조를 소련식으로 바꾸는 작업이 진행되었다. 소련의 군사정부는 1945년 7월 중앙행정기구를 설치하여 점령 지역의 모든 행정을 장악하였다. 주요 산업을 국유화하고 토지 개혁을 실시하여 점령 지역을 사회주의 체제로 전환하는 작업을 시작하였다.

1945년 소련 점령 지역인 동독에는 5개의 주가 있었다(메클렌부르크-포어포메른, 프로이센, 안할트, 튀링겐, 작센). 이들 주는 처음부터 공산당의 중앙집권적 지휘와 통제 하에 놓였다. 1946년과 1947년 사이에 각 주에서 주헌법을 제정하고, 1949년 제정된 동독헌법에서 주의 헌법 자율성과 고유사무에 대한 입법권이 보장되는 것으로 규정하여 자율성을 갖는 것처럼 보였지만 형식적인 것에 불과하였다. 중앙집권적 일당독재에 기초한 소련 모델을 따라 주의 자율성은 거의 박탈되었다. 마침내 1952년에는 5개의 주를 해체하고 14개의 행정구역(Bezirk)으로 전환하여 탈연방화하였다. 1968년에 동독헌법의 개정으로 사회 발전에 관한 근본적인 문제는 중앙정부의 지도와 계획에 따르도록 함으로써 동독에서 연방제적인 요소는 모두 제거되고 중앙집권적인 단일국가임이 확인되었다. 권위주의적인 독일통일사회당의 지도로 실현된 민주적 중앙집권제는 동독 지역의 정치적 작동 능력과 국가의 활동 능력이 점차 마비되어 갔다.

1989년 국경이 붕괴되고 통일되는 과정에서 동독 지역에서 연방제 질서의 부활은 중요한 정치적 과제가 되었다. 동독 지역을 재연방화하기 위해서는 먼저 해체된 동독 지역의 주를 어떻게 부활시킬 것인지에 대한 논의가 있었다. 동독 지역에 2개 주를 설치하자는 주장으로부터 8개 주를 설치하자는 방안 등 다양한 주장이 있었으나 1952년 주가 해체되기 이전의 연방제 구조에 따라 5개 주를 부활하는 방안으로 의견이 수렴되었다. 동독의회는 재적 2/3 다수결로 주부활(도입)법률(Ländereinführungsgesetz)을 제정하여 동독 지역을 재연방화하였다.

1990년 8월 31일에 체결된 통일협약(Einigungsvertrag)에 따라 독일민주공화국(DDR)은 소멸되었고, 새로 생긴 5개의 주가 독일연방공화국에 가입함으로써 독일연방국가는 16개 주로 확대되었다. 5개의 신생 주에서는 1990년 10월 14일 선거가 실시되어 주의회가 구성되었다. 각 주의회는 헌법위원회를 구성하여 주 헌법을 제정하고 주정부를 구성하였다.

2. 독일 지방자치의 발전과 역사적 배경

1) 18세기 말까지의 독일 지방제도

근대적인 의미에서 지방자치제도가 독일에서 정착되기 시작된 것은 19세기이다. 물론 그전에도 중세 이래로 독립적인 게마인데와 도시가 있었다. 독일 게마인데(Gemeinde)의 기원은 독일의 마을 공동체에까지 거슬러 올라간다. 독일의 마을(Dorf)은 독일의 도시보다 오랜 역사를 갖는다. 마을은 원래 마을 구성원들의 결사(結社)로써 가족과 이웃공동체의 결합에 의하여 유지되었다. 마을은 백인조(Hundertschaften)의 하위 단위를 구성하였다. 마을공동체에서는 마을 구성원들의 농업경제적인 필요를 충족시켰다. 공유지의 공동 경작, 숲, 목초지, 길, 수로의 공동 이용 등이 이에 속한다. 마을은 단순한 경제공동체에 그친 것이 아니라 기르케(Otto Friedrich von Gierke)의 표현을 빌리면 "긴밀한 생활공동체 감정이 스며 있고 통일적인 단체"를 형성하였다(Gierke, 1868: 61). 마을에는 구성원들의 생활을 지배하는 활동이 주어졌다. 이는 오늘날 우리가 공공행정이라 부르는 것의 원시적인 형태라고 부를 수 있다. 경제적인 문제에 대한 심의와 결정은 공동체 생활의 한 표현에 불과하였다. 마을공동체의 구성원이 됨으로써 권리와 의무를 함께 가졌다. 구성원들은 경지와 공동시설을 이용권, 지역공동체 문제의 결정에 대한 참여권, 공격을 받을 때에는 다른 성원들의 구제나 협력의 요구권 등을 가졌다. 위급시 상호 구조 의무는 가장 큰 의무에 속하였다. 그 외에 도로의 건설 및 유지, 화재 감시, 마을의 방어, 우물의 청소 등과 간은 공동체 업무를 수행할 부담이 부과되었다.

절대주의적 국가에서 게마인데는 국가행정의 한 부분으로만 간주되었고, 게마인데의 업무는 국가의 업무로서 수행되었다. 독일의 마을이 다시 그 자유로운 구성원들의 결사로써 지위를 회복한 것은 19세기가 경과되면서였다.

2) 프로이센도시법의 제정과 지방자치제도의 발전

독일에서 근대적인 의미의 지방자치제도가 성립된 시기는 절대주의 말기에서 입헌군주시대의 초기이다. 지방자치제도가 1808년의 프로이센도시법을 통하여 도입되기 이전의 독일은 절대군주제도 하에서 모든 국가 권력은 왕을 정점으로 하는 중앙정부에 집중되어 있었고, 지방은 단지 중앙의 지시를 지방에 실행하는 중앙의 지방행정관서에 불과하였으며, 그 책임자는 국가공무원이었다. 이 당시의 국가 체제는 고도의 중앙집권적인 관료주의국가로 특징지을 수 있다. 이러한 절대주의 체제에 대한 변화의 직접적인 계기가 된 것은 프랑스혁명군과 프로이센의 전쟁에서 1806년 10월 프로이센의 군사적인 패배이다. 전쟁의 패배는 정치가들로 하여금 국가 지배 체제에 대한 근본적인 반성을 가져왔으며, 곧이어 개혁 조치로 나타나게 되었다. 이 개혁 조치의 가장 중요한 기초는 시민의 참여였다. 시민이 더 이상 관료의 지배 객체로 되어서는 안 되며, 시민을 공공사무의 처리에 참여시킴으로써 국가 발전의 기초로 삼으려고 하였다. 이러한 개혁정치는 당시 재상이었던 슈타인(Freiherrn vom Stein)이 주도하였으며, 그의 개혁정치의 일환으로 지방자치제도가 도입되었다.

(1) 슈타인의 개혁 구상

슈타인은 정치적인 개혁을 위하여 절대주의적인 관료국가를 전반적으로 변혁시키는 데 초점을 맞추었다. 그의 개혁 구상은 도시와 게마인데, 크라이스와 도는 물론 국가 전체에 걸치는 것이었으나 그의 재임 기간 동안에는 도시에 관한 것만이 실현을 보았다.

슈타인개혁안의 근본 사상은 사회적인 세력의 공공 업무 수행 참여를 강화하는 데 있었다. 슈타인의 의도는 행정 업무의 처리를 직업관료에게만 맡기고 시민의 참여를 배제함으로써 나타나게 되는 폐단을 극복하기 위하여 시민에게 행정의 한 부분을 맡기는 데 있었다. 그의 참여 구상은 공공 업무 수행에 형식적으로 시민을 참여시키는 데 그치는 것이 아니라 사회적 세력과의 효율적인 협력을 추구하였다. 그는 자신이 비록 관료 출신이고 오랫동안 관료로서 활동해 왔지만 절대군주적인 관료주의에 대하여 격렬한 비판을 서슴지 않았다. "순전히 직업관료로 구성된 행정관청에는 머슴정신이 스며들기 쉽다"고 비난하였다. 관료사회의 형식에 익숙한 관료는 소관 행정구역에 대하여 무지하게 되고 무관심하게 되며 일을 증가시켜 유능한 관료에게 부담이 되고 무능한 관료를 도태시키는 개혁이나 새로운 변화를 두려워하는 무사안일에 빠지게 된다고 하였다. 이를 극복하기 위하여 그는 현실적 삶의 활력을 지닌 시민을 끌어들여 관청에서의 서류뭉치와 근무 체질을 바꾸려 하였다. 다만 그가 참여시키려고 하였던 시민계층은 모든 주민이 아니라 재산을 가지고 교육을 받은 시민계층에 한정되었다는 점에서 그의 개혁 구상은 시대적인 한계를 갖고 있다. 그가 일정한 주민을 참여시켜 공공 업무를 처리하려고 하였던 것은 다음과 같은 여러 가지 측면을 고려한 의도가 포함되어 있다.

① 행정급부의 개선

행정청이 공공 업무의 수행에 시민을 참여시킴으로써 공공 업무를 처리하는 데 필요한 지식을 배가할 수 있으며, 시민사회의 욕구를 좀 더 잘 반영하고 그 수행에 필요한 수단을 좀 더 잘 확보할 수 있다고 그는 보았다. 만약 시민이 행정으로부터 배제되는 경우에 시민이 그들의 재산과 직업활동 및 동료 시민에 관련하여 갖고 있는 지식이 사장된다고 비판하였다. 공공 업무의 수행에 시민을 참여시킴으로써 그들이 갖고 있는 지역에 관련된 정보, 그들의 일상생활과 관련된 사물적인 정보를 좀 더 잘 활용할 수 있게 되고, 지배의 객체인 시민을 동료의 지위에 올려놓을 수 있다고 보았다. 그는 행정기술적인 지식과 행정서류 뭉치보다는 사물적인 지식, 현지적인 지식, 사람들에 대한 정보와 업무에 대한 열정적인 관심이 훨씬 중요하다고 확신하였다.

② 공동체정신의 부활

슈타인은 그의 개혁을 통하여 정치교육적인 효과를 추구하였다. 그의 글에서 유독 자주 나타나는 '시민정신'이라든가 '공동체정신'이라는 말은 그의 개혁사상을 이해하는 데 단서가 된다. 시민을 국가 업무의 수행에 참여시킴으로써 도덕성의 향상을 가져오며, 윤리적인 완성에 기여하여 시민정신과 공동체정신을 신장하게 된다고 하였다. 1808년의 프로이센도시법의 서문에는 시민의 정치적인 참여가능성의 보장은 공동체정신을 자극하며 이를 유지시킨다는 말이 포함되어 있다. 슈타인의 개혁 시도는 단순히 행정조직의 기술적인 개편에 있었던 것이 아니라 광범한 국가공동체의 혁신에 있었다. 시민의 정치적인 참여를 태도와 성격 및 인격의 교육 수단으로 보았다. 특히 그는 재산가들을 공공 업무의 수행에 참여시킴으로써 당시를 풍미하던 개인적인 탐욕과 향락주의적인 풍조를 개선해 보려고 시도하였다. 개인은 공익적인 활동을 하게 됨으로써 도덕적이고 지성적인 인격을 갖출 수 있게 된다고 보았다.

③ 국가의 통합과 안정의 강화

슈타인은 사회적인 세력을 공동체의 업무에 참여시키고 협력하게 함으로써 국가와의 연계가 강화되는 것으로 보았다. 즉, 그는 시민의 참여를 정치적인 통합의 촉진과 국가적인 정당성의 강화 수단으로 간주하였다. 국민이 모든 국가작용이나 심지어 지방 업무에 관한 행정으로부터 소외되는 경우에 국민은 정부에 대하여 무관심하게 되고 경우에 따라서는 적대적인 자세를 갖게 된다고 보았다. 슈타인의 관심은 공권력에 의한 결정이 주민의 의사와 관심에 합치되도록 하는 데에 있었다. 참여를 통하여 그는 시민의 정신과 목표 및 욕구를 국가관청의 그것과 합일을 만들려고 한 것이었다. 국가활동에서 여론을 파악하고 고려하는 것을 가장 중요한 정치적인 지혜로 생각하였다. 나아가서 슈타인은 사회적인 세력을 공공 안건의 결정과 집행에 참여시킴으로써 나폴레옹 군대와의 패전으로 침체된 조국애를 다시 부활시키려 하였다.

④ 경제적인 행정

참여정치적인 개혁으로써 슈타인은 명예직 활동으로 인한 행정비용의 절감도 동시에 추구하였다. 그러나 그에게 비용의 절감은 결정적인 비중을 차지하는 것은 아니었다. 그것보다는 공동체정신과 시민정신을 일깨우고 잠자거나 잘못 인도되고 있는 힘을 이용하며, 분산된 지식을 선용하고 조국애를 재생시키는 것이 훨씬 중요함을 명확히 하였다.

⑤ 시민의 자유의 보장

슈타인의 개혁은 개인에게 맡길 수 있는 사안에 대한 정부의 불필요하고 유해한 간섭을 폐지하는 것을 목표로 하였다. 그는 개인적인 영역과 지방 영역에 대한 국가관청의 침해는 중단되어야 하며, 서류와 형식에 의하여 활동하는 관료의 자리는 역동적으로 현장에서 살아가는 시민에 의하여 대신되어야 한다고 강조하였다.

(2) 1808년의 프로이센도시법

슈타인의 개혁 구상은 1808년의 프로이센도시법으로 결실을 보게 되었다. 프로이센도시법은 독일의 역사에서 국가행정조직의 새로운 기원으로서의 의미를 갖는다. 이에 의하여 절대주의시대의 권위주의적이고 관헌적인 공공행정의 전통은 심하게 동요되었다. 프로이센도시법은 그 개별적인 내용보다도 그 정신적·정치적인 의미 때문에 오늘날까지 매우 큰 영향을 미치고 있다. 지방분권적인 행정조직이 공공 업무를 그에 특별한 이해 관계를 가진 자들이 국가의 간섭을 받지 아니하고 독립하여 스스로 처리할 수 있는 가능성을 부여하였다는 점에서 역사적인 의미를 갖는다. 프로이센도시법은 슈타인의 품신에 따라 1808년 11월 19일 프리드리히 빌헬름 3세(Friedrich Wilhelm Ⅲ)에 의하여 시행을 보게 되었다.

프로이센도시법은 지방적 수준에서의 자유 영역을 크게 확대했다. 지역적인 공동체에게 행적적인 독자성이 부여되었고, 지방적인 영역에서 범람하던 국가의 관료주의는 완화되었다. 이 법에 따라 도시는 국가에 속하여 있기는 하지만 국가로부터 상당히 독립된 공공단체로 구성되었다. 도시는 상당히 느슨한 한계 속에서 그의 업무를 자기 책임 하에 수행할 수 있는 권리를 부여받았다. 다만 경찰권과 재판권은 전통적으로 국가의 업무로 간주되었기 때문에 제외되었다. 프로이센도시법 제66조에 따르면 경찰권은 국가행정청을 통하여 직접 행사하거나 혹은 도시의 시청에 위임하여 행하도록 하였다. 위임하는 경우에 시청은 국가의 하급 행정청으로서 활동하게 함으로써 오늘날 자치사무와 위임사무의 구별을 이미 명문화하였다. 도시가 자기 책임 하에 처리할 수 있는 업무의 범위는 경찰 개념에 대하여 도시법이 명확히 하지 아니함으로써 확정하기가 어려웠다. 당시의 법학서적에는 경찰을 위험 방지 업무에 국한시킬 것인지, 아니면 지역공동체의 모든 내무행정을 포함시킬 것인지에 대한 논쟁이 끊이지 아니하였으며, 그로 인하여 새로 획득한 도시의 독립성에 대한 위험 요소가 되었다. 도시의 기구로는 시민에 의하여 선출된 시의회와 그에 의하여 선출된 시청이 있었다. 시청은 합의제 집행기관으로 구성되었다. 특정한 지역사무를 처리하기 위해서는 대표자나 위원회를 설치하도록 하였는데, 이에는 시청 구성원이나 시의원 이외에 시의회에서 선출되고 시청에 의하여 승인된 시민도 포함되었다. 이로써 시민은 시의회의원 선거만이 아니라 지방적인 업무의 처리에 대한 직접적인 참여가능성도 보장되었다. 도시법의 전반부에는 국가 감독에 관한 규정을 하고 있는데, 이는 도시를 중세의 도시와는 달리 하나의 공화국으로 인정한 것이 아니라 국가의 한 구성 부분으로 보았기 때문이다. 감독 수단으로는 지방정부에 대한 회계감사권, 시민의 행정심판 제기에 대한 심사, 새로 제정되는 조례와 시청 구성원의 선출에 대한 승인 등이 규정되었다. 이로써 프로이센도시법은 도시에 대한 국가의 감독권의 한계를 좁게 설정하였다.

3) 지방자치제도의 수난과 지방자치의 부활

프로이센도시법에 의하여 실시되기 시작한 지방자치제도는 곧이어 등장한 반동적인 정치적인 경향으로 인하여 더 이상의 발전을 가져오지 못하였다. 자유주의적인 시민계층이 지방자치제도를 전통적인 군주국가에 대한 투쟁 수단으로 이용하려고 한 것이 보수적인 관료 세력에게 위협으로 느껴졌고, 보수적인 정치세력이 다시 주류를 이루게 되었기 때문이다. 1815년에 프로이센의 확장된 영토에 도시법이 도입되었지만 1831년의 개정된 프로이센도시법에서는 자유주의적인 요소가 상당히 후퇴하였다. 특히 시의회에 비하여 국가의 승인을 받는 시청의 지위가 강화되고 국가 감독의 확장을 가져왔다. 또한 농촌 지역에서 지방자치는 슈타인이 실현하려고 하였지만 그의 실각과 정치적인 영향력이 큰 영주들의 반대로 실현되지 못하였다. 1841년에 와서야 비교적 봉건영주의 영향력이 적었던 베스트팔렌(Westfalen)에서 농촌 지역에 대한 지방자치법이 선포되었다. 1853년에 개정된 프로이센도시법에서는 국가의 감독권이 강화되었고 시청의 지위가 강화되면서 시민의 대표의 권한의 약화를 가져왔다. 이는 도시 노동자계층의 성장에 대한 국가적인 대응이었고, 실패로 끝난 시민혁명의 소요에 대한 국가의 반응이었다.

이러한 보수적인 지방자치제도에 대하여 다시 자치권을 확대하는 방향으로 전환하게 된 것은 제1차 세계대전에 패배한 후 성립된 1919년 8월 11일 제정된 바이마르공화국 헌법 제127조에서 지방자치를 명백히 선언하게 됨으로써 나타났다(바이마르 헌법 제127조는 "지방정부와 지방정부 조합은 법의 한계 내에서 자치권을 갖는다."라고 규정하였다). 초기에 학설은 지방정부의 자치권은 법의 한계 내에서만 인정되므로 입법자의 자치권에 대한 제한이 무제한 인정되는 것으로 받아들여졌다. 이에 대하여 헌법학자인 슈미트(Carl Schmitt)는 제도적 보장이론을 주장하여 다수의 학설과 판례의 지지를 받았다. 제도적 보장이론이 따르면, 비록 입법자라고 할지라도 전통적으로 발전되어온 지방자치의 본질적인 내용을 침해하거나 왜곡시킬 수 없다는 것이다. 이로써 입법자의 지방자치에 대한 입법의 한계가 설정되고 그만큼 지방정부의 고유한 핵심적인 내용은 의회의 다수당에 대해서도 훼손당하지 않게 되었다 그럼에도 불구하고 바이마르공화국 하에서의 지방자치제도는 경제공황과 조세 체계의 변화 등으로 지방재정의 위기 때문에 감독관청에 의한 직무대행자의 선임이 자주 있었다. 이는 '지방자치의 위기'라는 표현을 낳았다.

뒤이어 등장한 히틀러의 나치당 지배 체제 아래에서 모든 국가 권력이 국가에 집중되고 지방정부는 지도자의 의사를 지방에서 충실히 이행하는 지방행정조직으로 변함으로써 지방자치제도는 또다시 수난을 겪게 된다. 독일 지방자치는 나치 지배 체제 하에서 획일화법으로 인하여 명목상으로만 존재하고 지방정부는 중앙정부의 하급행정기관으로 전락하였다.

제2차 세계대전에서 독일이 항복하고 연합국이 독일을 점령하면서 '아래에서 위로'의 국가 건설을 하려고 하였다. 연합국은 독일 정치 체제에서 나치적인 요소를 제거하고 독일 민주화의 일환으로 지방자치제도를 도입하게 되었다. 독일의 폐허를 딛고 일어서는 데 지방정부가 중추적인 역할을 하였다. 독일의 각 주는 히틀러 치하의 지방자치법에서 나치적인 요소를 제거하고 그들 점령국의 지방자치제도와 전통적인 제도를 가미하여 지방자치법을 개정하였으며, 뒤이어 독일 기본법은 헌법 제28조에서 지방자치를 헌법적으로 보장하였다.

4) 구동독 지역의 지방자치 부활

19세기 초반에 지방자치제도가 동독 지역에 도입된 이래 나치정권 하에서

'지도자 원리'에 의하여 고도의 중앙집권적인 정치 체제로 변천되어 지방자치제도는 사실상 고사하였고 명목상으로만 존재하였다. 1952년 동독의 공산주의 체제 하에서 지방행정기구가 국가의 일선행정기관으로 변천되었다. 독일 통일 후에 다시 지방분권적인 지방행정 체제로 개편되었다.

통일 후 구동독 지역의 지방행정 체제를 구축하는 과정에서 동독 지역에는 이를 수행할 만한 재정적·인적·물적인 설비가 부족하였다. 구동독 지역의 이러한 난관을 극복하고 조속한 시일 안에 구동독 지역의 지방행정 체계를 구축하여 하나의 독일로 통합하도록 연방정부, 서독 지역의 주정부, 지방정부, 지방정부연합, 민간단체 등이 다양한 지원을 하였다.

연방정부는 1990년 8월 29일에 통일조약 제15조에 따라 연방정부와 동서독 지역 주정부의 합의를 통하여 연방-주 조직정비처를 연방 내무부에 설치하여 1990년 9월 11일부터 활동을 시작하였다. 연방정부와 주정부 및 지방정부의 대표자로 구성된 이 기구는 1993년 2월 12일까지 약 1,000여 개의 동독 중앙행정기구를 재정비하였다.

또한 연방내무부는 1991년 봄부터 1992년 말까지 본과 베를린에 동독 지역 주재건단을 설치하여 운용하였다. 이 기관은 동독 지역의 주와 지방정부의 일반 행정문제로부터 부동산 문제에 이르기까지 광범한 자문을 하였고, 인력의 알선·지원, 동독 부흥 공동대책에 따른 사업 등을 지원하였다.

연방정부와 서독의 주정부들은 서독 출신의 공무원, 판사, 군인, 근로자들이 동독 지역으로 근무처를 옮길 경우 재정적·개인적인 부담을 조정하고 보조금, 이사비용, 별거수당 등을 지급하는 등의 조치를 통하여 서독 출신의 전문가들이 동독 지역에 경험을 전수하고 행정 체계의 구축을 돕도록 하였다.

그 밖에도 연방정부는 동독 행정기관으로부터 인수한 공직자와 동독 지역에서 신규로 채용한 공직자의 연수를 위하여 직접 교육을 하거나 보조금을 통하여 연수 및 교육을 지원하였다. 동독 지역의 행정 체제의 재구축에서 특히 돋보이는 것은 자매 주 및 자매 지방정부의 지원이었다. 서독 지역의 주정부 및 지방정부는 동독 지역의 주정부 및 지방정부와 자매 결연을 통하여 동독 지원의 지방행정 체계의 구축을 자문하고 인적· 물적인 지원을 하였다. 그 결과 동독의 주 행정구조와 조직은 자매 주의 것을 상당 부분 흡수하여 반영시켰다. 서독과 동독의 지방정부 간의 자매 결연은 이미 통일 전인 1986년에 맺어지기 시작하였으나 실제적인 교류와 지원이 이루어진 것은 통일 이후이다.

지방정부연합은 동독 지역의 지방자치 구축을 지원하기 위하여 1990년부터 1994년까지 약 1,400여 명의 서독 출신 자문역을 동독 지역의 지방정부에 파견하였다. 동독 지역의 주정부가 갖는 권한은 연방헌법에 따라 결정되지만 주정부의 조직과 구성은 각 주의 헌법과 법률에 따라 구성되기 때문에 그 내용이 다양하다. 대개는 자매 주의 정부조직을 대폭 도입하고 있다.

주정부의 지방조직으로 대개 2단계의 지방정부가 있다. 이들 지방정부의 조직과 기능에 대한 것은 통일 직후에는 동독의 인민의회가 제정하여 1990년 5월 17일에 효력을 발생한 구동독 지역에 대한 지방자치법에 의하여 규율되었으나 구동독 지역에 주정부가 설치된 이후에는 주마다 각각 상이한 지방자치법이 제정되었다. 지방자치법도 자매 주의 영향을 많이 받았다.

구동독 지역의 행정조직 체계의 정비에 따라 기존 공직자의 해고 및 기존 공직자의 인수 및 해고, 신규채용이 이루어졌다. 고위직의 기존 간부는 모두 교체되었으며, 일부는 서독 출신의 공직자로 충원되었다. 중·하위직과 지방행정기관의 공무원은 대부분 그대로 근무하였으나 일부는 해고되었다.

제 2 절 독일연방제와 지방자치의 특징

1. 독일연방제의 특징

1) 독일 헌법상의 연방국가의 구성 원리

독일 헌법인 기본법(Grundgesetz)은 연방주의를 채택하고 있다. 연방주의의 의미는 지방분권(Dezentralisation)의 장점을 살리려는 데 있다. 지방분권의 법치국가적인 의미는 수직적인 권력분립을 통하여 수평적 권력분립의 원리를 보강함으로써 국가 공권력의 남용을 방지하는 데 있다. 또한 지방분권의 민주국가적인 의미는 국가의 결정에 대한 시민의 민주적인 참여를 부가적으로 확대시키는 데 있다. 독일 기본법은 이러한 연방주의 원칙을 한편으로는 연방국가를 통하여 보장하고 있고, 다른 한편으로는 지방자치를 통하여 보장하고 있다. 전통적인 독일 헌법학에서는 연방주의 질서 속에 연방(Bund)과 주(Länder)의 2계층을 중심으로 설명하였고, 지방자치적인 요소는 별반 고려하지 아니하였다. 오늘날 연방주의 질서 속에는 지방정부를 포함하는 것으로 이해하는 경향이 늘어나고 있다. 그리하여 국가의 분절적인 구성, 즉 국가 업무의 분권적인 수행 체제를 연방주의 질서에 포함하여 논의하고 연방-주-지방정부의 3단계 결정 주체로 이루어진 정치 질서로 이해한다(Schmidt-Aβmann, 1987: 449).

연방과 주는 국가로서 고유한 국가공권력의 주체가 된다. 이에 대하여 지방정부는 주에 속하는 행정 단위로 헌법과 법률에 의하여 배정된 업무를 수행한다. 지방정부는 연방이나 주와 동등한 파트너는 아니며, 국가에 대한 의존성이 주의 연방에 대한 의존성에 비하여 훨씬 크다.

(1) 불가침의 헌법 원칙으로서 연방국가성

독일 기본법(헌법) 제20조 제1항은 "독일 연방공화국은 민주적이고 사회적 연방국가이다."라고 규정하여 연방국가성(Bundesstaatlichkeit)을 국가의 조직 원리로서 헌법적으로 규정하고 있다. 조직 원리로서 연방국가는 존속과 불가침성을 보장받고 있다. 즉, 독일 기본법 제79조 제3항은 연방국가에 대한 헌법상의 보장을 헌법 개정을 통해서도 침해할 수 없도록 보장하고 있다.

(2) 연방국가적 동질성의 보장

연방국가의 질서는 연방과 주 상호간에 기본적인 동질성(Homogenität)의 존재를 본질적인 요소로 한다. 만약 이러한 기본적인 동질성이 없다면 최소한의 연방적인 통합성도 있을 수 없게 된다. 다만, 연방국가의 통합성을 보장하기 이러한 동질성은 동일성 내지 획일성을 의미하는 것은 아니며 최소기준(Minimum standard) 이상의 동질성을 의미한다. 이러한 기본적인 동질성에 속하는 것으로는 국민의 법적 지위의 동질성와 헌법 구조의 동질성 등을 들 수 있다.

독일 헌법 제28조 제1항은 공화국, 의회민주주의, 사회적 법치국가의 원칙과 선거법의 기본 원칙은 모든 연방과 주에서 구속력을 갖는다고 함으로써 헌법 구조의 동질성을 요구하고 있다. 그러나 정부 형태, 국민투표의 실시 등은 주에 따라 상이할 수도 있다.

2) 독일의 연방과 주 간의 권한 배분

(1) 독일 권한 배분의 특징: 행정적 연방주의

독일의 권한 배분은 특정한 정치적인 영역에 관한 행정권과 입법권을 모두 연방이나 주에 배분하는 것이 아니라 입법권과 행정권이 각각 다른 수준의 정부에 귀속할 수 있도록 하는 방법을 채택하고 있다는 점에서 특이하다. 미국이나 캐나다가 전자인 분리 모델을 채택하고 있는 데 비하여 독일에서는 입법권은 주로 연방에서, 행정권은 주로 주가 행사하도록 함으로써 결합 모델을 채택하고 있다. 또한 주정부는 입법권보다는 행정권에 중점을 갖는다는 점에서 행정적 연방주의라고 분류할 수 있다. 독일 연방헌법은 모든 국민에게 동질적인 생활 여건의 보장을 위하여 입법권을 주로 연방정부에 배분하였다. 이러한 입법권의 상실에 대한 보상으로서 이들 법률과 정책을 집행할 수 있는 권한을 부여받았다.

(2) 입법권의 배분

연방 기본법 제70조는 기본법에서 별도의 규정이 없는 한 주는 입법권을 가진다고 규정함으로써 헌법 제30조의 규정을 재확인하고 있다.

① 연방의 입법권

연방정부가 갖는 입법권은 헌법에서 명시적으로 연방의 입법권으로 규정된 분야에 한정된다. 헌법에서 명시적으로 연방이 입법권을 가진다고 규정하지 않은 영역에 대해서는 주정부가 입법권을 가진다. 다만 학설과 연방 헌법재판소는 예외적인 경우에 연방의 입법권을 묵시적으로 인정하는 경우가 있다. 이에 속하는 것으로는 두 가지를 들 수 있다. 첫째, 묵시적인 연방입법권을 인정하지 않으면 헌법에 연방입법권으로 명시된 영역의 규율을 할 수 없을 정도로 밀접한 관련이 있는 영역에서 입법권은 연방이 행사한다. 둘째, 예컨대 연방국가의 상징, 연방의 인장, 국가 등과 같이 사물의 성질상 연방에서 입법권을 행사하여야 하는 영역에서 입법권은 연방에 속한다. 헌법에서 연방의 입법권으로 규정한 것은 다음과 같다.

가. 연방의 배타적인 입법권

국가 전체의 이익과 전체의 국민을 위하여 연방 수준에서 통일적으로 규정할 필요가 있는 입법 사항이 이에 속한다. 연방의 배타적인 입법권(ausschließliche

Gesetzgebung des Bundes)이 인정되는 영역에서 주정부는 개별적으로 연방 법률에서 위임받은 경우에만 입법권을 행사할 수 있다. 연방의 배타적인 입법권은 연방헌법 제73조에서 제한적으로 열거하고 있다. 이에 속하는 것으로는 외교, 국방, 연방 국적, 통화, 체신 및 전신, 관세, 국경 수비, 연방철도 및 항공, 특허 및 출판, 여권, 연방과 주의 협력사무, 연방 통계 등이다.

2006년 헌법의 개정으로 지금까지 경합적 입법권이나 대강입법권에 속하였던 분야 중에서 기본법 제73조에 의한 연방의 배타적 입법권으로 추가된 것이 있다. 등록 및 증명, 외국으로 유출되는 독일문화재 보호, 주(州)를 넘는 위험에서 연방검찰청에 의한 테러 방지, 무기 및 폭발물법, 전쟁희생자 원호, 핵에너지 발전과 이용 등이 이에 해당한다.

나. 연방의 경합적인 입법권

많은 생활 영역에서 연방과 주의 입법권은 서로 경합하는 관계에 있다. 경합적인 입법 영역에서는 연방입법권이 우선한다. 경합적인 입법 사항에 대하여 주정부는 연방이 동일한 대상에 대한 법률을 제정하지 않은 경우에만 법률을 제정할 수 있다. 경합적인 입법 사항에 대하여 연방이 입법권을 행사하기 위해서는 연방에서 법률을 제정할 필요가 있는 경우이다. 이에 해당하는 경우로서 종전의 기본법 제72조는 다음 세 경우를 규정하였다. ① 개별 주가 법률을 제정해서는 효율적으로 규율할 수 없는 경우, ② 주법으로 규율하는 경우에 다른 주나 연방 전체의 이익을 해칠 우려가 있는 경우, ③ 법률공동체나 경제공동체의 보장, 특히 생활 상태 동질성을 보장하기 위하여 한 주의 영역을 넘어서 연방 전체의 통일적인 규율을 요구하는 경우가 이에 해당한다. 경합적인 입법 사항에 대하여 연방이 입법권을 행사하기 위하여 설정한 이러한 요건은 원래 연방입법권에 대한 제한으로서 의미를 가지고 있으나 사실은 그러하지 못하였다. 이미 1953년에 연방 헌법재판소는 이러한 요건이 사법적인 판단의 대상이 아니라 연방입법권자의 재량에 속한다고 하였다. 이에 따라 연방정부는 거의 모든 경합적인 입법 사항에 대하여 예외없이 광범하게 입법권을 행사하므로 주가 경합적인 입법권(konkurrierende Gesetzgebung)을 행사할 여지는 매우 좁게 인정된다. 이에 따라 경합적인 입법 사항은 사실상 연방의 배타적인 입법권으로 되고 주의회의 입법 가능성은 매우 제한된다. 1994년 헌법 개정을 통하여 경합적 입법권 분야에 연방의 사실상의 입법권 독점 현상을 억제하기 위하여 필요성 조항을 좀 더 명확히 하고, 필요성이 없게 된 연방법은 주법으로 대체할 수 있도록 하는 조항을 추가하였다.

연방과 주의 경합적인 입법 사항으로는 민법, 형법, 소송법, 결사 및 집회법, 외국인법, 사회부조, 사회보험, 경제법(광산, 산업, 에너지관리, 수공업, 영업, 무역, 은행 및 주식, 사보험), 핵에너지, 노동법, 직업교육, 공적 부조, 도로교통, 위생보호, 의약품법, 주택, 동물 보호, 폐기물처리, 대기보전, 소음대책 등이다.

2006년의 헌법 개정으로 경합적 입법권의 행사 방법과 종류에 변경이 있었다. 연방정부의 경합적 입법권의 행사를 등가치의 생활 관계를 만들거나 연방영토에서 법적 통합과 경제적인 통합을 위하여 필요한 경우에 한하여 인정하는 필요성 조항(Erfordlichkeitsklausel)의 적용 범위를 제74조의 특정한 영역에 한정되고, 나머지 분야에서는 적용되지 않게 되었다(기본법 제72조 제2항). 이로써 필요성 조항에 구애받지 않고 연방이 행사할 수 있는 경합적 입법권이 늘어났다. 필요성 조항이 적용되지 않는 영역의 경합적 입법권은 연방의 배타적 입법권에 근접한다. 또한 경합적 입법권의 범위가 늘어났다. 공무원법, 수렵, 자연 보호와 경관, 토지 분할, 공간 정서, 수리, 대학 입학 및 졸업 등 일곱 가지 분야가 추가되었다.

경합적 입법권의 변형으로 주에 의한 변형입법권(Abweichungsgesetzgebung)이 창설되었다(제72조 제3항). 연방주의 개혁으로 연방의 대강입법권에 속하였던 대부분의 입법 사항이 경합적 입법권으로 이전되었다. 연방은 이 분야에서 필요성 조항에 의한 제한을 받지도 않고 단순한 대강의 입법을 넘어 입법권을 행사할 수 있게 된 것이다. 연방입법권의 이러한 입법권 확대에 대응하여 주는 단순히 주어진 연방의 대강지침을 보완하는 수준을 넘어 연방법을 전부 또는 부분적으로 연방법과 상반되는 주법으로 대체할 수 있도록 한 것이다. 말하자면, 연방의 대강입법권을 경합적 입법권으로 강화한 것에 대한 대가로 주의 변형입법권을 보장한 것이라 볼 수 있다. 또한 주의 입법권 행사에 시간을 주기 위하여 변형입법권이 허용되는 분야의 연방법률은 최소한 6개월이 지나야 효력을 발생하도록 하였다. 만약 이 기간을 앞당기려고 하면 연방참의원의 동의를 얻도록 하였다. 이는 연방의 법률 규정에도 불구하고 주가 특정 분야에서 주법으로 연방법률로부터 일탈하는 규정을 제정할 수 있는 권한을 의미한다. 연방 기본법

제31조는 "연방법은 주법을 깨뜨린다(Bundesrecht bricht Landesrecht)."고 규정하고 있으나 이 경우에는 적용되지 않는다. 대신에 이 경우에는 후법 우선의 원칙이 적용된다. 주의 변형법에 대하여 연방법률로 달리 정하면 나중에 제정된 연방법률이 우선하게 되고, 주는 다시 연방법률로부터 벗어나는 변형법을 제정하게 되면 다시 연방법률에 우선하게 된다. 이를 되풀이하게 되는 경우에 연방법률과 주법률 사이에 입법 사항이 핑퐁을 하게 될 수도 있다. 해당 분야는 수렵, 자연 보호와 경관, 토지 분할, 공간 정서, 수리, 대학 입학 및 졸업 등이다.

다. 연방의 대강입법권: 2006년 폐지

연방은 특정한 영역에 대하여 주의 세부적인 입법권 행사를 위하여 요지와 골격을 규정하는 대강입법을 할 수 있다(기본법 제75조). 이 경우에도 연방이 입법권을 행사하기 위해서는 경합적인 입법권과 마찬가지의 요건 하에서 연방법으로 규율할 필요가 있어야 한다. 각 주는 연방에서 정해진 일반적인 규율의 범위 안에서 개별적인 입법을 할 수 있는 여지가 있다. 연방의 대강입법권(Rahmengesetzgebung)에 속하는 입법 사항으로는 주와 지방정부의 공무원법, 대학의 기본 원칙, 신문과 영화에 관한 일반적인 법률 관계, 자연 보호, 경관 보호, 공간 정서, 물관리, 등록 및 증명관계 등이다. 2006년의 헌법 개정에 따라서 연방의 대강입법권은 폐지되었다. 이에 속하였던 입법권은 일부는 연방의 배타적 입법권으로, 다른 일부는 주의 입법권이나 연방과 주의 경합적 입법권으로 전환되었다.

② 주의 입법권

헌법에 따라 연방의 입법권 사항으로 규정되지 아니한 영역에 대해서는 주가 입법권을 갖는다. 외관적으로 보면 주가 광범한 입법권을 가지고 있으며, 헌법이 예외적으로 연방입법 사항으로 정하는 경우에만 주의 입법권이 제약을 받는 것처럼 보인다. 그러나 실제로는 그 반대이다. 연방의 입법권이 매우 광범하게 인정되어 있고 경합적인 입법 사항에 대해서도 연방이 거의 입법권을 다 행사하기 때문에 주의 입법 영역은 상당히 제한되어 있다. 연방법률에 따라 제한 없이 주가 입법권을 행사하는 입법 사항으로는 다음과 같은 것을 들 수 있다.

- 문화사무, 특히 학교, 대학, 방송
- 지방자치 분야, 즉 도시, 기초지방정부 및 광역지방정부의 조직 및 권한

- 경찰법 분야, 즉 국가의 질서행정과 그 조직에 관한 일반적인 규율 · 경찰법에는 집행경찰뿐만이 아니라 공공의 안전과 질서를 위협하는 위험에 대한 예방을 포함한다(건축감독, 영업감독, 보건 및 동물의료 등).

주법의 주요한 예를 들면 다음과 같다. 주헌법, 주선거법, 주정부조직법, 지방자치법, 지방선거법, 경찰법, 모금법, 소방법, 재난구호법, 병원법, 유치원법, 장례법, 주발전프로그램, 중간층지원법, 주도로법, 낚시법, 건축법, 기사법, 일요일 및 휴일법, 학교법, 교회세징수법, 방송시설에 관한 주법, 문화재보호법, 주예산, 주수수료법, 지방세법, 운동경기법, 대학법, 주공무원법, 등록법, 주경관보호법, 주임야법, 주수렵법 등이다.

2006년의 헌법 개정으로 종래 경합적 입법권이나 대강입법권에 속하였던 분야 중에서 14개 분야가 주의 단독적, 배타적인 입법권으로 이전되었다. 제74조(구 기본법)의 경합적 입법권에 속하였던 행형, 공증, 집회법, 수용시설법, 폐점법, 음식점법, 공연장법, 시장 및 전시장법, 농지 거래 및 임대차법, 주택 및 주거지, 경지 정리, 운동과 여가와 사회적 소음 등 12개 분야와 종래 대강입법권에 속하였던 대학법(입학과 졸업 제외)과 신분의 일반 법률 관계 등 2개 분야이다. 이들 입법권의 주 이양으로 인하여 주정부 간의 입지 경쟁을 위한 탈규제 경쟁이 강화될 수 있다. 연방 차원에서 폐점시간법의 개정은 어렵지만 지역 간의 경쟁이 치열한 상황 속에서 경쟁적으로 일어날 수 있다.

(3) 행정권의 배분

지역적인 차원에서 행정권은 거의 주에 의하여 행사되고 연방의 직접적인 행정권은 매우 제한된 범위 내에서만 인정되고 있다. 예컨대, 관세, 연방방위행정, 철도, 우편, 노동 등이 이에 속한다. 이에 대하여 연방의 상급 행정청은 일반행정은 아니고 기술적인 특수 업무에 관한 것이 대부분이다.

행정 권한은 대부분 주와 지방정부에게 배분되어 있다. 주의 행정청은 주법은 물론 연방법률도 집행한다. 또한 세부적인 법률 규정이 없다고 하더라도 주 행정청은 에너지 공급, 공공교통행정, 교육 및 문화, 병원 및 노인후생 등의 생존 배려적인 활동을 한다.

주에서 연방법률을 집행하는 경우에 연방정부의 감독을 받는다. 주가 연방법률을 집행하는 유형에는 두 가지가 있다. 통상적으로 주는 연방의 법률을 기본법에서 달리 정한 바가 없으면 고유사무로 집행한다(기본법 제83조). 즉, 위임행정은 예외적으로만 인정된다.

연방법률 주정부가 고유사무로 집행하는 경우에 연방의 감독권은 합법성의 감독에 한정된다. 이 경우 주를 보호하기 위하여 연방참의원의 관여를 규정하고 있다. 또한 연방정부는 연방법률의 집행에 관하여 연방참의원의 동의를 얻어 일반적인 행정규칙을 제정할 수 있다(기본법 제84조).

주가 연방법률을 위임행정(Auftragsverwaltung)으로 집행하는 경우에 연방정부는 합법성뿐만 아니라 합목적성에 대한 감독을 할 수 있다. 연방은 연방참의원의 동의를 얻어 일반적인 행정규칙을 제정할 수 있으며, 또한 지시권을 행사할 수 있다(기본법 제85조). 연방법률에는 불확정 개념과 재량 규정을 많이 포함하고 있으므로 주정부의 행정적인 운신의 폭은 넓은 편이라고 할 수 있다.

연방과 주가 공동으로 행정관청이나 그 밖의 조직을 만들어 결정권을 부여하는 것은 허용되지 않는다(혼합행정의 금지). 기본법은 주의 책임 혹은 연방의 책임 중에 하나일 것을 요구하고 있다. 다만, 주와 연방이 계약을 통하여 통일적인 행정을 수행하는 것은 허용되고 실무상으로 자주 있다.

(4) 재정권의 배분

독일의 재정 체계는 역사적인 변천이 매우 심하다. 1871년 독일제국에서 연방의 독자적 수입은 매우 적었으며, 대부분을 주정부의 국비분담금(Matrikularbeiträge)에 의존하였고, 지속적인 재정 궁핍을 겪었다. 연방제국은 당시 주정부의 식객(Kostgänger)으로 표현되기도 했다. 바이마르공화국에 들어서는 양자의 관계가 역전되었다. 대부분의 조세수입은 연방정부에 이전되었고 주정부는 연방에 의존적이 되었다. 제2차 세계대전 이후 제정된 기본법에서는 이러한 양 극단을 조화하기 위한 노력이 반영되었다. 연방정부의 재정적 약체를 피하면서도 주정부의 재정적 독자성을 보장하려고 하였다. 연방 기본법이 제정되는 논쟁 과정에서 점령군이 연합군은 재정헌법의 내용에 대하여 영향력을 행사했다. 연방정부가 너무 강력해서는 안 된다는 것이었다. 그리하여 독일연방의 재정적 권한은 초기에 비교적 약한 편이었다. 하지만 1955년의 재정헌법과 1969년의 재정개혁을 통하여 적지 않은 변화가 있었다. 이는 그동안의 경제적, 기술적, 사회적 변화를 재정헌법에 반영하기 위한 것이었다. 하지만 이상적인 해법은 찾지 못하였으며, 재정수입과 재정 수요를 끊임없이 변화하는 상황에 의존하도록 하여 재정문제는 연방과 주의 지속적인 과제로 남게 되었다.

재정 체계에서 중요한 것은 누가 비용을 부담하는가(재정 부담), 누가 세법을 제정하는가(조세입법권), 조세가 어떻게 배분되는가(세원배분), 재정 수요와 재정수익의 불균형을 어떻게 조정하는가(재정조정) 등에 관한 문제이다. 2017년부터 재정조정제도에 관한 전면적인 개편을 추진하고 있다.

① 재정 부담 책임

연방정부와 주정부의 활동에 대한 비용 부담 책임을 누가 부담할 것인지에 대하여 연방 기본법은 연계성의 원칙(Konnexitaetsprinzip)을 규정하고 있다. 즉, 기본법에서 달리 정하지 않는 한 연방정부와 주정부는 그 업무 수행으로부터 생기는 지출을 별도로 부담한다는 것이다. 이는 행정 권한과 재정책임성을 일치시키는 헌법상의 원칙을 규정된 것으로서 행정집행기관이 지출 책임도 부담하여야 한다는 것이다.

② 재정입법권

세법에 대한 입법권을 누가 갖는지에 대하여 독일연방 기본법은 거의 대부분을 연방의 입법권으로 규정하고 있다. 주정부에 배분된 실질적인 조세입법권은 지역적인 소비 및 사치세에 한정된다. 이에 속하는 것으로 음료세, 향락세, 사냥세, 낚시세 등이다. 주정부에도 조세발굴권이 주어져 있지만 동일한 종류의 연방 세금과 경합되는 세금을 도입하는 것은 허용되지 않는다. 이에 따라 주정부의 조세입법 재량은 넓지 못하다. 대부분의 중요한 세법은 연방법률로 정하도록 되어 있다. 다만 연방정부가 이를 제정하는 과정에서 연방참의원의 승인을 요하도록 함으로써 주정부의 관여권을 보장하고 있다.

독일연방 기본법에 따르면, 연방의 배타적인 조세입법권은 관세와 재정독점의 경우에 인정된다. 경합적인 조세입법권은 연방에 전부나 일부가 귀속되는 세금이거나, 동질적인 생활 관계를 형성하거나, 전체 국가적인 이익의 관점에서 법적, 경제적 통일을 위하여 연방법률적인 규율을 필요로 하는 경우이다(기본법 제105조).

③ 조세수입의 배분

독일 기본법은 연방정부와 주정부에게 업무 수행에 필요한 비용 충당을 위한 대등한 청구권을 보장하고 있다. 이에 대한 주된 원칙으로서 기본법은 연방정부와 주정부의 재정 수요는 납세자에게 과부담을 피하고 연방 전역의 생활 상태의 동질성을 유지하도록 서로 조정되어야 한다(제106조 제3항)고 규정하고 있다.

가. 연방정부와 주정부 간의 배분

세금을 연방과 주정부 사이에 배분하는 방법에는 두 가지 종류가 있다. 대부분의 세금은 분리 체제(Trennsystem)에 따라 연방정부나 혹은 주정부에 배타적으로 배분된다. 분리 체제는 각 지역사단의 자율성을 증대시키는 장점이 있으나 조세수입의 차이가 크다는 단점이 있다. 연방정부에 속하는 세금으로는 대부분의 소비세, 보험세, 주식판매세 등이다. 주정부에는 재산세, 상속세, 자동차세, 부동산취득세, 맥주세 등이 귀속된다. 영업세도 이에 속한다. 영업세의 대부분은 지방정부에 귀속되지만 그중 극히 일부분이 영업세 할당금으로 연방정부와 주정부에 전입된다.

조세 총액의 75%에 달하는 중요한 세금은 결합 체제(Verbundsystem)에 따라 연방정부와 주정부에 공동으로 귀속된다(공동세, Gemeinschaftsteuern). 이에 속하는 중요한 세원으로 소득세, 법인세, 판매세(부가세) 등이 있다(기본법 제106조 제3항). 임금세(Lohnsteuer)를 포함한 소득세는 50%는 연방에, 나머지 50%는 주에 배분된다. 연방과 주정부의 귀속분으로부터 각각 7.5%씩 즉, 15%는 지방정부에 귀속된다. 법인세는 주식회사와 그 밖의 기업이 지불하는 세금으로 연방과 주정부에 각각 절반씩 귀속된다. 판매세(부가세)의 경우에 연방정부와 주정부의 귀속분은 고정되어 있지 아니하며, 연방정부와 주정부의 수입과 지출 관계에 근본적인 변화가 있으면 그에 적응하여 새롭게 결정하도록 되어 있다(기본법 제106조 제4항). 구체적인 배분율은 연방법률의 규정에 따라 정해진다.

나. 주정부와 주정부 간의 배분

연방헌법은 연방정부와 주정부 간의 조세수입의 배분뿐만이 아니라 주정부 귀속분을 개별 주정부 간에 어떻게 배분할 것인지에 대하여 규정하고 있다. 개별 주정부 간의 조세수입의 배분은 우선 지역수입의 원칙(Prinzip des örtlichen

Aufkommens)에 따라 배분된다. 이에 따르면, 세금을 거두어들인 구역의 주정부에 주정부 귀속분의 조세수익이 배당된다. 이 원칙을 적용함에는 약간의 어려움이 있다. 예컨대, 교외 거주 노동자의 경우, 여러 주에 영업소를 가진 대기업의 경우 누구에게 조세가 귀속하는지 여부가 이에 속한다. 연방참의원의 동의를 얻어 제정된 분산법(Zerlegungsgesetz)은 이런 문제를 세부적으로 규정하고 있다. 이에 따르면, 임금세는 노동자의 주소지가 있는 주정부에 귀속되고, 법인세는 대기업의 영업소가 있는 각각의 주정부에 분산되어 귀속된다.

이 지역수입의 원칙은 모든 세금에 적용되나 판매세의 경우에 예외가 인정된다. 판매세의 경우는 그 75%가 수입 발생 지역이 아니라 개별 주정부의 주민수에 따라 배분된다. 이는 주정부 간의 재정조정과는 구별되지만 주정부 간의 조세수입의 균형을 꾀하는 데 이바지하게 된다. 판매세의 25%는 연방참의원의 승인을 받은 연방법률에 의하여 평균 재정 수요에 미치지 못하는 주정부에 보완분(Ergänzungsanteil)으로 배정된다. 이를 통하여 재정력이 약한 주정부를 전체 주정부 평균 재정력의 92%에 도달시키려고 한다.

④ 재정조정

독일연방의 주들은 그 주민 수나 면적, 경제력, 사회·경제적인 인프라에서 현저한 차이가 있으며, 잘사는 주와 못사는 주 간의 재정력에서 상당한 차이가 있다. 1차적인 조세수입의 불균형을 시정할 필요가 있다. 특히 일부의 주정부가 재정력이 약하거나 특별한 재정 수요로 인하여 그의 업무를 수행하기 어려운 경우에 재정조정의 필요성이 커진다. 연방국가적인 상호 보증적 동맹 원칙에 따라 연방정부와 주정부 간뿐만 아니라 주정부 상호간에도 재정조정을 실시하고 있다. 연방정부는 한 개 혹은 수개의 분절국가의 재정조정의 필요가 있는 경우에 재정적인 개선을 해 줄 의무를 지며, 주정부도 재정적으로 취약한 다른 주정부에 대하여 상당한 도움을 주어야 할 의무를 부담한다. 이런 취지에서 기본법은 주정부 상호간의 일차적인 세금 수입에 대한 보완 조치를 규정하고 있으며(수평적 재정조정), 연방정부와 주정부 간의 보완 규정(수직적 재정조정)을 두고 있다.

가. 수평적 재정조정

독일연방 기본법은 주정부 간의 재정적 차이는 법률을 통하여 적절하게 조정되어야 한다고 규정하고 있다(기본법 제107조 제2항). 재정조정법은 조정청구권을 가진 주와 조정 의무가 있는 주, 조정 기준 등을 규정하여야 한다. 여기서 조정의 범위는 완전한 조정이 아니라 적정한 조정이다. 이는 부유한 주가 그 발전에 대한 동기를 상실하지 않고 가난한 주가 자구적인 발전 노력을 게을리하지 않도록 하는 수준이 되어야 한다(Reuter, 1983: 56). 재정력이 약한 주정부를 전체 주정부의 평균 재정력의 95%에 도달시키려고 한다.

나. 수직적 재정조정

앞에서 설명한 연방법률에 의한 수평적인 재정조정은 통상적인 경우에 해당한다. 그 밖에도 연방기본법은 연방재정으로부터 수직적인 재정조정제도를 두고 있다. 연방과 주 사이의 이러한 형태의 재정조정제도는 주의 재정에 의한 수평적인 재정조정제도에 대하여 차순위적이다. 이러한 재정조정은 재량 규정이고 또한 주의 일반적인 재정 수요에 대하여 보완적인 충당을 의미하는 할당금이다. 이 보완적 할당금(Ergänzendezuweisungen)은 재정이 취약한 주정부에 교부되는 것으로 그 비율은 재정수입 대 지출의 관계에 따라 결정된다. 연방정부는 보완적 할당금을 판매세 중 연방귀속분 중에서 주정부 간 재정조정 수령권을 가진 주정부에 교부한다. 주정부 간의 재정조정을 하고 나서도 부족액을 보완해 주는 부족액 보완할당금, 특별한 재정 수요에 대응하기 위한 특별수요 보완할당금, 과도한 부담을 조정하기 위한 임시 보완할당금 등이 있다.

(4) 사법권의 배분

독일연방공화국에서 사법권은 기본법 제92조에 따라 연방법원과 주법원에 의하여 행사된다. 연방법원은 주로 상고사건에 대하여 관할권을 갖는 반면에 일상적인 재판권은 주법원이 관할하고 있다.

① 연방의 사법권

연방법원으로는 연방 헌법재판소와 5개의 연방 최고재판소가 있다. 연방 최고재판소들은 연방주의적인 요소를 고려하여 한 곳에 집중시키지 않고 지역별 분산을 하고 있다. 통일 후에는 특히 구동독 지역을 고려하여 일부 최고재판소의 이전을 결정하였다.

– 연방법원(Bundesgerichtshof)(민사 및 형사): 카를스루에에 위치하며, 형사5부는 기존의 베를린에 있었으나 1997년부터 라이프치히에서 업무 집행

– 연방행정법원(Bundesverwaltungsgericht): 베를린에서 장기적으로 라이프치히로 이전하기로 결정
– 연방노동법원(Bundesarbeitsgericht): 카셀에서 에르푸르트로 이전
– 연방사회법원(Bundessozialgericht): 카셀에 잔류
– 연방재정법원: 뮌헨에 잔류

② 주의 사법권

주는 하급심과 고등법원의 설치에 대한 책임을 진다. 형사와 민사사건에 대해서는 상고심도 주법원에 있다. 주의할 것은 모든 사건이 하급법원(Amtsgericht)이 제1심이 아니라는 점이다. 민사사건의 경우 소송가액에 따라, 형사사건의 경우에는 형벌의 종류와 형량에 따라 제1심이 고등법원(Landesgericht)이 될 수도 있다. 또한 주는 주법이 주헌법에 합치되는지의 여부에 관한 분쟁을 주헌법재판소에서 관할한다. 다만 슐레스비히 홀슈타인(Schleswig–Holstein)에서는 주헌법소송사건을 연방헌법재판소의 관할로 하고 있다.

3) 연방 입법과정에 대한 주의 참여

(1) 연방참의원의 위상

거의 대다수의 연방국가에서는 분절국가(주정부)가 중앙국가의 의사결정 과정에 참여하는 고유한 제도적인 장치를 갖추고 있다. 주들은 참여제도를 통하여 분절국가를 대표하고 중앙국가에 대하여 그들의 이익을 반영시킨다. 이런 의미에서 이들 기관은 중앙국가와 분절국가 사이의 매개기관 내지 연결기관이 된다. 중앙국가 수준에서 이들 참여제도를 갖는다고 하는 것은 연방 권력에 대한 제한 가능성을 의미한다. 중앙국가의 행정부와 의회에 대한 대응 세력이 존재하게 된다.

(2) 연방참의원의 구성

기본법 제51조에 의하면 연방참의원(Bundesrat, 상원의원)은 주정부가 선임하고 해임하는 주정부의 구성원으로 이루어진다. 누구를 연방참의원의 구성원으로 선임하느냐는 전적으로 주정부에 달렸다. 다만 기본법은 주정부의 구성원으로 선임할 것을 요구하기 때문에 주의회 의원이나 주 공무원을 연방참의원 위원으로 선임하는 것은 허용되지 아니한다. 누가 주정부의 구성원이 되는지는 각

주의 헌법 규정에 따르지만 대체로 주 수상과 주의 장관 등이 포함된다. 연방참의원의 위원은 선거로 임명되는 것이 아니며 임기도 보장되어 있지 아니하다. 주정부의 구성원 지위를 상실하면 연방참의원 위원의 지위도 동시에 상실된다. 주정부가 연방참의원에서 갖는 투표 수는 그 주의 주민 수에 따른다. 모든 주는 최소한 3표를 가진다. 주민 수 200만이 넘는 주는 4표, 600만을 넘는 주는 5표, 700만을 넘는 주는 6표를 가진다. 기준이 되는 주민 수는 유권자가 아니라 전체 주민 수에 따르도록 하고 있다. 연방참의원의 의장은 주정부의 수장이 맡게 되는데, 인구 규모가 큰 주부터 임기 1년씩 의장을 맡게 되어 있다. 주정부가 가지고 있는 투표 수는 통일적으로만 행사될 수 있으며, 출석한 그 주의 위원 또는 대리인에 의하여 행사된다.

2. 독일 지방자치제도의 특징

1) 서론

독일의 지방자치제도는 주마다 매우 상이하다. 독일은 연방제 국가로서 지방자치제도에 대한 입법권이 연방정부에 있지 않고 주정부에 속한다. 주마다 입법권을 행사하는 지방자치법이 상당한 차이를 보이고 있으며 다양한 제도가 발전되고 있다. 지방의회제도도 주마다 매우 상이한 모습을 보이고 있다. 독일의 지방의회제도를 이해하기 위해서는 독일의 지방자치조직 모델을 이해할 필요가 있다. 왜냐하면 지방자치제도 모델에 따라서 지방의회와 지방정부장의 관계, 지방의회의 의장 및 그 선임 방법, 위원회의 구성 등에서 차이가 적지 않기 때문이다. 독일의 지방의회의 구성과 위상에서 선거제도는 주마다 매우 상이하다. 의원의 정수도 주마다 한결같지 않다. 지방의원은 명예직이지만 의정활동으로 인한 손실에 대해서는 보상을 받는다. 독일의 위원회제도는 우리와 유사한 점도 있지만 위원회의 결정의 효력에서는 차이가 있으며, 그 구성 방법도 우리와 차이가 난다. 특히 지방의회 의원이 아닌 전문가를 위원회 구성에 참여시킨다는 점에서 특이한 점이 있다. 또한 원내교섭단체를 인정하고 있으며, 원내교섭단체에 일정한 권한을 부여하고 의원의 교섭단체활동도 정규적인 의정활동으로 간주하여 실비보상과 사고보험을 적용하고 있다는 점에서 시사하는 바가 크다.

2) 지방정부의 종류

지방정부의 종류는 주마다 차이가 있지만 기초지방정부로서 게마인데(Gemeinde)를 두고, 광역지방정부로서 크라이스(Kreis)를 두고 있는 것은 같다. 베를린이나 함부르크, 브레멘 같은 도시국가는 주(Land)로서 지위도 가지고, 기초지방정부(Gemeinde)로서 지위도 가진다.

(1) 게마인데

게마인데(Gemeinde)는 최하위의 지방자치 단위가 된다. 풀뿌리자치단체라고 할 수 있다. 게마인데는 주민과 시민의 공동체로서 일정한 지역에 기반을 두고 있으며, 하부기관을 포함하고 있다. 비교적 큰 지방정부인 게마인데는 부분적인 자치기관으로 마을(Ortschaft), 구(Stadtbezirk, Gemeindebezirk)를 두는 경우가 있으나 주에 따라 명칭이나 권한 등이 다르다. 일부의 주에서는 도시에 시(Stadt) 칭호를 부여할 수 있도록 하고 있지만 아무런 법적인 차이를 부여하는 것은 아니다. 그것은 순전히 주민의 숫자, 주거 형태, 경제적 내지 문화적인 관계 등에서 도시적인 특성을 부각시키는 의미를 가질 뿐이다. 다만 게마인데의 지위와 기능과 관련하여 크라이스 소속 게마인데(Kreisangehörige Gemeinde), 독립시(Kreisfreie Stadt), 대도시(Große Kreisstadt) 등으로 구분할 수 있다. 독립시나 대도시도 게마인데의 한 종류로 볼 수 있다.

(2) 독립시

도시는 이미 19세기 슈타인의 개혁을 통하여 자치권을 획득하였으며, 이미 19세기에 경제적인 호황을 누렸다. 이에 대하여 농촌 게마인데(Landgemeinde)는 나중에 자치권을 획득하기는 하였지만 그 재정력과 경제력 때문에 도시에 상응하는 자립을 꾀할 수 없었다. 이에 농촌 게마인데를 크라이스에 소속하게 함으로써 도시의 효율성에 상응하도록 하였다. 이러한 역사적인 이유 때문에 독립시(Kreisfreie Stadt)는 있지만 독립 농촌 게마인데(Kreisfreie Landgemeinde)는 존재하지 않는다. 어떤 도시를 독립시를 할 것인지의 여부에 대한 결정권은 당해 지역이 속하는 주의 결정권에 속한다. 대부분 대도시로서 지불 능력이 있고 중심적인 도시가 독립시이다. 독립시는 크라이스에 소속되지 않고 게마인데의 업무뿐만 아니라 그 지역에서 크라이스가 행하는 업무도 수행한다. 2018년 현재

11,116개 게마인데, 이 중에서 시는 2,060개, 독립시는 103개이고, 크라이스는 295개가 있다.

대도시는 독립시가 되려고 노력하는 경향이 있다. 독립시가 됨으로써 누리게 되는 명성과 독립성 때문이다. 독립시가 되면 크라이스에 지불하는 할당금(Kreisumlage)을 내지 않아도 되기 때문에 재정적인 여유가 생긴다. 이에 대하여 크라이스는 그 소속 게마인데가 독립시로 되는 것을 저지하려고 한다. 왜냐하면 중요한 재정원이 떨어져 나가는 것이 되기 때문이다. 또한 대개의 경우 독립시가 되려는 도시는 크라이스의 시설이나 설비가 집중되어 있으며 교통이나 생활수단에서 중심적인 역할을 한다.

(3) 대도시

독립시가 되려는 대도시와 이를 억제하려는 크라이스 양자 간의 이해 관계를 조정하기 위하여 이들 도시를 크라이스 소속으로 남겨두되 일정한 범위 내에서 특권을 부여하는 방법으로 대도시(Groβkreisstadt)를 선언하는 방법이 있다. 인구 수가 일정 규모가 되면 다른 게마인데가 크라이스의 하급 행정청으로 수행하는 사무를 대도시에 배분하게 된다. 예컨대 노르트라인-베스트팔렌(Nordrhein-Westfalen) 주 지방자치법 제3조의 a에 따르면, 주민 수 60,000명 이상인 크라이스 소속 대도시(groβe kreisangehöige Städte)와 주민 수 25,000명 이상인 크라이스 소속 중도시(mittlere kreisangehörige Städte)로 선언되면 일반 게마인데가 갖지 아니하는 새로운 업무를 부여할 수 있게 하고 있다.

(4) 크라이스

크라이스(Kreis)는 게마인데와 마찬가지로 지방지역사단이다. 크라이스도 법률이 규정하는 바에 따라 그 업무의 범위 내에서 자치권을 가진다. 또한 크라이스는 게마인데연합(Gemeindeverband)이다. 또한 크라이스는 국가의 하급 행정청이 된다. 크라이스는 또한 국가의 하급 행정구역이 되기도 한다. 크라이스는 국가로부터 위임받은 행정사무를 수행하는 국가행정기관이 된다. 크라이스 수준에서 자치행정과 국가행정의 결합이 이루어지며 이는 행정통합에 기여한다. 이를 통하여 기존의 국가의 특별행정청을 가능한 한 폐지시키고 새로운 국가행정청의 설치를 억제하려는 의도가 포함되어 있다.

(5) 지방행정연합 혹은 관구연합 등

지방행정연합(Landschaftsund Bezirksverbände)은 상급의 게마인데연합으로서 자치적인 지역사단을 이룬다. 지방행정연합은 여러 가지 역사적인 유래를 가진 지역의 독립단체로서 성장해 왔으며, 초지역적, 크라이스의 범위를 넘어선 업무를 자기 책임 하에 처리한다. 예를 들어 노르트라인-베스트팔렌 주에는 2개의 지방행정연합이 있는데 라인란트 지방행정연합(Landschaftverband Rheinland)과 베스팔렌-리페 지방행정연합(Landschaftverband Westfalen-Lippe)이 이에 속한다. 이들은 지방행정연합의 구역에 있는 독립시와 크라이스를 그 구성원으로 하는 연합단체이다.

이에 대하여 바이에른(Bayern)의 관구연합(管區聯合, Bezirksverband)은 상급의 게마인데연합으로서 성격을 가진다. 다만 노르트라인-베스트팔렌의 지방행정연합과는 달리 그 구성원이 독립시나 크라이스가 되는 것이 아니고 당해 관구(Bezirk)의 주민이 된다. 이들 주민은 직접 주민의 대표기관인 관구의회를 선출하여 구성한다.

3) 지방자치에 대한 헌법상의 보장

독일 헌법은 제28조 제2항에서 지방자치를 보장하고 있다. 지방자치 단위는 주가 연방에 대하여 갖는 만큼의 독립성을 갖지 못한다. 오히려 지방정부는 주정부 행정의 일부로 간주된다. 그럼에도 불구하고 지방정부는 주와 연방에 대하여 일정한 자치권을 가지고 있으며, 이를 침해당한 경우에는 법원을 통하여 그 회복을 요구할 수 있는 권리를 갖고 있다.

헌법이 보장하는 지방자치의 핵심적인 보장은 지방정부가 지역적인 모든 사무에 대하여 처리할 수 있는 권한을 가진다는 것(전권한성의 원칙)과 자신의 사무에 대해서는 법령의 범위 안에서 외부의 간섭을 받지 않고 자기 책임 하에 처리할 수 있다는 점이다(자기책임성의 원칙). 독일의 전통적인 견해는 헌법 제28조 제2항에 의한 지방자치의 보장을 제도적 보장으로 이해하고 있다.

제도적 보장이론은 1919년 8월 18일 제정된 바이마르 헌법 제127조에 대한 해석론으로서 카를 슈미트(Carl Schmitt)에 의하여 전개되었다. 바이마르 헌법 제127조는 "지방정부와 지방정부조합은 법률의 한계 내에서 자치행정권을 갖는다."[1])라고 기본권의 일종으로 규정하였다. 이러한 헌법의 규정이 국가의 간섭으로부터 지방정부의 자기책임성을 보장하는 법률 유보를 포함하는 것으로 보는 것이 지배적인 견해였으나 다른 한편으로는 지방정부가 법률의 범위 내에서 보장되도록 함으로써 동시에 지방자치에 대한 제한을 포함하고 있었다. 그리하여 국가는 법률의 형식으로 지방자치에 대한 한계를 무제한하게 설정할 수 있게 되고, 그런 경우에 지방자치권은 실질이 없는 헌법상의 상투어에 불과하게 되며, 지방정부는 국가의 입법자가 의도하는 만큼의 자치권밖에 가질 수 없는 것으로 생각되어 바이마르공화국 초기에 지방자치의 헌법적인 보장은 헌법학에서 큰 의미를 갖지 못하였고, 이 헌법 규정은 경시되었다(Hendler, 1984: 136). 적지 않은 학자들이 헌법의 지방자치에 관한 규정을 '공허한 기본권 조항'에 속한다는 결론을 내렸다.

그런데 1920년대 말에 오면서 기본권 조항에 관한 이론이 발전됨에 따라 기본권으로서 지방자치권에 대한 관심도 고조되었다. 또한 지방정부의 의사에 반한 지방정부의 통·폐합이나 구역의 개편이 일어나 지방정부들의 격렬한 저항을 받게 되고, 그 헌법적 허용성에 대한 법학적인 관심이 고조되었다. 여기에 결정적인 역할을 한 것이 카를 슈미트의 제도적 보장이론이다. 그는 특정한 제도는 헌법에 따라서 특별한 보호가 보장될 수 있다는 데서 출발하여 단순한 법률에 의한 본질적인 왜곡이나 해당 제도의 골격을 이루는 요소의 거세를 저지하려는 목적으로 추구하였다(Schmitt, 1928: 170). 그에 따르면, 지방자치제도는 이러한 헌법의 제도적 보장에 속한다고 하였다.

"지방자치제도는 헌법에 의하여 보장되므로 지방자치제도 자체는 폐지될 수 없으며, 실질적인 내용이 지방자치제도를 파괴하거나 그 본질적인 요소를 제거시키는 모든 법률은 헌법에 위반된다. 그러나 이 규정에 의하여 개별적인 지방정부의 존립이 보장되는 것은 아니므로 지방정부의 의사에 반한 통·폐합도 주(州)의 법률에 의하여 가능하다(a.a.O.)."

카를 슈미트의 제도적 보장이론은 급속히 법학 문헌이나 판례 및 입법 실무에 확산되어 중대한 영향을 미쳤다. 그의 제도적 보장이론은 프리드리히 클라인(Friedrich Klein)에 의하여 계승·발전되어 오늘날 독일의 지배적인 학설 및 판

---

1) 원문은 "Gemeide und Gemeinverbände haben das Recht der Selbstverwaltung innerhalb der Schranken der Gesetze"라고 되어 있다.

례의 입장이 되고 있다.

지방자치에 대한 헌법상의 제도적 보장의 내용으로는 오늘날 일반적으로 지방정부의 존립의 보장, 지방자치제도에 관한 객관적인 보장, 지방정부의 주관적인 법적 지위의 보장이 예시된다(Stern, 1984: 409).

4) 지방정부의 사무 종류

(1) 지방정부의 사무 체계

지방정부의 사무 분류 체계는 주마다 한결같지 아니하다. 독일에서는 전통적으로 지방정부의 사무를 자치사무와 위임사무로 구분하고 국가가 지방정부의 기관을 차용하여 그 업무를 수행하는 것을 기관차용(Organleihe)이라고 불렀다. 오늘날도 많은 주에서 이들 전통적인 사무 체계를 유지하고 있다. 다른 한편으로 일부의 주(바덴-뷔르템베르크, 헤센, 노르트라인-베스트팔렌 등)에서는 바인하이머 초안(Weinheimer Entwurf)의 취지에 따르고 있다.

제2차 세계대전 후 서독의 각 주들은 지방자치법의 분열을 방지하고 다른 한편으로 지방정부의 자치권을 확대하기 위하여 노력하였다. 1947년 5월 독일도시회의는 독일지방자치법 초안을 제안하였으며, 이는 다시 1948년 6월 2일 및 3일에 바인하임(Weinheim)의 베르크스트라세(Bergstraβe)에서 주(州)내무부 장관들과 지방정부장회의의 대표들이 참석한 가운데 최종적인 심의를 거쳐 독일지방자치법 초안을 작성하였다. 이를 흔히 바인하이머 초안이라고 부른다. 이 초안의 가장 큰 특징은 독일 지방자치법상 전통적인 국가사무(위임사무)와 자치사무의 구별을 부정하고 일원적인 업무 체계를 채택한 데에 있다.

이에 따른 이원적인 사무의 분류에 의하며, 지방정부가 처리하는 모든 사무는 자치사무에 속한다. 다만 자치사무는 다시 임의적 자치사무와 필요적 자치사무로 분류되고, 의무적 자치사무는 다시 지시로부터 자유로운 필요적 자치사무와 지시에 따른 필요적 자치사무로 구분된다. 일원적 사무 체계를 채택하는 주에서도 기관차용은 여전히 남아 있다. 지시에 따른 필요적 자치사무가 위임사무와 같은 것인지 아니면 다른 것인지에 대해서는 학설상의 대립이 있으나 양자는 성질을 달리한다는 학설이 좀 더 설득력이 있다. 이하에 예를 드는 것은 기초지방정부인 게마인데를 중심으로 설명하고 크라이스 사무는 별도로 살펴본다.

(2) 자치사무

① 임의적 자치사무

임의적 자치사무는 지방정부가 법령의 범위 안에서 자기 책임 하에 수행하는 사무로서 국가의 감독은 합법성의 통제에 한정된다. 어떤 사무를 수행할 것인지의 여부("Ob")와 어떻게 수행할 것인지("Wie")에 대해서는 국가의 법령에 규율되어 있지 않고 지방정부가 자기 책임성 하에 결정한다. 사무에 대한 관할권은 전권한성의 원칙으로부터 도출된다. 지방정부는 필요적인 사무를 수행하고도 여력이 있을 때 이들 사무를 수행하는 것이 허용된다. 지방정부가 임의적 자치사무를 수행하기 위하여 조례를 제정하여 규율할 수 있다.

이에 속하는 사무로는 다음과 같은 것을 예시로 들 수 있다.

- 지방경제 촉진: 기존의 기업에 대한 혜택의 부여, 신설 기업에 대한 후원, 지역경제 구조의 강화 등을 위한 직접 및 간접적인 행정 업무가 이에 해당한다.
- 지방 급부시설의 운영: 지방정부의 본질적인 업무로서 지방정부 영역 내의 주민과 기업에 물, 가스, 전기, 난방 등을 제공하는 사무가 이에 속한다.
- 사회적 사무: 청소년회관, 사회복지회관, 양로원의 설치 및 운영, 청소년, 실업자, 노인을 위한 소풍이나 무도회 혹은 청소년을 위한 만남의 자리 등을 마련하는 것을 들 수 있다.
- 지방정부의 문화사업: 지역 실정에 맞는 문화행사를 개최하고 주민들의 관심이 있는 문화활동을 지원하고 활동을 장려하는 활동으로 극장, 오페라, 박물관, 도서관, 시민학교, 오케스트라단의 설치 및 유지, 아마추어 합창단, 오케스트라의 연습실 제공, 지휘자에 대한 보조금 지급 등이 이에 속한다.
- 스포츠에 관련된 사무: 스포츠는 지방정부의 사회생활이나 건강 증진에 중요한 역할을 하므로 자치사무로서 의미가 크다. 수영장, 축구장, 빙상운동시설의 설치, 개수 및 유지, 체육단체의 지원, 체육학교의 설치 및 유지 등이 이에 속한다.

② 필요적 자치사무

필요적 자치사무는 법령에 따라 그 사무의 수행 의무가 정해진 자치사무를 말한다. 지방정부는 이들 사무를 반드시 수행하여야 할 의무를 부담하지만 그 사무를 어떻게 수행할 것인지에 대해서는 법령의 범위 안에서 자기 책임 하에 수행한다. 필요적 자치사무도 지방정부의 고유한 사무에 속한다. 왜냐하면 지방정부는 이들 업무를 수행할 때 국가의 지시를 받지 않고 스스로 결정할 수 있기 때문이다. 이들 사무에 대한 국가감독도 합법성 통제에 한정된다. 이들 필요적 자치사무는 연방법 혹은 주법에 의하여 지방정부에 수행 의무가 부과된다.[2] 다만 법규에서 이들 사무의 수행 방법에 관해서도 세부적인 사항까지 규율하는 경우에 자치사무와 위임사무의 구별은 의미가 줄어들게 된다.

이에 속하는 사무로는 다음과 같은 것이 있다.

- 지방도로의 건설 부담
- 주민 보호(재난구호, 화재구호 등)
- 공립초등학교의 설치 · 운영
- 어린이놀이터의 설치
- 수리시설의 유지 및 증축
- 사회부조(Sozialhilfe) 및 청소년 부조(Jugendhilfe)
- 묘지의 조성 및 유지
- 건축상세계획(Bebauungpläne)와 토지이용계획(Flächennutzungspläne)의 수립
- 건축부지의 개발
- 도시계획상의 재개발(städtebauliche Sanierung)
- 주택 건축의 지원
- 폐기물처리
- 하수처리
- 병역 의무, 병사 조달 및 시민 보호 등에 수반된 여러 가지 사무 등이 이에 속한다.

③ 위임사무(지시에 따른 의무적 사무)

위임사무는 국가의 사무로서 지방정부로 하여금 수행하도록 위임된 사무를 의미한다. 국가의 감독권은 합법성 통제뿐만 아니라 합목적성 통제에까지 확대

2) 연방법에서 지방정부에게 자치사무로 수행할 의무를 부담시키는 경우는 법률의 효율적인 집행을 위하여 불가결하게 필요한 경우에 한하여 인정된다(BVerfGE22, 180, 210).

되고, 국가는 지방정부에 대한 개별적인 지시권까지 가지며, 감독 처분에 대한 소송은 원칙적으로 허용되지 아니한다. 이에 대하여 바인하이머 초안을 따르는 주에서는 위임사무 대신에 지시에 따른 의무사무라고도 한다. 이들 지시사무는 위임사무와는 달리 국가의 지시권이 무제한하게 허용되는 것이 아니라 법률에 정해진 범위 내에서만 허용된다는 점, 지방의회의 관여가 허용된다는 점 등에서 차이가 있으나 실제로는 유사하게 취급되는 측면도 있다. 예컨대, 이들 사무에 대한 행정심판은 감독관청이 되며 합법성뿐만 아니라 합목적성도 심사된다는 점에서 위임사무와 같다. 위임사무는 국가가 행정관청을 설치하는 비용을 절감하고 자치사무와 행정사무가 한 관청에서 종합적으로 수행되도록 하는 데 기여한다.

위임사무와 지시사무의 수용에 따른 비용의 부담은 업무 수행에 수반하여 징수되는 수수료, 총계적인 국가재정교부금, 목적교부금(Zweckzuwendung), 게마인데 자체의 자금 등으로 충당된다. 헌법은 위임 업무의 수행에 대한 국가의 지급 의무를 규정하고 있지는 않지만 헌법 제28조 제2항에 따라 보장되는 재정고권은 지방정부가 국가를 위하여 수행하는 목적사무(Zweckaufgaben)의 수행에 필요한 비용을 전액 부담할 것을 요구하고 있다.[3]

게마인데에 대한 위임사무로는 다음과 같은 것을 들 수 있다.

- 영업, 교통, 구제, 도로, 수리 등의 분야에서 질서 유지에 관한 사무
- 보건 및 수의(獸醫)에 관련된 사무
- 주민의 등록, 여권, 국적, 신분 등에 관한 사무
- 학교 사무
- 주택 및 주택 건축에 관한 사무
- 난민 배려에 관한 사무
- 부담의 조정(Lastenausgleich)에 관한 사무
- 병역 파악 및 민간 주민 보호에 관한 사무
- 인구조사

---

3) 법률 문헌에서는 이러한 국가의 의무를 헌법 제104조의 a가 규정하고 있는 연계성의 원칙(Konnexitätsprinzip)으로부터 도출하고 있다. 또한 많은 주의 헌법은 국가가 비용 부담을 인수하는 경우에만 국가사무의 수행을 위임할 수 있도록 규정하고 있다(예컨대, 노르트라인-베스트팔렌 헌법 제78조 제3항).

- 게마인데의 연방 및 주선거 협력 사무 등이다.

④ 기관차용

게마인데 수준에서 국가의 사무가 지방정부의 집행기관의 장을 통하여 수행되는 경우가 있다. 이 경우를 기관차용(Organleihe)이라고 하며, 우리나라의 기관위임사무와 유사한 개념으로 사용된다. 이 경우 지방정부의 집행기관의 장은 국가의 행정청으로서 지위를 갖는다. 기관차용이 특히 중요한 역할을 하는 경우는 크라이스 행정이다. 크라이스의 장은 기관차용을 통하여 국가의 하급 행정청이 된다.

제 3 절 독일 지방정부 사례

1. 지방정부의 정부 형태

1) 전통적인 지방정부 형태

제2차 세계대전 이후 독일의 지방자치제도는 한편으로는 종전의 제도 중에서 나치적인 요소를 제거하고 다른 한편으로는 점령국의 영향을 받아 다양한 모형을 발전시켰다. 이들 모형은 크게 다섯 가지의 기본 유형으로 구분해 볼 수 있다. 전쟁 전의 전통을 이어받은 남독일 의회형(Süddeutsche Ratsverfassung), 행정위원회형(Magistratsverfassung), 시장형(Bürgermeisterverfassung), 북독일 의회형(Norddeutsche Ratsverfassung)과 통독 이후 도입된 동독 지역의 의회형(Ostdeutsche Ratsverfassung)이 이에 속한다. 모든 권한이 한 기관에게 집중되어 있는 일원적인 지방제도와 두 기관이 각각 고유한 권한을 가지는 이원적인 지방제도로 구분해 볼 수 있다. 또한 행정수반이 독임제로 구성되는 경우와 합의제로 구성되는 기관인 경우로 구분된다. 독일에서 지방자치에 관한 입법권은 주의 배타적 권한이기 때문에 연방은 지방자치를 규정할 수 없다. 각 주에서 자율적으로 지방자치에 관한 규정을 하기 때문에 독일에서 지방정부 형태는 주마다 상이하다.

(1) 북독일 의회형

1994년 노르트라인-베스트팔렌의 지방자치법이 개정되기 전까지 북독일 의회형 지방제도는 노르트라인-베스트팔렌 주와 니더작센 주에서 적용되었다. 지방의회는 지방의원 중에서 시장을 뽑았는데 그는 지방의회의 의장이고 동시에 지방정부의 대외적 대표자이다. 또한 지방의회는 시지배인(Gemeindedirektor 혹은 Stadtdirektor, 혹은 Oberstadtdirektor)을 뽑았는데 그는 지방의회의 의결을 준비하고 집행하며 행정을 지휘하였다. 그는 법률적으로 지방정부를 대표한다. 지방의회와 시장은 5년을 임기로 선출되며, 시지배인의 임기는 노르트라인-베스트팔렌에서는 8년, 니더작센에서는 6년 또는 12년이었다. 그에 대한 임기 전의 해직은 가능하다.

두 지역의 지방제도는 긴급 결정에서 차이가 난다. 노르트라인-베스트팔렌에서는 시장과 의원 한 명이, 니더작센에서는 시장과 시지배인의 합의로 결정한다. 또한 니더작센에서는 의안을 준비하고 의회나 지배인에게 속하는 것이 명확하지 아니한 사안을 결정하는 행정위원회가 있다. 이 북독일 의회형은 당시 점령국이었던 영국의 전통적인 '시지배인 모형(council-manager-model)을 본받은 것이다.

1994년에 노르트라인-베스트팔렌 주는 지방자치법을 개정하여 시장의 권한을 강화시켰다(1999년 10월 1일부터 적용). 지방자치법의 개정으로 시지배인과 시장의 쌍두 지도 체제는 폐지되고, 권한과 책임이 일치하게 되었다. 새로 규정된 시장은 정무직으로서 지방행정의 수장이 된다. 또한 그는 지방의회의 의장이 된다. 시민에 의하여 직접 선출된 시장은 행정의 수반으로서 지위와 의회 의장을 겸함으로써 의회와 행정의 인적인 연결고리를 형성하고 유일한 최고기관이 된다. 이러한 노르트라인-베스트팔렌 주의 지방자치법은 바이에른이나 바덴-뷔르템베르크에서 적용되는 남독일 의회형에 근접하는 방향으로 개정되었다고 볼 수 있으나 시장의 권한은 이들 주에 비하여 상대적으로 약한 편이다. 시장의 권한은 종전에는 단순한 일상적인 업무와 지방의회로부터 위임받은 사무였으나 개정된 지방자치법에서는 모든 일상적인 사무로 확대되었다. 다만 지방의회는 언제든지 위임을 철회하는 회수권(Rückholrecht)을 행사하여 스스로 결정을 할 수 있다.

(2) 남독일 의회형

북독일 의회와 정면으로 대비되는 지방제도 유형이 남독일 의회형이다. 이 제도는 바이에른과 바덴-뷔르템베르크 주에서 적용된다. 지방의회가 지방정부의 최고기관이 되어 모든 지방사무에 대한 결정을 한다. 지방의회는 시민에 의하여 직접 선출된 시장이 주재한다. 시장은 동시에 지방행정기관의 수장이 된다. 시장은 의결권을 가진 지방의회의 의장이고 행정수장이며 동시에 위원회의 위원장이 된다. 그는 의회와 위원회의 회의를 준비하고 결정을 집행한다. 시장의 임기는 바이에른에서는 6년이고 바덴-뷔르템베르크에서는 8년이다. 시장은 직선에 의하여 선출되고 의회 의장, 위원회 위원장을 겸하며, 의회의 결정을 준비하는 과정이나 집행하는 과정에서 사실상 영향력을 행사할 수 있는 강한 지위를 갖고 있다. 그는 시민으로부터 직접 민주적인 정당성을 부여받았기 때문에 소속 정당의 간섭을 비교적 받지 않고 업무를 수행할 수 있다.

(3) 행정위원회형

행정위원회형 지방자치조직은 원래 슈타인의 도시법에서 채택한 2원제(Zweikammersystem)에서 유래한다. 원래의 의결기관인 지방의회뿐만이 아니라 최고행정기관도 합의제(행정위원회, Magistrat)로 구성되는 데 특징이 있다. 행정위원회는 지방의회에 의하여 구성되었다. 결정은 지방의회나 행정위원회에서 만장일치로 이루어졌다. 오늘날은 변형된 형태로 행정위원회(부진정 행정위원회)가 존속되고 있다.

부진정 행정위원회형은 헤센, 브레멘하벤, 라인란트-팔츠와 슐레스비히-홀슈타인의 대도시에 적용된다. 부진정 행정위원회형 지방자치 모형에서도 의결기관인 지방의회와 행정기관인 행정위원회는 분리된다. 다만 행정위원회는 일상적인 업무를 수행하고 지방의회의 의사를 준비하고 집행하는 기능을 한다. 행정위원회는 시의회에 의하여 선출되는 시장과 정무직인 부시장 및 그 밖의 명예직 위원으로 구성된다. 4년 임기로 선출되는 명예직 위원이 위원회 정수의 과반수 이상이어야 한다. 행정위원회에서 시장의 지위는 강한 편이나 의사결정에서는 합의제 기관의 일원이 된다. 슐레스비히-홀슈타인에서는 의원이 겸직할 수 있지만 헤센에서는 금지된다. 정무직인 행정위원회 위원은 지방의회에서 소환될 수 있다. 의회 결정의 준비와 긴급 결정은 의회의 위원회가 한다.

(4) 시장형

라인란트－팔츠, 자르란트(Saarland), 슐레스비히－홀슈타인의 작은 지방정부에서는 시장형 지방제도가 적용된다. 시장에게 강한 위상이 부여되어 있기 때문에 남독일 의회형과 공통점이 있다. 시장이 행정을 지휘하고 의회 의장이 된다. 시장은 시민에 의하여 직접(라인란트－팔츠) 혹은 지방의회에 의하여 간접적으로(자르란트) 선출된다. 지방의회는 지방정부의 중요한 안건에 대해서만 결정권을 가지며, 시장은 지방의회로부터 독립된 고유한 결정권을 적지 않게 가지고 있다.

라인란트－팔츠와 자르란트에서는 시장이 위원회를 스스로 주재하거나 부시장에게 위임한다. 정무직인 시장의 임기는 라인란트－팔츠에서는 10년, 슐레스비히－홀슈타인에서는 6년 내지 12년이며 의원의 임기는 4년이다. 자르란트에서는 시장에게 의회에서 의결권이 없다. 라인란트－팔츠에서는 시장이 의원이어서는 안 된다.

(5) 동독 의회형

브란덴부르크, 작센－안할트, 튀링겐, 메클렌부르크－포어포메른 등 통독 후에 편입된 구동독 지역에서는 남독일 의회형에 근접하는 제도를 도입하였다. 시장은 직접 주민에 의하여 선출된다. 시장은 지방정부의 행정수반인 동시에 지방의회의 의결권이 있는 구성원이 된다. 다만 지방의회는 의원 중에서 지방의회 의장을 선출한다. 튀링겐에서는 시장이 지방의회 의장도 겸할 수 있도록 하고 있다.

2. 지방정부의 기관 구성 변화

1) 1990년대 이후의 변화

구동독 지역의 5개 주에는 새로이 지방자치제도가 도입되고 주민의 직접적인 참여를 강화하였다. 이러한 동동독 지역의 새로운 시도는 구서독 지역의 지방자치제도를 개혁하는 데 촉매적인 역할을 하고 있다. 특히 북독일 의회형 지방자치제도를 손질하는 데 영향을 미쳤다.

종래 북독일 의회형 지방자치제도를 가지고 있던 노르트라인-베스트팔렌이 대대적인 지방자치제도의 개혁을 단행하자 같은 제도를 고수하고 있는 니더작센 주에 영향을 미쳤다. 주민들 사이에 더 많은 민주주의에 대한 일반적인 경향이 형성되고 지방자치제도에 대한 논쟁이 십수년간 진행되고 있다. 통일과 노르트라인-베스트팔렌의 개혁, 참여혁명 등의 분위기 속에서 복선구조의 조직이 더 이상 시대에 적합하기 어렵게 되었다(Kleinfeld & Nendza, 1996: 114).

기사당의 최고 후보인 불프(Christian Wulff)는 1993년 11월에 주정당 기념일에 기사당이 선거에 승리하게 되면 정무직인 사장의 직선을 위한 국민의견조사(Volksbefragung)를 실시하겠다는 제안을 했다. 그는 다른 기사당 정치인들과는 달리 단선적인 지도 체제를 갖춘 지방자치제도를 주장해 왔다. 사민당에서도 지방자치제도 문제가 지속적으로 논의되고 있다. 사민당의 정상의 정치인들은 복선적인 지도 체제의 폐지를 주장하고 있다. 개혁 토론의 요지는 2001년의 선거까지 단선적인 지도 체제가 종국적으로 채택될 때까지 1996년부터 지방의회가 지방자치제도를 스스로 결정할 수 있도록 하자는 것이다.

헤센 주에서는 1991년의 국민투표에서 기사당에서 발의한 행정수반에 대한 직접선거가 80%의 찬성을 얻어 도입되었다. 국민투표의 결과에 기초하여 사민당이 지배하는 정부는 지방자치법 개정안을 제안하였다. 헤센 주에서는 시장 직선을 도입하였으나 쌍두 체제와 회의체인 행정위원회제도는 유지되었다.

라인란트-팔츠에서도 주의회는 1993년 지금까지의 노르트라인-베스트팔렌식 시장형 지방자치제도를 개정하였다. 1993년부터 지방정부의 장을 시민이 직접 선출하는 것을 주된 골자로 하고 있다. 이 지방제도의 개혁은 헤센 주의 국민투표의 결과에 영향을 받은 결과라고 볼 수 있다.

자를란트에서도 단체장의 직선 문제가 격렬하게 논의되었다. 야당인 기사당과 자민당이 주도적인 역할을 하였다. 기사당은 1993년 9월에 개정법률안을 제출하였다. 여당인 사민당은 처음엔 별로 탐탁하게 생각하지 않았으나 1994년 입장을 바꿔 단체장을 시민들이 직선하는 방향의 개정안을 여야 합의로 통과시켰다.

2) 지방정부의 기관 구성

독일 지방정부의 조직은 각 주의 지방자치제도의 유형에 따라 상이하다. 지방제도의 유형이 주마다 차이가 있음에도 불구하고 지방정부의 기관은 동일한 기본 원칙에 따라 조직된다. 즉, 지방정부의 조직은 두 개의 기관으로 구성되는 점이 이에 해당한다. 주민의 대표기관으로서 지방의회(Gemeinderat)와 지방의회의 의사를 준비하고 그 결정을 집행하며, 지방행정 전반을 처리하는 행정기관(Gemeindeverwaltung)이 이에 속한다.

(1) 지방의회

독일의 지방의회(Gemeinderat)는 주민이 선출한 주민의 대표기관이다. 권력분립의 원칙은 지방자치제도를 구성할 때 완전하게 적용되는 것은 아니다. 지방의회는 한편으로는 입법기관으로서 기능을 하지만 행정 업무도 수행한다. 이 점에서 지방의회는 국회와 같은 입법기관은 아니고 행정기관의 일부로 보는 것이 일반적이다.4)

① 지방의회의 구성과 선출

지방의원의 선출 방식은 주선거법 혹은 지방선거법 등에서 규율하고 있는데, 주에 따라 상당한 차이가 있는 부분도 있다. 모든 주에서 비례선거제도를 채택하고 있으며, 5% 제한 조항을 갖고 있는 것은 동일하다. 일부의 주(바덴－뷔르템베르크, 바이에른, 니더작센, 라인란트－팔츠)에서는 유권자들의 영향을 확대하기 위하여 누진제(Kummulieren)나 분할투표(Panaschieren)를 채택하고 있다. 대부분의 주에서 의원의 임기는 5년 내지 6년이지만 일부의 주에서는 4년이다.

지방의회의 규모는 주민의 수에 따라 다르다. 구체적인 것은 주에 따라 상이하게 규율되어 있다. 바이에른 주의 경우에 의원의 숫자는 8명 내지 80명이고, 헤센의 경우는 5명 내지 81명이다.

② 지방의원의 지위

지방의원은 주민의 대표로서 지위를 갖는다. 이러한 주민대표성은 주의회 의원이나 연방의회 의원과 마찬가지로 헌법이 보장하는 것이다. 하지만 차이가 있다. 지방의원은 명예직(Ehrenamt)이다. 지방의원은 의회활동으로 인한 비용 상환(Aufwandsentschädigung)만을 청구할 수 있으며 주의원이나 연방의원과 갈

---

4) 이에 대한 반대 견해로는 Yvonne Ott, *Der Parlamentscharakter der Gemeindeverwaltung*, Frankfurt (Main), 1994 참조.

은 세비(Diäten)는 받지 않는다. 국회의원과 마찬가지로 지방의원도 자유위임(freie Mandat)에 근거한 권한을 행사한다. 따라서 지방의원은 법령의 범위 안에서 무엇이 가장 공익에 적합한 것인지의 판단에 따라 결정한다.

지방의원은 직무상의 업무에 대하여 비밀을 준수하여야 하며 자신이나 그 가족들에게 직접적인 이익이나 손해를 가져오는 결정에 관여하여서는 안 된다.

지방의원의 위법에 대해서는 지방정부가 일반적인 책임 규정에 따라 책임을 진다. 지방의회의 결정에 지방의원이 의무에 위반하여 관여하더라도 개인적인 책임을 지지 않는 것이 원칙이다. 다만 고의적이거나 중과실에 의한 의무 위반으로 결정에 관여한 경우, 지출을 승인한 경우에는 그로 인한 손해에 대하여 개인적인 책임을 진다.

③ 지방의회의 관할과 기능

지방의회의 관할과 기능에 대해서는 각 주의 지방자치법에 규정되어 있다. 부분적으로는 상당한 차이가 있는 경우가 있다. 지방의회는 지방정부의 최고 의견 형성기관이다. 지방의회는 지방정부의 입법기관으로 모든 입법활동에 대한 결정을 한다. 지방자치법은 그 밖에도 지방의회로 하여금 개별 결정이나 인사문제에 대한 결정을 할 수 있도록 하고 있으며, 지방행정의 수행을 위한 일반원칙이나 지침을 제정할 수 있도록 하고 있다. 하지만 전후에 대부분의 지방자치 영역에서 국가의 법률, 법규명령, 집행명령의 법망이 너무 상세하게 규정하고 있기 때문에 지방의회의 활동공간은 넓지 않으며 개별적인 결정도 심하게 제한되고 있다.

지방의회는 자신의 결정을 행정기관이 잘 수행하는지뿐만이 아니라 행정 전반에 대하여 감시한다. 중요한 감시 수단으로는 회계검사청(Rechnungsprüfungsamt)과 회계검사위원회를 이용하는 것이다. 지방의회가 행정에 직접 개입하는 것은 허용되지 않는다. 질문과 이의의 제기는 행정기관의 장에게 제출되어야 한다. 명예직인 지방의원이 전문가인 직업관료로 구성된 행정기관을 통제한다는 것이 쉽지는 않지만 지방행정의 사물근접성, 장소근접성으로 인하여 의원이나 시민의 통제가 연방행정이나 주행정에 대한 통제보다는 더 효과적인 경우가 드물지 않다.

지방의회는 수입과 지출, 지방정부의 재산 상태에 대한 결정 권한을 갖는다.

지방의회는 예산을 결정하고 세금, 수수료 및 공과금을 결정한다.

④ 지방의회 의장

지방의회 의장의 역할은 지방자치제도 유형에 따라 상이하다. 남독일 의회형 의회제도(바덴-뷔르템베르크와 바이에른) 하에서 제1시장은 지방의회의 구성원으로 투표권을 가지며 지방의회 의장이 된다. 라인란트-팔츠나 자를란트의 시장형 지방자치제도 하에서는 시장이 지방의회에 소속되지는 않는다. 그럼에도 불구하고 시장이 지방의회의 의장이 된다. 1994년에 개정된 노르트라인-베스트팔렌에서도 마찬가지이다. 자를란트에서는 투표권이 없고 라인란트-팔츠에서는 제한된다. 일부의 주에서는 지방의회 의장을 의원 중에서 선출한다. 의장의 역할은 의회의 소집, 회의의 주재, 질서 유지 등이다.

⑤ 위원회

안건의 전문적인 심의를 위하여 지방의회는 위원회를 두고 있다. 특히 중요한 전문적, 지방정치적인 문제를 집중적으로 심의한다. 위원회에는 의무적인 위원회와 임의적인 위원회가 있다. 예컨대 노르트라인-베스트팔렌에서는 지방자치법에서 운영위원회(Hauptausschuβ), 재정위원회, 회계감사위원회 등을 필요위원회로 규정하고 있으며, 그 밖에 특별법에서 필요적 위원회를 규정하고 있다. 예컨대 학교법에 의한 학교위원회, 공사위원회, 청소년복지위원회 등이 이에 속한다.

위원회의 위원은 원칙적으로 지방의회 의원 중에서 선임하지만 전문가인 시민을 위원회 위원으로 선임할 수 있도록 하고 있다. 전문가인 위원은 의원인 전문가와 같은 법적인 지위를 갖지만 니더작센 주에서는 표결권을 주지 않고 있다.

⑥ 원내정당

원내정당(Fraktionen)은 공동의 정책 방향을 가진 의원들의 결합체로서 동일한 정당 소속의 의원들로 구성된다. 경우에 따라서는 전국적인 정당이 아닌 지방의회정당(Rathauspartei)의 구성원도 포함된다. 원내정당에 대한 공공자금에 의한 지원에 대해서는 다툼이 없다. 이들 지원에 대해서는 지방의회가 정하되 원내 정당 간의 기회 균등의 원칙이 지켜져야 한다. 실무상으로 집행기관의 장은 자신이 소속된 원내 정당의 심의와 그 분과 활동에 참여하여 정보를 제공하고 자문을 한다. 이러한 정치적인 불평등을 시정하기 위하여 반대의 원내 정당도 정보 제공과 자문을 요구할 수 있도록 하고 있다.

(2) 지방정부의 행정기관

지방정부의 행정기관(Gemeindeverwaltung)은 지방의회의 결정을 집행하고 그 밖의 행정사무 전반을 처리한다. 행정의 수장이 누가 되는지는 지방자치제도의 유형에 따라 상이하다. 지방행정조직은 원칙적으로 3단계로 구성된다. 정상에는 최고위 공무원이 있다. 행정위원회제도(Magistratsverfassung)를 채택하는 게마인데인 경우에는 합의제 기관이다.

두 번째 단계에 부(部)나 국(局, Dezernat)이 있다. 부국은 부시장이나 행정의 장(시장 혹은 시지배인)에 의하여 운영된다. 부, 국의 장은 주에 따라 다양한 명칭으로 불리고 있다. 그들은 많은 경우에 선거직이고 경우에 따라서는 일반 직업공무원인 경우도 있다.

세 번째 단계에 과(Ämter)가 있으며, 그 장은 선거직이 아니다. 과는 지방정부의 주된 조직 단위가 되며, 실제 행정 집행을 수행한다. 과는 통상적으로 계(Abteilungen), 전문부서(Sachgebiet), 처리팀(Sachbearbeitungsgruppe) 그리고 담당(Stelle)으로 세분된다.

3. 지방자치 발전과 직접민주주의

1) 직접민주주의의 도입 배경

대부분의 주 헌법은 (함부르크, 니더작센, 슐레스비히-홀슈타인은 제외) 국민발안, 국민투표와 같은 직접민주적인 제도를 1945년 이후에 도입하여 실시하고 있지만 지방정부 차원의 시민발의와 시민투표에 대해서는 바덴-뷔르템베르크를 제외하고는 제도화하지 않았다.

1989년에 "우리가 국민이다(Wir sind das Volk)"라는 구호로 표현된 의식은 급속도로 각 주의 지방자치법에 다양하게 구체화되었다. 제2차 세계대전 이후 36년 동안 독일에서는 스위스에 이웃한 바덴-뷔르템베르크가 유일하게 시민발의와 시민투표를 인정하였다. 그것도 인정 범위는 좁고 엄격한 요건이 부가된 것이었다. 1990년 슐레스비히-홀슈타인이 바덴-뷔르템베르크보다도 훨씬 앞선 제도를 도입한 이래 1998년까지 거의 모든 주에서 이들 제도를 도입하였다. 이를 가리켜 '참여혁명(partizipative Revolution)'이라고 부르기도 한다(Schiller, 1999: 7).

또한 동독 최후의 인민의회가 1990년 5월에 의결한 지방자치법에도 넓은 예외 조항이 있긴 하였지만 시민발의와 시민투표에 대한 규정을 포함하고 있었다. 이를 튀링겐(1993)과 메클렌부르크-포어포메른에서 예외 조항을 완화하여 입법화하였다. 같은 해에 브레멘에서 유사한 입법을 하였다. 1993년에 작센-안할트와 라인란트-팔츠에서 약간 시대에 처진 바덴-뷔르템베르크의 전례를 따라 제도화하였다. 브란덴부르크(1993)과 노르트라인-베스트팔렌(1994)에서는 적용 범위를 확대하였고, 헤센과 작센(1993)에서는 한 걸음 더 나아갔다. 니더작센과 자를란트에서는 1996년과 1997년에 브란덴부르크과 노르트라인-베스트팔렌과 같은 적용 범위로 제도화하였다. 1995년에 바이에른 주에서, 1998년에 함부르크에서 시민발의와 시민투표를 입법화함으로써 베를린의 구를 제외하고는 모두 도입되었다. 바이에른에서 시민발의와 시민투표는 바이에른 주의 국민투표에 의하여 결정되었다(자세한 것은 Jung, 1995 참조).

2) 직접민주주의 행사 요건과 절차 등

각 주의 지방자치법상 시민투표와 그 발의에 관한 규정은 중요한 절차적인 요소인 적용 분야, 서명 비율, 동의 비율 등에 따라서 한결같지 아니하다. 모든 지방자치법에 공통적인 것은 시민투표가 시민투표의 발의와 투표의 두 단계로 진행된다는 점이다. 시민투표는 일정 수 이상의 서명을 받아야 하는 시민발의에 의하여 개시된다.

(1) 시민발의 및 시민투표의 대상

적용 영역의 측면에서 살펴보면, 모든 주에서 공통적인 것은 일정한 영역에 대해서는 시민투표가 허용되지 않는다는 점이다(표준적인 제외목록). 시민투표에서 제외되는 것으로는 예산(Haushaltssatzung), 지방행정의 내부조직, 공과금(바이에른은 제외)과 지방공기업의 요금 등이다. 일부의 주에서는 주민투표에서 제외되는 대상을 확대하고 있다. 예컨대 노르트라인-베스트팔렌, 브란덴부르크, 니더작센, 라인란트-팔츠, 자를란트에서는 특히 건축상세계획과 공중의 참여가 인정되는 행정절차를 제외하고 있다(헤센 주에서는 건축상세계획에 대한 시민투표를 인정함). 이에 대하여 바덴-뷔르템베르크, 브레멘, 메클렌부르크-포어포메른, 라인란트-팔츠, 작센-안할트, 슐레스비히-홀슈타인에서는 주민투표가 허용되는 영역을 한정적으로 열거하고 있다. 이 경우에 시민투표의 적용범위는 매우 좁게 한정된다.

(2) 시민발의 요건과 시민투표의 결정

시민투표를 발의하기 위해서는 일정 수 이상의 서명을 필요로 한다. 예컨대 헤센과 슐레스비히-홀슈타인에서는 시민 10%의 서명을 요구하는데 대하여 튀링겐에서는 무려 20%의 서명을 요구한다. 많은 주에서는 서명 비율을 획일적으로 정하지 않고 지방정부의 규모에 따라 차등화하여 인구 수가 적을수록 높은 비율을, 클수록 낮은 비율을 요구하도록 하고 있다. 그리하여 6~15% 혹은 5~10%의 서명을 요하도록 하는 경우가 있는가 하면 5% 미만을 요구하는 경우도 있다.

그 밖에 시민발의를 위해서는 청구 요지를 명백히 기재한 서면으로 하여야 한다. 제안 이유와 비용 충당에 관한 설명도 있어야 한다. 비용 충당에 대한 설명은 시민들이 자신의 요구에 소요되는 비용에 대해서도 분명히 인식하도록 하기 위한 교육적 견지에서 요구하고 있다(Knemeyer, 1995: 107). 지방의회의 의결에 대한 시민발의는 대개 의결이 있은 때로부터 4~6주 안에 이루어져야 한다.

시민투표를 위한 발의 요건의 구비 여부는 지방의회에서 심사한다. 이러한 요건을 구비한 경우에도 지방의회가 시민들에 의하여 발의된 내용을 수용하여 결정하는 경우에 주민투표는 생략된다. 시민투표를 실시하는 경우에는 지방정부의 내부기관의 견해를 시민들에게 알려 주어야 한다. 시민발의가 행정이나 의회 다수에 의하여 장시간 추진되어 온 계획에 반대되는 것이라 할지라도 이 고지 의무는 반대 견해를 포함한 모든 견해를 객관적으로 제시한다는 점에서 의미가 크다(Knemeyer, 1995: 109).

시민투표가 유효하기 위해서는 최소한 일정 수 이상의 유권자의 동의를 요건으로 하는 경우가 대부분이다. 동의 비율은 대개 25~30% 정도이다. 1999년 4월 1일자로 발효된 바이에른 주 지방자치법은 지방정부의 규모에 따라 차등화된 동의 비율을 요구한다.

발의된 안건이 시민투표로 결정되면 지방의회의 의결과 동일한 효력을 갖는다. 시장의 시민투표로 결정된 사항을 지방의회의 의결과 마찬가지로 집행할 의무를 진다. 시민투표로 결정된 사안은 언제든지 새로 의결할 수 있는 지방의회의 의결과는 달리 강화된 지속성을 가진다(차단 효과).

Chapter 05 일본 지방정부

제 1 절 일본 지방자치제도의 특성과 발전

1. 일본 지방 체제의 제도적 특성

1) 지방자치의 발달

일본은 근대 일본의 지방행정제도의 근간이 서는 메이지(明治)시대, 그리고 1945년 이후의 현대 지방자치를 이루기까지 끊임없는 시행착오를 해가며 이를 수정 보완하여 왔다. 그러나 본질적으로는 중앙집권적인 요소가 여전히 남아 있다는 한계와 지방의 자주성을 강조하는 지방민주주의 강화를 위한 노력도 끊임없이 진행되어 왔다. 일본의 지방자치제도는 지방자치법률이 제정되던 1947년의 시점으로 확립되어 있던 광역지방정부인 도도부현(都道府縣)과 기초지방정부인 시정촌(市町村)의 존재를 전제로 하고 있으며, 지방정부의 구역의 변경에 관한 규정은 있으나, 지방정부가 존재하지 않는 구역에 새로운 지방자치를 설립하는 것이나, 지방정부를 폐지하여 그 구역을 그 어느 지방정부의 구역에도 속하지 않도록 하는 내용은 규정하고 있지 않다. 지방공공단체가 자치권에 근거하여 제정하는 자주법으로서 조례와 규칙이 있다.

2) 지방자치제도의 특징

이와 같이 일본의 지방자치는 헌법을 비롯하여 국가법 체계 안에 명확하게 규정되어 있으며, 다음과 같은 제도적인 특징을 가지고 있다.

첫째, 지방정부의 지역성이다. 일본의 지방정부는 특정한 기능을 수행하는 행정기관으로서의 성격보다 그 소관 구역인 지역사회에 기반을 둔 통치 주체로서의 성격이 강하고, 그러한 의미에서 지역성이 강하다. 이것은 기초적 자치 단위인 시정촌은 물론, 광역적 자치 단위인 도도부현의 경우에도 마찬가지라 말할 수 있다. 즉, 도도부현이나 시정촌 모두 그 집행기관의 장, 의사기관의 의원은 소관 구역인 지역사회 주민의 직접선거에 의하여 선출되고, 또한 도도부현이나 시정촌은 그 소관 구역 내에서 포괄적인 행정 권한을 갖는다. 또한 중앙정부의 일부 관청은 지역 블록 단위로 지부의 기관을 두고 있는데, 이러한 기관들은 각 성·청(省·廳)별로 종적 조직으로, 지역에서의 중앙정부를 포괄적으로 대표하는 기관은 존재하지 않는다. 이러한 것도 종합행정 주체로서의 지방정부의 지역성을 두드러지게 보여 주는 것이다.

둘째, 지방정부에 부여된 권한의 포괄성이다. 일본의 지방정부는 도도부현, 시정촌 모두 지역사회의 주민을 위하여 필요한 역할을 지역 실정에 맞춰 실행할 수 있는 법률에 따라 각각의 역할에 부응하여 포괄적인 기능이 원칙으로서 일률적으로 부여되어 있다. 1997년 7월에 제정된 「지방분권의 추진을 도모하기 위한 관계 법률의 정비 등에 관한 법률」(지방분권일괄법)에 따라 지방자치법이 개정되어, 국가와 지방정부가 분담하여야 하는 역할 분담의 명확화, 기관위임사무(지방정부의 장이 법률에 따라 중앙정부 또는 그 외의 지방정부의 사무를 그 기관으로서 관리 집행하는 사무)제도의 폐지와 폐지에 따른 사무 구분의 재구성, 국가 관여 등의 수정 등이 이루어졌다. 지방정부는 지역의 행정을 자주적이고 종합적으로 실시하는 역할을 넓게 담당하게 되었고, 국가는 국제사회에서 국가로서의 존립에 관련된 사무, 전국적으로 통일하여 정하는 것이 바람직한 국민의 모든 활동에 관한 사무, 지방자치에 관한 기본적인 준칙에 관한 사무 등을 하게 되면서 국가와 지방정부의 역할 분담이 명확해졌다. 따라서 기관위임사무제도는 폐지되었으며, 지방정부의 사무는 자치사무와 법정수탁사무로 정리되었다. 법정수탁사무는 법률 또는 정령(政令)에 따라 지방정부가 처리하는 사무 가운데, 국가가 본래 완수하여야 할 역할에 관련된 것으로, 국가가 적정한 처리를 확보하여야 할 필요가 있으며, 법률 또는 정령으로 정해진 사무로서 지방자치법 별표1 및 2에 정해져 있다. 구체적으로는 여권 교부, 국도의 관리, 국가 지정 통계에 관한 사무 등을 들 수 있다. 자치사무는 지방정부의 사무 가운데, 법정수탁사무를 제외한 것으로, 구체적으로는 본래 지방정부의 사무였던 것에, 기관위임사무에서 지방정부의 업무로서 정리된 사무를 합친 것이다. 이와 같이 일본의 지방정부가 실시하는 사무는 대단히 광범위하고, 정부의 사무 가운데 외교·안전보장, 재판·검찰 등을 제외한, 모든 내정 분야에 미치고 있다고 하여도 과언이 아니다. 지방정부의 재정지출은 매우 커서, 지방정부 전체의 재정 규모는 중앙정부의 일반회계와 같은 규모이다. 조세에 대하여 살펴보면, 중앙정부와 모든 지방정부와의 세원(稅源) 배분은 2:1이지만, 지방교부세, 지방양여세, 국고지출금에 의한 중앙정부로부터 지방정부로 대규모 재정이 이전되었기 때문에 지출단계에서는 중앙정부와 모든 지방정부의 비율을 1:2 정도가 된다. 도도부현과 시정촌 사이의 사무배분에 대해서는 지방자치법상 다음과 같이 규정되어 있다. 도도부현은 시정촌을 포괄하는 지방공공단체로서 좀 더 넓은 지역에 이르는 것, 시정촌에 관한 연락 조정에 관한 사무 및 그 규모 또는 성질에 따라 일반 시정촌이 처리하는 것이 적정하지 않다고 인정되는 사무를 실시하고, 시정촌은 도도부현이 실시하는 사무 이외의 모든 사무를 집행한다. 그렇지만 실제적으로는 중앙정부, 도도부현 및 시정촌 사이의 사무배분은 사무 분야별로 각 단계로 나뉘어 완결하는 것이 아니라, 같은 분야의 사무가 각 단계에서 기능이 분담되는 경우가 대부분이다.

셋째, 1945년 이후 지금과 같은 현대적 의미의 지방자치제가 실시되어 그동안 수차례의 제도 개혁 과정을 거쳤지만 일본 지방자치제도는 획일적 성격이 여전히 강하다는 점이다. 일본의 지방정부는 도도부현 내지는 시정촌 각각의 계층에서 인구나 면적의 규모는 다양한데, 지방자치법에 따라 그 조직 및 기능은 기본적으로 같은 내용이 부여되어 있으며, 예외적인 것은 도쿄도(東京都)의 중심부 지역 및 12개의 정령지정도시(政令指定都市) 구역뿐이다. 따라서 일본의 지방자치는 제도 면에서 보면 획일성이 높다. 이것은 지방정부가 제공하는 행정 업무의 경우에도 중앙정부의 행정 업무와 동일하게 전국 어느 지역이나 같은 내용·수준을 확보하여야 한다는 개념, 그리고 지역의 갖가지 실정에 대해서는 특별한 조직을 창설하지 않고, 가능한 전국적으로 통일된 제도의 응용으로 대처하도록 하여야 한다는 개념에 근거하는 것이다. 물론 소규모 지방정부에서 대규모 지방정부까지 재정력에서 큰 차이가 있는데, 획일적인 제도로 같은 수준의 행정업무를 제공하기 위해서는 지방정부 간의 재원조정이 필요하다. 이를 위하여 국세의 일정 비율을 재정력에 따라 지방정부에 배분하는 지방교부세제도를 마련해 두고 있다.

2. 일본 지방 체제의 역사적 발전 과정

메이지(明治) 정부의 하부구조로서 출발한 지방자치 활성화를 통한 현대의 지방자치제도가 정착되어 가는 과정을 역사적으로 소개하고자 한다.

1) 근대적 중앙집권 국가 메이지정부의 출현

1945년 8월 패망한 일본에 진주한 미 점령 당국은 우선 3D정책을 추진하였다. 즉, 민주화(democratization) · 비무장화(demilitarization) · 지방분권화(decentralization)가 그것이다. 이 방침은 곧 천황제 전제주의, 군부의 독주, 과도한 중앙집권 체제를 군국주의 일본의 구성 요인들로 지목하여 제거하고, 3D의 방향으로 개혁하려 한 것이다. 1947년의 지방자치법령이 발포될 때까지, 중앙집권적인 일본의 지방행정을 지탱해 온 근간은 1888년에서 1890년 사이에 공포된 '시제 · 정촌제(市制 · 町村制)' 그리고 '부현제 · 군제(府縣制 · 郡制)'였다. 메이지정부는 지방자치가 아닌 지방행정이라는 관점에서 중앙집권화의 효율적 통치를 위하여 지방을 재편한 것이다. 중앙집권화는 서양으로부터의 압력이 강하게 느껴지고 있는 메이지 초기의 상황에서 조속하게 부국강병과 문명개화를 이루기 위하여 불가피한 방향으로 이해되고 있었다. 통일된 국가의 구심점으로서의 중앙정권이 그 권위와 영도력으로 전국적인 근대화를 추진해 나가야 한다는 것이었다. 도쿠가와(德川)시대 각번(各藩)으로 할거 상태에 있던 것을 감안하면 메이지 지도자들의 중앙집권화 욕구는 당연하였다고 하겠다. 반면 도쿠가와시대의 분할 체제는 하부조직–자연촌락 단위–에서는 '통치의 진공'을 가져왔다. 메이지정부는 바로 정촌(町村)과 같은 하부조직에 통일 권력을 주입시킴으로써 중앙집권화의 실효를 거두어 갔다. 물론 '통치의 진공'이 지방자치와 유사하게도 보이지만 상위기관에 대하여 독립적 태도를 갖추지 못하였다는 데에서, 또한 상위기관과는 다른 기준과 규범 하에 움직여 왔다는 데에서 근대적인 지방자치와는 차이가 있다. 오히려 메이지 이전, 지방 하부조직이 자립 의욕을 결여하고 있었기 때문에 메이지시대에 들어와 중앙집권화는 수월하게 이루어졌다고 볼 수도 있다.

중앙집권화의 추진에 또한 간과할 수 없는 것은 황실의 존재였다. 이전부터 일본이 봉건 할거 체제에 있을 때에도 하나의 국가나 민족으로 일본인들을 묶어 준 것은 천황이었다. 이 천황을 메이지 지도자들은 정치제도화하여 천황제 이념을 전국 곳곳에 침투시켜 놓을 만큼 중앙집권화에 유리하게 이용하였고 또 그만한 기능을 갖고 있었다. 중앙집권화는 간단히, 단기간에 성취될 수는 없었다. 우선 이를 위해서는 고도로 전문화되고 훈련된 관료제가 발달하여야 하고, 통신·교통 시설이 갖추어져야 하며, 도시화도 상당히 이루어져야 하는데, 사실 메이지 초기는 이에 대하여는 기능적으로 미비 상태에 있었다.

2) 지방자치 시작을 위한 성숙기

메이지 중기에 이르러서나 가능한 조건이었다. 또한 위로부터의 과도한 집권화 시책에 지방 단위에서는 밑으로부터의 견제가 있었다. 곧 지방에서의 전통·관습의 영향이 그것이었고, 새로운 정부에 기대하는 지방별 욕구의 분출도 또한 중앙집권화에 대한 견제 요인으로 작용하였다. 지도층 내부에서도 일본의 전통적 농촌자치조직에 근대적인 서양식 지방자치조직을 접목시켜 보기 위하여 지방제도의 중앙에의 예속을 점진적으로 추진하자는 움직임이 없지 않았는데, 이들의 간여로 과도한 집권화 방향이 어느 정도 수정되고 지연되었던 것도 사실이다.

결국 지방제도 정비의 필연성은 모두 인정하고 있는 것이었지만, 밑으로부터는 중앙정부에 대한 자립과 견제의 태세를 보이고 있었던 반면, 중앙에서는 이에 대한 부정적 대응으로 나아가고 있었다. 지방통치 형태가 기본 골격을 갖추게 될 때까지는, 자치적 전통과 관습에 집착하려는 지방 하부조직의 태도 및 자유민권을 주장하는 정치운동과, 위로부터의 조직적인 통일된 지방제도를 수립하려는 중앙정부의 입장이 서로 대응하여 가는 과정이었다. 따라서 현대적 의미에서 1946년에 제정되어 1947년부터 실시된 일본의 지방자치는 제2차 세계대전의 승전국인 연합군사령부에 의하여 이루어졌다고 하여도 과언이 아니다. 그러므로 전후 일본 지방자치의 특성은 민주주의 체제에 뿌리를 둔 근대적 지방자치의 시작이라고 할 수 있다. 지방자치와 관련된 전후 개혁 가운데 주요한 내용을 개관하면 다음과 같다.

첫째, 도도부현과 시정촌이라는 2층제의 행정 단위 구성 방법으로 각각 주민에 의한 단체장 민선과 지방의회 민선이라는 기관대립형을 실시하게 되었다. 자치단체 기관 구성은 크게 두 가지로 나누어 집행부와 의회가 각각 독립적으로 구성하는 기관대립형과 의회가 집행부를 관할하는 기관통합형이 있으나 전후 일본의 지방자치제는 전자를 택한 것이다. 둘째, 지방자치단체의 공무원을 종래에는 관리(국가공무원)로서 취급하였으나 지방공무원화시키고 그들의 임명권을 단체장에게 이양한 것이다. 이 결과 지방분권을 가속화시키게끔 되었다. 셋째, 메이지시대 이후 지방정부를 장악해 왔던 내무성이 해체된 사실이다. 이로써 자치단체를 실질적으로 관리하는 중앙부처가 소멸되어 자치단체의 자율성을 확보하게 되었다는 점이다. 그러나 완전한 자율성이 아니고 국가사무를 자치단체가 위임받아 처리하여야 하는 것이 명문화되었으며, 이를 기관위임사무라고 하여 지금까지 자치단체의 자율성을 제약하는 요인으로 작용하고 있다.

3) 평화헌법 이후 고도성장기와 지방자치(1945~1995년 이전)

(1) '보수-혁신' 체제 시기(1955~1965)

1945년 이후 약 10년간의 정치적 혼란기를 거치고 탄생한 1955년의 '보수-혁신' 체제는 중앙권력과 지방권력이라고 할 수 있는 자치단체에게도 큰 영향을 미쳤다. 1955년에 보수정파 간의 연합세력인 자민당의 탄생과 공산당을 제외한 진보그룹 간의 연합세력인 사회당의 등장으로 정권은 보·혁 대결로 양분화되었으며, 보수정당인 자민당이 경제적인 고도 성장을 배경으로 장기집권의 기틀을 잡는 시기라고 할 수 있다. 자민당 장기집권인 55년 체제 가운데서, 자치단체의 기본권 강조를 외쳤던 1960년대와 1970년대의 혁신자치단체의 시대가 끝나감과 동시에 지방권력의 중앙에의 투쟁을 종식시켰다고 할 수 있다. 그 대신에

1993년의 연립정권의 탄생이 지사 출신인 호소카와 모리히로(細川護熙)가 정권을 잡은 것으로 상징되는 것처럼 지방에서의 삶의 질의 강조는 중앙권력과 지방권력이 대등하게 되는 기폭제가 되었다. 현대 일본의 정치 권력구조를 중앙권력과 지방권력이라는 관점에서 분석하는 경우 다음과 같은 기본적인 구도를 전제로 하지 않으면 안 된다. 첫째, 현대 국가에서는 관료를 정책 형성으로부터 배제하는 것은 비현실적이며 정치가와 관료의 역학 관계를 분석하여야 한다는 점이다. 둘째, 중앙정부와 지방정부가 점차적으로 상호의존적으로 변하고 있다는 점이다. 따라서 여기에서는 시기적인 구분을 1955년 체제의 성립 시기부터 1993년 연립정권의 탄생까지로 하겠으나, 중앙과 지방정부 권력의 변동을 살펴보기 위해서는 다시금 다음과 같이 시기 구분을 하여 고찰하도록 하겠다. 중앙정부와 자치단체 간에 어떠한 권력 관계가 형성되어 있는지에 대해서는 사무·인사·예산배분 과정에서 양자간의 관계를 보는 것이다. 이하에서는 이들을 기준으로 한 정부간 관계를 파악하고자 한다. 55년 체제에서는 정당 간의 차별성 있는 정책이 지방을 양분화시키는 역할을 해 왔다. 환경과 삶의 질을 중시하는 도시와 중앙의 보호를 받고자 하는 농촌 간의 보혁 대결은 혁신자치단체를 탄생시켰으며, 또한 중앙정부와 지방정부 간의 관계도 상하 관계를 유지시키도록 하는 것이 자민당의 일관된 주장이었다.

중앙정부는 보조금과 예산편성권을 이용한 지방에의 통제를 강화하려는 집권화 경향과 지방에서는 권한 이양을 주장하는 분권화의 움직임이 강하였던 시기이다. 이때 정치가들의 움직임은 다나카 가쿠에이(田中角榮) 총리로 대표되듯이 중앙의 보조금을 가져오는 데에 혈안이 되었다. 따라서 보조금의 규모가 큰 성청(省廳)인 농림수산, 건설, 교통 상임위원회에 농촌 출신 의원들이 몰렸다. 이들은 해당 관료와 밀접한 관계를 유지하는 족의원(族議員)이 되었으며, 해당 자치단체는 족의원에게 강력한 정치적 기반이 되었던 것이다. 이러한 중앙과 지방의 관계를 집권과 분산이라는 말로써 표현하기도 하였던 시기이다. 이 시기의 사무·인사·예산배분 과정에서 정부간의 관계는 중앙의 통제가 강조된 시기였다고 할 수 있다. 자치단체의 사무 가운데 국가위임사무가 50% 이상을 차지하였으며 인사도 지방사무관이라는 제도를 두어 중앙에서 자치단체를 통제하였다. 또한 예산에서는 예산편성지침을 하달하여 자치단체의 자율성은 상당 부분 제약받는 상태였다.

(2) 고도 성장 후기(1967~1977): 혁신자치단체의 등장 시기

1960년대 중반 이후 도시부를 중심으로 공해, 복지, 주택 등 고도 성장의 병리 현상이 곳곳에 나타났다. 그 해결을 보기 위하여 자치단체 내부에서는 주민운동이 활발해졌으며 시정참여운동이 도쿄, 오사카를 중심으로 번지기 시작하였다. 이러한 주민운동과 혁신정당 등이 무당파층을 흡수하며 교토(京都), 오사카(大阪), 요코하마(横濱) 등지에서 자치단체의 권력을 잡기에 이르렀다. 이들은 풀뿌리 민주주의를 표방하며 국책사업을 추진하면서 중앙 권력과의 충돌도 마다하지 않았다. 정부여당인 자민당은 록히드사건 등으로 신자유클럽의 등장이 상징하는 것처럼 점차 쇠퇴하기 시작하였으며, 제1야당인 사회당도 좌우 대립으로 당세를 확장시키고 있지 못한 상태였다. 그 대신에 도시부를 중심으로 공명당과 공산당이 당세를 확장하기 시작하였다. 관료는 중앙 권력의 진공 상태를 이용하여 그 어느 때보다 세력을 확장하였던 시기라고 할 수 있다. 이때의 정부간 관계는 혁신자치단체의 도시부와 보수 지지층의 농촌부 자치단체로 나눌 수 있겠는데, 혁신자치단체와 중앙정부는 초기의 단절과 충돌에서 점차적으로 혁신자치단체의 여당화로 인하여 후에 나타나는 상호 의존 관계의 전조가 형성되었다고 할 수 있다.

이 시기의 사무 · 인사 · 예산배분 과정에서의 정부간 관계는 여당 쪽의 자치단체인가 혹은 혁신자치단체인가에 따라 그 양상이 달랐다고 할 수 있다. 다나카로 대표되는 열도개조론(列島改造論) 속에서의 지역이익 유도주의 성향은 중앙의 거물정치가를 움직이게 하였으며, 정계에서는 건축 · 토목유치사업을 중심으로 뛰는 토건족(土建族)이 태동하였다고 할 수 있다. 따라서 농촌 지역의 자치단체와 중앙정부의 정부간 관계는 중앙과의 연결고리를 강조하는 시기였다고 할 수 있다. 이에 반하여 도시부의 자치단체에서는 도시 공해와 도시 하층민의 권익 보호를 강조함으로써 개발 위주의 중앙정책과의 충돌을 가져왔다. 따라서 도시부의 자치단체와 중앙정부와의 관계는 악화 내지 단절되는 시기였다고 할 수 있다.

(3) 신보수주의 등장 시기(1979~80년대): 중앙과 지방 간 상호 의존 관계로의 전환

1955년부터 신보수주의 등장하던 시기까지 일본의 정부간 관계를 분석하는 시각은 집권분권론적인 제도적 접근 방법이 주류를 이루어 왔다. 이러한 전통적인 일본의 지방자치론의 정부간 관계에 대한 인식에 대하여, 집권-분권론적인 연구를 한 무라마쓰 미치오(村松岐夫), 이토 미쓰토시(伊藤光利) 등은 이를 전통적인 '수직적 행정통제 모델'이라고 비판하고 있다. 그 대신에 그들은 신보수주의 등장과 때를 맞추어 '수평적 정치경쟁 모델'을 제시하고 있다. 이러한 논쟁은 일본 정치행정을 분석하는 데서 패러다임의 전환이라고도 할 수 있다. 즉, 이전에는 중앙정부의 일방적인 통제에서 신보수주의의 영향으로 재정적자와 작은 정부의 지향 등으로 자연스럽게 자치단체에의 분권을 강조하면서 정부간 관계 자체가 상호 의존적으로 바뀌고 있다는 것이 이들의 주장이었다. 다원주의론자라고 할 수 있는 그들은 일본 지방자치의 공동화(空洞化) 이유를 중앙의 이니셔티브적인 지방통제/지방위임사무의 증가, 정부보조금에 의한 재정통제, 중앙으로부터의 낙하산식 인사제도 등을 열거하고 있는 집권분권론자들을 비판하고 있다. 다원주의자들에 따르면, 이러한 논의는 1945년 이후부터 1960년대 중반까지의 설명은 가능하지만, 거꾸로 그 이후의 지방선거에서 지방정부에 의한 중앙에의 압력, 진정 활동, 지방 출신 정치가의 역할 등을 설명하기 위해서는 '수평적 정치경쟁 모델'이 타당하다고 주장한다. 정부간 관계에서 통제 중심의 일본 행정을 지적하고 있는 집권분권론자의 경우는 주로 국가의 지배구조를 염두에 두고 권력 관계를 분석하고 있지만, 다원주의론자는 정책 형성의 행위자인 정치가는 주로 권력구조 안에서 예산 획득 과정에서의 역할을 하고 있다고 생각한다. 예를 들면, 캠벨(John Creighton Campbell)이 일본의 예산 편성에서 보이는 커다란 특징의 하나로서 다른 어떠한 나라보다도 많은 정책 결정이 예산 편성의 일부로서 행하여지고 있다는 점을 들고 있는 것은 이러한 의미에서 이해될 수 있겠다.

이 시기의 사무·인사·예산배분 과정에서의 정부간 관계는 고도 성장 전기나 후기 때와는 달리 상호 의존적인 성향을 강조하였던 시기라고 할 수 있다. 그 이유는 중앙과 자치단체 모두 공통적인 관심사였던 재정적자의 문제, 인사적채의 문제, 구성원인 국민 또는 주민에게 만족스러운 행정서비스를 제공하지 못한다는 문제에서 일치하였기 때문이다. 따라서 정부 행재정 개혁이라고 할 수 있는 임조개혁안(臨調改革案)은 자치단체의 행재정개혁안이 되었으며, 강조하고 있는 점은 중앙정부와 자치단체 간의 상호 의존 관계의 설정이었다.

4) 국가구조 개혁으로서의 지방분권 개혁(1995년 이후)

(1) 지방분권 개혁 추진의 배경

그렇다면 어떠한 배경에서 일본의 지방분권 개혁이 본격적으로 추진되어 왔는가? 구조 선택의 요인, 정치 과정적 요인, 합리적 선택 요인, 사회경제적 요인, 국제환경적 변화 요인 등을 다양한 변수에 따라 분권개혁을 설명할 수 있다. 지방분권추진위원회가 1996년에 발표한 '중간 보고'에도 이러한 다양한 차원의 지방분권 추진 배경을 설명하고 있는데, 이를 간략히 살펴보면 다음과 같다.

첫째, 전후 형성된 중앙행정 시스템은 일본의 문제를 해결하는 데 대응 능력을 상실하였다. 중앙집권적 시스템은 한정된 자원을 중앙에 집중시키고 일부 지역에 차별적으로 배분함으로써 효율적으로 활용할 수 있다는 측면을 가지고 있다. 일본이 따라잡기(catch up)를 통하여 짧은 시간에 서구 선진국을 추격하는 데 이러한 시스템이 공헌하였다는 평가도 부인할 수 없다. 하지만, 이러한 집권적 행정 시스템은 사회경제적으로 성숙사회에 진입한 일본의 환경 변화에는 더 이상 대응할 수 있는 능력을 상실하였다고 판단되며, 따라서 이러한 집권 시스템을 개혁하지 않으면 안 되는 상황에 와 있다고 보인다.

둘째, 변화하는 국제사회에 능동적으로 대응하기 위해서이다. 상술한 것처럼 현재의 중앙집권적 시스템으로는 국제화, 지방화 시대의 가변성에 적절한 대응책을 마련하기 어렵다. 중앙정부, 지역, 시민 등 다양한 수준에서 국제 교류가 활발히 진행되고 있다. 새로운 차원의 국제 질서가 구축되고 있으며, 일본도 능동적으로 나서야 할 때이다.

셋째, 수도권 집중화(도쿄 일극 집중) 현상을 시정하여야 한다는 것이다. 인구, 산업, 금융, 정보, 문화 등 수도권 집중화는 국내 산업의 공동화 현상을 발생시켰다고 지적된다. 지방에서는 인구가 감소되고 지역사회가 위축되고 있다. 그 돌파구로서 정치, 행정상의 결정 권한을 지방에 이전함으로써 지역사회에 활력을 불어넣어야 한다는 것이다.

넷째, 개성이 풍부한 지역사회가 형성되어야 한다. 전국적으로 획일성과 형평성을 필요로 하는 가치 기준은 이미 시대착오적 발상이다. 따라서 내셔널 미니멈(national minimum)을 초과하는 행정서비스에 관해서는 지역주민의 수요를 반영한 지역 주민의 선택에 위임할 수밖에 없다는 것이다. 지역 간의 개성을 존중하기 위해서도 지방분권은 필요하다.

다섯째, 저출산 · 고령화 사회에 대응하여야 한다. 유례가 없는 새로운 형태의 사회경제적 변화에 적합하게 대응하기 위해서는 지방분권이 시대적 과제로서 요청된다고 판단된다.

(2) 제1차 분권개혁

1993년 6월 중의원과 참의원으로 구성된 일본의 국회에서 지방분권 추진에 대한 결의가 선포되었다. 이를 바탕으로 1995년에 「지방분권추진법」이 제정되면서 국가 차원의 지방분권 개혁이 본격화되었다. 개혁의 추진 방식은 총리 직속으로 설치된 지방분권추진위원회가 논의를 거쳐 권고안을 제시하면 정부가 이를 바탕으로 추진계획을 작성하고, 최종적으로 새로운 지방분권일괄법을 제정할 것을 목표로 하였다.

1995년 지방분권추진위원회가 출범하여, 5차에 걸친 권고안과 최종보고서를 제출하였다.[1] 특히 최종보고서에서는 지금까지의 제1차 분권개혁의 성과와 미비점을 평가하고 향후 분권개혁의 방향을 제시하였다. 정부는 이 안들을 바탕으로 두 번의 지방분권추진계획(1998년 5월, 1999년 3월)을 작성하였고, 지방자치법의 개정을 포함한 「지방분권일괄법」을 국회에 제출하여, 1999년 7월에 통과하였다.

(3) 개혁 연계기

2001년 집권한 고이즈미 준이치로(小泉純一郎) 총리는 '지방이 할 수 있는 일은 지방에, 민간이 할 수 있는 일은 민간에'라는 슬로건으로 성역 없는 구조개혁을 주창하였다. 이 개혁의 일환으로 국고보조금 개혁과 세원 이양, 지방교부세 삭감을 통합적으로 실시하는 삼위일체 개혁을 구현하고자 하였다. 2002년 6월에 발표된 '핵심 방침 2002(骨太の方針 2002)'에서는 1년 이내에 삼위일체 개혁의

---

1) 1996년 12월에 발표된 제1차 권고는 국가와 지방의 새로운 관계 정립을 위하여 기관위임사무 폐지와 새로운 룰의 확립이 필요하다고 주장하였고, 1997년 7월의 제2차 권고에서는 국가와 지방의 역할 분담을 토대로 한 새로운 룰의 창설, 필치규제의 개선 등을, 1997년 9월의 제3차 권고 '분권형 사회의 창조'에서는 지방사무관제도의 개혁을, 1997년 11월의 제4차 권고에서는 기관위임사무제도 폐지에 따른 향후 변화 방향, 국가와 지방의 분쟁 처리 방식에 대한 내용을, 1998년 11월의 제5차 권고에서는 공공사업의 개혁 방향과 국가가 책정 · 관여하는 개발 및 정비계획 개혁을 다루었다. 2001년 6월에 지금까지의 분권개혁의 평가와 향후 과제 등이 담긴 최종 보고가 발표되었다.

구체적인 개혁 방안을 마련하도록 하였고, 2003년 '핵심 방침 2003'에서는 국고보조부담금의 폐지와 축소, 지방교부세의 총액 억제, 세원 이양 등의 로드맵이 제시되었다.

한편 헤이세이(平成)의 대합병이라고 불린 기초자치단체들 간의 통합이 합병특례채(合併特例債)의 기간 만료를 앞두고 2003년에서 2005년 사이에 집중적으로 이루어졌다.

(4) 제2차 분권개혁

삼위일체 개혁과 시정촌 합병이 일단락되면서, 제1차 분권개혁에서 완수되지 못하였던 미완의 과제들을 해결하려는 움직임이 지방을 중심으로 활성화되기 시작하였다. 지방6단체는 2006년 6월 '지방분권 추진에 관한 의견서'를 국회와 내각에 제출하였는데, 이는 지방이 제1차 분권개혁 직전에 의견서를 제출한 이후(1994년 9월) 12년 만의 일이었다.

정부는 이를 수용하여 2006년 7월 경제정책의 '핵심 방침 2006(骨太の方針2006)'에서 제1차 분권개혁의 미완의 과제들,[2] 특히 국가와 지방의 역할 분담 방식의 개선을 중심으로 분권개혁의 방침들을 구체화되기 시작하였다.[3] 2006년 9월에 탄생한 제1차 아베 신조(安倍晋三) 내각은 제2차 지방분권 개혁 추진의 법적 근거인 지방분권개혁추진법을 국회에 제출하여 제정(12월)되면서 제2차 분권개혁이 막을 열었다.

지방분권개혁추진법은 종전의 지방분권의 성과를 바탕으로 지방분권 개혁을 3년 내에 실현하도록 규정하고 있으며, 추진 방식은 동일한 체계를 지니고 있다. 지방분권추진위원회에 해당하는 지방분권개혁추진위원회는 2007년 4월에 설치되었고, 논의 과정을 걸쳐 4차례 권고안을 제시하였다. 정권 교체에도 불구하고 자민·공명연립정권과 민주당 정권이 차례로 성과물인 다수의 일괄법을 제정하였다. 2019년 3월 현재까지 총 9차례의 일괄법이 제정되고 있다.

---

2) 제1차 분권개혁은 미완의 개혁으로 과제를 제시하였다. 첫째, 지방재정 질서의 재구축, 둘째, 지방자치단체의 사무에 대한 법령의 제약 사무의 완화, 셋째, 지방분권이나 시정촌 합병 추진을 바탕으로 한 새로운 지방자치의 틀에 관한 검토, 넷째, 사무사업의 이양, 다섯째, 제도규제의 완화와 주민자치의 확충 방안, 여섯째, 지방자치 본지의 구체화.

3) 地方分権改革推進にあたっての基本的な考え方(2007년 5월 30일).

표 5-1 일본 지방분권 개혁 추진의 주요 경과

1. 제1차 분권개혁

1993년 6월	'지방분권의 추진에 관한 결의'(중참 양원)
1993년 10월	'임시행정개혁추진위원회(제3차 행혁심)' 답신
1995년 7월	'지방분권추진법' 시행, 지방분권추진위원회 출범
1996년 3월	지방분권추진위원회, 중간 보고
1996년 12월~1997년 10월	지방분권추진위원회 제1차~제4차 권고
1998년 5월	'지방분권추진계획', 각의 결정
1999년 3월	'지방분권일괄법' 국회 제출
1999년 7월	'지방분권일괄법' 성립
2000년 4월	'지방분권일괄법' 시행
2001년 6월	지방분권추진위원회의 최종 보고

2. 개혁 연계기: 삼위일체 개혁/시정촌 통합

2001년 7월	지방분권개혁추진회의 출범
2002년 5월	'지방재정의 구조 개혁과 세원 이양'(가타야마 시안)을 발표
2002년 6월	'경제 재정 운영과 구조 개혁에 관한 기본 방침 2002'(기본 방침 2002]을 각의 결정(삼위일체 개혁 추진을 처음으로 결정)
2002년 10월	지방분권개혁추진회의 '사무 · 사업 방식에 관한 의견'을 보고
2003년 6월	'기본 방침 2003' 각의 결정(4조 엔의 보조부담금 개혁을 결정)
2004년 6월	'기본 방침 2004' 각의 결정(3조 엔의 세원 이양을 목표로 지방에 개혁의 구체 방안 정리를 요청)
2004년 8월	지방6단체, 개혁 방안을 정부에 제출
2004년 11월	'삼위일체 개혁에 대하여', 정부 · 여당 합의
2005년 6월	'기본 방침 2005' 각의 결정(2006년까지 삼위일체 개혁 실현을 위한 대책 결정)
2005년 11월	'삼위일체 개혁에 대하여'의 정부 · 여당 합의

3. 제2차 분권개혁

2006년 12월	「지방분권개혁추진법」 제정
2007년 6월	「지방재정건전화법」 제정
2007년 4월	지방분권개혁추진위원회 발족
2007년 5월	지방분권개혁추진위원회, 지방분권 개혁 추진에서의 기본사고(地方分権改革推進にあたっての基本的な考え方)
2007년 11월	지방분권개혁추진위원회, 중간정리(中間的な取りまとめ)
2008년 5월	제1차 권고(生活者の視点に立つ「地方政府」の確立~)
2008년 12월	제2차 권고(「地方政府」の確立に向けた地方の役割と自主性の拡大)
2009년 9월	민주당으로의 정권 교체
2009년 10월	제3차 권고(自治立法権の拡大による「地方政府」の実現へ)
2009년 11월	제4차 권고(自治財政権の強化による「地方政府」の実現へ)
2009년 11월	지역주권전략회의의 설치
2009년 12월	지방분권개혁추진계획, 각의 결정
2010년 6월	지역주권전략대망 각의 결정
2011년 4월	국가와 지방의 협의의 장의 법제화

2011년 4월	제1차 일괄법 제정(地域の自主性及び自立性を高めるための改革の推進を図るための関係法律の整備に関する法律)
2011년 8월	제2차 일괄법 제정(地域の自主性及び自立性を高めるための改革の推進を図るための関係法律の整備に関する法律)
2013년 6월	제3차 일괄법 제정(地域の自主性及び自立性を高めるための改革の推進を図るための関係法律の整備に関する法律)
2014년 5월	제4차 일괄법 제정(地域の自主性及び自立性を高めるための改革の推進を図るための関係法律の整備に関する法律)
2014년 6월	지방분권개혁전문가회의, 지방분권개혁의 총괄과 전망(個性を活かし自立した地方をつくる ～地方分権改革の総括と展望～)
2015년 6월	제5차 일괄법 제정(地域の自主性及び自立性を高めるための改革の推進を図るための関係法律の整備に関する法律)
2016년 5월	제6차 일괄법 제정(地域の自主性及び自立性を高めるための改革の推進を図るための関係法律の整備に関する法律)
2017년 4월	제7차 일괄법 제정(地域の自主性及び自立性を高めるための改革の推進を図るための関係法律の整備に関する法律)
2018년 6월	제8차 일괄법 제정(地域の自主性及び自立性を高めるための改革の推進を図るための関係法律の整備に関する法律)
2019년 3월	제9차 일괄법 제정(地域の自主性及び自立性を高めるための改革の推進を図るための関係法律の整備に関する法律)

3. 헌법 및 법률에서의 지방정부 규정

1) 지방자치제도의 연혁

일본 지방자치제도는 여타의 국가와 마찬가지로 헌법에 근거를 두고 있다. 1946년에 공포된 일본 헌법은 지방자치를 민주주의에 불가결한 것으로 여기고, 지방자치를 국가 통치구조 속에 명확하게 위치시키는 것과 동시에 그 자치를 국정의 범위에서 보장하고 있다. 일본은 제2차 세계대전 이전의 「대일본제국헌법(大日本帝國憲法)」이 있었는데, 현재의 「일본국헌법」은 제2차 세계대전에 패한 후, 1946년 11월 3일에 공포되었다. 「일본국헌법」은 국민 주권을 원칙으로 천황, 국회, 내각, 사법, 재정, 지방자치 보장 등 국가조직과 기본적 질서를 규정한 전문(前文)과 11장 103개 조로 구성되어 있는데, 헌법의 기본 이념으로 '국민 주권, 기본적 인권의 존중, 평화주의'라는 세 가지 원칙을 제시하고 있으며,[4] 제8장에

4) '전쟁 포기, 전력(戰力) 불보유, 교전권(交戰權) 부인'을 제9조에 명시하고 있어 '평화헌법'이라는 별칭을 가지고 있다.

지방자치 조항이 포함되어 있다.

지방자치법이 1947년 4월 공포되고 5월에 시행되었다. 이를 통하여 도쿄도제(東京都制)·도부현제(道府縣制)·시제(市制)·정촌제(町村制)가 지방자치법에 따른 자치단체가 되었다. 도도부현 직원들의 신분도 지방공무원으로 변경하였다. 지방자치법 이외에도 관련 법령들이 도입되기 시작하였다. 먼저 기본적 일반 사항에 해당하는 지방재정법(1948년), 공직선거법(1950년), 지방공무원법(1950년), 지방세법(1950년) 등이 차례로 제정되었다. 특정 행정 분야와 관련된 법률 또한 자치제도에 맞게 설계되었다. 1948년 국가지방경찰과 자치체경찰(시와 5천 명 이상의 정촌)을 두는 경찰법(1947년), 도도부현과 시정촌에 교육위원회를 설치하는 교육위원회법(1948년), 도도부현에 어업조정위원회를 설치하는 어업법(1949년), 농업위원회, 농업조정위원회가 폐지되고, 시정촌·도도부현에 농업위원회를 설치하는 농업위원회법(1951년) 등이 제정되었다. 이후 필요에 따라 지방자치법 등 관련법들은 제·개정되어 갔다. 요컨대 지방자치를 작동시키는 관련 법령들이 제·개정되면서 지방자치가 점차 체계화되어 갔다.

2) 지방자치의 제도적 내용

(1) 헌법에서의 지방자치

일본국 헌법 제8장에 지방자치 조항(제92조~제95조)을 두어 헌법적 지위를 가지고 있다. 지방공공단체의 조직 및 운영에 관한 사항은 법률로써 정하고 있다(제92조). 이에 근거하여 기본법인 「지방자치법」 및 지방자치 관련 법률이 제정되어 있다.

첫 번째로 지방자치의 존중과 그 기본 원칙을 첫머리로 제시한다(지방자치의 본지, 제92조). 두 번째로 의결기관 및 집행기관의 쌍방의 선임을 직접 공선으로 하도록 하고 있다(법률에 따라 의회를 설치하고, 단체장 및 의회 의원을 주민 직선으로 선출하도록 명시적으로 규정, 제93조), 세 번째로 지방정부가 광범위한 행정사무를 시행하는 데 있어 광범위한 권한을 지니고 있어야 한다고 명시하고 있으며, 동시에 자치입법권을 부여하고 있다(자치입법권 부여 및 단체자치를 가능하게 하는 근거 마련, 제94조). 네 번째로 특정 지방자치체에만 적용되는 특별법의 제정에 대한 제약을 들고 있다(개별 지방공공단체에만 적용되는 특

표 5-2	일본국 헌법과 지방자치

제8장 지방자치

제92조(지방자치의 기본 원칙) 지방공공단체의 조직 및 운영에 관한 사항은 지방자치의 본래 취지에 따라 법률로 정한다.

제93조(지방공공단체의 기관 · 직접선거) ① 지방공공단체는 법률이 정하는 바에 따라 그 의사기관(議事機關)으로서 의회를 설치한다.

② 지방공공단체의 장, 의회의 의원 및 법률이 정하는 그 밖의 공무원은 지방공공단체의 주민이 직접 선거한다.

제94조(지방공공단체의 권한) 지방공공단체는 그 재산을 관리하고 사무를 처리하며 행정을 집행하는 권한을 가지며 법률의 범위 내에서 조례를 제정할 수 있다.

제95조(특별법과 주민투표) 하나의 지방공공단체에만 적용되는 특별법은 법률이 정하는 바에 따라 그 지방공공단체의 주민투표에서 과반수의 동의를 얻지 못하면 국회는 이를 제정할 수 없다.

별법에 대하여 주민투표 의무화, 제95조). 이 헌법 규정에 입각하여 여러 지방정부에 관련된 법률이 제정되었는데, 그중에서 지방자치의 조직 · 운영에 관한 법률이 중핵적인 위치에 있는 법률이 「지방자치법」이다.

(2) 법률에서의 지방자치

지방자치제도의 가장 근간이 되는 법률은 지방자치법이다. 현재의 지방자치법은 제4편으로 구성되어 있고, 제299조까지 제시되어 있다. 지방자치의 본지(本旨)를 바탕으로 지방정부의 구분, 조직과 운영 관련 사항들의 큰 방향성을 규정하며, 중앙과 지방 간의 관계를 확립하여, 지방행정의 민주적이고 능률적인 운영방식을 구축하고 지방정부의 건전한 발전을 보장할 것을 목적으로 한다.

지방자치법은 지방자치의 핵심인 주민, 의회, 집행기관 등에 대하여 규정하고 있다. 무엇보다도 국가와 지방 간의 역할 분담의 원칙 그리고 보충성의 원칙을 바탕으로 한 자치입법권, 법령의 입법과 해석 · 운용의 원칙을 규정하고 있다. 또한 지방정부의 종류와 성격, 사무와 권능, 주민자치와 지방의회, 정부의 관여와 분쟁 처리 등의 제도가 포함되어 있다. 한편 지방자치법 이외에도 크게 세 종류의 법률이 존재함으로써 지방자치가 운영되고 있다. 먼저 기본법적 역할을 하는 법률로는 공직선거법, 지방공무원법, 지방재정법, 지방세법, 주민기본대장법 등이 있다. 특정 분야에서의 행정을 체계화하는 법률로 지방공영기업법, 경찰법, 소방법, 농업위원회 관련 법률 등이 있다. 또한 지방자치를 운영하는 행정절차와 관련된 행정절차법, 행정불복심사법, 행정사건소송법 등도 지방자치

표 5-3 지방자치법 및 관련 법률

지방자치법 이외의 기본법적 일반 사항을 규정한 법률	특정 행정 분야 관련 법률	행정통칙에 관한 법률
- 공직선거법 - 지방공무원법 - 지방재정법 - 지방세법 - 주민기본대장법 등	- 지방공영기업법 - 지방교육행정 조직 및 운영에 관한 법률 - 경찰법 - 소방법 - 소방조직법 - 농업위원회 등에 관한 법률 등	- 행정불복심사법 - 행정사건소송법 - 행정절차법 - 행정대집행법 - 개인정보의 보호에 관한 법률 - 국가배상법 등
	지방자치 관련 조치 및 운영을 규정하는 법률	

운영의 한 축을 담당하고 있다.

제 2 절 일본 지방정부 운영 체제

1. 일본 지방정부의 유형

1) 지방의 통치 방식

일본의 지방정부는 우리나라와 동일하게 주민들의 직접선거로 단체장과 지방의회 의원을 각각 선출한다. 주민들을 각각 대표하고 있다는 점에서 이원대표제라고 불리고 있다. 즉, 단체장은 행정의 집행기관이며, 의회는 조례를 의결하고 집행기관을 감시하는 역할을 수행한다. 견제와 균형을 통하여 지역을 통치하는 방식이다. 일본의 중앙정치는 집행기관과 입법기관이 통합된 내각책임제로 운영되고 있어 지방의 통치구조와 상이하다.

2) 지방정부의 종류

일본의 지방자치법상에서는 우리나라의 지방자치단체(지방정부)를 지방공공단체로 표현하고 있다. 그 종류는 보통지방공공단체와 특별지방공공단체

그림 5-1 일본 지방자치의 통치구조

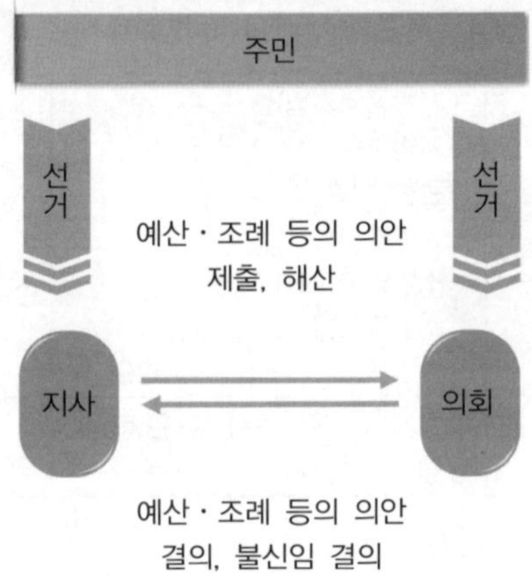

이며, 보통지방공공단체에는 광역지방정부인 도도부현과 기초지방정부인 시정촌이, 특별지방공공단체에는 특별구와 지방공공단체의 조합, 재산구 및 지방개발사

표 5-4 일본 지방정부의 종류(2019년 2월)

<table>
<tr><td rowspan="6">보통지방
공공단체</td><td colspan="3">도도부현(都道府縣): 도쿄도(東京都), 홋카이도(北海道), 오사카부(大阪府), 교토부(京都府), 43개의 현(縣)</td></tr>
<tr><td rowspan="5">시정촌
(市町村)
총
1,741개의
시정촌</td><td rowspan="4">시
(市)
792</td><td>지정도시(指定都市): 인구 50만 이상의 시 중에서 정령으로 지정(20개의 市)</td></tr>
<tr><td>중핵시(中核市): 인구 20만 이상의 시의 신고에 기초하여 정령으로 지정 (58개의 市)</td></tr>
<tr><td>시행시 특례시(施行時特例市): 지방자치법 일부 개정법률에 따라 특례시 제도의 폐지(2015년 4월 1일 시행) 시, 특례시였던 시(27개의 市)
* 특례시제도
요건: 인구 20만 이상의 시의 신고에 기초하여 정령으로 지정(40개의 市)</td></tr>
<tr><td>기타 일반시: 인구 5만 이상 (687개의 市)</td></tr>
<tr><td colspan="2">정촌(町村): 743개의 町, 183개의 村</td></tr>
<tr><td rowspan="2">특별지방
공공단체</td><td colspan="3">특별구(特別區): 도쿄도의 23개 구
※ 대도시의 일체성 및 통일성 확보의 관점으로 도입된 제도</td></tr>
<tr><td colspan="3">지방공공단체 조합(地方公共團體の組合)
재산구(財産區)
지방개발사업단(地方開發事業團)
※ 특정의 목적을 위하여 설치되는 것</td></tr>
</table>

업단 등이 있다. 다음은 이들 지방정부의 종류에 대하여 간략히 살펴보도록 하겠다.

(1) 보통지방공공단체

보통지방공공단체는 우리나라의 일반지방자치단체로서 그 조직, 업무, 권한 등에서 일반적인 성격을 띠며, 또한 그 존재가 보편적이므로 지방공공단체의 전형적인 단체라고 할 수 있기 때문에 보통지방공공단체라 부른다. 도도부현 및 시정촌이 여기에 해당된다. 현행 제도상, 일본은 전체적으로 도도부현으로 나뉘어 있으며, 그리고 각각의 도도부현은 모두 시정촌으로 구분되는 이중 구조로 되어 있다. 즉, 일본의 지방자치제도는 광역적 지방자치 단위로서의 도도부현과 기초적 지방정부로서의 시정촌이라는 2계층으로 이루어져 있다.

도도부현은 시정촌을 포괄하는 광역자치단체로, 현재, 전국에 47개가 있다. 도(都)는 도쿄도(東京都) 하나이다. 도쿄도는 일본의 수도이며, 특별구제도 등 도부현(道府縣)과는 다른 제도를 갖는다. 도(道)는 홋카이도(北海道) 하나뿐이고, 부(府)는 오사카부(大阪府)와 교토부(京都府)의 두 곳이며, 그 외 43개는 모두 현(縣)이다. 도(道), 부(府), 현(縣) 등과 같이 제각기 명칭이 다른 것은 역사적 연혁에 의한 것으로, 도부현(道府縣) 사이에 제도적인 차이는 크지 않다. 다만, 도(都)는 특별구제도(特別區制度), 도지사(都知事)의 보조부국 및 지청의 설치 등 일반 도부현과는 일부 다른 취급을 받고 있다.

시정촌은 주민생활에 가장 밀접한 업무를 하는 기초적인 지방공공단체로, 2019년 7월 1일 현재, 전국에는 1,741개의 시정촌이 있다. 도도부현(都道府縣)은 중앙정부와 시정촌(市町村) 사이의 중간자치단체로서 국가적 성격이 강한 반면, 시정촌은 지방자치적인 성격이 강하다. 시정촌 가운데 시(市)가 되기 위해서는 법적 요건으로 인구가 5만 명 이상이어야 하며, 도시다운 형태를 갖추고 있는 등의 필요한 요건을 만족하여야 한다. 정촌(町村)의 구역은 일반적으로 군(郡)이라고 하는 지역에 속하여 있다. 그러나 군(郡)은 단순히 지역적인 명칭에 불과하며, 그 어떠한 행정적 기능 또한 갖지 않는다. 정(町)과 촌(村)에서는 정과 촌에 비하여 도시적인 형태를 갖추고 있으며, 상공업과 같은 도시적인 업무를 수행하고 있는 사람이 많다는 것만 다를 뿐, 그 업무 범위상에는 차이가 없다. 시정촌은 도도부현이 하는 사무를 뺀 지방공공단체로서의 모든 업무를 수행한다.

도도부현과 시정촌은 상호간에 독립된 지방공공단체로서 양자간에 제도상의 차이나 상하 관계는 없다. 그러나 도도부현은 시정촌을 포괄하는 지역적인 지방공공단체이고, 시정촌은 주민생활에 밀접한 기초적 지방공공단체라고 하는 성격과 업무 범위 면에서 차이가 있다. 또한 도도부현이 광역적인 입장에서 시정촌에서 실시하는 여러 분야의 업무에 대하여 지도, 조언, 인허가 등의 업무를 하는 경우가 있다.

그 밖에 기초자치단체들 가운데 대도시적인 성격에 별도의 행정특례를 주기 위한 정령지정도시, 중핵시 등의 제도가 있다.

(2) 특별지방공공단체

특별지방공공단체는 그 구역, 조직, 기능 등이 특수적이며, 또한 그 존재가 보편적이지 않기 때문에 '특별지방공공단체'라는 명칭을 갖는다.

① 특별구

특별구란 도쿄도의 자치구(지요다구[千代田區], 신주쿠구[新宿區] 등)를 말하는 것으로, 현재 23개의 특별구가 있다. 특별구에서 담당하는 업무는 일반 시(市)와 비교하면 약간 범위가 좁으나(그 좁아진 부분은 도[都]에서 담당하도록 되어 있다. 예를 들면, 소방서비스는 일반적으로 시[市]에서 담당하지만 도쿄에서는 도[都]가 담당하고 있다), 거의 비슷한 업무를 처리하고 있다. 특별구의 구청장 및 의회의 의원은 선거로 선출된다.

② 지방공공단체의 조합

지방공공단체의 조합이란, 어떤 업무가 지방공공단체가 단독으로 처리하는 것보다 공동으로 처리하는 것이 효율적이고 합리적인 경우, 해당 업무를 처리하기 위하여 2개 이상의 지방공공단체가 공동으로 설치하는 조직이다. 지방공공단체의 조합의 종류에는, 첫째, 학교나 병원과 같은 시설을 시정촌에서 공동으로 설치·운영하는 경우에 조직하는 '일부사무조합', 둘째, 광역에 걸친 사무에 대하여 광역계획을 작성하여 종합적이고 계획적으로 처리하는 '광역연합', 셋째, 정촌의 행정사무소의 업무(집행기관이 처리하는 업무) 전부를 공동으로 처리하는 경우에 조직하는 '행정사무소사무조합' 등이 있다. 정촌의 업무 전부를 공동처리하기 위하여 조직하는 전부사무조합 등이 있으나 현재는 행정사무소사무조합과 전부사무조합은 존재하지 않는다.

표 5-5 일부사무조합과 광역연합의 비교

구분	일부사무조합	광역연합
구성 단체	도도부현, 시정촌, 특별구 (복합적 일부사무조합은 도도부현이 들어가지 않음.)	도도부현, 시정촌, 특별구
설치 목적	구성단체나 그 집행기관의 사무의 일부 공동 처리	지방공공단체가 광역적으로 행정 처리가 필요하다고 인정되는 사무의 관하여, 광역계획을 작성하고, 필요한 연락 조정을 도모하고 종합적·계획적으로 사무 처리를 하기 위하여 설치
처리 사무	– 구성 단체의 공통 사무 – 복합적 일부사무조합의 경우, 전 시정촌에 공통된 사무일 필요는 없음.	– 광역적으로 행정 처리하는 것이 적당한 사무 – 구성단체 간 동일한 사무가 아니어도 상관없음.
국가 등으로부터 사무 위임 등	불가능	– 국가·도도부현은 그 행정기관의 장의 권한에 속하는 사무 중 광역연합의 사무에 관련된 것은 해당 광역연합이 처리할 수 있음. – 도도부현이 가입한 광역연합은 국가행정기관의 장에게 해당 광역연합의 사무에 관련된 국가 행정기관 장의 권한에 속하는 사무의 일부를 해당 광역연합이 처리하도록 요청할 수 있음.
구성 단체와의 관계 등	없음.	– 구성단체에 규약 변경 요청 가능 – 광역 계획을 책정하고, 그 실시에 대하여 구성단체에 권고를 할 수 있음. – 광역연합은 국가의 지방행정기관, 도도부현 지사, 지방공공단체 등의 대표로 구성된 협의회 설치 가능
설치 절차	지방공공단체가 의회의 의결을 통하여 규약을 결정하고, 도도부현이 가입한 것은 도도부현 지사의 허가를 얻어서 설치 가능함.	좌동(단, 총무대신이 광역 연합을 허가한 경우, 국가의 관계행정기관의 장에게 협의하여야 함.)
직접 청구	법률에 특별한 규정 없음.	보통지방공공단체로 인정받고 있는 직접 청구와 같은 제도를 설치하고, 광역연합의 구역 내에 주소를 가진 사람은 광역연합에 대한 규약 변경에 대하여 구성단체에 요청할 수 있음.
조직	– 의회–관리자(집행기관) – 복합적 일부사무조합은 관리자를 대신하여 이사회 설치가 가능함. – 공평위원회(公平委員會), 감사위원(監査委員)이 필요	– 의회_장 또는 이사회(집행기관) – 공평위원회(公平委員會), 감사위원(監査委員), 선거관리위원회가 필요
의원 등의 선출 방법	의회의 의원이나 관리자는 규약이 정하는 바에 따라 선출 또는 선임이 가능함.	의회의 의원이나 장은 직접 또는 간접 선출이 모두 가능함.

③ 재산구

재산구(財産區)란, 시정촌 중의 일부 구역이 재산이나 시설을 소유하고 있는 경우, 그러한 것들을 관리하기 위하여 두는 지방공공단체이다. 재산관리라고 하는 특별한 목적만을 위하여 두는 지방공공단체로, 도시부에는 거의 없고, 농촌·산촌에 많이 존재한다. 재산구가 소유하는 재산에는 산림이 가장 많고, 용수로, 늪, 묘지, 택지, 전답, 온천 등 다양하다.

④ 지방개발사업단

지방개발사업단은 일정한 지역의 종합적인 개발계획에 근거하여, 공공시설의 용지 취득·조성 및 건설 등의 사업을 종합적·계획적으로 처리하기 위하여 2개 이상의 보통지방공공단체가 공동으로 두는 것이다.

2. 일본 지방정부의 사무

사무는 지방정부가 수행하는 행정 업무이다. 일본의 지방정부에서는 행정 업무를 자치사무와 법정수탁사무(제1호, 제2호 법정수탁사무)로 분류하고 있다. 관련 규정은 지방자치법(제2조 제2항)에 명시되어 있다.5)

1) 사무 유형: 자치사무와 법정수탁사무

지방정부의 자치사무란 일본의 지방자치법에서 규정하는 지방공공단체 사무 구분의 하나이다. 지방분권일괄법(地方分權一括法)에 따라 개정된 중앙과 지방의 관계는 대등하고 수평적으로 바뀌었고, 이를 바탕으로 중앙, 광역, 기초의 관계 및 상호 개입(관여) 방식 또한 변경되었다.

지방정부의 사무는 자치사무와 법정수탁사무로 구분된다. 법정수탁사무에 해당되지 않는 사무를 자치사무라고 볼 수 있다. 기관위임사무가 폐지되면서 사무의 대부분은 자치사무가 되었다. 일부는 국가사무이나 지방에 집행을 맡기면서 어느 정도 지방의 자율성을 인정하는 '법정수탁사무'라는 개념이 규정되었다.

---

5) 지방공공단체는 지역에서의 사무 및 그 외의 사무로 법률 또는 그에 근거하는 정령에 따라 처리하는 것이나 처리되는 것을 말한다.

법정수탁사무는 두 가지 유형으로 구분된다(지방자치법 제2조 제9항).[6] 제1호 법정수탁사무는 도도부현, 시정촌, 특별구가 처리하는 사무 중, 국가가 본래 처리하여야 할 사항으로 법률이나 정령(政令)에서 특별히 규정된 것이다. 예를 들어 국정선거, 여권 교부, 생활 보호, 국도관리, 호적 사무 등의 사무이다. 제2호 법정수탁사무는 시정촌, 특별구가 처리하는 사무 중, 도도부현이 본래 처리하여야 하는 사항으로 법률이나 정령에서 특별히 규정된 것이다. 광역의회 선거 등에서 시정촌이 대응하는 사무이다.

표 5-6 일본 지방정부의 사무

	자치사무	법정수탁사무
개념	지방공공단체가 처리하는 사무 중 법정수탁사무를 제외한 것	국가(도도부현)가 본래 해야 할 역할과 관련된 사무이며, 국가(도도부현)에 있어 그 적정한 처리를 특별히 확보할 필요가 있는 사무
유형	• 법률 · 정령에 입각하여 사무 처리가 의무적인 사무 예) 개호보험 서비스, 국민건강보험의 급부, 아동복지 · 노인복지 · 장애인복지 서비스 • 법률 · 정령에 근거하지 않고 임의로 실시하는 사무 예) 각종 조성금 등(유아 의료비 보조 등)의 교부, 공공시설(문화홀, 평생학습센터, 스포츠센터 등)의 관리	• 반드시 법률 · 정령에 입각하여 사무 처리가 의무적인 사무 예) 국정 선거, 여권의 교부, 국가의 지정 통계, 국도의 관리, 호적사무, 생활 보호
국가의 관여 범위	원칙적으로 국가의 관여는 시정 요구까지	시정의 지시, 대집행 등, 국가의 강한 관여가 인정됨.
관여의 기본 유형	• 조언 · 권고(시정의 권고)(지방자치법 제245조의4) • 자료 제출의 요구(동법 제245조의4) • 협의 • 시정의 요구(동법 제245조의5)	• 조언 · 권고(지방자치법 제245조의4) • 자료 제출의 요구(동법 제245조의4) • 협의 · 동의, 허가 · 인가 · 승인 • 지시(시정의 지시)(동법 제245조의7) • 대집행(동법 제245조의8)
그 외 개별법에 근거하는 관여	• 동의, 허가 · 인가 · 승인, 지시(일정한 경우에 한정) 대집행, 그 밖의 관여 • 가능한 한 준비하지 않음.	• 가능한 한 준비하지 않음.

6) 지방분권추진위원회가 제시한 판단 기준 등은 다음과 같다. ① 국가의 통치 기본에 밀접한 관련 있는 사무, ② 국가가 직접 집행하는 사무, ③ 전국 단일의 제도나 전국 일률적 기준으로 실시되는 급부금 지급 관련 사무, ④ 전염병의 확산 방지나 의약품 유통 감독 관련 사무, ⑤ 본인의 동의를 따르지 않는 정신장애자의 입원 조치 관련 사무, ⑥ 국가가 실시하는 재해구조 관련 사무 등.

자치사무와 법정수탁사무로 분류되면서 국가가 지방에 개입하는 방식에도 변화가 발생하게 되었다. 지방자치법에 근거하는 일반적인 관여는 '조언 · 권고, 자료의 제출의 요구, 시정의 요구, 협의' 등의 네 가지 유형에 한정되고 있다. 개별법의 관여에서도 대집행이나 시정의 지시 등 권력적인 관여는 원칙적으로 하지 못하도록 하고 있다(지방자치법 제245조).

2) 행정계층별 사무배분

(1) 사무배분의 원칙

1949년 8월 중앙과 지방 간의 사무배분 문제를 최초로 제기한 보고서가 '샤프보고서(Shoup Report)'이다. 컬럼비아대학 교수였던 샤프(C. S. Shoup)를 단장으로 한 사절단이 일본에서 일본의 조세제도를 연구하고 권고한 보고서이다. 여기에서 조세의 근본적인 개혁이 제시되었는데, 소득세를 중심으로 한 세무행정의 정비, 부유세, 자산재평가법의 신설, 독립세 중심의 지방세 체제 확립 등의 내용이 포함되었다. 조세 체계의 원칙으로 중앙과 지방 간의 사무와 기능 배분 기준이 마련되었고, 행정책임의 명확화 원칙, 능률의 원칙, 기초자치단체 우선의 원칙 등을 제안하였다. 샤프보고서의 권고에 근거하여 지방행정조사위원회를 마련하고, 11항목에 걸친 '행정 사무재배분에 관한 권고'를 1950년 말에 발표하였다. 이를 고베(神戶) 권고라고 하는데, 사무재배분의 이념을 현지성의 원칙, 종합성의 원칙, 경제성의 원칙으로 정리하고 있다. 샤프보고서나 고베보고서의 원칙들은 자금과 사무배분의 주요한 원칙으로 작용하고 있다.

중앙과 지방의 역할 분담이 현재처럼 수평적 공식 명문화된 것은 제1차 분권개혁의 성과로 탄생한 지방자치법이다. 지방자치법에서 지방정부의 역할과 정부의 배려에 관한 규정이 신설되었고(1조의2), 정부와 자치단체가 분담하여야만 하는 역할을 명확히 하도록 하였다. 지방자치법 제1조의2에서 지방공공단체는 주민의 복지를 증진시키는 것을 기본으로 지역의 행정을 자주적이고 종합적으로 실시하는 역할을 광범위하게 담당하며, 주민에 가까운 행정은 가능한 지방공공단체에 맡기는 것을 원칙으로 하였다.

국가는 국가가 본래 완수하여야 할 역할을 중점적으로 담당한다. 국가의 역할은 외교, 방위 등 국가의 존립과 관계되는 사무 등을 중점적으로 담당하는 데

표 5-7 사무배분 주요 원칙들

- 행정책임의 명확화 원칙: 가능한 한 국가, 도도부현, 시정촌의 사무는 완전히 구별하여, 하나의 행정서비스의 권한은 하나의 단계의 정부에 할당하여야 하는 것을 의미함. 이것은 현재 북유럽 등에서 볼 수 있듯이 의료는 현(縣) 수준의 정부가, 사회복지는 시정촌(市町村) 수준의 정부가 실시하는 것과 같은 제도이며, 이는 주민에게 행정 책임을 명확히 한다고 생각할 수 있음.
- 능률의 원칙: 사무를 효율적으로 수행하기 위하여, 각각의 사무는 능력·재원·규모 등을 감안하여 특정 행정기관에 사무를 할당하여야 하는 것을 의미함.
- 기초자치단체(시정촌) 우선의 원칙: 지방자치를 위하여 각각의 사무는 최저 단계의 행정기관인 기초자치단체(시정촌)에 주어야 하며, 규모나 광역성 등의 이유로 시정촌이 감당하기에 부적절하다고 판단되는 것은 도도부현으로, 도도부현이 감당하기 힘든 권한은 국가에게로 사무를 할당하여야 하는 것을 의미함.
- 현지성의 원칙: 지방행정을 민주적으로 수행하기 위해서는 주민 참여와 주민 통제가 용이한 최저 지방행정 계층(기초자치단체)에 가능한 많은 사무를 배분하고, 특히 주민 편의의 관점에서 지역주민의 생활에 밀착된 실시사무는 가까운 지방공공단체 배분하여야 함.
- 종합성의 원칙: 지역적 특색이 강한 행정사무에 대해서는 지방행정의 종합성을 확보한다는 차원에서 지방공공단체가 처리하여야 함.
- 경제성의 원칙: 행정 기능은 각 단체의 규모, 행·재정 능력, 인구 수 등을 고려하여, 행정기관이 국민에게 제공하는 서비스에 대하여 최소의 처리 경비로 최대의 성과를 도모할 수 있는 지방행정 계층에 배분하여야 함.

출처: 행정안전부(2012).

한정하고, 주민에 대한 근거리 행정은 지방공공단체가 지방의 재량과 책임으로 실시하는 것이 기본이다. 주요 기준으로 세 가지를 제시하고 있다. 첫째, 국제사회에서 국가의 존립과 관련된 사무, 둘째, 전국적으로 통일적인 것이 바람직한 활동들 그리고 지방자치의 기본 준칙과 관련된 사무, 셋째, 전국적인 규모 및 전국적인 시점에서 실시하여야만 하는 시책 및 사업과 관련된 사무와 그 외 국가가 본래 하여야만 하는 역할을 중점적으로 담당한다. 한편 국가는 지방이 제도를 수립하거나 사업을 실시할 때 지방의 자주성·자립성이 충분히 발휘될 수 있도록 법령을 해석하고 운용하도록 한다.

(2) 행정계층별 주요 사무

국가사무 이외에는 광역정부와 기초정부가 사무 성격에 따라 업무를 실시하고 있다. 먼저 광역정부의 사무는 광역적이고 통일적인 처리를 필요로 하는 사무(광역), 시정촌의 연락 조정 관련 사무(연락 조정), 시정촌이 처리하는 것이 적절하지 않다는 사무(보완)에 해당된다.

표 5-8 중앙과 지방 행정계층별 주요 사무

분야	중앙정부	지방정부	
		광역자치단체	시정촌
사회자본 정비	• 고속 자동차 국도, 거점 공항	• 기간 도로, 일반 국도 • 산지, 하천, 해안, 삼림, 수자원의 보전 • 광역적 도시계획	• 준용하천 등의 보전 • 도시계획, 마을만들기 • 상하수도 • 공영 주택 • 도시공원 • 문화시설 등의 도시 기반 정비
산업 · 경제	• 통화, 금융, 도량형 • 경제정책 • 증권 거래 • 에너지	• 농지 등의 광역적 토지 이용 • 농림수산업의 진흥 • 관광, 중소기업 지원 등의 산업 지원	• 상가 대책 • 관광시설의 정비, 경관 보호
교통 · 통신	• 신칸센	• 철도 • 광역교통 네트워크 • 정보통신 인프라 정비	• 일반도로, 농도(農道) 등
고용 · 노동	• 노동 기준	• 고용 대책 • 전문적인 인재 육성 • 무료 직업 소개	• 무료 직업 소개
복지 · 건강	• 공적 연금 • 공적 보험 • 의약품	• 광역 의료 • 감염증	• 보건복지 시책(고령자, 장애인, 아동복지 등) • 생활 보호 • 탁아소 • 지역 의료
교육 · 문화 · 과학기술	• 우주 개발 • 원자력 이용 • 국보	• 대학, 고등학교, 특수학교, 학교법인 • 중요문화재	• 초중학교, 유치원 • 생애학습 • 지역문화 진흥
환경	• 국립공원의 지정	• 산업폐기물 대책 • 환경 감시-규제 • 국립공원 내의 행위 제한	• 쓰레기 처리 • 생활환경의 보전
치안 · 안전 · 방재	• 국민 보호 • 해상 보안, 항공 보안	• 경찰 • 광역 방재 • 위기관리	• 소방, 방재
그 외	• 세관 • 여권 • 외교, 방위, 안전 보장 • 사법 • 출입국 관리	• 시정촌에 대한 지원	• 호적, 주민기본대장, 외국인 등록

기초정부의 사무는 근접성과 보충성에 따라 지역사무는 가능한 시정촌이 처리하도록 한다. 주민생활 업무, 주민 안전과 건강 그리고 환경보전 업무, 지역 조성과 정비 업무, 각종 시설의 설치와 관리 등에 관한 업무가 주로 해당된다. 같은 수준의 기초정부라고 하여도 그 규모에 따라 시정촌 담당사무의 범위는 달라지는데 지정도시, 중핵시 등 대도시특례에 따라 자치사무의 수준이 확대된다.

3. 일본 지방정부의 재정

1) 중앙과 지방의 재원배분

중앙정부와 지방정부는 세금을 거두고 채권을 발행함으로써 기본적인 살림살이의 자금을 준비한다. 2017년도를 기준으로 국민들로부터 거두는 조세 규모는 약 101.4조 엔으로, 그중 중앙정부에는 62.4조 엔(61.5%), 지방정부에는 39.1조 엔(38.5%)이 들어간다. 지출이 부족한 경비는 국채를 발행하여 충당한다. 한편, 결국 누가 돈을 쓰느냐, 지출하느냐를 살펴보면 중앙정부는 71조 엔(42.2%), 지방정부는 97.3조 엔(57.8%)을 지출하는 당사자이다. 세금이 들어오는 입구에서는 국세와 지방세의 비율이 61대 39이지만, 재원이 나가는 출구에서는 국가와 지방의 세출 비율이 42대 58로 역전되어 버린다. 세입과 세출 간에는 큰 차이가 존재하며, 이러한 간극은 국가에서 지방으로 재원이 이전되면서 발생하고 있다.

지방정부의 재원은 지방세, 지방교부세, 국고지출금, 지방채 등으로 구성된다. 지방세는 지방정부가 개별적으로 거두는 독자적인 재원이며, 지방교부세와 국고지출금은 중앙정부에서 지방정부로 배분되는 국가 의존적인 재원이다. 이 중 사용 용도가 정해지지 않은 지방교부세와 사용 용도가 특정화된 국고지출금으로 구분 가능하다.

일본 지방정부의 총 세입순계액은 2016년도 기준으로 101조 4,598억 엔이다. 그중 지방세가 38.8%로 가장 높은 비율을 차지하며, 지방교부세(17.0%), 국고지출금(15.5%), 지방채(10.2%)의 순이다. 지방정부 스스로 확보하는 순수 자주재원인 지방세가 전체의 약 3분의 1 정도이며, 정부에서 지방으로 분배되는 재원 중 지방교부세가 가장 많은 것을 감안하면, 자치단체가 자유롭게 사용할 수 있는 재원은 전체 세출의 55.8%를 차지하고 있다.

그림 5-2 중앙 · 지방 간 재원배분

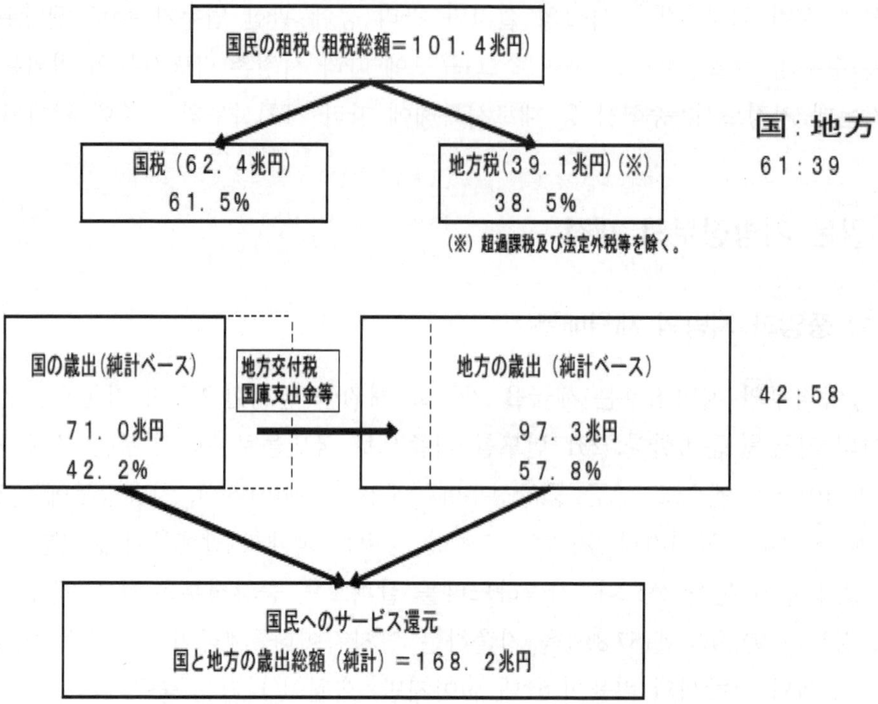

출처: 2017년도 일본 総務省 지방재정백서.

그렇다면 개별적인 재원들의 그간의 추이들을 살펴보자.[7] 지방세는 지방세입 총액의 35% 전후를 차지한다 삼위일체 개혁으로 세원이 일부 이양되면서 2007년도에는 44.2%까지 높아졌으나, 이후 경기가 둔화되고 지방법인특별세가 창설되면서 그 비율이 다시 35%의 수준으로 낮아졌다. 지방교부세는 2001년도 이후에는 교부세특별회계의 차입금 방식을 대체하는 '임시재정대책채(臨時財政對策債)'[8]가 발행되고, 기준재정수요액의 일부가 변경되면서 전반적으로 축소되

7) 2017년도 지방재정백서.

8) 지방채의 일종으로 2001년부터 근본적인 제도 개선이 이루어졌다. 정부가 지방교부세로 교부하여야 하는 재원(지방교부세 특별회계)이 부족한 경우, 지방정부는 스스로 지방채를 발행하여 그 부족분을 메우게 되는데, 형식적으로는 지방채를 발행하도록 하고 있지만 실질적으로는 지방교부세의 대체재원의 성격을 띠고 있다

고 있으나 최근에는 다시 증가하는 추세이다. 국고지출금은 2003년도 이후, 삼위일체 개혁으로 국고보조금의 일부가 일반재원으로 바뀌었고 '보통건설사업비 지출금'이 감소되면서 그 비율이 낮아졌다. 그러나 2008년도 이후, 일본 정부의 경제부양책이 실시되고 동일본대지진이 발생하면서 전반적으로 상승세로 바뀌었다. 지방채는 전체적으로 그 비율이 조금 높아졌지만, 지방교부세의 성격을 띤 임시재정대책채가 절반 정도를 차지하고 있다.

요컨대 일반재원이 60%를 초과한 시기도 있었지만(2006년도에는 62.3%), 지방채와 국고지출금이 증가하고 지방세와 지방특례교부금이 감소되면서 그 비중이 다시 낮아지고 있다. 2010년도 이후에는 약 55% 전후 수준이다. 이에 여기에 지방교부세의 성격을 띤 임시재정대책채를 추가하면 60%를 초과하고 있다고 평가된다.

표 5-9 지방정부의 세입순계 결산액

구분		구성비(결산액, 억 엔)					
		2016년도	2015년도	2011년도	2010년도	2007년도	2001년도
일반재원	지방세	38.8%(393,924)	38.45%(390,986)	34.1%	35.2%	44.2%	35.5%
	지방교부세	17.0%(172,390)	17.1%(173,906)	18.7%	17.6%	16.7%	20.3%
	지방양여세	2.3%(23,402)	2.6%(26,792)	2.2%	2.1%	0.8%	0.6%
	지방특례교부금 등	0.1%(1,233)	0.1%(1,189)	0.4%	0.4%	0.3%	0.9%
그 외 재원	국고지출금	15.5%(156,871)	15.0%(152,822)	16.0%	14.7%	11.3%	14.5%
	지방채	10.2%(103,873)	10.5%(106,880)	11.8%	13.3%	10.5%	11.8%
	(그중 임시재정대책채)	3.7%(37,394)	4.4%(44,337)	5.9%	7.3%	2.6%	1.2%
	그 외	16.1%(162,905)	16.3%(166,600)	16.8	16.7%	16.2%	16.3%
합계		1,014,598억 엔	1,019,175억 엔	1,000,696억 엔	975,115억 엔	911,814억 엔	1,000,041억 엔

출처: 2017년도 일본 総務省 지방재정백서.

제 3 절 일본 지방자치 동향

1. 지방분권 개혁 추진의 성과

1) 사무배분: 기관위임사무의 폐지로 인한 자치사무의 확대

기관위임사무제도는 단체장을 국가의 하부기관으로 삼아, 국가사무를 위임하여 집행시키고 지휘 감독하는 제도화된 틀로서 그 역사적 연원은 메이지시대까지 거슬러 올라간다. 전후 단체장을 주민 직선으로 선출하는 등의 새로운 형태의 지방자치제도가 실시되었지만, 기관위임사무의 존재는 중앙과 지방의 역할분담을 불명확하게 만들었고, 중앙정부의 통제나 관여를 통하여 지방정부의 정책형성과 그 집행의 자주성에 크게 제약을 가한다는 비판이 줄곧 제기되어 왔다.

제1차 분권개혁에서는 이러한 기관위임사무를 근본적으로 변화시켰다. 즉, 종래의 중앙과 지방 간의 관계를 청산하고 대등하고 협력적인 관계를 새롭게 구축하고자 관계의 걸림돌이었던 기관위임사무를 과감하게 폐지한 것이다. 기관위임사무가 폐지되면서 이 영역의 사무들은 자체 폐지, 자치사무, 법정수탁사무로 전환되었다. 국가의 근본적인 역할과 관련되어 있지만 국가가 직접 업무를 수행하기 어려운 사무로 법정수탁사무라는 개념이 만들어졌는데, 지방의 자율성을 제한적으로 인정하는 등 종래의 기관위임사무와는 다른 성격이었다. 결론적으로 지방의 사무는 자치사무와 법정수탁사무로 구분되었다.

한편 기관위임사무가 폐지되면서 다양한 관련 제도 규정이 이루어졌다. 첫째, 중앙정부의 지방정부에 대한 관여 방식이 변경되었다. 기관위임사무제도 하에서 인정된 정부의 지방에 대한 포괄적 지휘감독권이 폐지되면서 국가의 지방개입의 원칙과 유형이 명문화되었다. 통달행정으로 불렸던 모호한 지방 개입에서 벗어나 중앙의 관여를 사무 유형별로 명확히 하면서 최소화하고자 하였다.[9][10]

---

9) 자치사무에 대한 관여의 기본 유형으로는 일본 지방자치법상에 ① 조언・권고, ② 자료 제출의 요구, ③ 협의, ④ 시정 요구가 규정되어 있고, 그 외는 개별법에 기초한 관여로 ① 동의, 인가・허가・승인, 지시, ② 대집행, 그 외 관여 등이 있으나 정부가 실시하기 위해서는 상당한 제약이 따르도록 하였다. 한편 법정수탁사무의 경우, 관여의 기본 유형으로 ① 조언・권고, ② 자료 제출의 요구, ③ 협의, ④ 동의, ⑤ 허가・인가・승인, ⑥ 지시, ⑦ 대집행이 관여의 기본 유형이며, 그

그리고 양자 간에 분쟁을 할 경우 이를 처리하는 국가지방계쟁처리위원회 등 관련 제도도 정비되었다.

한편 중앙과 지방의 역할 분담에 대한 관점이 법제도상으로 명시되었다. 지방정부가 지역의 행정을 자주적이고 종합적으로 실시하는 광범위한 역할을 담당하며, '보충성'에 기반한 근거리 행정은 원칙적으로 지방정부가 수행하는 원칙이 지방자치법에 명기되었다. 중앙정부 역시 법령 규정을 정비, 해석, 운용할 때 지방의 자주성과 자립성을 충분히 발휘하도록 하여야 한다는 배려의 규정도 신설되었다(지방자치법 제1조의2의2항). 이러한 중앙과 지방의 역할 분담에 관한 기본 원칙을 토대로 이후, 각 정책별로 어떻게 사무를 배분할 것인가가 논의되었다. 법령 제약에 의한 개혁(義務づけ枠付けの見直し)이나 행정사무 분류(事務仕分け) 등에서 구체적인 기준을 설정하고, 누가 이 사무를 어디까지 처리할 것인가에 대한 분류작업이 대표적이다.

그림 5-3 지방정부 사무의 변화

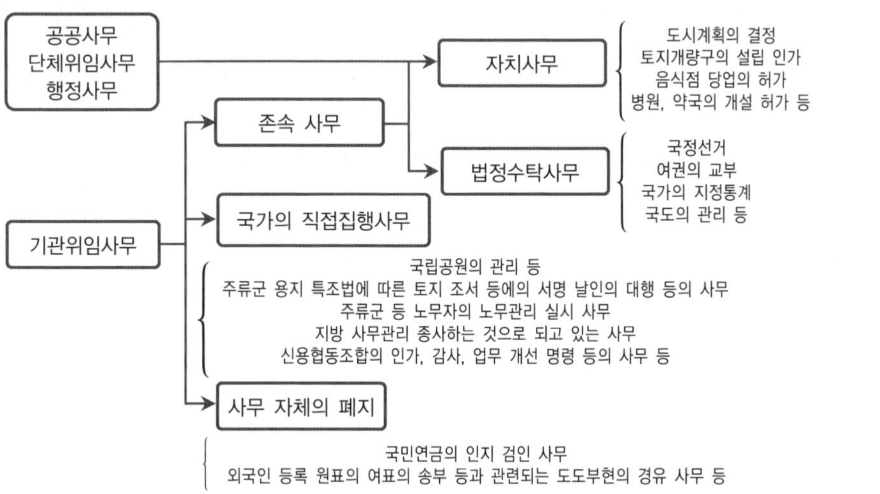

출처: 礒崎初仁・伊藤正次・金井利之(2007: 37).

외 개별법에 기초한 관여가 있으나 이 또한 되도록 설정하지 않도록 하고 있다.

10) 중앙정부의 개별 관여가 폐지되거나 축소된 사례로는 교육장의 임명 관련하여 문부대신과 도도부현 교육위원회의 승인이 폐지되었고, 공영주택 관리에 관한 건설대신의 지시가 폐지되었으며, 어항수리 건축사업의 시행에 관한 농림수산대신 허가가 신고로 변경되는 등이 있다.

지방사무관제도 역시 폐지되었다. 지방사무관은 광역자치단체의 사무에 종사하는 국가공무원으로 단체장의 지휘감독을 받고 있으나 인사권, 업무 처리 경비, 급여 등은 중앙정부가 보유하는 제도였다. 지방사무관제도가 폐지되면서 이들이 처리하던 사무는 국가의 직접집행사무가 되었다.[11]

2) 자치입법: 규제 밀도의 완화

지방정부의 자율성 확대는 두 가지 방향에서 나타난다. 종래의 중앙정부가 법으로 제약하던 규제의 범위와 강도를 완화하거나 폐지함으로써, 수평적이면서 수직적인 자율성의 폭과 깊이가 확대되는 것이라고 할 수 있다. 수평적인 자율성의 확대는 권한 이양으로, 수직적인 자율성의 확대는 규제밀도의 완화로 나타난다(하동현, 2017).

먼저 제1차 분권개혁에서 필치규제(必置規制)에 대한 폐지나 완화가 추진되었다. 필치규제는 법률, 통달, 요강 등으로 자치단체의 조직과 직원의 설치를 의무화시키는 제도이다.[12] 지방분권추진위원회는 제2차 권고에서 지방정부 행정운영의 효율성과 통합성을 저해하는 요인으로 필치규제를 지적하였다. 이에 따라 시설 직원의 자격의 폐지, 심의회의 자율적인 통폐합과 명칭 변경, 복지사무소 등 각종 조직의 설치 기준과 명칭 변경 등이 가능해졌다.[13] 즉, 지역 사정에 따라 지방정부가 자율적인 판단으로 행정서비스의 제공 체계를 구축하는 자치조직권을 확대하게 된 것이다.

제2차 분권개혁에서는 개별법상의 제약을 집중적으로 개선(義務付け・枠付けの見直し)하고자 하였다. 중앙과 지방의 관계가 대등한 관계로 지방자치법상으로는 전환되었지만, 여전히 지방이 수행하는 다양한 활동은 사실상 정부의 제약 아래 놓여 있었다. 즉, 정부는 개별법을 통하여 지방정부가 대처하여야만 하는 일정한 활동과 이와 관련된 계획 수립을 의무화(義務付け)하거나, 지방정부의 활동을 조직, 절차, 판단 기준 등 일정한 형식과 틀(枠付け)로 규정지었다.

---

11) 이 제도가 폐지되면서 사회보험관계 직원은 지방사회보험사무국, 직업안정 관계 직원은 광역자치단체의 노동국으로 소속이 변경되었다.

12) ① 시설이나 직원의 명칭이 법정화된 것, ② 시설 직원의 자격, 전임 직원의 설치 의무, 배치 기준을 규정한 것, ③ 심의회 등의 부속기관 설치를 의무화한 것 등이 있다.

13) 변경된 필치규제의 예로는 광역자치단체의 자연환경보전 심의회의 조직, 명칭에 관한 필치규제의 탄력화, 공립박물관의 학예원, 학예원보의 정수규정 폐지 등이 있다.

지방분권개혁추진위원회는 자치사무 가운데, 법령에 따라 의무화·정형화되어 조례로 자주적으로 규정할 여지를 인정하지 않은 1만 57 조항 중, 검토 대상으로 4,076 조항을 선정하였다. 이 중 '시설·공공시설 설치관리의 기준', '협의, 동의, 허가·인가·승인', '계획의 측정과 그 절차' 등 중점 항목을 정하여 네 차례에 걸쳐 개선작업을 실시하여, 변경 대상인 따라 1,316 조항 중 975 조항을 개선하였다

3) 자치조직권: 자율적인 조직편성권 부여

일본도 지방정부의 내부 조직편성권을 오랫동안 법률로 엄격히 제한하여 왔으나 1990년대 이후 지방정부의 조직편성권이 자율화하기 시작하였다(하동현, 2012: 285－287). 1991년에 부국(部局) 명칭, 분장사무의 예시가 폐지되었고, 1997년에 법정 부국의 수를 초과하는 부국의 설치가 신고제로 완화되었으며, 2002년에는 행정조직 규제 자체가 철폐되었다. 제1차 분권개혁 직후 중앙과 지방이 법률적으로 대등한 관계로 전환되면서 지방정부조직은 지역 실정에 맞게 자유롭게 설치하도록 하는 제도적 틀이 마련되었다. 다만 정부의 개입은 사라졌지만 조례로써 지방의회의 의결을 거치고 있으므로 주민의 통제를 받고 있다고 볼 수 있다(하동현, 2012).

4) 협력적 거버넌스: 중앙지방 협력기구의 법제화 및 광역연합의 활성화

협력적 거버넌스의 방향은 크게 두 가지로 볼 수 있는데, 첫째는 중앙과 지방 간, 둘째는 지방 간 협력 체계의 구축이다.

먼저, 중앙·지방 협력기구가 법제화되었다. 삼위일체 개혁에서 설치되었던 '국가와 지방의 협의의 장(場)'이 모태가 되어 이후 정기적인 의견 교환 모임 등을 거쳐, 민주당 정권에서 법률화가 이루어졌다. 민주당은 2009년 8월 중의원 선거공약으로 이를 제시하였고, 집권 후 중앙과 지방 간 3개월간의 공동 작업을 거쳐 최종안을 마련, 2011년 4월에 법률안(국가와 지방의 협의의 장)이 국회를 통과하였다. 정부의 정책 형성 과정에 간접적으로 의견을 제시하였던 지방이 정기적으로 지방의 대표들을 통하여 지방에 영향을 미치는 정책에 의사를 표명할 수 있는 공식적인 창구가 개설된 것이다. 법제화 이후 1년에 정기적으로 3~4차

례씩 2015년 6월까지 총 19회의 회의(정식회의 임시회의)와 분과회 4회가 개최되었다. '협의의 장'에서는 예산 편성, 지방자치제도 개혁, 정부의 지역발전정책, 재정 부담 관련 논의 등이 이루어졌다.

두 번째는 자치단체들 간의 협력 체계이다. 자치단체들이 공동으로 사무를 처리하는 제도적 방식으로 사무위탁, 일부사무조합, 기관의 공동 설치, 협의회, 광역연합, 연계협약, 사무의 대행집행 등이 마련되어 있다.[14] 법인 설립을 필요로 하지 않고 간편하게 협력할 수 있는 제도로 다른 자치단체에 그 관리를 위임하는 사무위탁이 가장 많이 활용되고 있다.[15] 일부사무조합은 사무를 공동으로 처리하기 위하여 법인 설립을 요건으로 하는 제도로 1970~80년대에 비하여 그 활용 빈도가 절반 가까이 줄어들었지만, 여전히 많이 활용되고 있다. 최근에는 복수의 자치단체들 간에 이루어지는 광역연합제도의 설립이 증가하고 있다. 광역연합은 광역 수요에 유연하게 대응하면서 권한 이양의 수용 체제를 정비하고자 1995년 6월부터 시행되고 있는 제도이다. 광역연합은 1998년 14건, 2000년 66건, 2005년 71건, 2010년 115건, 2019년 4월 현재 광역연합은 116건으로 늘어났다. 일부사무조합과는 달리 중앙으로부터 권한 이양을 받을 수 있는 협력 체계로, 국가의 특별행정기관을 대체할 수 있는 지방의 대응 방식으로 활용되고 있다. 2010년에 출범한 '간사이(關西) 광역연합'은 설립 목적 중의 하나로 국가의 특별행정기관이 집행하는 사무를 이양 체제를 구축하는 것을 제기하고 있다.[16] 즉, 정부가 특정 권역에서 직접 실시하는 행정서비스를 지방이 독자적으로 대체할 수 있는 체제를 광역연합을 통하여 실현하자는 것이다. 지역정부 스스로 정부의 행정서비스를 수행할 수 있는 역량을 육성하려고 하고 있다.

5) 지방재정: 삼위일체 개혁 등

중앙과 지방이 법률적으로 대등한 관계로 전환되면서 국가와 지방의 사무를

---

14) 연계협약과 사무의 대행 집행은 2014년도에 창설, 지방개발사업단 · 전부사무조합은 2011년도에 폐지되었다.

15) 자치단체 간 공동사무처리의 제도적 틀로서 사무위탁, 일부사무조합, 기관의 공동 설치, 협의회, 광역연합 등이 있다. 2019년 2월 현재, 공동처리 총 건수는 9,190건이며, 이 중 사무위탁은 전체의 72.1%(6,628건)을 차지하고 있고, 다음으로 일부사무조합이 16.0%(1,466건), 기관의 공동 설치가 4.9%(446건)의 순이다.

16) http://www.kouiki-kansai.jp/contents.php?id=51

새롭게 배분하고 중앙 의존적인 지방재정 시스템을 개편하려는 방향에 따라 개혁이 추진되고 있다. 즉, 지방의 자율성을 확보하고 지속 가능한 재정 기반을 구축하려는 것이다.[17] 하지만 버블 경제의 붕괴 이후, 시도된 고이즈미 총리의 구조개혁은 정부의 각종 세출을 억제시키면서 정부간 관계의 재정립에도 여러 제약을 가하고 있다. 2000년대 초반에 실시된 삼위일체 개혁도 분권보다는 구조개혁의 차원에서 시도되었다고 볼 수 있다. 여기서는 2000년대 이루어진 제도 변화의 동향을 간략히 살펴본다.

첫째, 지방정부 스스로의 판단으로 재정 기반을 확대할 수 있도록 독자적인 과세권을 부여하고자 한다. 그렇다면 어떻게, 어느 범위까지 부여할 것인가? 원칙적으로 지방세법의 표준세율에 따라 정부가 세금을 부과한다(법정세). 2004년도부터 필요에 따라 지방정부가 종전보다는 자유롭게 조례로 세율을 부과할 수 있게 되었다(초과과세). 또한 2000년 분권개혁으로 법정외세(法定外税)[18]가 대폭적으로 변경되었다. 사용 용도가 정해지지 않은 법정외보통세 이외에도 특정화된 법정외 목적세(예: 산업폐기물, 숙박세, 환경미래세 등)가 새롭게 창설되었고, 국가가 자의적으로 판단하는 허가제에서 동의제로 바뀌었다. 2012년도 시점에서 법정외 보통세는 총 19건으로 270억 엔이며, 법정외 목적세는 총 36건으로 94억 엔으로 지방 세수 중 0.11%(364억 엔)를 차지하고 있다. 하지만 법정외세가 도입되면서 세수가 강화되었다고 평가하기는 어렵다(北村, 2010: 98). 독자적으로 도입된 법정외세는 아직까지 많지 않으며, 지방정부의 자율성 수준이 합의되지 않아 법과 조례가 상호 충돌되고 있기 때문이다.[19]

둘째, 재정조달제도의 개선이 논의되고 있다. 2000년 초반에 실시된 먼저 지방교부세의 경우, 삼위일체 개혁에서는 지방교부세의 산정 방식이 그간의 행정개혁을 반영하고 종전보다 간소해지면서 그 총액이 억제되었다. 또한 지방교부세의 부과 비율과 액수가 그 종류에 따라 변화되어 왔다.[20] 지방정부가 교부세

---

17) 2015년 6월 9일 총무성 地方審議會의 "経済再生と財政健全化の両立を向けた地方税財政改革についての意見'에서 목표로 하는 지방재정의 모습.

18) 법정외세란 지방세법에서 규정된 세목 이외에, 지방정부가 독자적으로 조례를 바탕으로 규정하는 세금이다.

19) 가나가와현(神奈川縣)이 2001년에 독자적인 조례로 '임시특례기업세'를 도입하였는데, 2013년 3월 대법원은 이 조례가 지방세법에 위반하여 무효라는 판결을 내렸다.

20) 지방교부세의 종류는 보통교부세(교부세 총액의 96%, 2015년도까지는 94%, 2016년도는 95%) 및 특별교부세(교부세 총액의4%, 2015년도까지는 6%, 2016년도는 5%)가 있다 지방교부세의 총

산정 과정에서 자신들의 의사를 제시할 수 있는 의견제출제도(意見提出制度)도 도입되었다(2000년). 한편, 국고지출금(國庫支出金)의 경우에는[21] 삼위일체 개혁으로 국고보조부담금은 4.7조 엔 개혁 가운데 약 3조 엔이 일반재원으로 되었고, 남은 7,900억 엔이 교부금으로 변경되었다. 또한 국가사업에 대하여 지방정부가 사업비를 부담하는 직할사업부담금(直轄事業負担金制度)제도를 개선하도록 요청되었는데, 2009년 하시모토 도루(橋下徹) 오사카 부지사 등 단체장들이 지방부담금의 산정 근거를 공개할 것을 요구하면서 일부 공개되기도 하였다. 실제로 지방부담금이 정부의 인건비나 시설개축비로 사용된 것이 알려지자 지방측은 강하게 반발하였다. 앞으로 이 제도의 폐지가 구체적으로 논의될 것으로 보인다.

여기서는 지방정부의 재정 확보 차원에서 그간의 동향을 살펴보았지만 재정건전성과 지역 간 편차의 관점도 복합적으로 감안하여야 한다. 재정 핍박을 배경으로 재정건전성에 지방정부의 책임성 또한 더욱 요청되고 있는데, 2009년 시행된 지방재정건전화법은 지방정부에게 의무적으로 실질적자 비율, 연결실질적자 비율, 실질공채비 비율, 장래 부담 비율의 네 가지 지표를 작성하고 공표하도록 하였다. 또한 농촌과 대도시 등 지역별로 상이한 재원 기반으로 발생하는 지역 간 격차의 문제를 시정하기 위하여 지역 간 수평적인 재정조정의 필요성도 더욱 증대하고 있다. 이른바 도쿄로 집중화 수도로 집중되는(一極集中)의 '도쿄문제(東京問題)'로 상징된다(平岡, 2015).

마지막으로 새로운 중앙-지방 간 재정 관계는 단순히 정부와 전문가들의 논의로 설계되는 것은 아니다. 2011년에 법률로 '국가와 지방의 협의의 장'이 공식적으로 설치되면서 정치적인 타결로 문제가 해결되기도 한다(하동현, 2016). 소비세율이 5%로 인상되면서, 증가된 세수를 중앙과 지방이 어떻게 배분할 것인가? 사회보장에 대한 중앙과 지방의 역할 분담이 쟁점화되었는데, 관련 분과

액은 소득세/법인세의 33.1%(2015년도부터), 주세의 50%(2015년도부터), 소비세의 22.3%(2014년도부터), 지방법인세의 전액(2014년도부터)이다.

21) 국고지출금(國庫支出金)은 국가가 지방정부에 지출, 교부하는 자금 중 그 사용 용도가 정해진 것인데, 국고부담금, 국고위탁비, 국고보조금의 세 가지로 구분된다. 국고부담금은 국가와 자치단체가 경비를 분담하여 업무를 진행하는 경우, 국고위탁비는 국회의원 선거 등 국가의 업무를 자치단체가 대신하는 경우, 보조금은 다양한 정책 분야에서 국가가 정책을 장려할 때 지출되는 비용이다.

회를 설치하면서까지 격렬한 토론을 벌인 끝에 최종안이 마련되었다. 결국 정부가 거의 독점하려고 하였던 세수를 중앙이 3.46%, 지방이 1.54%로 나누는 데 합의하였다.

6) 시정촌 합병

헤이세이(平成)의 시정촌 합병은 기초자치단체의 재정력과 행정효율성을 강화하기 위하여 추진되었다. 1995년 합병특례법이 개정되면서 자치단체들의 자율적인 합병을 유도하였다. 특히 2005년도에 종료되는 합병특례채의 특례가 마감 시한을 앞두게 되면서 시정촌들 간에 합병이 급증하였다. 합병특례채는 대상사업비의 95%를 충당할 수 있고 원리 상환금의 70%를 차년도의 보통교부세로 조치될 수 있는 지방에는 매우 파격적이고 유리한 조건이었다. 2005년 4월부터는 합병신법이 시행되었다. 계속적으로 시정촌 합병이 추진되었지만, 2010년에 정부는 더 이상 정부 주도적인 합병은 없을 것이라고 선언하였다. 1999년 3월에 3,232단체에서 1년 사이에 합병이 절정을 이루었다. 2010년 3월 1,727곳, 2014년 4월부터 1,718단체로 10여년 사이에 기초자치단체가 절반 가까이 감소하였다. 지방행정계층이 개편보다는 통합으로 조정되었다.

표 5-10 헤이세이의 시정촌 합병

구분	시	정	촌	총합
1999년	670	1,994	568	3,232
2000년	671	1,990	568	3,229
2001년	670	1,990	567	3,227
2004년	689	1903	540	3,132
2005년	732	1423	366	2,521
2006년	777	846	198	1,821
2009년	783	802	192	1,777
2010년	786	757	184	1,727
2014년	790	745	183	1,718
2018년	792	743	183	1,718

2. 주민자치의 강화로서 자치기본조례 제정

주민 참여라 하면 최근에는 온라인상에서의 참여가 활발히 논의되고 있으나 지역주민 간의 담론을 형성하는 데에 온라인 참여가 갖는 한계점을 많이들 언급하고 있다. 이에 비하여 지방자치의 선진국이라고 일컬어지는 미국의 홈룰(home rule), 영국의 시민헌장(citizen charter), 일본의 자치기본조례 제정운동 등의 사례를 보면 우리보다 온라인상에서의 참여는 뒤떨어질지 모르나 오프라인 상태에서의 직접 참여는 활발하다. 지역사회에서의 이러한 직접 참여 형태의 활성화는 대의민주제의 위기에서 비롯되었다고 하나 새로운 지역민주주의 형태인 숙의민주주의(deliberate democracy)의 확산이라고도 볼 수 있다. 그러나 일본의 지방자치에서 숙의민주주의에 대한 논의가 시작된 지 얼마 되지 않아 개념 역시 정립되어 있는 상태는 아니나 지역사회에서의 직접 참여 형태로서 그 중요성이 새롭게 대두되고 있다.

1) 자치기본조례 제정운동의 의의와 배경

지방정부의 '일반적인 조례'를 국가의 법령 중 '일반 법률'과 같은 지위를 부여할 수 있다면 '자치단체의 헌법'이라 일컬어지는 자치기본조례는 국가법 중 「헌법」과 같은 지위를 갖는 지방정부의 자주법이라 할 수 있다. 즉, 자치기본조례를 자치단체를 운영할 때 기본 이념을 제시하고 주민 · 행정 · 의회 관계의 기본 규칙을 정하는 조례라고 볼 수 있다. 일본에서는 여러 환경적인 요인으로 인하여 전국적으로 자치기본조례가 제정되어 문제가 되고 있는데, 그 배경은 다음과 같다.

첫째, 지방분권 개혁이다. 제3의 지방분권 개혁은 최종적으로 주민자치의 실질적인 구현을 위한 근본적인 개혁을 의미한다. 현재 지방정부로서도 중앙집권으로부터의 탈피와 지방정부의 완전한 자립이 요구되고 있다. 또한 행정 · 의회 · NGO · 주민이 협동하여 마을만들기를 추진해 나가기 위해서는 시민이나 행정, 의회 등이 그 권한이나 권리 및 협동에 관한 기본 원칙 등을 쉽게 이해할 수 있도록 명시한 기본 룰의 제정이 필요하다. 그러한 기본 룰을 정한 것이 바로 지방정부의 자치기본조례이다.

둘째, 지방정부의 합병 또한 자치기본조례를 필요로 한다. 지방분권의 흐름 속에서 일본의 각 자치단체는 그 효율성을 도모하고, 열악한 재정 상태로 인한 어려움을 극복하기 위하여 자치단체의 합병을 강력히 추진하여 왔다. 일본 규슈(九州) 오이타현(大分縣)의 유후(由布)시의 경우, 합병에 대하여 지역주민들의 반대가 심하였으나 자치기본조례를 통하여 자치단체가 목표로 삼아야 할 바람직한 방향을 제시하고, 주민들의 의견을 수렴함으로써 그 불만이 줄어들었다.

셋째, 지방정부의 심각한 과소화와 고령화이다. 총인구에서 차지하는 고령자의 비율이 50%를 넘는 자치단체를 한계 자치단체라고 한다. 현재 일본의 지방정부는 인구의 감소 및 고령화가 급속하게 진행되고 있어 총인구에서 차지하는 고령자의 비율이 50%를 넘어 그 존립이 위태로운 지방정부가 점점 늘어나고 있다. 이러한 문제를 해결하기 위해서는 자치조직의 공고화가 필요하고 고령자를 중심으로 마을 살리기를 할 필요성이 요구된다.

넷째, 지방정부의 국제화이다. 세계화와 개방화는 주권국가들로 구성된 국제사회라는 전통적인 구성적 특성을 그 근본부터 뒤흔드는 결과를 초래하고 있다. 지방분권의 진행과 더불어 국제화의 바람은 일본에서도 예외가 아니며, 지방에 대한 국제사회의 침투는 새로운 규범을 창출하도록 조장한다. 현재 국제화와 관련된 조례를 제정하는 자치단체가 점점 늘어나는 추세이고, 일본의 미타카시(三鷹市) 자치기본조례 제38조는 시(市)가 국제 활동에 공헌하는 시민을 지원하도록 규정하고 있다.

2) 자치기본조례의 요건과 기본 구성

자치기본조례에 대한 정의가 아직 명확하게 확립되어 있는 것이 아니므로 자치기본조례의 요건은 다양하다. 따라서 현재로서는 각 자치단체의 판단에 맡길 수밖에 없지만, 여기서는 지금까지 제정되어 있는 자치기본조례들을 토대로 그 대략을 정리해 보고자 한다.[22] 첫째, 자치단체 운영의 기본 이념의 제시, 둘째, 시민의 권리나 책무의 규정, 셋째, 자치단체의 제도나 틀(조직)의 규정, 넷째, 행정 및 의회의 역할이나 책무 및 조직, 운영, 활동에 대한 기본적인 사항, 마지막으로 자치단체의 최고 법규로서 다른 조례나 규칙 등의 입법지침, 해석지

22) 미국 City charter, 독일 Hauptsatung, 영국의 local constitution과 유사.

침이다.

자치기본조례의 기본 구성을 살펴보면 각 자치단체에 따라 크게 다르나, 이념 규정이 중심인 이념형 조례와 구체적인 권리나 제도 및 틀을 규정하고 있는 구체적 규정형 조례가 있다. 여기에서는 최근 구체적 규정형 조례가 일반적이라는 점을 지적하면서, 이러한 구체적 규정형의 자치기본조례의 대표적인 사례라 할 수 있는 기타큐슈시(北九州市)의 자치기본조례(안)를 토대로 자치기본조례의 기본적인 구성을 제시하고자 한다. 대부분의 자치기본조례는 명칭 아래 전문이 있고, 다음으로 목적, 자치단체의 기본 이념, 최고규범성, 용어의 정의로 이루어진 기본적 사항, 주민자치의 원칙, 정보 공유의 원칙, 주민 참가의 원칙, 협동·연대의 원칙으로 이루어진 기본 원칙, 마을만들기에 참가할 권리, 행정정보를 알 권리, 마을만들기에 적극적으로 참가할 책무 등으로 이루어진 시민의 권리·책무가 있다. 또한 시장의 역할과 책무, 집행기관의 역할과 책무, 직원의 역할과 책무로 이루어진 행정의 역할과 책무, 의회의 역할과 책무로 구성되어 있으며, 정보공개, 정책평가, 행정절차, 정책 결정의 틀, 주민투표, 재정으로 이루어진 자치단체 운영의 기본 시스템, 연대, 조례의 개정에 관한 사항 순으로 구성되어 있다.

3) 자치기본조례에 대한 평가 및 시사점

지방정부의 자치기본조례는 조례마다 그 평가가 다소 다르다. 홋카이도(北海道)의 니세코쵸(ニセコ町) 조례는 마을만들기의 기본 이념이나 각 주체의 책무 등을 규정하고 그 내용은 추상적으로 규정하되 그 세부적인 내용에 대해서는 별도의 조례에 위임하는 '이념형' 조례가 있다. 니세코쵸의 조례와 같이 이념형에 주민의 구체적인 참가 방법이라 할 수 있는 주민투표 등을 규정한 '주민참가 확충형' 조례는 그 구체적인 효과는 아직은 나타나지 않고 있으나 주민자치에 대한 생각이나 관습을 명문화함으로써, 자치기본조례나 자치에 무관심하던 주민들이 자치기본조례의 제정 과정을 통하여 자치단체에 많은 관심을 보이게 되었다.

또 다른 예로 가와사키시(川崎市)의 자치기본조례는 '환경권', '생활권' 등 일본 헌법에서 규정하고 있지 않은 새로운 권리를 보장하려는 조례, 즉 '주민권리 보장형' 조례를 2005년도에 제정하였다. 이는 헌법과의 정합성 문제나 최고 법규정의 문제가 제기될 수 있지만, 자치기본조례로서 주민의 새로운 권리를 보장한다는 점에서 다른 곳과는 차별화되어 있다.

이상 일본의 자치기본조례 제정에 관한 사례를 살펴보았으나 물론 이를 우리에게 직접 적용하는 것은 현실적으로 한계가 있다. 우리나라의 경우 지방자치법 제15조 단서 조항에서 “주민의 권리 제한 또는 의무 부과에 관한 사항이나 벌칙을 정할 때에는 법률의 위임이 있어야 한다.”고 규정하고 있다. 이는 누구든지 법률에 의하지 아니하고는 처벌을 받지 아니하도록 하는 죄형법정주의, 국민의 자유와 권리는 법률에 의해서만 제한할 수 있도록 하고 있는 법률 유보의 원칙, 조세의 종목과 세율은 법률로 정하도록 하고 있는 조세법률주의의 원칙 등에 따른 것이다. 여기서 말하는 위임은 반드시 구체적인 위임만을 뜻하는 것이 아니고 포괄적(개괄적)인 위임도 가능하다는 의미이다. 즉, 우리나라의 경우는 법령의 범위 안에서 자치조례가 만들어지고 있는 것이 통념과 판례로 되어 있기 때문에 지방자치법 개정이 필요한 사항이다. 그러나 청주시의 정보공개청구 조례, 부천시의 담배자동판매기 조례 등의 사례와 같이 하위 조례 제정운동이 상위 법령을 바꿀 수 있는 사례와 같이 자치기본조례 제정을 하고자 한다면 단순히 외국의 사례를 그대로 베껴 필요성을 주장할 것이 아니라 지역 주민의 합의와 필요성에 의하여 만들어진다면 현행법상에서도 전혀 불가능하지 않다는 것을 알 수 있다.

Chapter 06

스페인 지방정부

제 1 절 스페인의 역사적 배경 및 지역형 분권국가의 특성

1. 스페인 사회와 지리적 개요

1) 지방자치의 시작

스페인은 총면적 505,957km^{2}이며, 인구는 약 4천 520만 명(81명/km^2)이다. 수도 마드리드(Madrid)는 약 3백만 명 수준으로 주요 도시정부들은 바르셀로나(Barcelona), 발렌시아(Valencia), 세비야(Sevilla), 사라고사(Zavagoza) 등이 있다. 인구는 도심지역에 총인구의 78%가 거주하고, 농촌지역은 총인구의 22%가 거주하고 있다. 스페인은 다민족 국가(plurinational state)이며, 인종은 스페인인 74.4%, 카탈루냐인 16.9%, 갈리시아인 6.4%, 바스크족 1.6%, 기타 0.7%로 구성되어 있다.

스페인은 1936년부터 프랑코(Francisco Franco) 독재정부로 시작하여 독재자의 죽음과 함께 1978년 독재 체제가 종식된 후 같은 해 12월 국민투표를 단행함으로써 현재의 헌법 체계에 이르게 된다. 1997년 6월 15일 처음으로 지방자치와 관련한 자유선거가 시행되면서 지역주의를 표방한 정당들이 등장하고 현재의 지역정부 국가(regional state) 통치 형태로 전환되었다. 즉, 지역의 특성에 따른 지역의 민족·문화적인 정체성이나 경제적 공통성의 존재에 따라서 지역주민들이 새로운 광역형 정치·행정 단위로 지역정부(Comunidad autonoma)를 창설할 수 있게 한 것이다. 그 결과 스페인 헌법은 실로 다양한 방식으로 지방자치권을 보장해 주고 있다.

2) 지역정부 중심의 지방 체제 개요

스페인은 이탈리아와 같이 지역(Autonomous Community, Region) 중심의 자치제를 유지하는 지역형 국가(regional state)이다. 스페인은 단일형 국가이지만 연방 체제와 유사하게 지역정부에 입법권, 조세권 등 상당한 지방분권을 강화할 수 있는 권한을 부여하고 있다. 이러한 정치적 분권(devolution, political decentralization) 체제는 헌법상 규정한 원칙에 근거하여 재정보전이 뒷받침되고 있다. 즉, 지방정부는 실질적인 자주재원의 보장 및 헌법상 규정에 근거하여 이양받은 자치권이 보장되고 있다. 특히 스페인은 중앙집권적 성향과 지방분권적 성향의 잠재적 갈등을 보충성의 원칙(스페인 헌법 제2조, 제138조 1항)에 근거하여 각 지역 간 다양성으로 보장해 주고 있다.

스페인은 단일국가이지만 헌법 제2조에 따른 국가의 지방분권 체제(sub-nationalgovernments)로서 '지역(region)의 자치권'을 인정한 3계층제로 구성된다. 즉, 지역 중심의 자치공동체로서의 17권역의 '자치지역정부(Comunidad Autonóma,

그림 6-1 스페인 헌법 제2조에 근거한 지방분권 체제

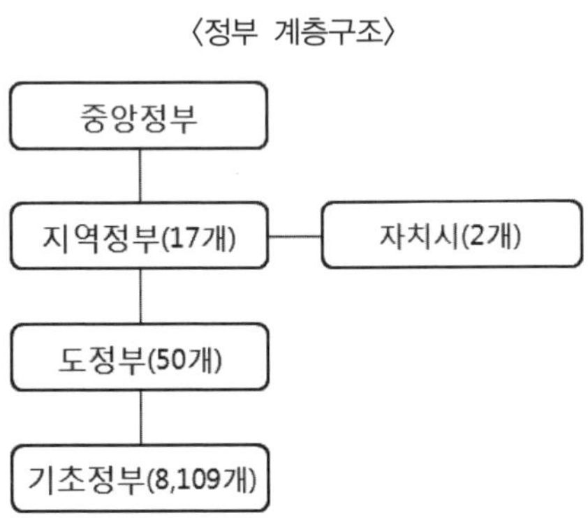

Autonomous Communities),[1] 50개 도 중간정부(Provincias, provinces), 2개 자치시(Ciudades Autonomas), 그리고 8,109개 기초정부(Municipios)가 있다.

17개 권역의 '자치지역정부' 중에서 7개 지역정부는 각 1개의 도지방정부로 구성되어 있다. 이들 7개 지역은 아스투리아스(Asturias), 발레아레스제도(Balearic Islands), 칸타브리아(Cantabria), 라 리오하(La Rioja), 마드리드(Madrid), 무르시아(Murcia), 나바라(Navarra) 등이다. 지역정부 간 인구 분포는 안달루시아와 카달루냐(Cataluña), 그리고 마드리드 시에 집중되어 있다.

2. 지방분권형 헌법과 지방행정 체제

1) 지방분권형 헌법

스페인 헌법 제2조는 지역(Comunidad, region)의 자치권을 인정해 주었고, 제137조에서 "스페인은 전 지역에 기초정부(municipalities), 도정부(provinces), 지역정부(Autonomous Communities)로 조직된다."고 규정하였다.

그리하여 스페인 지방정부의 계층구조는 기초정부-도지방정부-지역정부의 3계층제이며, 이러한 지방정부의 자치권은 헌법에서 보장하고 있다. 즉, 스페인 헌법 제137조는 지방정부의 자치권과 지방정부의 종류 등을 규정하고 있고, 제138조에서는 지역정부에 관한 규정을 두고 헌법 제2조의 연대 원칙을 실천하

국가	헌법에서 보장하고 있는 지방자치 명문 규정	
스페인 헌법	제137조	지방정부 종류 제시, 자치행정권 인정
	제138조	재정조정 원칙("국가는 경제 발전의 균형(제2조)을 유지하면서 '연대 원칙'의 실천을 보장하여야 한다.")
	제142조	지방정부의 자치재정권, 지방조세권의 세율결정권
	제148조~제149조	지역정부의 자치입법권 보장(Estatuto)
	제150조	자치지역정부(Autonomous Community)에 법률제정권 위임
	제156조	국가의 재정과 협력, 조화의 원칙, 국민들 간 연대성 원칙에 일치하는 범위 내에서 지역정부 자치재정권 인정
	제158조2항	"지역정부 간 경제적 불균형 해소를 위한 연대 원칙(principle of solidarity)" 규정

1) 이하에서는 자치지역정부(CA)를 지역정부로 통칭한다.

기 위한 '재정 보충성 원칙(subsidiarity)' 및 '균등화 원칙(equalisation)' 등을 제시하고 있다.

특별히 스페인 헌법에서는 우리나라와 같은 시도자치단체인 지역정부가 폭넓게 행사할 수 있는 자치권을 보장하였고(스페인 헌법 제148조 제1항), 국가가 배타적으로 행사하는 권한(동법 제149조 제1항)을 별도로 헌법의 조문으로 명문화하여 각각의 지역정부를 중심으로 한 지역정부헌법을 제정·운영하도록 하였다.

스페인의 지방자치법

- 1985년 4월 법률 제7/1985호의 지방자치기본법(Ley Reguladora de las Bases del Régimen Local, LRBRL)
- 1988년 12월 28일 법률 제39/1988호의 지방재정법(Ley reguladora de las Haciendas Locales, LHL)
- 1986년 관련법 시행령(Texto Refundido de la Legislación de Régimen Local, TRRL): 시행령 제382/1986호, 제781/1986호, 제1372/1986호, 제1690/1986호(지방정부 재산), 제2568/1986호(조직, 기능, 법제도) 등

2) 스페인 지역정부: 17개

스페인은 지역 중심의 자치공동체로서의 17개 지역정부(Comunidad Autonóma, Autonomous Communities)를 구성하며, 이는 1978년 헌법에 따라 도입된 것으로서 이탈리아나 프랑스의 지역정부(Regionalist Nations) 구조와 미국과 독일과 같은 연방정부(Federal Nations)의 중간 형태를 띠는 정부 단위이다. 특히 지역정부 행정기관으로는 의회-단체장 통합형으로 운영되며, 지역정부 의회는 '지역국회'의 명칭을 부여받고 집행기구의 장은 지역정부 민선지사 및 10명의 지역정부 의원으로 구성되는 책임내각형으로 조직 운영된다.

지역정부의 헌법적 지위는 스페인 헌법 제138조, 보충성의 원칙에 기초하고 있으며, 17개 지역정부 중에서 바스크(Basque)와 나바라(Navarra) 2개의 지역정부는 '특례적 지위'를 인정받아 다른 연방국가의 주정부와 같은 강화된 자치권을 부여받음으로써 다른 지역정부와 동일한 권한 이외에도 주택, 지방세 등에 대하여 100% 자치재정권을 행사한다.

3) 중간자치정부/도정부: 50개

헌법 제141조에서는 도지방정부(Provincias, provinces)를 규정하면서 이는 기초정부의 연합체이며, 국가 정책을 집행하는 행정조직이기도 하다는 점을 명시하고 있다. 따라서 도정부의 경계 변경은 상원과 하원으로 구성된 양원 국회(Cortes Generales)의 승인을 받도록 하고 있으며, 다시 제141조 2항에서 도의회(diputaciones)가 도정부의 집행부와 행정기관을 구성한다는 점도 명시하고 있다. 덧붙여 헌법 제143조에 도지방정부의 특례 사항도 인정하고 있다.

지방의회를 통하여 선출된 광역정부 유형으로 대표의원들(Provincial Deputation)에 의하여 구성되며, 대표의 수는 해당 지역의 인구 수에 비례한다. 선출된 정부 대표의원들은 제한된 범위 내에서 행정권만을 행사한다. 단, 나바라(Navarra), 라 리오하(La Rioja), 무르시아(Murcia) 등과 같이 자치체가 단 하나의 권역으로만 구성되어 있을 경우, 지방정부에 허용되는 모든 권한을 행사하고 있다.

4) 기초정부: 8,109개

스페인 헌법 제140조는 기초정부(Municipios)의 자치권 보장, 기초의회 의원에 대한 직접·비밀·평등선거 등을 규정하고 있으며, 제141조 3항에서 기초정부 간 협력체(지방정부 간 협력기구)의 구성도 보장하고 있다.

지방의회는 투표에 의하여 선출된 5~25명의 시의회에 의하여 이루어지며, 구체적인 시의원의 수는 각 지역의 인구 수에 비례한다. 중앙정부와 지방정부로부터 위임받은 정책 분야, 즉 지역주민에게 가장 중요한 도시 개발 및 규제와 세금, 도시정책 등에 대하여 결정권을 행사한다. 기초정부의 인구는 8,109개 중 84.5%인 6,853개 기초정부는 주민 5,000명 미만으로 구성되어 있고, 단 2개의 기초정부만 인구 100만 명을 상회하고 있다. 이에 대해서는 특별시의 지위를 부여하고 있다.

3. 지방행정 체제의 특징 및 지방정부 자치권

1) 지역정부 중심의 지방행정 체제

스페인은 이탈리아와 같이 지역정부(Autonomous Community, Region) 중심의 자치제를 유지하는 지역형 국가(regional state)이기 때문에 단일국가이지만 연방 체제와 유사하다. 이와 같은 독특한 특징은 스페인의 역사적 배경으로부터 나온 것이다. 비교적 최근에 헌법을 제정하면서 각 지역의 상황과 다양한 이념, 종교, 인종 등의 특징을 포괄하기 위하여 노력하는 과정에서 지역정부의 자치권을 상당한 수준으로 보장해 주고 있다. 즉, 지역의 특성에 따른 지역의 민족·문화적인 정체성이나 경제적 공통성의 존재에 따라서 지역주민들이 새로운 광역형 정치·행정 단위로 나타난 지역정부를 창설할 수 있게 한다.

그리고 17개 지역정부 중에서 바스크와 나바라 2개의 지역정부는 '특별 지위'를 인정받아 다른 연방국가의 주정부와 같은 강화된 자치권을 부여받음으로써 다른 지역정부와 동일한 권한 이외에도 주택, 지방세 등에 대하여 100% 자치재정권을 행사하고 있다.[2)] 한편, 지역 간 갈등을 해소하기 위하여 헌법 제141조 3항에서 기초정부 간 협력체(지방정부 간 협력기구)의 구성 보장도 명문화하였다. 이를 통하여 지역자치권을 고도로 보장하고 있기 때문에 지역 간 재정적 격차 문제 발생을 예방하고 균형 발전을 위한 기준 등을 헌법적으로 선언하고 있는 것이다.

그러나 이와 같은 특징은 최근 카탈루냐(Cataluña) 지방의 독립선언 등의 문제를 발생기키기도 하였고, 영국과 유사하게 지역정부 차원의 독립성이 비교적 높다고 볼 수 있는 이유가 그것이다. 스페인의 지역정부가 가지는 독립성은 지역정부에 입법권, 조세권 등 상당한 지방분권을 강화할 수 있는 권한을 부여하고 있기 때문에 자치권이 보장되어 있다. 더불어 이에 대해서는 스페인 헌법에서 상세히 규정하고 있어서 헌법에서 자치재정권, 지방조세권의 세율결정권을 비롯하여 사무배분의 기준 등을 구체적으로 적시하였다. 특히 보충성의 원칙(스페인 헌법 제2조, 제138조 1항)에 근거하여 각 지역 간 다양성을 보장하였고, 또한 독재의 경험을 반영하듯 지역 내에서의 직접·비밀·평등·보통선거를 명문으로 상세히 규정하고 있다.

---

2) 특별자치지역에서의 '특별지방정부(*Sui Generis* Local government)': 헌법 제2조, 제138조 제1~2항: 특별지방정부의 자치권 인정과 국가의 연대성, 통합성을 헌법 명문으로 강조: 헌법 제2조에서 '국가와 지방의 연대성에 근거한 자치권을 보장'한다고 표현하고 있다. 자치권의 차이가 있으나 지역적·문화적 특색에 따르지만, 특권을 부여하는 식의 차별적인 사항으로는 인정하지 않는다고 헌법에서 명시하고 있다.

2) 지방정부의 자치권 보장

(1) 중앙-지방정부 간 관계로 본 자치권 보장

스페인은 단일국가지만 스페인 헌법 제2조에 하위 정부 체제(sub-national governments)로서 '지역(region)의 자치권'을 인정하고(제151조) 3계층제로 구성된 지역정부 중심의 자치분권형 지방자치제도를 명문화하였다. 스페인 헌법 제142조는 지방정부의 자치재정권, 지방조세권의 세율결정권 등을 보장함으로써 지역정부의 실질적인 자치재정권을 확보해 주고 있다. 그리고 기관통합형 또는 내각책임제 형태의 자율적인 기관 구성 운영 체제도 권장하고 있다.

헌법 제8권 지방정부조직 이하인 제137조~제158조 이하에서는, 지역주민의 보통선거에 의하여 선출된 단원제의 지역정부 의회와 지역의원이 선출한 지역정부지사가 의회와 집행부를 구성·운영한다고 하였다. 지역의회(Regional Parliaments, Asamblea Legislativa)는 헌법과 국회가 정하는 법률(Ley Orgnica)에 따라 '지역의회' 또는 '지역국회'의 명칭을 갖고, 지역의원 수는 주민 수와 영토 크기를 고려하여 계산되는 바, 이들은 직접비밀투표에 의하여 주민에 비례한 대표제에 근거하여 4년 임기로 선출된다. 그리고 해외 군도의 도정부(Provinces)에 대해서는 자치행정권을 가질 수 있다고도 규정하였고(헌법 제141조 제4항), 뒷 조항에서는 지역정부의 조세 징수, 세율 제정 등의 권한을 규정하고 있다(제157조 제1항).

(2) 지역정부의 지방자치권 보장

스페인 헌법 제8권 제3장에 '지역정부(Autonomous Communities)' 조항을 별도로 제정하고, 지역정부헌법(The Statutes of autonomy)을 제정하여 명칭, 행정권역, 권한 범위, 집행조직 등을 이 지역정부 헌법에 포함하도록 규정하였다(스페인 헌법 제147조). 이는 각 지역정부마다 관할 행정구역에 적용되는 별도의 지방정부 헌법(조직법 성격)을 제정·운영하는 근거가 되었다.

헌법에 지역정부가 행사할 수 있는 권한(스페인 헌법 제148조 제1항)과 국가가 배타적으로 소지한 권한(동법 제149조 제1항)을 각각 정해서 헌법 조문에 규정하였다. 그 결과 지역정부별로 법률을 제정하여 자치권을 근거로 사무배분을 추진하였고, 그리하여 1978년과 2001년 사이에만 1,749건 등 「기능·인력 이양 왕령(Royal transfer decrees)」이 승인 및 시행됨으로써 이후 약 80만 명 이상의 공직자 간 인력 이동이 발생하기도 하였다.

표 6-1 스페인 헌법에서 지방자치권 보장(이탈리아 헌법과 비교)

국가 헌법	지방자치 관련 주요 헌법 조항	
스페인	제137조 지방정부 종류, 자치행정권 인정 제138조 재정조정 원칙 제142조 지방정부 자치재정권, 지방조세권의 세율결정권 제147조~제149조 지역정부의 헌법 제정 및 자치입법권 보장(Estatuto) 제150조 지역정부 법률제정권 제156조 국가의 재정과 협력, 조화의 원칙, 국민들 간 연대성 원칙에 일치하는 범위 내에서 지역정부 자치재정권 인정 제158조2항 '지역정부 간 경제적 불균형 해소를 위한 연대원칙(priniciple of solidarity)' 규정	"국가는 경제 발전의 균형(제2조)을 유지하면서 '연대 원칙'의 실천을 보장하여야 한다."
이탈리아	제114조 지방정부 종류(regioni, provinci, comuni) 제116조 특별지방정부의 자치권 규정, 제117조 regioni(지역정부)의 자치입법권 보장, 국가로부터 법률제정권의 위임 인정 제119조 지방정부의 재정・세제 자치권을 규정, 법률에 의한 재정조정기금의 설치를 규정, 특수한 상황의 지방정부에 대한 물질적・재정적 국가의 지원을 규정 제120조2항. "국가의 안전과 경제 체제 등 통합성 확보를 위하여 국가가 대행권을 가질 수 있다"고 하여 유사시 국가대(집)행권 인정	헌법에 근거한 특별법에 따라 시칠리아, 베니스, 사르데냐, 트렌티노 알토 아디제, 발레 다오스타 등은 특별한 형태의 자치권을 부여 즉, 지역정부 헌법 제정 및 지방정부 법률(법규명령권)의 집행, 조직 구성 권한, 특히 지역정부 의회와 지역정부 대표자에 대한 선거 방법을 결정할 수 있는 권한을 인정하여 기관구성권 부여

표 6-2 스페인 중앙-지역정부 간 정부간 관계로 자치권 보장

영역	세부 쟁점	분석 내용
입법	1) 입법권 범위	• 헌법에서 지역정부의 입법 범위 명시(단, 지역별로 입법 범위가 다를 수 있음을 명시)
	2) 국가-지방의 입법 영역 배분	• 헌법: 지역정부헌법(법률 지위) 규정, 헌법상 명시된 중앙정부의 배타적 권한 외에 지역정부의 권한을 폭넓게 인정
	3) 기본권 제한 권한 및 벌칙 제정권	• 규정 없음.
사무	1) 사무배분 원칙	• 헌법: 보충성 원칙을 명문으로 규정(지방의 자치권을 인정하되, 국가와 지방 간의 연대성을 고려할 것을 명시)
	2) 정부간 행정권 배분	• 헌법: 조직법에 의거 국가사무를 지방에 위임할 때의 조건을 명시하고 있으므로, 명시적 규정이 있다고 볼 수 있음.
	3) 국가-지방사무 열거	• 헌법: 국가의 배타적 입법 영역을 열거하고, 그 외의 영역을 지역정부 수행 영역으로 기술

	4) 사법권 배분	• 헌법: 사법부의 독립적 권한과 대법원이 전국적 권한을 행사할 수 있음을 명시
정부간 관계	1) 지방정부 기관 구성 다양화	• 헌법: 지역의회에 의하여 운영되며, 지역의회는 시장과 지방의원으로 구성되고, 지방의원은 주민에 의한 보통·평등·자유·직접·비밀보장 선거로 선출되며, 시장은 지방의원이 선출하거나 주민이 직접 선출함을 명시
	2) 지방정부의 종류	• 헌법: 시(Municipios), 도(Provincias), 지역정부(Comunidad Autonomas)의 3단계 체계로 자치단체
	3) 지방의 중앙 국정참여	• 헌법: 양원제의 의원 중 일정 인원을 지방의 대표로 구성
	5) 특별자치 가능성 명시	• 헌법: 지역정부 형성과 지역 간 자치권 수준의 차등을 명시하고 있음(특별한 지위를 인정받는 지역에 대해서는 협약을 통하여 특별자치권 부여).
	6) 지방정부 조직자율성	• 헌법: 헌법상 시장 선출의 방식(직선-간선)을 선택할 수 있음을 명시하고 있고, 자치지역정부의 기관조직구성권을 명시적으로 언급
	7) 행정구역 개편이 헌법 사항인지 여부	• 헌법: 지역정부 신설 및 경계 변경이 헌법에 따른 의회의 승인 대상임.

3) 지방정부 재정제도

(1) 자율적 지방재정제도의 헌법적 보장과 원칙

스페인 헌법 제7장 '경제와 재정' 편에서 지방정부의 지방세제도와 예산 운영에 대한 원칙을 명시하고 있으며(제137조의 지방정부의 자치재정권 인정), 또한 중앙-지방정부 간 관계에 대해서도 헌법 제7장은 그 기본 원칙을 규정하고 있다. 즉, 각 지역정부 중심으로 자치재정권을 인정하고 있으며(제156조 제1항), 이러한 헌법 조항들은 제8장에서 지방재정 관련 세부 규정으로 그 취지를 명확히 하고 있다.

지역정부의 자치재정권을 인정하고 있는 헌법 제156조 제1항에서 지역정부는 국가의 재정과의 협력 및 조화의 원칙(principle of coordination)에 따라 그 자치재정권을 폭넓게 인정받고 있다. 또한 모든 (지역) 국민들 간 연대 원칙의 정신과 일치하는 범위 내에서 국가는 지역정부에 대한 재정 지원 의무가 있다. 이외에 헌법 제158조 제2항은 지역정부 간 연대 원칙(principle of inter-regional solidarity)을 명시하고, 이 원칙에 따라서 전국에 있는 공공기관에 대하여 최소한의 재정보전 기준을 보장하고 있다.[3)]

3) 스페인 헌법상 자치재정 관련 원칙: Article 156 establishes the principles of the system: financial

특히 지역정부 간 연대 원칙에 근거하여 지역정부와 도정부가 재정배분의 근간이 되는 지역 개발 및 지역경제 활성화를 위한 투자지출 부분에 충당되는 재정보전기금(funds of compensation)을 설치 · 운영하고 있다. 종합적으로 이상 두 원칙에 근간을 두고 지방정부에 대한 이중적 재정 지원 체제를 운영하고 있는데, 크게 국가의 이전재원과 자치정부의 지방세 중심의 조세제도(자율적 지방세제)가 그것이다. 그러나 대개 지방정부는 국가의 재정 지원에 크게 의존하고 있는 것 또한 사실이다. 그리고 나바라(Navarra)와 바스크(Basque), 카나리아 군도(Canaria Islas) 등에 대해서는 지방세 제도 중 '특례제도("foral" system)'를 인정하고 있다.

(2) 지방재정 관련 법령의 발전

스페인 헌법 제157조에서 명시한 지역정부 재원에 대한 헌법 규정 근거에 따라 정부조직법(LBRL)에서 이와 관련한 재정제도를 세부적으로 규정하였다. 이 법은 스페인의 지방자치제도와 지방정부에 관한 기본 법률 제7/1985호이며, 지방정부의 기본적 재정제도에 대해서도 규정하고 있다.

또한 지역정부에 적용되는 지방재정 관련 기본법은 1980년 지역정부 재정에 관한 조직법(LOFCA) 제8/1980호가 기본이 된다. 이후 3년 뒤인 1988년 12월 28일 법률 제39/1988호를 통하여 좀 더 완전한 지방재정제도와 지방예산에 관한 운영 원칙을 마련한 바 있으며, 이는 바로 헌법 제7장에서 규정한 지방정부의 존재를 구체화한 지방정부의 자율재정 원칙을 확인한 내용이기도 하다. 이 법률에 따르면, 국가의 지방정부에 대한 재정적 예속 관계를 금지시키면서 명실상부한 자치재정권을 가진 지방자치제도로의 활성화를 모색한 중요한 법률이기도 하다.

지방자치 발전을 위한 초기 단계에서는 주로 중앙정부와 지역정부 간 재정협약을 체결하여 재정 지원을 추진하여 왔다. 즉, 1986년부터 2001년까지 재정세제위원회(CPFF)를 통하여 제1차(1986~1991), 제2차(1992~1996), 제3차(1997~2001) 등으로 중앙정부와 지역정부 간 재정협약제도를 운영하여 왔다. 그러나 헌법상의 원칙인 재정보전 원칙에 따른 국가의 지방정부에 대한 재정보전 수준이 여전히 각 지역정부에 만족을 주지 못하게 됨으로써 스페인 정부는 2001년

---

autonomy, coordination and solidarity.

법률 개정을 통하여 지역정부의 권한 확대와 함께 자율적 재정제도를 확대하게 되었다.

2001년 7월 27일 새로 안정된 재정세제도의 개편을 구체화하기 위하여 지역정부의 자율적 재원 확보에 관한 새로운 지방세제 도입을 제정한 2001년 12월 27일 제21/2001호 개정 법률(LSFCA)을 기반으로 건강보건, 공적부조와 (중앙정부와 지역정부 간) 공동사무 등 세 가지 분야의 중앙권한 지방이양을 통한 안정된 재정지원제도를 운영하게 되었다. 또한 동법 제2조 2항의 자치지역정부 간 재정보정기금 지원 원칙도 세부적으로 규정하고 재정 지원이 필요한 지역정부에 대하여 지역의 부가가치와 수입 창출을 위하여 지원하는 것을 주 목적으로 하였다.

이것은 중앙정부와 지방정부(기초 및 지역정부) 협의회 간 공동협력위원회(재정세제위원회)를 설립하여 지방세제도의 자율화 방안을 구체화한 지방세제의 전면적인 개혁을 추진한 것이라고 할 수 있다. 이 결과가 지방재정 개혁에 관한 법률 제51/2002호이기도 하고, 이를 근거로 지방정부에 대한 안정적 재정 확보를 위한 본격적인 제도 개편이 가속화되었다.[4] 또한 2004년 3월 정부시행령 제2/2004호로 지방정부의 지방세정권(Local Tax Offices Regulatory Law)을 확대함으로써 지방재정 및 지방세를 개편한 법률 제62/2003호를 제도적으로 뒷받침하였다.

(3) 지역정부의 지방재정제도

① 지역정부의 지방재원 구조

지역정부는 헌법 제133조 근거에 따라서 헌법과 법률의 규정에 일치하는 범위 내에서는 새로운 지방세를 자율적으로 설치·징수할 수 있다. 또 헌법 제158조에 보충성의 원칙을 보장하고 있기 때문에 국가가 지역정부의 재정 확보를 위하여 재정 지원을 하여야 할 의무도 있으나, 반대로 지역정부도 국가의 세수입에 동참할 의무가 있다.

지역정부의 재정수입 구조는 크게 자체재원으로서의 지방세와 세외수입, 국가로부터의 양도세, 교부금 등 세 가지로 구성된다. 또한 국가는 지역경제의 균형적 발전과 유지를 위하여 수평적 재정조정기금을 마련하여 운영하고 있고, 이

---

4) Spanish official journal(BOE), www.noticias.juridicas.com.

에 지역정부에 대해서는 재정조정기금으로 지원하고 있다.

교부세, 양도세, 이전교부세 및 헌법 제133조에 근거하여 법률 범위 내에서 새로운 지방세의 자율적 설치, 징수가 가능하다. 또한 헌법 제158조 보충성의 원칙에 근거하여 국가가 지역정부의 재원 확보를 위한 재정 지원이 의무화되어 있다. 제138조 이하 제142조에 이르기까지 지방정부의 자치재정권, 지방조세권의 세율결정권 등을 인정하고, 이탈리아와 마찬가지로 국가와 지역정부 간 사무배분을 구체적으로 헌법에 규정해 두었다.

② 지역정부의 조세수입 규모

지역정부의 총수입 중 조세수입은 20% 정도이며, 보건의료와 교육에 관한 사무 권한이 이양된 후 소득세의 33% 세원을 조세수입으로 하고 있다. 보충적으로 1997년부터 부유세, 이전등록세 등을 징수할 수 있으며, 때로는 지역정부에 따라서 도박세, 저축세 등을 신설하여 운영하고 있다(Discretionary Taxes). 그리고 다른 지역정부와 달리 나바라와 바스크 지역정부는 별도의 조세 체계(Foral system)를 운영하고 있다.[5] 즉, 1996년부터 각 지역별로 소득세를 설치하여 지역의 전체 소득세 중 15~30%를 지역정부 세원으로 하고 있다. 그리하여 지역정부는 부가가치세 수입 중 현재는 35%를 자체재원으로 징수하며, 휘발유세, 담배, 주류, 자동차등록세, 전기세 등에 대해서는 40%를 자체재원으로 갖는다.

③ 지방세와 세외수입

자체재원은 지방세와 자율적 재정 운영으로부터 얻은 세외수입 등이 원천이 된다. 지방세수에 대해서는 국가와 지역정부가 공동의 세원을 세울 수 있지만, 지방세 증가에 대한 책임성의 부담을 고려하여 지역정부 지방세수에 대한 재원 의존도는 크지 않다고 할 수 있다. 지역정부 재정조직법(LOFCA) 제14조에서 제한 규정을 두고 있는 금융자산의 운영 및 대부활동(지방채 발행 등)에 의한 자산 운영은 각 지역정부가 사실상 세외수입으로서 활발하게 활용하고 있는 제도이기도 하다.

④ 중앙정부로부터의 양도세

양도세는 지역정부 재정의 상당 부분을 차지하고 있다. 1996년과 2002년 지

---

5) Foral System: Navarra/Basque ACs levy all national taxes.

역정부 재정조직법(LOFCA)을 개정하면서 중앙정부로부터 양도세 부분의 재정 지원 비중을 강화하여 왔다.

- 주로 두 부분에서 제도의 변화를 가져왔는데, 먼저 개인별 소득세(impuesto osbre la renta de las personas fisicas, personal income tax), 부가가치세(IVT), 그리고 특별세수 등을 중앙정부가 양도하도록 하였으며, 또한 이러한 양도 세수에 대하여 지역정부의 규제 권한(세율조정권)을 확대시킨 바 있다.

 그 결과 소득세가 양분되면서 70%는 국가의 세수 기반으로, 나머지 33%(이전에는 30%였으나 2002년부터)는 지역정부의 세원으로 분리되었다. 그리하여 각 지역정부는 각 관할 행정구역을 기반으로 징수한 (개인)소득세의 33%를 지역정부 재원으로 충당하게 되었다.

 한편 부가가치세와 특별세 등의 경우는 중앙정부가 양도한 세원이 각 지역정부 관할구역 내에서 소비를 기준으로 산정할 때 35%를 넘지 않는 수준에서 이전되도록 제한하였다. 이러한 재원 이전에 대하여 지역정부 재정조직법(LOFCA) 제11조에서는 다음과 같은 국세들이 지역정부로 세원 이양이 가능하다고 규정하고 있다. 즉, a)소득세는 33%까지, b) 재산세, c) 재산등기이전세(자산등록세), d) 부가가치세의 35%까지, e) 기부 및 상속세, f) 특별제조세의 40%까지, g) 전기세, h) 교통 관련 특별세, i) 도박세, j) 특정 연료판매세 등이다.

- 두 번째 지역정부마다 조세권 확대 범위가 다양하지만 각 지역정부의 자율적 의사에 따라서 소득세율을 결정할 수 있도록 하였으나, 소비세와 관련해서는 여전히 중앙정부가 그 세율결정권을 갖는다.

⑤ 이전교부금

- 가장 오래된 지방정부의 재원은 역시 중앙정부로부터의 이전교부금으로 지역정부 내 관할지역이 국세로 충당한 재원 수준이 얼마인지를 고려하여 지역정부에 대한 이전교부금 수준을 결정하는 방법을 채택하고 있다. 이 첫 번째 형태의 이전교부금은 1997년 이후로 소득세 부분이 지역정부로 이양되면서 상당한 재원이 축소되었다.
- 또 다른 고려 요인은 지역정부 간 형평기금으로부터의 이전교부금 재원이

있다. 지역 간 차이를 고려한 지역형평기금으로부터의 이전재원으로서 두 번째 형태의 이전교부금(지역형평교부금)으로 유럽연합의 구조기금 원조와 함께 각 지역 간 경제적 연대감을 강화시키는 절대적으로 중요한 재원으로 작용하고 있다.

지역형평교부금은 민간투자재원의 연간 약 30%를 지원받으며, 지역정부의 지역민 개인소득 수준이 유럽연합의 평균 수준에서 75% 이하인 지역정부에 대하여 교부하고 있다.

- 2002년 지방재정법 개정 이후의 교부금제도

1988년 재정법을 전면 개편한 2002년 법은 실제로 국세제도를 전면 개정하였고, 이를 크게 세 가지 분야로 구분한 바 있다. 먼저 보전기금("sufficiency" fund)은 각 지역정부의 필요 재정 수요와 징세력 간의 차이를 고려하여 지원하는 교부금이다.

기본(최저보장)교부금(top-up allocations)은 공공서비스 중 교육과 국민건강 분야에 소요되는 필요 재정을 충당하지 못하는 지역정부에 대하여 최소한의 재정 지원을 하도록 결정된 교부금이다. 그리고 장기적으로 지역 발전에 필요한 투자재원에 충당할 목적의 지역정부 간 보전기금(interregional compensation fund) 등으로 나누었다.

이전에 필요한 교부금 산정 방식은 지역정부 재정조직법(LOFCA) 및 지역 간 보정기금을 규정한 법률 등에 예시된 사회경제 지표를 고려하여 이전재원 수준이 결정된다.

- 지역정부 간 차별화된 지방재정제도

헌법 및 관련법상에서 부분적인 제약은 있지만 대체로 15개의 일반 지역정부와 달리 2개 지역정부(Basque, Navarra)는 수입세 및 소비물품 관련 부가가치세 등과 관련하여 중앙정부가 독점권을 갖고 있는 국세 분야를 제외하고, 관할행정구역의 범위 내에서 다른 모든 세제에 대해서는 조세조정권 및 재정운영권을 부여받고 있어서 일반국세를 모두 독점적으로 징수한다. 물론 이 두 특례지역의 지방정부는 이외에도 지역 간 보전기금과 유럽연합 구조기금 등의 지원을 받는다. 다만 이 지역정부들은 중앙정부와 5년 협약을 통하여 특별지역에서 나온 세수를 국세로 지원할 의무가 있으며, 바스크 지역정부가 국세에 충당하는 세원은 Cupo라고 하고, 나바라 지역정부가 지원하는 것은 Aportación이라고 한다.

(4) 도지방정부의 지방재정제도

기본적으로 지방정부가 의존하고 있는 지방재원은 주로 다음 세 가지의 재원으로 되어 있다. 즉, 지역정부의 세원(regional taxation), 국가이전수입, 지역형평교부금이라고 할 수 있다. 도정부의 자주재원은 사업세에 대한 부가징수권으로서, 기초정부의 세 가지 의무적 지방세의 하나인 사업세에 부가하여 징수하며(사업부가세, Recargo sobre actividades económicas), 단일세율로 40%를 넘지 못하도록 하고 기초정부가 대신 징수하여 배분한다.

(5) 기초정부의 지방재정제도

기초정부의 재정수입은 크게 자체재원과 중앙정부로부터의 교부금으로 구성되며, 구체적으로 주요 재원은 사업세와 재산세, 사용료 및 수수료, 중앙정부의 포괄교부금, 지방채 등이다.

지방세는 크게 의무적 지방세로 재산세(Impuesto sobre bienes inmuebles), 사업세(경제활동세, Impuesto sobre actvidades econòmicas), 자동차세(Impuesto sobre vehiculos de tracciòn mecànica)가 있으며, 선택적 지방세로는 건축세, 도심건물부가세가 있다.

① 지방세제도

기초정부의 자체재원으로 지방세, 세외수입(금융자산의 운영 이익, 벌과금 수입 등)이 있으며, 지방세는 1988년 재정법에서 지방세제도가 새롭게 정리된 바 있다. 이 당시 세원으로는 재산세, 경제활동세(사업세로 기업활동에 관한 일반세원, GTBT), 자동차세 등 세 가지에 세수 기반을 갖고 있었다. 이후 지방세 개편을 통하여 건물세 및 토지(건축)세가 신설되었고, 도심지에서의 토지 및 건물에 대한 부가가치세도 신설되었다. 유럽연합 가입을 위해서는 GTBT(기업활동에 대한 일반세)를 폐지하고 부가가치세(1985)를 신설하면서 지방세제를 변화시킨 바 있다.

이후 2002년 개정된 지방재정법을 통하여 지방세제도를 전면 개편하였다. 그리고 이 법에 근거하여 모든 중소기업에 대하여 사업세를 면제시켰으며, 이로 인하여 발생한 부족 재원을 충당하기 위한 재정보전제도를 만들기도 하였다. 특

표 6-3 기초정부의 조세수입 구조

	1998		2003	
	(단위: 천 유로)	%	(단위: 천 유로)	%
재산세	4,000.33	33.83	5,368.61	34.12
자동차세	1,265.56	10.7	1,802.73	11.46
토지세	667.55	5.65	1,053.70	6.7
사업세	1,640.45	13.88	1,241.87	7.89
건물세	946.00	8	1,547.13	9.83
세외수입	3,303.79	27.94	4,720.75	30
총세수	11,823.68	100	15,734.79	100

히 재산세법에서 기초정부의 재산세목을 새로 조정하였고, 이에 대한 세율결정권을 강화한 바 있다.

② 교부금

기초정부의 가장 중요한 재원인 교부금은 2002년 제도 개혁에도 불구하고 여전히 가장 큰 지방정부 재원의 하나로 남아 있는데, 특히 개정 법률에서 지방정부에 대한 재정보전 원칙(principle of sufficient funding)을 보장하고 있기 때문이다. 1998년 당시에는 국세에 대하여 사전에 지방세로 이전할 부분을 과세지표로 미리 연계한 연동 방식이었다. 그러나 2004년 1월 1일부터 채택된 새로운 제도를 통하여 기초정부에 이전한 교부금 몫을 더 확대한 바 있다.

매 5년마다 GDP 규모의 변화와 소비물가지수(Consumer price index)를 고려하여 교부금 산정 방식을 재조정한다. 세율결정권은 법률의 범위 내에서 기초정부가 갖는다.

- 일반기초정부의 교부제도: 보통의 기초정부는 일반적으로 1988년 제정한 주민 수, 사회경제 여건 등을 고려한 과세지표에 근거해서 지방세와 교부금제도를 운영한다. 교부금 산정 방식 중 75%의 비중은 주민 수를 고려한 상관계수를 적용하였다. 14%는 기초정부의 지방세(재산세, 사업세 등)에 관한 잠재적 세수 확보를 위한 징수력(tax effort)을 고려하여 적용한다. 8.5%는 기초정부의 지방세수와 세외수입 등을 고려한 세수 확보 수준

(Revenue raising capacity)에 따라서 적용한다. 그리고 2.5%는 기초정부가 책임지고 있는 학교 운영 및 유지 보수를 위한 비용으로 학교 수를 고려한 산정지표를 적용한다. 주민 수가 5천 명 이하인 기초정부에 대해서는 최소 교부금(minimum grant) 지급 수준을 정하여 교부하고 있는데, 대체로 주민 1인당 100유로 정도로 책정하여 보전하고 있다.

• 규모가 큰 기초정부의 교부제도: 지역정부의 수도 또는 중간(도)정부의 수도, 주민 수 7만 5천 명 이상의 규모의 큰 기초정부(마드리드시, 바르셀로나시 포함) 등의 경우에는 이중적 재정제도를 적용한다. 그 한 가지는 지역정부와 공동세(territorialised shares)를 운영하지만 소득세, 부가가치세, 특별세(맥주, 포도주, 발효주 등 주세) 등의 경우에는 지역정부에 세원을 부분적으로 양도하고 있다. 또 다른 하나는 과세지표에 근거한 보전기금(complementary fund)을 배분율에 따라서 나누고 있다.

제 2 절 스페인 지방정부 사례

1. 카탈루냐 지역정부

1) 카탈루냐 지역정부의 특례적 지위

1978~1983년 사이에 설립된 카탈루냐 지역정부를 포함한 17개 자치지역정부의 자치권(헌법 제151조)은 규모와 재정력 등의 차이에 따라서 서로 다양하게 나타난다. 가장 지역자치권이 강한 지역정부들은 주로 바스크(Basque), 카탈루냐(Cataluña), 갈리시아(Galicia), 안달루시아(Andalucia) 지역정부들이다. 지역의회의 자치입법권(Statute of Autonomy, Estatuto)은 헌법 제148조와 제149조에 근거하고 있다. 바스크, 나바라 지역정부는 거의 연방국가의 주정부가 갖는 정도의 권한을 보장받고 있어서 지역정부의 공통적 권한 이외에도 주택, 지방세 등에 대한 특례적 권한을 행사한다.

2) 카탈루냐 지역정부의 특성

이베리아 반도 북동부에 있는 스페인 카탈루냐 지역은 2015년 기준으로 인구는 7,565,603명으로 947개의 기초정부가 소속되어 있다. 카탈루냐는 발렌시아(Valencia)와 아라곤(Aragon) 자치령, 프랑스, 안도라(Andorra), 지중해에 둘러싸여 있으면서 프랑스 국경 내의 카탈루냐 델노르트(Catallunya del Nord) 역시 문화적으로는 카탈루냐의 일부이다. 지역정부의 수도는 바르셀로나(Barcelona)이다. 카탈루냐는 스페인령이나, 오랜 기간 동안 스페인과 다른 문화와 가치관 등으로 갈등을 겪어 왔으며, 이에 독립운동이 거세져 2014년 독립 여부를 결정하는 주민투표를 한 바 있다. 투표 결과 81%의 찬성을 이끌어 냈으나, 이는 정부의 승인을 받지 않은 불법적 선거라 하여 독립을 인정하지 않았다.

스페인은 1978년 12월 헌법으로 광역형 정치·행정 단위의 지역정부(Comunidad autonoma)를 창설하였으며, 이때부터 카탈루냐 지역정부는 바르셀로나(Barcelona), 지로나(Girona), 레리다(Lleida)와 타라고나(Tarragona) 등 4개의 도로 구성되고, 1985년 지방정부 기본법이 제정되어 현재의 민주적 지방분권 체제로 재편되어 왔다. 지역정부의 자치권(Statute of Autonomy, Estatuto)은 스페인 헌법 제148~149조 등에 근거하여 지역정부의 권한(제148조 제1항)과 국가 권한(제149조 제1항)을 배분하여 조문화하였다. 따라서 지역정부의 주요 자치권은 자치조직권부터 지역정부의 관할 내의 공공사업, 지역정부 관할 내의 철도, 도로에 의한 수송, 공항시설 관리 등 광역 업무 전반에 확대되어 있다.

카탈루냐 지역정부의 자치재정권의 경우, 헌법 제133조에 근거하여 헌법과 법률에 일치하는 범위에서 새로운 지방세를 자율적으로 설치, 징수할 수 있고, 제156조 제1항에 지역정부의 폭넓은 자치재정권을 인정하고 있다. 그리고 지역 발전계획으로서 기본 계획은 매 6개월마다 재검토를 하며, 지역정부의 지속가능 국토계획부(Departament de Territori i Sostenibilita)에서 총괄적으로 업무를 관장하고 있다.

3) 카탈루냐 지역정부의 조직

한편, 카탈루냐 지역정부의 행재정 권한을 보면, 지역정부의회(Regional Parliaments, Asamblea Legislativa)는 헌법과 국회가 정하는 법률(Ley Orgnica)에 따라서 주 영역 범위 내에 영향을 미치는 입법권을 행사한다. 카탈루냐 지역정부의 예산안을 심의 의결하고 국가법률 집행을 위한 입법 지원을 한다. 지역정부의회는 관할구역을 선거구로 하여 선출되는 임기 4년의 의원들로 구성하며, 지역정부지사(Presidente de la Comunidad Autonma)는 행정부 수장으로서 집행부 구성, 행정입법명령(Decretos)의 제정, 정책계획안 확정 및 집행, 그리고 지역정부를 대표한다. 카탈루냐 지역정부의 관할지역 내에서는 지역정부 스스로가 광역행정 수행을 위한 기초지방정부 간 협력기구를 설치할 수 있고, 바르셀로나 대도시권의 경우에도 지역정부 법률에 근거하여 국가의 의견 수렴을 거쳐 대도시권 협력기구(áreas metropolitanas) 설치가 가능하다. 카탈루냐는 1987년 바르셀로나 중심으로 대도시 교통행정기구를 만들었다. 카탈루냐 지역정부 등의 주요 기능은 헌법 제148조 제1항에서 총 22개 권한으로 포괄적으로 규정하고 있으며, 지역정부 자치경찰과 관련해서는 헌법 같은 조 제22호에 규정하고 있다.

스페인 중앙정부는 1992~1994년 기간 중 사회당과 민중당 간 지역정부협정(Pacto autonómico)으로(1992년 2월 28일) 카탈루냐와 같은 지역정부의 권한 확대를 유도하였고, 이 협정을 거쳐서 지역정부는 세 가지 종류의 위임사무를 수행할 수 있는 권한을 갖게 되었다. 즉, 독점적(배타적)으로 위임된 권한, 법률로 규정된 위임 권한, 집행권의 위임 등이며, 헌법 제150조 2항에 근거하여 국가는 「지역정부 조직법」(우리나라 지방자치단체의 직권조례와 유사)에 근거하여 국가의 권한에 속하는 사무를 위임 또는 이양할 수 있게 하였다.

2. 카탈루냐 지역의 바르셀로나 시정부

1) 바르셀로나시 기초정부의 지위

바르셀로나시는 1979년 카탈루냐 법(Catalonia Estatuto)에서 대도시 지위를 인정받고 이미 카탈루냐 지역정부의 수도이기도 하였다. 주변의 다른 지방정부와 함께 인구 160만 명을 포함한 대도시연합체(Barcelona Metropolitan Corporation, Corporación Metropolitana de Barcelona: CMB)를 구축하여 광역행정을 주도하고 있다. 기관통합형으로 스페인의 기초정부법(Carta Municipal, Municipal Law)에 기초하고 있으며, 지방자치기본법 제26조의 규정에서 정한 일반시의 사

표 6-4 바르셀로나시 기초정부의 자치권 범위

구분		내용
1. 도입 배경		1979년 카탈루냐 법(Catalonia Estatuto)에서 대도시로 규정하고 있는 바르셀로나시는 카탈루냐 지역정부의 수도로서 인구 160만 명을 중심으로 대도시연합체(CMB–Barcelona Metropolitan Corporation, Corporación Metropolitana de Barcelona)를 구축하고 광역행정을 주도하여 왔음.
2. 법적 체계		기초정부법(Carta Municipal, Municipal Law)에 기초한 시의회는 전자통신 분야, 시 교통, 도로안전, 재난안전 등의 분야에서도 시정부의 사무 권한을 보장받음. 재정 특례와 중앙정부의 결정 사항에 관한 시정부 거부권을 인정
3. 자치권	자치입법권	2006년 제정된 기초정부법에 귀속되어, 시의회가 결정하고 집행기관의 책임은 수석행정관 중심으로 운영됨(41명 시의원).
	자치사무권	지방자치기본법 제26조의 규정에 따라 바르셀로나 시정부는 가로등, 묘지, 가정폐기물의 수집, 공공도로의 유지 보수관리, 상하수도, 도로의 정비와 포장, 음식품의 관리 등을 수행 공원, 도서관, 시장, 쓰레기 처리사무, 광역 재해 방지, 복지서비스 제공, 화재예방과 소화, 스포츠시설의 설치, 도축장, 교통경찰, 공공도시교류, 환경보호 등 다양한 사무 수행 권한을 행사
	자치조직권	기초의회(corporación municipal)는 시장과 기초의원으로 구성(기관통합형)하고, 시장이 집행위원을 지명 바르셀로나 시정부의 기관 구성은 의회–단체장 통합형인 정부위원회(Comissió de Govern, Government Commission)가 최고정책결정기구 집행부는 24명의 선출직 지방의원이 시장, 5명의 부시장, 17명의 시의원, 5명의 임명직(비선출직) 등으로 구성
	자치재정권	바르셀로나 시정부의 자체재원으로 지방세, 세외수입(금융자산의 운영 이익, 벌과금 수입 등)이며, 지방세는 1988년 재정법에서 지방세제도가 새롭게 정리된 바 있음. 당시 세원으로는 재산세, 경제활동세(사업세로 기업활동에 관한 일반세원, GTBT), 자동차세 등 세 가지에 세수 기반을 갖고 있었음. 그 후 지방세 개편을 통하여 건물세 및 토지(건축)세가 신설되었고, 도심지에서의 토지 및 건물에 대한 부가가치세도 신설되었음.
	자치계획권	바르셀로나 시정부의 도시계획은 1976년부터 대도시 기본계획(Plan general metropolitano)이 중심이 되어 왔음. 이 기본계획들이 다른 지역의 도시계획 등과 연결되어 지속적으로 수정·집행되어 왔음. 바르셀로나시는 현재 대도시권 개발을 위하여 36개 지방정부와 협력하여 도시개발연합기구(Area Metropolitana de Barcelona, metropolitan area of Barcelona: AMB)를 구축하여 320만 명 시민을 대상으로 지역·도시 개발, 대중교통 등 이동 수단, 주택 건설 및 공급, 환경, 지역경제 발전, 사회통합 같은 다양하고도 중요한 분야에서 광역적 사무관리를 위한 대도시 연합체를 총괄 지휘하고 있음.

무처리 권한을 인정받고, 일반사무 수행 분야 이외에도 전자통신 분야, 시 교통, 도로안전, 재난안전 등으로 권한을 확대하였으며, 재정 특례와 동시에 중앙정부가 결정한 사항에 대한 시정부의 거부권 집행을 인정받고 있다.

2) 바르셀로나 시정부의 행정조직

바르셀로나 시정부의 핵심 집행부는 24명의 선출직 지방의원이 시장, 5명의 부시장, 17명의 시의원, 5명의 임명직(비선출직) 등으로 구성되어 있다. 시의 재정수입은 1988년 재정법에서 지방세제도가 새롭게 정리된 후에도 지방세, 세외수입(금융자산의 운영 이익, 벌과금 수입 등) 외에도 재산세, 경제활동세, 신설된 건물세 및 토지(건축)세, 그리고 토지 및 건물에 대한 부가가치세 등이다. 바르셀로나시의 도시계획은 1976년부터 대도시 기본계획(Plan general metropolitano)이 중심이 되며, 다른 지역의 도시계획과 연계하여 광역발전정책으로 추진한다.

3. 중앙-지방정부 간 관계

1) 국가의 지역정부에 대한 지도감독권의 변화

지역정부의 입법권은 헌법에 귀속되어 있으며, 이로 인하여 국가의 지역정부에 대한 통제는 사법적인 통제(합법성, 헌법상의 절차적 규정 준수 등)에 한정된다. 따라서 사무배분 체계에서도 헌법상 국가의 사무(권한)로 귀속된 것 이외에는 모두 지역정부의 권한으로 규정한 바와 같다.

지역정부에 대하여 별도로 중앙정부가 임명하는 대표부(Delegacion del Gobierno, Delegate General)를 지역 내에 소재하도록 하여 국가의 지방행정청(regional offices)을 중심으로 국가의 지방행정기관에 대한 총괄적 지휘권을 행사하도록 하면서 국가의 행정을 운영하고, 필요에 따라 지역정부 운영에 대한 지도 · 조정 등을 행사한다.

2) 중앙정부와 도와의 관계

중앙정부의 입장에서 도를 대표하는 Deputy－Delegate(과거에는 Civil Governor)가 도 지역 내의 국가행정(노동 분야, 경찰, 국도, 항구, 재정, 건강보험, 교육 분야 등)을 지휘한다. 이들 도지방정부 수준에는 중앙정부의 기관으로서 이전에는 민정장관(Gobernador Civil)이 있었으나, 지금은 이에 대신하여 중앙정부 대표부 지부(Subdelegacion del Gobierno)가 설치되어 있다.

3) 중앙-지방정부 간 관계: 지방정부 대표에 의한 국정참여제도 활성화

1985년 설치된 국가와 지방정부 간 대표회의체로 국가지방행정협의회(National commission of Local administration: CNAL)가 설치되었다. 이 협의회는 지방정부와 관련된 법률안에 대하여 의견을 제시하도록 하였으며, 법률적인 의무적 의견 수렴 절차는 아니었다.

그러나 1985년 4월 2일 제정된 법률 제7/1985호는 지방정부 운영에 관한 기본규칙을 제정하였으며, 1988년 12월 28일 법률 제38/1988호는 지방재정과 관련된 규정을 제정함으로써 법률로 규정하고 있는 지방정부에 대한 의견 수렴 절차라고 할 수 있다. 이 중 첫째 법률 제117조에서 국가지방행정협의회(CNAL)는 국가와 지방정부 간 상설협력기구로 설치한다고 하였다. 이후 1997년 9월 15일 정부령(Roal Decree) 제1431/1997호에서 CNAL의 구성 및 기능을 제정하였다. 이 협의회는 장관(Minister of Public affairs)이 회의를 주재하며, 중앙정부 대표와 지방정부 대표 각각 9명이 동수로 구성된다. 의장이 회의를 소집할 수 있으며, 또는 지방정부대표자들의 요청에 의하여 회의 개최도 가능하다. 지역정부 대표자들은 협의회에 참관자 자격으로 참여가 가능하다.

동 법 제5조에서 규정하는 바와 같이 지방정부와 지역정부가 관련된 분야에서의 중앙정부 법률안 제정 시 의견 수렴을 할 수 있으며, 동법 제61조에서 중앙부처 장관들이 결정한 정책들에 대해서도 의견 수렴을 할 수 있다. 지방정부와 관련된 교부금 배분, 재정이양, 양여금 배분 등에 대한 의견도 제시한다.

그리고 최종적으로 지역정부가 채택한 법률안이 지방정부의 자치권을 해친다고 판단되면 헌법재판소에 제소하여 법률의 폐지를 요청할 수 있다.

4) 중앙-지역정부 간 재정관계: 지역정부에 대한 자치재정권 보장 원칙 준수

스페인 국가는 보충성의 원칙에 근거하여 광역지방정부인 지역정부에 대하여 자치재정권을 보장하고 있다. 예를 들면, 헌법 제158조 2항 및 지역정부 재정에 관한 1980년 9월 22일, 8/1980 조직법 등에 근거하고, 1984년 3월 31일, 7/1984 법률에 따라 지역경제 개발, 지역 개발 지원을 위한 국가의 투자지출 비용 지원제도를 운영하고 있다. 이후 제도적으로 보정기금의 효과성이 여전히 만족스럽지 못하다고 하여 2001년 12월 27일 22/2001 법률로 지역정부 간 재정보정기금의 개편을 실시한 바 있다. 또한 동법 제2조 2항의 지역정부 간 재정보정기금 지원 원칙에 따르면, 재정 지원이 필요한 지역정부에 대하여 지역의 부가가치와 수입 창출을 위하여 지원하는 것을 목적으로 한다고 규정하였다. 따라서 2001년부터는 두 가지 기금으로 구분한 보정기금과 보충기금으로 중앙정부의 재정 지원이 제공되고 있다.

5) 지역정부의 재정제도 원칙

헌법 제156조 1항은 재정자치권을 규정하고 있으나 국가 재무부와의 협력조정 원칙(principle of coordination) 및 연대 원칙에 근거하여 국가는 지역정부에 대한 재정 지원을 하여야만 하고, 이를 위하여 중앙정부와 협력 체제를 유지하게 된다.

즉, 지역정부 간 연대 원칙(principle of inter-regional solidarity)은 헌법 제158조에서 규정하고 있고, 이 원칙에 따라 스페인 전국에 있는 공공기관에 대하여 최소한의 기준을 보장하고 있다. 이러한 원칙에 근거하여 지역정부에 이중적 재정 지원 체제를 유지하고 있는데, 국가이전 재원과 지역정부의 조세제도(자율적 지방세제)가 그것이다. 지역정부의 자치재정권으로는 지역정부의 지방세 및 국가로부터의 양여금, 지방세, 세외수입 등이 있다.

또한 지역정부는 헌법 제133조에 근거하여 헌법과 법률에 일치하는 범위에서 새로운 지방세를 자율적으로 설치, 징수할 수 있다. 지역정부의 재정수입원은 1996년부터 지역별로 소득세를 설치하여 지역의 전체 소득세 중 15~30%를 지역정부의 세원으로 하고 있다. 즉, 지역정부는 부가가치세 수입 중 평균 35%를 자체재원으로 징수하며, 휘발유세, 담배, 주류, 자동차등록세, 전기세 등에 대해서는 40%를 자체재원으로 갖는다. 이상 헌법 제158조에 지방정부 재정에 관한 충분성 원칙을 보장하고 있으나, 이에 따르면 지역정부의 재정 확보를 위하여 국가가 지원하여야 할 의무도 있지만 지역정부도 국가의 세수입에 동참할 의무가 있는 것이다. 이로써 지역경제의 균형적 발전과 유지를 위하여 국가는 수평적 재정조정기금을 마련하여 운영하고 있다.

지방정부의 지방세는 주로 재산세, 경제활동 부과세, 건축세, 기간설비세 등이다. 지방정부의 자체재원은 평균 43% 정도의 수준에서 마련하고 있다.

Chapter 07

스위스 지방정부

제 1 절 스위스 지방정부 체제

1. 지방정부의 계층구조

1) 연방정부

스위스는 41,300km^{2}의 면적, 인구 약 7백 30만 명이 사는 연방국가로서 3계층의 통치구조를 형성하고 있다. 독일어, 프랑스어, 이탈리아어, 레토로만어(Rhaeto Roman) 등 다언어를 사용하는 연방국가이다. 연방정부 수도는 베른(Bern)에 두고 있다. 1848년 연방헌법을 통하여 스위스는 연방정부, 26개 캔톤(Canton) 주정부, 2,212개(2019년)의 기초자치정부로 구성되었으며, 1995년 연방헌법을 전면 개정한 바 있다. 스위스의 연방정부 구성은 기초자치정부로부터 탄생되었을 뿐만 아니라, 주정부 역시 시민의 민주화 과정 속에서 탄생되었다.

연방정부의 구성은 국민을 대표하는 하원의회(nationalrat, conseil national)와 주정부를 대표하는 상원의회(stnderat, conseil des Etats)가 있으며, 집행부로서는 연방내각(bundesrat, conseil féral)이 있다. 연방내각은 임기 4년의 선출직 대표자인 7명의 국무위원으로 구성되며, 최고집행기관으로서 국가정책을 주도하고 있으나 연방의회에 귀속되어 있다. 다만 연방의회는 내각장관들에 대한 불신임권이 없으며, 연방대통령은 연방내각 중에서 매년 교대로 선출된다.

2) 주정부

스위스 지방정부는 연방체제 하에서 26개 주정부(Canton)가 각각 주정부헌법을 제정 운영하고 있으며, 주정부가 다른 나라의 '지역정부' 역할을 수행함과 동시에 주정부헌법에 근거한 지방정부법을 제정 운영하고 있다.

주정부는 스페인과 같은 단일국가의 '지역정부'와 유사한 역할을 하며, 이에 주헌법에 근거한 지방정부법을 제정 운영하고 있다. 스위스 연방헌법(Federal Constitution of the Swiss Confederation)은 1848년 9월 12일 제정된 이후 현재 헌법은 1999년을 기준으로 한다.[1)]

표 7-1 스위스 연방헌법에서 주정부의 자치권 및 자치재정권 인정 조항

스위스 연방헌법 원문	번역
Art. 47 Autonomy of the Cantons 1 The Confederation shall respect the autonomy of the Cantons. 2 It shall leave the Cantons sufficient tasks of their own and respect their organisational autonomy. It shall leave the Cantons with sufficient sources of finance and contribute towards ensuring that they have the financial resources required to fulfil their tasks.	제47조 주정부의 자치권 제1항 연방정부는 주정부의 자치권을 존중한다. 제2항 주정부가 사무를 수행할 수 있도록 충분한 주정부 사무와 자치조직권을 부여하고 존중한다. 이러한 주정부 사무를 수행하기 위하여 충분한 재정을 부여하여야 하며 충실하게 주정부 사무를 수행하는 데 필요한 재정적 자원을 확보할 수 있도록 기여하여야 한다.

스위스 연방헌법 제3조에서 주정부의 포괄적이고 전권한적인 주의 권한을 인정하고 있다. 다만 연방헌법에서 제한을 하고 있는 권한과 그 외에 연방정부에 명시적으로 부여되지 않은 경우 등은 포괄적이고 전권한적으로 주정부의 주권으로 행사하게 된다. 스위스 연방헌법 제5조a에서는 정부간 관계에서의 권한, 기능, 사무 등의 배분과 집행에서 보충성의 원칙을 규정하고 있다. 연방헌법에서 주정부의 자치조직 자율권 및 재정 지원의 보장 등을 규정하고 있다.

1) https://www.admin.ch/opc/en/classified-compilation/19995395/index.html (2019년 2월 검색).

표 7-2 스위스 연방헌법에서 주정부의 자치권과 보충성의 원칙 조항

스위스 연방헌법 원문	번역
Art. 3 Cantons The Cantons are sovereign except to the extent that their sovereignty is limited by the Federal Constitution. They exercise all rights that are not vested in the Confederation.	제3조. 스위스 주정부 주정부는 연방헌법에서 제한하고 있는 권한의 범위를 제외한 범위에서 주의 권한이 있다. 연방에 부여하지 않은 모든 권한을 행사한다.
Art. 5a Subsidiarity The principle of subsidiarity must be observed in the allocation and performance of state tasks.	제5조a 보충성의 원칙 정부간 사무를 배분하고 수행하게 하려면 보충성의 원칙이 준수되어야 한다.

3) 지방정부 및 계층구조

지방정부(commune) 유형으로는 Cities, towns, villages 등이 있으며 게마인데(Gemeinde)라고 한다. 기본적으로 인구가 1천 명 미만인 게마인데가 전체 게마인데 중 51%, 전체 인구의 84% 정도이다. 주로 주민 1만 명 이상의 경우에는 시정부라고 한다. 취리히(Zürich)와 제네바(Genève)는 주민 수가 제일 많은 시정부이지만, 기초정부이기도 하며, 주정부의 수도로서 이중의 지위를 갖는다.

스위스 지방정부 계층구조는 기초정부와 주정부 간 2계층제로 이루어져 있고, 기초정부와 주정부를 합하여 2019년 기준 총 2,238개 정부가 있다.

① Municipal 지방정부: 2,212(게마인데, Gemeinde)

② Intermediary 중간지방정부: 없으며 행정계층으로 존재한다

③ Regional 지역정부: 26(주정부, 캔톤, Canton)

4) 중간 행정계층

스위스는 주정부와 기초자치정부 사이에 다시 중간계층의 행정구역으로 광역행정구역(arrondissements, Bezirke)과 군(districts, Kreise) 단위 등 200여 개가 있다. 각 주정부가 행정구역은 선출직 또는 임명직의 도지사(Prefect)가 관할하고 있다.

이러한 스위스의 도지사 지위는 프랑스의 중앙정부를 대표하는 임명도지사 제도와 달리 지방에서 연방정부를 대표하는 역할을 하지 않는다. 스위스의 통치

체제의 특징은 바로 주정부의 존재성으로 인하여 연방정부의 대표기구가 지방에 존재할 필요가 없다는 것이라 하겠다.

연방정부의 행정기관인 체신청(Postal and Telecommunications services: PTT), 연방철도청(Swiss Federal Railways: CFF), 관세청(Customs and Excise service: CE) 등은 스위스 수도 이외의 지방에도 행정기관들을 설치하여 운영하고 있다.

2. 지방정부의 자치권과 기관 구성 유형

1) 주정부의 자치권

주정부(Cantons)는 연방기구 내에서 자주적 통치권을 갖고 있다(스위스 연방헌법 제3조). 이에 연방정부와 주정부의 권한 배분 관계에서 보면 경찰 기능은 주정부의 고유입법권으로 규정하고 있다. 스위스 연방헌법(Federal Constitution of the Swiss Confederation)은 1999년 개헌 후 현재까지 유효한 헌법은 제3~5조에서도 주정부의 지역과 자주권을 보장하고 있다.[2] 따라서 연방정부가 주정부를 창설하거나, 폐지 또는 변경을 할 권한이 없다. 이러한 문제에 대해서는 중재자의 입장에서 권한을 행사할 수 있다(Jura 사건).

2) 기초정부 자치권

스위스 연방헌법에서 기초정부의 자치권 보장은 주정부 법률과 일치하는 방

표 7-3 스위스 연방헌법에서 기초정부의 자치권 보장 조항

스위스 연방헌법 원문	번역
Section 3 Communes Art. 50 1. The autonomy of the communes is guaranteed in accordance with cantonal law. 2. The Confederation shall take account in its activities of the possible consequences for the communes. 3. In doing so, it shall take account of the special position of the cities and urban areas as well as the mountain regions.	제3부 기초정부 제50조 제1항. 기초정부의 자치권은 주정부 법률에 따라서 보장된다. 제2항. 연방정부는 연방사무를 수행할 때 기초정부와 관련되어 발생 가능한 결과들을 고려하여 활동하여야 한다. 제3항. 그렇게 할 때 시정부와 도시지역, 그리고 산간지역들의 기초정부의 특별한 지위를 고려하여야 한다.

2) https://www.admin.ch/opc/en/classified-compilation/19995395/index.html(2019년 5월 검색).

향에서 보장되어야 한다고 규정함으로써, 기본적으로 기초정부의 권한은 주정부헌법 및 관련 주법률에서 보장하도록 하고 있다. 그리고 연방정부가 정책 등을 수행할 때 지리적, 지역적 특성을 가진 시정부, 산악농촌 지역의 기초정부 등의 특수성을 고려한 연방정부의 정책과 주정부의 정책 수행을 명시함으로써, 국토의 균형 발전 등을 위한 지역적 차이 등의 가능성도 보장하고 있다.

3) 기초정부 통치 체제

연방헌법 제50조 1항에서 "게마인데(기초정부) 자치는 캔톤 주정부 법이 정하는 바에 따라 보장된다."고 하면서 기초정부의 자치권을 캔톤(주)법에 따라 보장하고 있다. 기초정부(Municipalities)는 주정부와 마찬가지로 면적과 인구 규모 면에서 상당히 다양한 모습을 나타내고 있으며, 더욱더 다양한 것은 각 기초정부의 법적 권한의 범위가 천차만별이라는 점이다. 이러한 이유는 주로 주정부의 역사적 발전 과정에 따라 상당한 변화를 겪었기 때문이라고 하겠다.

예를 들면, 게마인데(Gemeinde) 기초정부의 평균 인구는 2,500명 수준으로 다양한 형태를 보인다. 명칭도 언어권에 따라 다르며(Gemeinde, Ortsgemeinde, Commune, Commune Municipale, Bezirke 등), 주정부의 통치 범위에 따라 자치권의 범위도 상당히 다양하게 보장되어 있다. 독일의 영향을 받은 기초정부들은 비교적 규모가 크고 강력한 권한을 행사하고 있으나, 프랑스의 영향 하에 있는 기초자치정부는 여러 면에서 규모가 작은 지방정부들이 많다. 기초자치정부는 주정부의 법적 구속력 하에 있으나 연방정부와의 법적 상하 관계는 무관하다고 할 수 있다.

4) 지방정부의 기관 구성 유형

스위스 지방정부의 기관 구성은 일반적으로 집행부위원회(executive council)를 구성하고, 이를 시장(president or mayor)이 지휘하며, 입법기관은 주로 모든 시민이 직접 참여하는 주민회의(town meeting) 또는 시민들의 숫자에 따라서 구성된 지방의회(municipal parliament)가 대표하여 자치입법권을 행사하는 입법기구로 운영된다.

주정부 헌법에 따라서 행정구역을 district, municipality(commune) 등으로 구

분한 경우도 있으나, 대부분 시장－지방의회 형태의 기관 구성을 유지하고 통합형 또는 분립형은 주정부헌법과 그 주정부의 지방자치법에 근거하여 채택할 수 있게 하고, 주정부－지방정부 간의 이중적 계층구조를 갖고 있다.

독어권에 있는 장크트갈렌(Sankt Gallen)과 같은 주정부 내의 기초정부는 주로 다섯 가지 형태로 존재하며, 제네바(Genève)나 뇌샤텔(Neuchatel) 같은 프랑스어권 주정부는 거의 동일한 형태의 기초정부가 존재할 정도로 지역별로 상당히 다양한 기관 구성 형태의 기초자치정부가 존재한다.

주민총회(assemble communale, gemeindeversammlung, conseil général)가 지방의회의 역할을 하는 기초정부는 약 4/5 정도가 되며, 주민총회는 1년에 4~5회 개최되고 있다. 규모가 큰 기초정부는 지방의회를 따로 조직하여 주정부 선거법에 근거하여 대표를 선출한다. 조례를 제정하는 지방의회는 집행부를 감시, 감독하며 예산 및 결산의 승인, 지출재정권 사용, 토지이용계획 승인 등의 권한을 행사한다.

집행부를 구성하는 행정위원회(conseil administrative, gemeinderat, stadtrat, municipio)는 단체집행기관으로 시장은 행정위원들이 순번으로 1년씩 맡게 된다. 시의 모든 결정은 시장이 아닌 행정위원회의 이름으로 결정되고 집행되는 공동책임제이다.

3. 연방정부의 지방정부에 대한 책임성 확보제도

1) 지방정부 책임성 확보제도

스위스 지방자치제도에서 책임성 확보제도는 주로 주민투표 방식에 의한 소환제도를 폭넓게 도입하고 있다. 스위스 지방정부(communes)는 집행기관인 행정위원회(conseil administratif) 위원에 대한 소환제를 채택하여 주민감시 체제를 효과적으로 가동시키고 있다. 즉, 선거권자인 주민들이 지방정부 단체장 중심의 집행기관 또는 선출직 행정위원회 구성원을 주민투표 방식에 의한 임기 중 직접 소환하는 해임제도를 채택하고 있다. 따라서 중앙정부(또는 주정부)가 주민의 의사와 다른 별도의 방식으로 단체장을 해임하거나 징계할 수 없다.

2) 연방정부와 주정부의 지방정부에 대한 감독제도

연방정부는 주정부에 대하여 사전승인권을 통하여 통제권을 행사하고 있다. 연방헌법 제51조에서 연방정부는 연방법에 위반하지 않는 한 주정부 헌법을 보장한다. 주정부는 연방헌법에 규정된 모든 권리, 기본권, 시민권, 법적 평등권, 적접절차 등을 보장하여야 한다(연방헌법 제51조). 주정부는 연방법을 존중하고 충실히 집행하여야 한다(제46조 1항) 등으로 연방정부와 주정부의 동등한 관계를 규정하고 있다.

그러면서 기초정부는 주정부법의 규정에 제한되도록 하고 있다. 왜냐하면 주정부 헌법은 연방의회의 동의를 거쳐야 인정될 수 있으며, 이와 마찬가지로 주정부의 일부 법률 또는 주법률의 일부 조항 등에 대하여 연방의회의 사전 승인권이 발휘되기 때문이다. 또한 연방정부의 권한이 관여되는 법률 집행에 대해서는 연방정부의 감사관이 법 집행을 감시할 권한이 있다. 하지만 이와 같은 권한은 실제로는 잘 사용되고 있지 않다.

연방법률의 집행에 대하여 주정부가 올바르게 수행하지 못할 경우에 대한 강제적인 제재 수단은 거의 없다. 다만 연방정부의 행정회람을 통하여 주정부로 하여금 수행하여야 할 임무에 대한 재요구를 하거나, 필요에 따라서는 수행과정에 대하여 국민들에게 공개함으로써 여론에 의한 간접적 통제를 하게 된다. 또는 연방법원을 통한 행정 결정을 발하는 경우가 있다.

이와 같은 시도는 유럽연합(European Union: EU)이 각 회원국에 대하여 취하는 조치와 상당히 유사한 점이 있어서, 다른 연방국가들과 마찬가지로 스위스 연방정부가 연방보조금을 삭감하거나 하는 등의 강제 수단을 사용하지 않는 정치적 상황이 존재한다.

그리고 주정부가 기초정부에 대하여 감독하는 수단은 여러 가지가 있으며, 재정 감독의 경우는 엄격하게 시행하는 경우도 있다. 그러나 이러한 모든 감독은 법적인 절차를 거쳐서 사법적 결정에 근거하여 이루어진다. 감독기관은 연방정부의 기초정부를 관할하는 내무부 또는 주정부 부처 및 임명도지사인 프레페(préfet) 등을 통하여 이루어지기도 한다.

제 2 절 스위스 지방정부 사례

1. 취리히 주정부와 시정부

1) 취리히 주헌법

취리히(Zürich) 주헌법은 1869년 제정되었으며, 가장 최근에 개정된 헌법은 2005년 2월 27일 주정부헌법이다. 취리히 주정부의회(Kantonsrat)는 총 180명으로 구성되며(취리히 주헌법 제50조), 주정부의 최고집행기구(Regierungsrat)는 총 7명이다. 매년 주정부 대표(Präsidentin)와 부대표를 선출한다. 취리히 주정부 헌법에 근거한 선출직을 보면, 취리히 지역(Bezirks)을 관할하는 지역지사(Stimm-berechtigten), 지역의회 의원 등이며, 이들을 주민이 직접 선출하고, 관할 사법부도 직접 선출한다(취리히 주헌법 제80조). 주민들이 직접 선출한 정치적 선출직을 통하여 연방정부와 주정부 공무원들의 행정 업무와 사법 업무 등을 감시하고 주민통제에 의하여 직접민주주의를 강화해 오고 있다.[3]

표 7-4 취리히 주헌법상 기초정부의 자치권

취리히 주정부헌법 원문	번역
Art. 87 1. Die Organe der Gemeinde sind:a. die Gesamtheit der Stimmberechtigten;b. der Gemeindevorstand;c. die weiteren vom Gesetz bezeichneten Behörden. 2. Die politische Gemeinde kann an Stelle der Gemeind-eversammlungein Gemeindeparlament einrichten.	제87조 제1항. 기초정부의 기관 구성은: a. 주민선거인단; b. 기초정부 의회; c. 기타 주법률에서 인정하는 기관들이다. 제2항. 기초정부의 정치는 기초의회가 주민의회를 대신할 수 있다.
Art. 89 1. Die Gemeinde regelt ihre Organisation und die Zuständigkeitihrer Organe in der Gemeindeordnung. 2. Die Gemeindeordnung wird von den Stimmbere-chtigten an derUrne beschlossen. 3. Sie bedarf der Genehmigung des Regierungsrates. Dieser prüftsie auf ihre Rechtmässigkeit.	제89조 제1항. 기초정부는 지방정부법Gemeindeor-dnung)으로 그 조직 구성과 조직 권한을 결정할 수 있다. 제2항. 지방정부법은 주민선거인단이 주민투표를 통하여 채택한다. 제3항. 지방정부법은 법적인 통제를 주관하는 주정부 집행기구가 승인하여야 한다.

3) http://www.zh.ch/internet/de/rechtliche_grundlagen/gesetze/erlass.html?Open&Ordnr=101

2) 취리히 주정부

취리히 주정부는 12개 관할행정구역이 있고, 관내에 총 170개 기초지방정부(Gemeinde)가 있으며, 모두 기초정부의회를 구성하고 있다. 이 중에 가장 큰 기초정부는 취리히 시정부이며 시의 인구는 총 34만 7천 명 수준이다. 따라서 12개로 구분된 취리히 주정부 지역(Bezirks)에는 각 지역마다 주정부 행정기관(district authority)을 두고 있다.

그림 7-1 취리히 주정부의 12개 관할행정구역

3) 취리히 시정부

취리히 시정부(Stadt Zürich)는 그 하나의 지역인 취리히 지역 내에 위치하고 있다. 각 지역마다 설치된 주정부 행정기관의 도지사와 위원들은 주민이 4년마다 그들을 선출하며, 특히 주정부 행정위원회(district council)에서 기초정부의 업무를 모니터한다.

취리히 시정부는 4년 임기의 9명 집행위원(city council)으로 구성되었으며, 이들이 각각 부처의 업무를 총괄하고 있다. 주민들이 직접 선출한 시의회 집행위원으로서 행정부를 구성한다. 지방의회(city parliament)는 총 125명으로 구성되며, 이들 시의원의 임기는 4년이고, 시법률과 법규 등을 제정하며 주민 누구나 시의원 후보가 될 수 있다. 시의회 회기는 공개하며, 지방의회－집행기구형(city parliament－city council) 간 분립형 시정부 행정조직을 운영하고 있다.

4) 취리히 주 관내 레겐스베르크 기초정부

또 다른 사례로 레겐스베르크(Regensberg) 지방정부(municipality)의 경우는 2019년 시장(베르크뮐러)을 포함한 5명의 집행위원이 시 행정서비스를 책임지면서 동시에 '시의회' 역할도 수행한다. 주민 470여 명의 레겐스베르크 마을 단위 지방정부로서 게마인데 자체의 '기초정부헌법'인 Gemeindeordnung der Politischen Gemeinde(Municipal code of political community or Political Community Charter)을 기본으로 운영하고 있다(총 42개 조항). 이에 대해서는 2007년 6월 17일 주민투표로 확정하였고, 이를 다시 취리히 주의회가 2007년 8월 29일 승인하여 기본 통치법규로 활용하고 있다.

표 7-5 레겐스베르크(Regensberg) 기초정부헌법 총칙(사례: 제1조~제3조, 전체 42개 조항)

Gemeindeordnung der politischen	Municipal code of political community Political Community Charter	뢰겐스베르크 기초정부헌법(총 42개 조문)
I. allgemeine bestimmungen art.1 gemeindeordnung Die Gemeindeordnung regelt den Bestand und innere Organisation der politischen gemeinde und bestimmt die befugnisse der organe	I. general provisions art.1 community order The municipal code regulates the existence and internal organization of the political community and determines the powers of the organs	I. 일반 조항 제1조. 뢰겐스베르크의 기초정부헌법 본 뢰겐스베르크의 기초정부헌법은 뢰겐스베르크의 정치 분야 통치기구의 존재와 그 내부조직을 규정하며, 뢰겐스베르크 통치기구의 권한을 결정한다.
art.2 Gemeindeart Regensberg bildet eine politische gemeinde	art.2 community type Regensberg forms a political community	제2조 지방정부의 유형 뢰겐스베르크는 정치 분야의 통치기구(정치제) 형태의 지방정부 형태이다.
II. Die Stimmberechtigten A. Politische Rechte auf Gemeindeebene	II. The voters A. Political rights at the community level	II. 투표권자 A. 뢰겐스베르크 관할구역에서의 정치적 권한

art.3 Stimmund Wahlrecht, Wahlbarkeit Fur die Wahl in Organe der Gemeinde ist der politische Wohnsitz in der Gemeinde erforderlich. Davon ausgeschlossen sind der Gemeindeammann und Betreibugnsbeamte, die Friedensrichterin bzw. der Friedensrichter, welche mit politishem Wohnsitz im Kanton wahlbarsind. Die Wahlbarkeit sowie das Recht, an Wahlen und Abstimmungen der Gemeinde teilzunehmen (und Wahlvorshclage einzureichen), richeten sich nach der Kantonsverfassung, dem Gemeindegesetz und dem Gesetz uber die politischen Rechte. Das Initiativund Anfragerecht richtet sich nach dem Gemineindegesetz. Die Stimmberechtigten uben ihre Rechte in der Gemeindeversammlung und an der Urne aus.	Art.3 Voting and voting rights, eligibility For election to community organs, political residence in the community is required. Excluded are the municipal team and Betreibugnsbeamte, the justice of the peace or the justice of the peace, which are selectable with political residency in the canton. The eligibility, as well as the right to participate in elections and votes of the community (and to submit election papers), were governed by the cantonal constitution, the municipal law and the law on political rights. The right of initiative and request is governed by the municipal law. The voters exercise their rights in the community assembly and at the ballot box.	제3조 투표, 투표권, 선출 자격 통치기구의 집행위원을 선출하는 선거의 경우, 입후보자는 뢰겐스베르크에 거주하는 것이 필수이다. 선출 자격에서 배제되는 대상들은, 뢰겐스베르크 공무원, 판사와 검사 등이다. 이들은 주정부 수준에서 선출직 후보자의 자격을 가질 수 있다. 그 외의 지방선거권 및 투표행위, 선출 자격 등에 대해서는 주정부 헌법, 주정부의 지방자치법 및 정치 관련 법률 등에 따른다. 주민발의 및 주민청원에 대해서는 뢰겐스베르크 자치법률에 따른다. 투표권자는 의회(회기 중에)와 투표장소에서 투표권을 행사한다.
이하 생략	이하 생략	이하 생략

2. 취리히 주정부와 시정부 간 관계

표 7-6 취리히 주정부와 지방정부 간 관계

영역	세부 쟁점	분석 내용
입법	1) 입법권 범위	취리히 주(캔톤)헌법 제83조 정치 게마인데는 연방과 주의 권한에 속하지 않는 모든 공적인 사무를 수행한다.
	2) 국가-지방의 입법 영역 배분	취리히 주헌법 제1조 제1항, 제4항 ① 취리히 주정부는 스위스연방의 주권적인 위상을 갖는다. ④ 주정부는 기초정부의 독립성을 인정한다. 취리히 주(정부)헌법 제5조 제2항, 제3항 ② 주와 기초정부는 공익을 조장하기 위하여 개인들과 조직들의 이니셔티브를 인정한다. 주와과 기초정부는 자조에 대한

		지원을 촉진한다. ③ 주와 기초정부는 민간에서 적절하게 수행할 수 없는 공익적 사무를 수행한다.
사무	1) 사무배분 원칙	취리히 주헌법 제110조– 제121조 주와 기초정부의 사무를 구체적으로 열거
	2) 정부간 행정권 배분	취리히 주헌법 제85조 제1항 ① 기초정부는 자신의 사무를 독자적으로 정한다. 주의 법률은 기초정부에 가능한 한 넓은 재량 영역을 보장한다.
	3) 국가–지방사무 열거	취리히 주헌법 제125조 제1항 ① 법률은 조세 종류, 납세자의 범위, 조세의 대상, 그리고 세율을 확정한다. 취리히 주헌법 제126조 제1항, 제2항 ① 법률은 추가적인 공과금의 징수를 위한 기본 원칙을 정한다. ② 법률은 특히 다음의 사항을 정한다. a. 공과금의 종류와 대상; b. 세율의 기본 원칙; c. 공과금 납부자의 범위
정부간 관계	1) 지방정부 기관 구성 다양화	취리히 주헌법 제89조 ① 기초정부는 기초정부법에 그들의 조직과 조직의 권한에 대하여 정한다. ② 기초정부법은 투표한 유권자에 의하여 의결된다. ③ 기초정부법은 정부의회의 승인을 필요로 한다. 정부의회는 기초정부법의 합법성 여부만 조사한다.
	2) 지방정부의 종류	연방헌법 제50조(지방정부) ① 지방정부의 독립성은 주 법률이 정하는 범위에서 보장된다. ② 연방은 그 활동에서 지방정부에 미칠 수 있는 결과를 고려한다. ③ 연방은 특히 도시, 도시 주거밀집지역 및 산악지역의 특수한 상황을 고려한다.
	4) 지방 4대 협의체 법률안 제출권	취리히 주헌법 제87조 제2항 ② 기초정부는 기초정부 총회 대신에 기초정부의회를 설치할 수 있다.

3. 제네바 주정부와 시정부

1) 제네바 주헌법과 지방자치법

제네바 시정부(ville de Genève)는 제네바 주정부(canton de Genève)의 관할 행정구역에 속하는 기초정부이며, 제네바 주헌법(Constitution de la République et canton de Genève, 2012)의 제5권인 '주정부 행정계층 조직과 외적 관계(Titre V Organisation territoriale et relations extérieures)'에서 주정부에 속한 지방정부로

명문화되어 있으며, 지방자치에 대한 규정도 함께 적용받고 있다.4)

주헌법 이외에도 제네바 주정부는 주법률인 기초정부법(Loi sur l'administration des communes)에 근거하여 45개의 기초정부에 대한 기관 구성 다양화 방안 등을 세부적으로 '제3조 기관 구성'에 명문화하고 있다. 따라서 제네바 시정부 등의 기관 구성에 대해서는 제네바 주정부헌법 제3부인 지방정부기관에 관한 제141조 헌법 조항을 근거로 하고 있다.

표 7-7 제네바 주헌법상 지방자치조직권 조항

제네바 주헌법 원문	번역
Art. 141 Exécutif communal 1. L'exécutif communal est une autorité collégiale qui s' organise librement. 2 Il est composé: a) d'un conseil administratif de 5 membres dans les communes de plus de50 000 habitants; b) d'un conseil administratif de 3 membres dans les communes de plus de3 000 habitants;c) d'un maire et de 2 adjoints dans les autres communes.3 Il est élu tous les 5 ans au système majoritaire. Le premier tour a lieu simultanément à l'élection du conseil municipal.	제141조. 기초정부 집행기구 제1항. 집행부(exécutif communal)는 자유롭게 구성된 합의기구이다. 제2항. 집행부 구성은: 주민 5만 이상의 경우에는 5명, 주민 3만 이상의 경우에는 3명으로 구성한다. 이와 다른 기초정부의 경우는 1명의 시장과 2명의 부시장으로 구성한다. 제3항. 집행위원들은 매 5년마다 다수 투표로 선출되며, 제1차 투표는 지방의회 선거와 동시에 실시한다.

2) 제네바 시정부의 기관 구성 유형

제네바 시정부는 프랑스어를 사용하는 권역으로 취리히 시정부 다음으로 주민이 많은 제2의 도시정부이다. 지리적으로 프랑스와 가까운 관계로 정치적 영향을 받아서 시정부의 기관 구성 유형도 지방의회-시장 통합형으로 운영되고 있다.

제네바 시의회(Conseil municipal)는 80명의 의원으로 구성되며, 시의회규정(règlement du Conseil municipal: RCM)과 기초정부법(Loi sur l'administration des communes: LAC)에 근거하여 구성·운영되고 있다. 80명의 지방의원 중에서 시의회의장단(membres du Bureau)을 대표하는 의원들을 선출하는데, 의장(président) 1명, 부의장(vice-président) 2명, 4명 의회집행위원(secrétaires)으로 구성된다.

4) 제네바 주정부헌법(Constitution de la République et canton de Genève, 2012) 제5권.

이들의 주요 임무는 시의회를 대표하여 그 업무를 기획·조직하는 일을 담당하면서 매월 회의를 개최하여 시의회의 집행 업무를 수행한다.

시정부 집행부는 행정위원회(Conseil administratif) 유형이기도 하며, 이 집행위원회를 구성하는 다섯 명의 집행위원(membres de l'exécutif)은 매 5년마다 지방선거로 주민들이 직접 선출하고, 이 중에서 매년 호선으로 시장이 된다. 그리고 나머지 네 명은 각각 행정부처를 담당하는 집행책임자가 된다.

4. 제네바 주정부와 시정부 간 관계

1) 권력적 통제와 비권력적 통제

선출직 지방정부의 장 및 지방의원에 대한 징계 원칙으로는, 단체장과 지방의원들이 법적 의무 사항을 이행하지 않았거나 의도적으로 또는 부작위적으로 법적 조치를 완료하지 않았을 경우에는 징계처분을 받을 수 있다(제네바 주 기초정부법 제82조).

표 7-8 제베나 주정부와 시정부 간 관계 법조문

제네바 주정부 기초정부법 원본	번역
Art. 82(Principe) 1. Les conseillers administratifs, maires et adjoints qui enfreignent leurs devoirs de fonction imposés par la législation, soit intentionnellement, soit par négligence ou imprudence graves, sont passibles de sanctions disciplinaires. 2. Laction disciplinaire est sans effet sur laction civile et sur les poursuites pénales.	제82조(선출직에 대한 징계 원칙) 1. 법률이 부과하고 있는 사무 수행 의무를 의도적으로나 혹은 경솔하거나 심각한 부주의로 인하여 다하지 못하는 행정시의원, 시장, 부시장 등은 징계처분을 받는다. 2. 징계 수단은 민사소송과 형사소추에 대해서는 효과를 갖지 않는다.
Art. 83(Sanctions disciplinaires) 1. Le Conseil dEtat est compétent pour prendre les sanctions disciplinaires suivantes : a) l'avertissement; b) la révocation dans les cas prévus à larticle 84. 2. Avant de prendre sa décision, le Conseil dEtat doit entendre les intéressés.	제83조(징계) 1. 주정부위원회는 다음과 같은 징계권을 갖고 있다. a) 경고 b) 제84조에 규정된 경우에는 면직 2. 징계 결정을 하기 전에 주정부위원회는 해당 당사자의 견해를 청취하여야만 한다.

Art. 84(Révocation)	第84조(면직)
1. Le Conseil dEtat révoque, par décision motivée, les conseillers administratifs, maires et adjoints : a) pour refus dobéir aux ordres qui leur ont été adressés par le Conseil dEtat, dans les limites constitutionnelles et légales; b) pour malversation constatée; c) pour refus de remplir leurs fonctions; d) pour négligence grave dans lexercice de leurs fonctions; e) pour absence non justifiée au-delà de 3 mois; f) pour infraction grave aux lois et règlements. 2. Les conseillers administratifs, les maires et les adjoints révoqués ne sont pas immédiatement ré-éligibles.	1. 정부위원회는 근거에 따른 결정을 통하여 다음과 같은 경우 시행정의원, 시장, 부시장 등을 면직한다. a) 주정부 헌법과 법률적 제한권에 근거를 두고, 정부위원회가 결정한 명령에 불복종하여 거부할 경우 b) 부정행위의 입증 c) 의무 이행 거부 d) 의무 이행상의 심각한 소홀 e) 3개월 이상 무단 결근 f) 법률과 기타 법규를 심각하게 위반한 경우 2. 면직된 시행정의원, 시장, 부시장 등은 다음 선거에 재선될 자격을 갖지 못한다.

2) 징계의 종류 및 절차

제네바 주정부 법률인 기초정부법 제84조에 근거한 단체장 및 지방의원에 대한 징계처분권 행사 요건은 다음과 같다.

징계처분은 주정부가 이를 이행하며 기본적인 수단으로는 경고, 면직(제84조에 근거) 등이며, 반드시 당사자에 대한 징계처분 전에 의견 청취(청문)를 하여야 한다. 그리고 주정부가 헌법과 개별 법률에 근거하여 단체장 및 지방의회에 규정한 법률명령 등을 이행하지 않았을 경우, 부정행위가 입증된 경우, 의무 이행을 거부한 경우, 의무 이행을 하는 데 심각한 흠결이 발견된 경우 등이다. 또한 3개월 이상의 무단결근 이외에 법령상 심각한 위반 사항 등이 적발된 경우 등이 면직 대상에 해당한다. 면직된 단체장과 지방의원 등은 다음 선거에서 피선거권을 행사할 수 없다.

3) 사전통제와 사후통제

주정부는 관할 지방정부에 대하여 통제 및 감독권을 행사한다. 시의 결정 사항에 대해서는 모두 주정부에 통보하여야 한다. 이때 일정한 수준 이상의 재정 지출이 소요되는 사항 등에 대해서는 주정부의 사전 승인을 필요로 한다. 이외에도 시정부의 경상예산, 경상회계, 연례 투자예산 및 지방채 발행, 시의 자산저당 등과 관련하여 사전 승인을 받은 후 집행적 효력을 갖는다.

4) 시정부에 대한 예산통제

제네바 주정부의 기초정부법 제73~78조 등에 근거하면, 먼저 시정부 예산 편성에서 의무적인 계정 사항을 규정하고 있다. 예를 들면, 동법 제76조는 '시예산의 의무계정 편성(Inscription d'office)' 조항으로 명시하고, "1. 법률에 의하여 시정부의 의무 지출로 결정된 비용이 경상예산에 포함되지 않았을 경우, 주정부 위원회는 시의회로 하여금 예산안에 포함시키도록 권고한다. 2. 이를 거부할 경우, 주정부위원회는 위원회령으로 시정부 경상예산에 지출비용으로 강제 계정시킨다. 지출비용에 대한 재원 마련은 감축이 가능한 부분에 대하여 감축을 시행하거나 또는 주정부 의회에 부가세율의 상향 조정을 요청함으로써 이루어진다."고 규정하였다.[5)]

시정부에 대한 예산 승인 절차 등은 같은 법 제74조에 규정되어 있어서 시정부의 경상예산은 시의회에 의하여 최대한 매월 11월 15일까지는 승인을 받아야 한다. 승인된 예산안은 주정부 부처에 전달된다. 그리고 주정부위원회령으로 12월 31일 이전까지 이를 승인한다.

제네바 시정부의 경상예산은 시의회가 최대한 12월 31일까지 승인하고 늦어도 2월 20일까지는 주정부위원회령으로 승인받아야 한다. 경상예산에 대하여 12월 31일 전까지 주정부위원회가 승인하지 않을 경우, 시의회는 1개월 또는 2~3월간의 임시예산을 승인하여야 한다.

주정부위원회는 위원회령으로 시정부의 예산 사용을 위한 부가세율을 승인한다. 예산 승인을 할 경우 시의회는 초과액에 대해서는 동시에 재정수입 방안을 예견하지 못할 경우에는, 시장 또는 시집행위원회가 결정한 사용 비용 총액을 초과하여 승인할 수 없다. 이 경우 지방채의 발행이 재정수입 방안의 하나가

---

5) 제네바 주정부 기초정부법 제76조: "1 Lorsqu'une charge que la loi rend obligatoire pour une commune na pas été portée au budget de fonctionnement, le Conseil dEtat invite le conseil municipal à ly inscrire. 2 En cas de refus, le Conseil dEtat par arrêté inscrit doffice cette charge au budget de fonctionnement de la commune; il en prévoit la couverture, soit en réduisant lui–même les charges qui lui paraissent susceptibles de réduction, soit en proposant au Grand Conseil daugmenter le nombre des centimes additionnels."

될 수 없다.

5) 시정부에 대한 회계감사

지방정부에 대한 감사기관에 대하여, 주정부위원회는 규칙으로 시정부의 회계관리 방법과 감독 사항에 대하여 규정하고, 감가상각의 기준과 새로운 회계처리 방식 등의 도입에 대해서도 이와 같은 방식으로 관계한다(동법 제73조: 시정부 회계처리에 대한 감독, Comptabilité).

제네바 시정부 회계처리는 시정부 재무감독 부처가 이를 확인한다. 그리고 주민 3천 명 이상의 시정부 회계관리는 주정부가 인정한 회계관이 감독한다. 주민 3천 명 이하의 시정부에 대한 회계감독은 주정부가 시행한다. 동법 제73조에 따르면, 주정부가 적용할 규칙을 제정하는 바, a) 회계관리관에 대하여 시행될 재무감독의 형태, b) 회계관리관의 보고서는 시정부가 주정부에 제출하여야 하고, 같은 방법으로 주정부는 시정부에 대하여 보충이 필요한 사안에 대해서는 더욱 정확한 내용 제출을 요구할 수 있다.

PART 3

한국 지방자치의 미래

Chapter

08 한국 지방자치의 평가와 미래

제 1 절 한국 지방자치 20년 평가

1. 서론

여기에서는 지난 2014년의 지방분권에 대한 평가 연구를 통하여 2019년 지금의 지방자치 미래를 다시 생각하는 의미에서 이 내용을 개재하고자 한다.[1)] 당시 2014년은 지방의회가 출범한 지 만 23년, 지방정부의 장의 선거가 실시된 지 만 19년이 되는 해였다. 2014년 6월에는 제6대 지방선거가 실시되었고, 우리나라의 지방자치도 어느덧 성년의 나이를 넘어섰다. 그리하여 1991년부터 2014년 6월까지 지난 20여 년의 지방자치의 성과를 평가하는 것은 과거와 현재의 지방자치 발전을 위하여 매우 필요하고 적절한 작업이었다. 왜냐하면 지방자치에 대한 평가를 통하여 향후 지방자치의 발전 방향을 모색할 수 있기 때문이다. 따라서 여기에서는 지난 2014년의 연구를 토대로 한 지방자치 평가의 틀을 제시하여 그 내용을 살펴보기로 한다. 지난 5년 전의 지방분권 평가에 대한 논의 사항이 2019년 지금에도 여전히 유효한 평가 내용이 대부분이기 때문이다. 이를 토대로

1) 김순은(2014). 지방자치 20년 평가와 전망, 한국지방자치학회 제7회 지방분권포럼.

결론에서 지방자치의 향후 전망과 과제를 제안하는 데 참고하였다.

1) 지방자치 실시 20년 시점에서의 평가 필요성

우리나라의 지방자치는 1948년 제헌 헌법이 제정되고, 이에 따른 지방자치법이 1949년 7월 제정되면서 역사상 처음으로 제도로서 도입되었다. 이에 따라 1952년 4월 최초로 기초지방정부였던 시, 읍, 면의회 선거가 실시되었다. 당시 전쟁 중이었기 때문에 서울을 포함하여 수복되지 않은 지역을 제외한 지역에서 지방의원 선거가 실시되었다(김순은, 2008a). 그 후 다양한 시행착오를 거치면서 지방자치가 실시되어 오다가 1961년 5 · 16 사태에 따라 전면적으로 폐지되었다.

민주화의 방편으로 지방자치에 대한 요구가 지속적으로 제기되었으며, 이에 1987년 6 · 29 선언에 따라 1991년 지방의회의 선거가 재개되고, 1995년 지방정부의 장의 선거가 실시되면서 지방자치의 외형을 갖추기 시작하였다. 1980년 이후에는 지방분권의 흐름 속에서 지방정부의 행 · 재정적 권한을 강화하려는 시도가 이어졌다. 2003년 출범한 노무현 대통령의 참여정부 기간 중에는 지방분권과 지역균형 발전이 국정의 최우선 과제가 되기도 하였다. 2013년 출범한 박근혜 정부는 지방자치발전위원회를 구성하여 지방3.0이라는 구호 하에 포괄적인 접근을 시도하였다(오영균, 2013; 김순은, 2013a).

2) 지방자치 20년간에 대한 평가의 틀

정책을 평가하기 위해서는 평가의 기준이 있어야 하듯이 지방자치의 성과를 평가하려면 평가 기준이 있어야 한다. 지방자치의 평가 기준을 제시할 때 고려되어야 할 것은 지방자치의 이념과 지방자치법상의 목적이다(김순은, 2006).

지방자치의 이념은 이론적이고 규범적인 관점에서 지방자치의 방향을 제시하고 있고, 지방자치법은 이를 실현하기 위한 제도적인 틀로서 지방자치 및 지방자치법의 목적을 선언적으로 규정하고 있다.

지방자치의 이념은 크게 목적으로서의 지방자치와 수단으로서의 지방자치로 나누어 전자에는 자기결정(self-rule)의 원리를, 후자에는 민주성과 효율성 및 정책의 다양성을 제시하고 있다(김순은, 2006). 지방자치법상 지방자치의 목적도 대동소이하다. 지방자치법은 "국가와 지방자치단체 사이의 기본적인 관계를 정함으로써 지방자치행정을 민주적이고 능률적으로 수행하고, 지방을 균형 있게 발전시키며, 대한민국을 민주적으로 발전시키려는 것을 목적"으로 제정되었다(지방자치법 제1조). 이를 종합하면 지방자치의 평가 기준으로 민주성과 효율성 및 형평성을 제시할 수 있다. 이것은 지방행정의 추진 이념과도 부합한다.

지방자치를 평가하는 기준의 정해지면 다음의 과제는 평가의 대상을 확정되어야 한다. 평가의 대상으로 지방정부의 정책, 과제 등 다양한 것을 논의할 수 있지만 여기에서는 거버넌스를 평가의 대상으로 설정하였다. 거버넌스는 다의

표 8-1 지방자치의 평가 기준

			지방자치의 이념		
			민주성	효율성	형평성
거버넌스	구조(제도)	중앙–지방 관계	지방선거 지방분권	중앙 관여·통제 기관위임사무 정당 공천 인사 교류 행정구역 개편	중앙 감독 지역균형 발전 여성정치 참여 재정조정제도 지역상생기금
		지방–지방 관계		협의회, 조합 광역경제권 발전	
		의회–집행부 관계	권력분립 견제와 균형	선결처분 재의결 요구 예산 심의 제한 사무기구 인사권	재임 횟수 제한
		지방정부–주민 관계	주민자치 주민참여 정보 공개 전자정부 구현 (투명성)	전자정부 구현 (관리)	주민참여예산
	절차(운영)	중앙–지방 관계	관계자 회의	중앙–지방 갈등	정부 정치 정향
		지방–지방 관계		지역이기주의 지역주의	
		의회–집행부 관계	의회 지위 상승 제왕적 단체장		
		지방정부–주민 관계	네트워크정부	행정서비스 주민민원 지역 개발 전시성 행정 부패와 부조리	사회자본 이익집단 강화

적인 개념이지만 제도로서의 구조와 운영으로서의 절차를 동시에 논의할 수 있기 때문이다(김순은, 2013b).

거버넌스의 관점에서 지방자치를 평가하는 대상은 크게 중앙-지방 관계, 지방-지방 관계, 지방의회-집행부와의 관계, 지방정부-주민과의 관계로 나눌 수 있다. 이러한 구분은 지방자치법의 내용이기도 하다. 이를 정리하면 앞의 <표 8-1>과 같다.

<표 8-1>에서 보는 바와 같이 종축에는 거버넌스로 평가의 대상이, 횡축에는 지방자치의 이념으로 평가의 기준이 각각 표시되어 있다. 따라서 <표 8-1>는 지방자치의 평가 기준과 평가 대상으로, 각 셀은 해당 평가 기준에 해당하는 거버넌스의 구조 또는 운영의 항목으로 이 연구의 분석 대상이다.

2. 지방자치 20년의 평가

1) 민주성의 평가

(1) 긍정적 측면

① 구조적(제도적) 관점

지난 20여 년간 실시된 지방자치를 민주성의 기준으로 평가할 때 가장 긍정적인 요소는 중앙정부가 지방자치의 선거를 결정하였다는 점이다. 선거의 역사는 민주주의의 역사이며, 일반적으로 공정한 선거의 유무가 민주주의를 평가하는 지수로 사용된다는 점을 감안하면 1991년 지방의원의 선거와 1995년 지방정부의 장의 선거 실시는 민주주의의 발전을 물론 정치적 분권의 차원에서 가장 높게 평가되어야 한다(이종수, 2010; 김순은, 2012).

중앙-지방의 관점에서 지방분권의 분위기를 지속적으로 이어가는 것도 긍정적으로 평가되어야 한다. 1999년 김대중 정부의 「중앙행정 권한의 지방이양 촉진 등에 관한 법률」, 2003년 노무현 정부의 「지방분권특별법」, 2008년 이명박 정부의 「지방분권 촉진에 관한 특별법」, 2010년 「지방행정 제체 개편에 관한 특별법」, 2013년 그리고 박근혜 정부의 「지방분권 및 지방행정 체제 개편에 관한 특별법」의 제정을 통하여 지방분권의 분위기를 중단 없이 이어가고 있다는 점도 긍정적이다. 지방분권의 노력의 결과 중앙행정 권한의 지방 이양, 제주특별자치도의 설치, 주민참정제도의 강화, 시·군의 통합, 지방소비세의 도입 등 가시적인 결과를 낳았다(김대영, 2010; 김순은, 2010; 안성호, 2006; 이기우, 2007; 이승종, 2010).

우리나라의 지방의회와 지방정부의 장을 포함한 집행부의 관계는 기관분리형으로 견제와 균형의 원리에 따라 설치되었다. 각각 별도의 지방선거를 통하여 선출된 지방의원과 지방정부의 장은 지역주민에게 직접적인 정치적 책임을 진다. 지방정부의 장은 지방의회에 대하여 조례발의권, 예산편성권, 재의요구권 등을 가지고 있으며, 지방의회는 조례 심의·의결권, 예산 심의·의결 및 결산권, 행정사무감사 및 조사권을 통하여 집행부를 감시·견제하고 있다.

그간 지방의회의 권한을 강화하여 집행부를 효과적으로 견제·감시하기 위한 다양한 제도 개선이 이루어졌다. 무엇보다도 지방의원의 정수는 1991년에 비하여 광역의회가 22% 감소되었으며, 기초의회는 33% 감소되었다. 의정비제도가 크게 개선되었다. <표 8-2>에서 보는 바와 같이 일비와 여비의 수준에서 월정수당제까지 발전하였다(김순은, 2011).

표 8-2 의정비의 제도 개선 현황

	1991년	1994년	1999년	2003년	2005년	2008년
의정비	일비, 여비	의정활동비 의정활동보조비 (광역) 여비 회의수당	의정활동비 의정활동보조비 (광역) 여비 회기수당	의정활동비 의정활동보조비 (기초에 확대) 여비 회기수당 (2003년 "명예직" 삭제)	월정수당제 도입	월정수당의 가이드 라인 도입

출처: 김순은(2011b; 7).

지방의회의 회의 일수도 법정으로 규제되었으나 2005년 법 개정으로 조례주의로 개선되었다. 지방의회의 조직도 1990년 법령에 따르면 광역의회만 허용되었으나 2006년 12월부터 기초의회에게도 상임위원회 구성이 허용되었다. 지방의회 사무기구의 인사권이 그동안 뜨거운 논란거리였다. 비록 인사권의 독립이 이루어지지는 못하였지만 <표 8-3>과 같이 지속적으로 발전된 면도 있다.

표 8-3 지방의회 사무기구 인사권의 변천

변천 사항	1988년	1994년	2006년	비고
사무기구 인사권	- 의장과의 협의 - 지방정부의 장 임명	- 의장의 추천 - 지방정부의 장 임명	- 의장의 추천 - 지방정부의 장 임명 - 별정직, 기능직 계약직 사무기구 장에게 위임	- 제주특별자치 도의회 특례 - 정책자문위원 - 의장의 인사권 (일반직 제외)

출처: 김순은(2011b: 11).

지방의원 선거구제도도 소선거구제도에서 2005년 기초의원 선거에는 중선거구제도로 전환하였다. 지방의원 선거에 비례대표와 중선거구제가 도입되어 여성 의원의 진출에 기여하였다. <표 8-4>는 비례대표의 변천을 보여 주고 있다. 중선거구제와 비례대표의 도입으로 여성 의원의 비율이 1995년 선거에서 1.55%였으나 2010년 선거에서는 20.1%로 증가하였다(김순은, 2011).

표 8-4 비례대표제의 변천

선거의 종류	1995년	2000년	2002년	2005년
광역의원 선거	- 비례대표 도입 - 정원 10%	- 정당명부식 투표 - 정원의 10%	- 정당명부식 - 여성 후보 의무 - 정원 10%	- 정당명부식 - 여성 의원 의무 - 여성 의원 50% - 홀수번호 부여
기초의원 선거				- 정당명부식 - 여성 의원 의무 - 여성 의원 50% - 홀수번호 부여

출처: 김순은(2011b: 15).

지방정부와 주민과의 관계에서 보면 지난 20여 년 사이에 주민참정제도가 획기적으로 확대되었다. 우선 주민투표, 주민소환, 주민소송, 주민참여예산 등이 도입되었다. 주민자치가 강조되면서 현재 주민자치가 시범적으로 실시되고 있다. 주민 참여가 활성화되기 위한 전제 조건으로 정보 공개가 논의되어 왔다. 이런 점을 감안할 때 1992년 청주시의회가 상위 법령의 부재에도 불구하고 정보공개제도를 도입한 것으로 매우 고무적인 사건이었다.

정보공개제도와 관련하여 발전된 제도가 전자정부이다. 모든 지방정부가 웹을 설치하여 지방정부의 각종 정보를 공개할 뿐만 아니라 주민의 소리를 경청하는 통로로 웹을 활용하고 있다. 대도시의 경우 웹을 활용한 시민 참여가 매우 활발하게 이루어지는 것으로 분석되었다(김순은, 2013d).

② 절차적(운영적) 관점

중앙정부는 전국시도지사협의회, 전국시도의회의장협의회, 전국시장군수구청장협의회, 전국시군구의회의장협의회와의 소통을 통하여 국정 운영을 모색하여 왔다. 때로는 전국 부단체장회의, 전국 기획실장회의 등을 통하여 중앙의 정책을 설명하거나 정책 협조를 구하고 있다. 다양한 형태의 중앙-지방 포럼은 중앙정부가 중앙정부의 정책 설명 또는 국정 수행의 협력을 구할 경우는 물론 지방정부가 지방의 의견을 전달하는 통로로 활용되고 있다. 종전의 수직적 명령체계가 개선되어 지역의 의견을 존중하는 관계로 발전되었다(김동욱, 2010).

지방의회가 출범한 초기에는 지방정부의 장을 포함한 집행부의 지방의회에 대한 고압적이고 무시적인 태도가 문제되었으나 점차 지방의회의 지위가 상승되는 형태로 발전하고 있는 점은 고무적인 현상이다. 특히 지방의회와 집행부는 지방의회 사무기구의 인사권을 둘러싸고 적지 않은 마찰을 빚어 왔다. 향후 지방의회와 집행부의 관계에는 사무기구의 인사권 독립이 중요한 변수가 될 것이다. 지방정부의 장을 제왕적 단체장으로 평가하는 것은 집행부의 지방의회에 대한 관계를 대표적으로 보여 주는 예이다.

지방정부와 주민과의 관계가 가장 괄목할 만한 성과를 거둔 분야이다. 종전에는 지방정부와 주민과의 관계에서 관존민비의 문화가 일반적이었으나 이제는 주민의 지위가 우위에 있다고 보아도 좋을 만큼 주민의 지위가 상승되었다. 권위주의적 행정문화가 주민 중심, 소비자 지향의 행정문화로 변모되었다(이용환 외, 2013). 지방정부가 공표한 각종 시민헌장 등이 그러한 관계를 대표적으로 보여 주고 있다. 지방정부와 주민 간에는 다양한 통로와 방식으로 시민단체, 관변단체, 이익단체 등을 통한 주민 참여가 이루어지고 있다. 전자정부의 구현으로 웹 등 인터넷을 통한 참여가 매우 급증하였다(김순은, 2013d).

(2) 부정적 측면

① 구조적(제도적) 관점

선거의 실시 여부가 지방자치의 발전에 기여한 것은 분명하나 주민의 대표성을 적절히 반영하는 선거의 공영성과 관련해서는 많은 이슈가 논란이 되었다. 이 중에도 지방선거와 정당, 지방선거와 여성 참여, 지방선거와 선거구, 지방선거의 선거비용, 투표일, 선출직 공무원의 재임 횟수 등이 중요 쟁점이었다. 특히 지방선거에서 정당 공천은 가장 논란이 되었다. 이에 대해서는 뒤에서 논의하겠다(이달곤, 2001; 김순은, 2013d).

지방분권을 위한 개혁적 노력이 지속적으로 이루어지고 있으나 지역에서 지방분권에 대한 체감도는 매우 낮다. 다양한 노력에도 불구하고 중앙사무와 지방사무의 비율이 여전히 7 : 3, 국세와 지방세의 비율이 8 : 2를 유지하고 있고, 지역에서 요구하는 특정사무의 지방 이양이 이루어지지 않았다. 여기에는 지방의회 사무기구의 인사권 독립, 자치경찰, 자치교육, 일반행정과 교육행정의 통합, 특별지방행정기관의 지방 이양 등이 속한다(김순은, 2013c).

우리나라 지방정부의 구조는 견제와 균형의 원리에 토대를 둔 기관분리형이나 극강 시장-극약 의회 형태를 띠고 있어 지방의회가 지방정부의 장을 효과적으로 견제하고 있지 못하다. 지난 20여 년간 행정사무감사 등의 내실화를 통하여 집행부 견제가 발전하고 있으나(류춘호, 2010; 문원식, 2010; 이상호 외, 2012) 지방정부의 장의 권한은 제도적으로 제왕적 지위를 갖게 하고 있다. 지방의회 의결에 대한 재의요구권, 선결처분권, 지방의회 사무기구의 인사권, 예산액 증액 또는 새로운 항목 설치에 대한 동의권 등이 제왕적 지위를 뒷받침하는 대표적인 지방정부의 장의 권한이다(김순은, 2013d). 지방정부와 주민 참여와 관련해서는 주민참정의 제도적 여건이 엄격하게 주민 참여의 실효성이 매우 낮다는 점이 지적되어 왔다.

② 절차적(운영적) 관점

중앙-지방 관계에서는 중앙정부에 대한 지방정부의 지위가 꾸준히 상승되었고, 중앙정부의 공무원들은 종전과 같은 일방적이고 수직적인 국정 수행은 불가능하다고 토로하고 있다. 아울러 중앙정부는 지방정부의 자치 역량에 의구심을 가지고 있다(김동욱, 2010).

그럼에도 불구하고 지방의 관점에서는 아직도 많은 정책적 관점에서 중앙정부의 수직적 · 일방적인 관계가 지속되고 있다고 불만을 토로하고 있다. 기관위임사무의 존재와 복지사무의 지방화(地方化)로 인한 지방정부의 재정적 압박이 대표적인 사례이다(김찬동, 2012). 중앙정부의 공무원들은 장기적인 발전보다는 단기적인 시각에서 기관의 이익에 매몰되고 있는 것이 일반적인 현상이다. 지방분권의 개혁 과정에서 보여 준 중앙관료의 행태가 대표적인 예증이다(최봉기, 2011).

지방선거와 관련하여 대체적으로 공정한 선거가 이루어지고 있으나 아직도 지역에 따라 선거 관련 비리가 끊이지 않고 있다. 대표적인 지역이 전라북도 임실군으로 군수들의 매표행위로 군수들이 줄줄이 선거 무효로 물러났다. 100명 중 3명꼴로 선거 범죄에 관련된 것으로 나타났다(중앙선데이, 2013). 경상북도 청도군의 경우 선거운동원 50명이 구속되고 주민 1,400명이 불구속되는 선거 부정이 발생한 적도 있다(중앙선데이, 2013).

지방선거와 관련하여 또 하나의 문제점은 공무원의 선거 관여이다. 공무원이 자의반 타의반으로 선거에 관여하는 것으로 조사되고 있다. 선거 과정에서 선거후보자와 불편한 관계가 형성되면 후보자가 당선되는 순간부터 부당한 대우를 받는다는 것이 공무원의 일반적인 인식이다(김순은, 2013e).

지방의회와 지방정부의 장의 관계는 아직도 대등한 관계라기보다는 지방정부의 장이 권한과 행태가 지방의회를 압도하고 있다. 심지어 지방정부의 장의 고압적인 자세는 자칫 지방의회를 다소 무시하는 것으로 비치기도 한다.

지방정부와 주민과의 관계에서 가장 부족한 것은 주민들의 지방자치에 대한 무관심과 참여의 부족을 들 수 있다. 공공 이익을 위한 주민들의 공적 참여 수준이 매우 저조하다(하승수, 2010). 지역에 따라 시민단체의 활동이 활성화되어 있는 곳도 있지만 대체적으로 일반적인 주민들은 지방자치에 몰이해와 무관심이 일반적인 현상이다(육동일, 2010; 최봉기, 2012; 이상선, 2011). 강원도의 경우 지방자치의 활성화를 위하여 주민 의식을 강화하여야 한다는 데에 응답자의 41.5%가 동의하여 가장 높은 우선순위를 보였다(김주원, 2013).

2) 효율성의 평가

(1) 긍정적 측면

① 구조적(제도적) 관점

지방자치의 실시로 다양성이 강조되는 반면 국가의 통일성 및 조화성을 유지하기 위한 제도 또한 요구된다. 이의 방안으로 중앙정부는 지방정부에 대한 지휘 감독 및 승인 등의 권한을 가지고 있다. 아울러 우리나라의 경우 기관위임사무제도를 통하여 국가의 사무를 지방에서 집행함으로써 행정의 효율을 제고하는 효과를 거둔 점을 부인할 수 없다. 국가의 통일성을 위한 사무의 경우 위임사무의 효과성은 매우 크다고 할 수 있다.

중앙정부의 차원에서 지방선거에 합법적으로 관여할 수 있는 제도가 정당의 공천제도이다. 정당 공천은 정당을 통하여 후보자를 1차로 점검할 수 있다는 장점을 지니고 있으며, 지방선거에서 정당 공천을 지지하는 주장은 여기에 기초하고 있다. 2000년부터 도입된 정당명부식 지방의원 비례대표는 여성 의원의 당선에 크게 기여하였다(김순은, 2011).

지방자치의 재개 이후 행정구역 개편은 지방정부의 자치 역량을 강화하는 차원에서 추진되었다. 이런 관점에서 영국은 지속적으로 행정 체제를 개편하였다(김순은, 2008b). 우리나라도 1995년 도시와 농촌을 통합하는 통합시의 신설로 시·군 83개가 41개로 됨으로써 행정구역이 확대되었다. 2009년에는 창원, 마산, 진해가 자율적으로 통합하였으며, 2013년에는 청주시와 청원군의 통합이 확정되었다. 이명박 정부는 2010년 지방분권 및 행정체제 개편을 위하여 지방행정체제개편위원회를, 구성하였고 2013년부터 새로운 지방자치발전위원회가 그 사무를 인수하여 추진하고 있다.

지방정부 간의 협력을 위하여 협의회와 조합 및 특별지방정부 등의 제도가 활용되었다. 특히 이명박 정부에서는 광역적 차원의 협력을 위하여 광역경제권발전위원회가 설치되었다. 다수의 조합 등이 설치되어 활용되고 있다. 부산·진해경제자유구역청, 동남광역경제권발전위원회 등이 대표적인 예이다.

지방정부의 효율성 제고를 위하여 지방정부의 장에게 부여된 권한은 선결처분권, 재의결 요구권, 사무기구의 인사권이며 같은 맥락에서 지방의회의 예산 심의 시 지방의회가 증액 또는 새로운 비목을 설치할 때에는 반드시 지방정부의 장의 동의를 구하도록 하고 있다. 여기에서 긍정적으로 작용한 예는 지방의회가 추진하였던 유급 정책보좌관제도의 도입에 대한 거부권 행사를 들 수 있다.

지방정부와 주민과의 관계에서 지방정부의 효율을 높인 것은 전자정부의 구현이다. 박근혜 정부가 추진한 정부3.0과 지방3.0은 전자정부의 업그레이드이다(오영균, 2013).

② 절차적(운영적) 관점

현재 광역지방정부의 행정부시장·행정부지사는 중앙정부와의 교류를 통하여 임명되는 관행을 보이고 있다. 초기에는 중앙정부로부터 파견되는 부단체장이 중앙정부의 감독관으로 인식하였으나 현재에는 부단체장들이 중앙정부와의 소통을 강화하는 창구 역할을 하고 있다.

종전에는 철저한 관료행정에 따라 관청의 고압적인 자세가 문제점으로 지적되었다. 그러나 지방자치의 실시로 관청의 벽이 낮아져 주민에 대한 자세가 획기적으로 개선되었다. 지방행정이 서비스 행정으로 변모되어 주민에게 친근한 행정으로 변모되었다. 지방자치의 실시로 가장 크게 변화된 측면이다(김동욱, 2010).

그뿐만 아니라 지역에 따라서는 지방정부가 지역의 발전을 선도한 곳도 있다. 서울시의 청계천 복원, 부산시의 센텀시티 건립과 국내 최초의 국제영화제, 대구시의 첨단의료복합단지의 건립, 인천시의 인천대교 착공, 울산시의 태화강 살리기 프로젝트, 광주시의 광산업 육성, 강원도의 화천 산천어축제 등이 대표적인 예이다(월간조선, 2014). 이러한 사례는 지방자치가 중앙정치의 혼란에도 불구하고 지역의 특성과 창의성에 기초하여 독창적인 발전을 이룩한 증거이다. 같은 맥락에서 지역문화의 창달에도 크게 기여하였다(육동일, 2010).

(2) 부정적 측면

① 구조적(제도적) 관점

지방자치가 실시되더라도 국가의 통일성을 위하여 국가의 관여와 통제의 제도는 필요하다. 그럼에도 불구하고 1980년대 이후 지방분권의 흐름 속에서 중앙-지방의 관계에 관한 획기적인 개혁을 추진하였다. 영국과 일본은 종전과는 비교도 되지 않을 정도의 획기적인 변화를 이룩하였다. 영국은 중앙-지방 협약(central-local concordant)을 통하여 중앙정부와 지방정부가 국정의 파트너임을 합의하고 합의에 의한 행정을 수행하여 왔다. 일본도 1999년 지방분권 개혁을 통하여 종전의 수직적 상하 관계를 수평적 대등 관계로 전환하면서 중앙정부의 지방정부에 대한 관여 원칙을 법정화하였다. 법정주의, 일반법주의, 공정·투명의 원칙을 명시하였다. 모든 중앙정부의 관여는 법률에 기초하여야 하며, 관여의 제도적 토대는 특별법을 지양하고 일반법인 지방자치법에 기초하여야 하며, 중앙정부의 관여는 반드시 공정하고 투명한 절차를 거치도록 명문화하였다(김순은, 2001). 반면 우리나라는 아직도 지방자치법 제9장인 중앙정부의 지도와 감독은 전혀 개정되지 않고 기존의 제도를 그대로 유지하여 시대적 상황에 적응하지 못하고 있다(최봉기, 2010).

지방정부의 지속적인 요구에도 불구하고 기관위임사무의 존재는 중앙-지방의 관계를 수직적인 상하 관계를 고착시키는 제도라는 데에 대하여 이론의 여지가 없다. 중앙정부는 기관위임사무를 폐지하고 기관위임사무에 속하였던 것들을 고유사무와 법정위탁사무(가칭)로 개편하기 위하여 수차례 시도하였으나 입법화에는 이르지 못하였다.

2014년 6월 지방선거를 앞둔 정치권의 가장 뜨거운 이슈가 공직 후보자의 정당 공천이었다. 2012년 12월 대통령 선거에서 대통령 후보들은 기초지방선거에서 정당 공천의 배제를 공약으로 제시한 바 있었다. 민주당 등 야당은 적극적으로 정당 공천의 배제를 주장하였으나 여당은 소극적인 태도를 보였다. 우리나라에서 지방선거와 정당 공천의 이슈는 주로 정당 공천의 부작용에 기초하고 있다. 현대 정치가 정당정치를 토대로 하고 있기 때문에 영국에서는 지방선거에 정당 참여는 매우 당연하고 활발한 데 반하여 우리나라는 비판적인 견해가 우세하였다. 2012년 전문가를 대상으로 조사한 자료에 따르면, 지방선거에서 정당 공천의 폐단이 잘 나타나고 있다(김순은, 2012b). <표 8-5>를 보면, 정당 공천은 금품 수수의 원인이 되고 있으며, 중앙정치인들이 정당 공천을 통하여 지방에의 부당한 간섭을 행하고 있다. 아울러 정당 공천으로 지방정치가 부패하는 것으로 나타났으며, 정당 공천은 지역주의를 더욱 심화시킨다는 데에 과반수의 응답자가 동의하고 있다.

지방정부 상호간의 상호 협력에 의한 효율성 제고로 지역상생 발전을 모색하기 위한 다양한 제도가 시행되어 왔다. 협의회, 조합 등의 제도를 지방자치법에서 규정하고 있고, 이명박 정부에서는 현재의 시·도의 경계를 넘는 광역경제

표 8-5 정당공천제에 대한 설문조사 결과표

정당공천제의 단점	동의(%)	반대(%)
금품 수수의 원인	90.4	3.7
지방에의 부당한 간섭	84.1	3.3
지방정치의 부패	75.2	6.3
지역주의의 심화	70.0	14.0

출처: 김순은(2012b).

권발전협의회 제도를 도입하여 지방정부 간의 협력을 유인하려고 하였다.

중앙정부도 지방정부 간의 협력을 강화하고 협력을 통합 지역의 상생 발전을 유인하고 있지만 도입된 제도들의 성과는 크지 못하다. 협의회는 구성과 운영이 매우 탄력적이고 자율성이 높은 장점이 있는 반면 제도의 기속성이 약하여 의견 교환을 넘는 성과를 내는 데에는 한계가 크다. 조합의 설립도 일반적으로 조합원의 합의에 따라 이루어지고 있기 때문에 갈등이 없는 경우에는 성과가 크지만 갈등이 발생하면 조합의 모체인 지방정부 간의 갈등으로 이어진다.

이명박 정부가 추진하였던 광역경제권발전협의회는 협의회의 권한 부족, 재원 부족, 거버넌스의 취약 등 다양한 측면에서 제도적인 문제점을 안고 있었다(김선기 외, 2010).

지방정부의 효율성 제고를 위하여 마련된 제도들 중 지방의회의 예산심의권을 제한하는 규정은 지방의회의 최고 정책결정기관으로의 위상을 훼손하고 있다. 지방의회는 주민을 대표하는 지역의 최고 정책결정기관이다. 그렇다면 지방의회는 최고의 정책결정기관으로서 지역의 권위적 결정을 내릴 권한을 가져야 한다. 그런데 예산을 심의할 때 새로운 예산 항목을 신청하거나 증액할 때에는 지방정부의 장의 동의를 얻도록 함으로써 지방의회의 권위가 훼손되고 있다.

지방의회 사무기구의 인사권을 지방정부의 장에게 부여하고 있는 제도는 어떠한 이론과 명분으로도 정당화할 수 없다. 지난 20여 년 동안 지방의회가 가장 강력하게 개정을 요구하고 있음에도 불구하고 개정의 여지가 보이지 않았던 제도이다. 지방의회의 사무기구 인사권이 독립되면 지방의회에 파견된 고위 공무원의 보직이 사라지게 되어 공무원의 승진 등에 어려움이 예상된다. 그뿐만 아니라 지방의회의 사무기구 인사권이 독립되면 지방의회의 집행부에 대한 견제와 감시가 현재보다 더욱 효과적으로 추진될 수 있다. 이런 점을 고려한 집행부의 반대가 제도의 개선을 저해하고 있는 요인으로 작용하여 왔다(김순은, 2013d).

② 절차적(운영적) 관점

지방자치의 실시로 가장 두드러진 현상은 중앙-지방 간에 갈등이 증폭되어 왔다는 점이다. 군사시설, 핵폐기물 처리장, 송전탑 등 주민들의 비선호시설의 건립을 추진하는 경우 지방정부와 지역주민들의 협조가 반드시 필요한 데 협력을 이끌어 내는 과정이 매우 어렵게 진행되어 왔다. 제주도 해군기지의 건설이 차질을 빚었으며 부안군의 핵폐기물 처리시설의 유치가 결국 무산되었다. 중앙정부가 추진하였던 국책과제의 수행 중에 발생하는 공공기관의 명칭 제정도 수많은 우여곡절을 거쳐 이루어지고 있다. KTX의 역사 위치와 역사 명칭, 부산신항의 명칭 등이 대표적인 예이다.

지방정부와 지방정부 간의 갈등도 정부간 협력에 저해 요인이 되고 있다. 지역이기주의에 근거한 정책의 대응 등이 지방정부 간의 협력을 저해하고 갈등을 유발하는 요인으로 작용하고 있다. 지역이기주의를 매도할 수는 없지만 상호 양보를 통한 협력을 유인할 수 있는 지방정부 간의 지혜가 아쉬웠다. 지역이기주의는 지방정부 간의 협의회와 조합의 설치 및 광역경제권발전협의회의 운영에도 깊은 영향을 미쳤다. 비선호시설의 기피 현상은 지역이기주의에 기인하는 현상이다. 선거 때마다 나타나는 지역주의도 광역적 협력을 저해하는 요인이다. 1896년 지방의 행정구역이 세분화된 이후 지역주의는 지방자치의 실시로 소지역주의로 발전하여 고착되어 가고 있다. 이러한 것을 '지역패권적 지역주의'로 평가하기도 한다(이상선, 2011).

지방의회와 지방정부의 장의 관계는 견제와 균형의 원리에 의한 긴장 관계보다는 감정적 대립이 아직도 잔존한다. 이러한 것은 사무기구의 인사권 독립 등 아직도 해결되지 않은 제도적 요인에 기인한다.

지방정부 간의 행정협의회 등이 운영되고 있으나 서로의 의견을 교환하고 상이한 입장 차이만을 확인할 뿐 가시적인 성과는 매우 미미하다. 이명박 정부가 의욕적으로 추진한 광역경제권발전협의회도 불완전한 제도적 요인은 물론 지방정부의 의지 부족과 이기적 행태 등으로 가시적인 성과를 거두지 못하였다(김선기 외, 2010).

지방자치의 커다란 폐단 중의 하나가 지역 개발을 명분으로 추진된 각종 국제행사와 이벤트성 행정이다. 선거철마다 이어지는 선심성 행정과 전시성 행정은 지역재정을 더욱 어렵게 하고 있다(이용환 외, 2013). 서울시의 한강 르네상스사업과 디자인 서울 프로젝트, 부산시의 하계올림픽 유치 추진, 대구시의 밀라노 프로젝트, 인천시의 월미 은하레일, 광주시의 국제행사 유치, 대전시의 엑스포 과학공원, 경기도의 영어마을 파주캠프와 용인・의정부 경전철, 전남의 여수 엑스포 등이 지역의 랜드마크로 추진되었으나 결론적으로 실패한 정책으로 평가된다(월간조선, 2014).

지방자치의 부정적 요인 중의 하나는 끊이지 않고 속출하는 각종 부조리와 부패 및 비리이다. 지방정부의 장의 비리는 1995년 이후 현재까지 끊이지 않고 반복되고 있다. 2010년 임기를 마친 제4대 지방정부의 장의 경우 15%인 34명이 금품 수수와 횡령 등으로 기소되었으며, 각종 인・허가, 공무원의 채용과 승진 및 전보 등과 관련하여 금품을 받은 것으로 나타났다. 34%인 79명은 선거법 위반으로 기소되었다(김순은, 2013d). 지역별로는 각종 개발 인・허가 과정에서 비리가 발생한 거제시, 군수의 선거 비리로 얼룩진 임실군과 가평군 및 청도군 등이 대표적인 예이다(중앙선데이, 2013).

지방행정의 발전이 시대적 요구에 부응하지 못하는 것도 지방정부의 효율성을 저하시키는 요소이다. 많은 노력에도 불구하고 전반적으로 지방공무원의 경쟁력, 즉 지방공무원의 자치 역량이 크게 미흡한 것으로 각종 연구에서 지적되고 있다(육동일, 2010; 최봉기, 2011; 김순은, 2012c).

3) 형평성의 평가

(1) 제도적 관점에서 긍정적 측면

지방자치의 세 번째 이념이 형평성의 확보이다. 형평성의 다양한 함의를 논외로 하고 이 연구에서는 사회적 약자에 대한 배려와 낙후 지역에 대한 고려를 형평성의 기준으로 논의하였다. 중앙정부는 국가의 통일성을 유지하고 내셔널 미니멈(national minimum: 복지 최저선 확보)을 위하여 각종 감독과 감시 및 평가제도를 도입하고 있다.

지방자치와 관련하여 중앙정부가 역점을 두고 있는 정책이 지역균형 발전이다. 지역균형 발전을 위하여 수도권의 규제와 더불어 지역을 진흥시키는 다양한 정책이 1970년대부터 시작되었다. 특히 참여정부 때에는 행정중심복합도시의 건설, 혁신도시의 건설, 지역전략산업의 육성, 지방분권을 지역균형 발전정책의 핵심 사안으로 설정하고 강력하게 추진한 바 있다. 지역균형 발전의 제도 및 정책의 성격상 어느 정부도 명시적으로 지역균형 발전에 반하는 기조를 유지하기는 어렵다(김순은, 2005b).

표 8-6 여성 의원의 당선 비율(1995-2010)

			1995년	1998년	2002년	2006년	2010년
광역의회	소선거구	남	862	602	595	623	625
		여	12	14	14	32	55
		소계	874	616	609	655	680
	비례대표	남	88	62	24	21	23
		여			49	57	58
		소계	962	678	73	78	81
	합계			616	682	733	761
기초의회	소선거구	남	4,469	3,433	3,408	2,403	2,238
		여	72	56	77	110	274
		소계	4,541	3,489	3,485	2,513	2,512
	비례대표	남				48	24
		여				327	352
		소계				375	376
	합계		4,541	3,489	3,485	2,888	2,888
여성 의원 비율 (%)		광역의회	1.4 (지역구)	2.3 (지역구)	9.2	12.1	14.8
		기초의회	1.6 (지역구)	1.6(지역구)	2.2	15.1	21.7
		전체	1.55 (지역구)	1.7 (지역구)	3.4	14.5	20.1

출처: 김순은(2011b: 16).

우리나라는 그동안 여성의 정치 참여가 매우 저조하였다. 중앙정부는 지방자치 분야에 여성 참여를 제고하고자 하는 정책적 시도를 꾸준히 해오고 있다. 2002년 비례대표제의 도입, 2005년 8월 개정에 의한 비례대표 50%의 여성 할당과 여성 홀수번호 부여와 기초지방의회 선거에서의 중선거구제도의 도입은 여성의 지방자치에의 참여를 높이는 계기가 되었다. <표 8-6>에서 보는 바와 같이 1995년 1.55%의 여성 의원 비율이 2010년에는 20.1%로 상승하였다(김순은, 2011b).

지방교부세, 분권교부세, 폐지된 지방양여금 등은 지역 간의 재정적 격차를 축소하려는 전통적 제도로 활용되고 있다. 특히 이명박 정부가 도입한 지방소비세의 결과 지역 간 균형을 모색하기 위하여 조성된 지역상생기금은 지역의 균형발전을 위하여 매우 유익한 재원으로 평가되고 있다.

지방정부의 장과 지방의원 선거 시에 제기되는 이슈 중의 하나가 재임자와 도전자 간의 형평성에 관한 것이다. 일반적으로 재임자가 도전자에 비하여 매우 유리하다는 것이 일반적인 주장이다. 재임자가 선수가 높아질수록 책임감이 떨어지고 업무에 타성적이라는 비판이 제기되면서 미국에서는 많은 지방정부에서 시장과 시의원의 재임 횟수를 2~3회 등으로 제한하고 있다. 견제와 균형의 원리에 기초한 지방정부의 운영이라는 관점과 공무원의 정치적 중립을 보호하기 위하여 지방정부의 장의 재임 횟수를 2선으로 제한하자는 주장이 제기되었다(김순은, 2013d). 현재 우리나라는 지방정부의 장에 한하여 3선으로 제한하고 있으나 2014년 지방선거를 앞두고 새누리당이 2선으로 제한하는 안을 검토한 것으로 알려졌다.

지방정부와 주민과의 관계에서 볼 때 형평성의 가치를 신장할 수 있는 제도적 장치가 주민참여예산제도인데, 우리나라에서 매우 특수한 상황을 거쳐 발전되었다. 중앙정부의 제도적 뒷받침이 없이 2003년 광주광역시 북구가 자율적으로 이 제도를 채택한 이후 지방정부로 확산되었다. 중앙정부는 2005년 지방재정법의 임의규정을 통하여 지방정부가 자율적으로 채택을 유도하다가 2011년 강제규정으로 전환하였다. 그 이후 모든 지방정부가 어떠한 형태와 방식이든 간에 예산 편성 과정에 주민 참여를 실시하고 있다. 광역지방정부의 경우 2006년 대전광역시가 최초로 도입하였으며, 서울특별시는 2012년 최초로 주민참여예산제도를 실시하였으며 절차적인 관점에서는 매우 우수하게 진행하였다(김순은, 2012c).

(2) 부정적 측면

① 구조적(제도적) 관점

전국을 대상으로 하는 산술적인 지역 균형은 매우 비현실적인 목표라고 볼 수 있다. 세계의 어느 국가도 산술적인 의미를 지닌 지역 균형을 이룩한 국가는 없다. 이론적으로 그러한 정책 목표가 실현 가능하지도 않다. 우리나라도 그동안 지속적으로 지역균형 발전을 모색하고 있으나 오히려 지역 간의 격차는 더욱 커지고 있는 실정이다. 따라서 이러한 문제를 시정할 제도의 검토가 필요한 시점이다. 지방자치의 특성상 지방자치가 활성화되면 지역 간의 격차가 더욱 커질 가능성이 높다. 지방자치는 자율적 경쟁을 추구하기 때문이다. 만약 이러한 상황이 전개되면 중앙정부는 지역균형 발전을 위한 새로운 패러다임을 제시하여야 한다.

현재 수준의 여성의 정치 참여는 만족할 만한 수준에 이르지는 못하였다. 선진국의 예처럼 30% 이상의 수준에서 여성 참여가 보장되는 제도의 검토가 요망된다.

선출직 지방공무원의 재임 횟수 제한에 대하여 현재 지방정부의 장에 대해서는 논의되고 있으나 지방의원에 대해서도 동일하게 적용되어야 할 것으로 판단된다. 선출직의 경우 동일하게 처리되어야 하기 때문이다. 미국의 지방정부에서도, 특히 로스앤젤레스의 경우 시장과 시의원 모두 2선으로 제한하고 있다.

② 절차적(운영적) 관점

형평성의 관점에서 중앙 – 지방 관계를 보면, 이 분야의 운영 상황은 정부의 정치적 정향에 따라 크게 좌우된다는 점이다. 즉, 효율성 중시의 정부가 집권하면 자연스럽게 형평성을 위한 운영은 크게 후퇴되고, 형평성 위주의 진보적 정권이 집권하면 반대의 현상이 발생하였다. 이명박 정부와 박근혜 정부가 전자에 해당한다면 김대중 정부와 노무현 정부는 후자에 해당한다고 할 수 있다.

우리나라의 경우 지방 – 지방 관계에서 형평성을 중시하는 거버넌스는 찾아보기 어렵다. 독일은 주정부 – 주정부 사이에서 자율적인 재정조정제도가 발전되어 형평성을 제고하고 있는 예가 있다. 지방의회와 지방정부의 장의 관계도 이와 유사하다.

지방정부와 주민과의 관계에서 볼 때 지역의 유지(有志)를 중심으로 지역 권력의 카르텔이 형성되는 조짐이 발생하였다. 주민들은 관객으로 물러나고 그들의 지역정치가 두드러져 이를 '관객 민주주의'라는 용어로 표현하고 있다(이상선, 2011).

(3) 요약 및 시사점

① 요약

지방자치의 이념을 크게 민주성, 효율성, 형평성으로 나누고, 거버넌스의 관점에서 평가의 대상을 제도와 운영으로 나누어 지방자치 20년의 현황을 평가하였다. 상기에서 분석한 바와 같이 20년의 지방자치는 긍정적 성과와 부정적 문제를 동시에 안고 있는 것으로 나타났다.

긍정적 효과는 지방선거에 의한 지방정부의 구성이라는 제도와 지방의회의 존재만으로 지방 민주주의의 발전에 크게 기여하고 있다고 할 수 있다. 민주주의의 역사가 선거의 역사와 동일시된다는 점을 감안하면 선거의 공정성을 논의하기 이전에 선거의 실시 자체만으로도 매우 의의가 높다. 현재까지 지방의회가 소기의 역할을 제대로 이행하고 있지 못하다는 평가가 일반적이지만 20년을 돌이켜 보면 지방의회의 성과는 다소 과소 평가된 점도 없지 않다. 지방의회의 존재 의의와 전문성 등이 꾸준히 발전되어 지방 민주주의의 발전에 기여하고 있다(김순은, 2011b; 김성호, 2011).

일반 주민의 참여가 이루어지지 않고 지방자치에 대한 무관심이 많은 연구에서 지적하는 문제점이지만 대도시의 경우 활발한 시민단체 등의 활동으로 로컬 거버넌스(local governance)의 발전이 이루어지고 있다는 연구도 많다. 지역에 따라서 주민자치의 역량이 제고되어 향후 지방자치에 대한 기대감이 높은 것도 사실이다. 2013년 말부터 진행된 주민자치의 시범 실시도 주민자치의 발전에 크게 기여할 것으로 기대하고 있다.

중앙－지방 관계에서는 그동안 수차례의 지방분권의 시도가 이루어져 제주특별자치도의 설치, 자율적 시·군의 통합, 주민참정제도의 개선, 주민참여예산제도의 도입, 지방소비세의 도입 등이 성과를 거두었다. 그럼에도 자치교육, 자치경찰, 특별지방행정기관의 정비, 일반행정과 교육행정의 통합, 기관위임사무의 폐지 등 향후 지방자치의 활성화를 위하여 추진되어야 할 과제가 남아 있다.

지방자치의 부정적 효과로 지역이기주의가 심화되었다는 점이다. 중앙－지방은 물론 지방－지방 간 협력과 소통의 어려움이 고착되었다. 그 결과 국정과제, 특히 비선호시설의 경우 추진에 적지 않은 어려움을 낳고 있다. 밀양의 송전탑 공사가 최근에 보여 준 대표적 사례이다. 주민의 편리성을 위한 경계구역 조정도 해당 지방정부의 이익에 따라 실현되지 못하는 것이 지방자치의 현실이다. 지방정부와 주민의 협업도 효과적으로 이루어지지 못하고 있다.

선출직 지방정부의 장은 임기 동안 가시적인 성과에 집착한 나머지 장기적인 사업보다는 단기적, 전시성, 이벤트성 행사에 집중하는 경향이 강하다. 지방정부의 장이 랜드마크로 추진하는 사업의 경우 무리한 사업 추진으로 지방정부를 재정적 위기에 몰아넣는 사례도 적지 않다.

선거의 장점에 못지않게 선거의 부작용 또한 심각한 수준이다. 그중에서 공무원의 선거 관여가 지방정부의 효과적 운영을 저해하고 있다. 지방정부의 장들은 공무원에 대하여 명시적, 묵시적으로 선거에 대한 도움을 요청하며, 해당 공무원은 그러한 요청을 거부하기가 매우 어려운 상황이다. 그 결과 선거가 종료되면 집행부 내에 내편과 저편이 분리되어 짧게는 4년 길게는 8~12년 동안 매우 부당한 처우를 받는 경우가 빈번하다.

지방정부의 장은 임기 중에 선거에 도움을 공무원에 대한 보답으로 승진을 약속하며, 그 결과 자치행정조직의 상위직 비대화가 이루어졌다. 대표적인 예가 제주특별자치도이다.

② 시사점

지방자치 20년 평가의 시사점은 지방자치가 항상 긍정적 측면의 성과를 창출하는 것은 아니라는 점이다. 이 점은 모든 정책 또는 제도가 안고 있는 것과 대동소이하다. 긍정적 측면의 효과는 계속적으로 보존하면서 부정적 측면의 문제점은 개선하는 노력이 이어져야 한다는 점이 확인된 셈이다.

아울러 지방자치의 이념을 볼 때 이 평가 결과에 따를 경우 민주성, 효율성, 형평성 등 이념상의 비중에 차이가 있음을 알 수 있다. 이 평가 틀에 따르면, 지방자치의 궁극적 가치는 민주성에 기초를 두고 제도의 발전도 이러한 측면에서 이루어진 것으로 판단된다. 이러한 것은 1960년대 이후 형평성의 가치가 사회적으로 주목받는 것과 같은 맥락이다. 따라서 향후 지방자치의 발전을 위한 과제는 부정적 측면의 효과를 개선하는 노력과 부족한 측면, 즉 형평성 등을 제고하는 방향에서 이루어져야 할 것이다.

3. 지방자치의 전망과 과제

1) 지방자치의 전망

(1) 규범적 이론의 측면

앞에서 분석한 바와 같이 거버넌스의 관점에서 지방자치의 이념에 따라 평가하면 긍정적인 면과 부정적인 면이 상존한다. 그간 부정적인 측면이 지나치게 확대되어 지방자치의 무용론이 제기되기도 하였다. 그러나 규범적 이론의 측면에서 보면 지방자치는 반드시 유지・발전시켜야 하며, 실증적인 관점에서 보면 향후 지속적으로 발전될 것으로 전망된다.

규범적 이론의 관점에서 볼 때 지방자치는 국가의 통치구조 형성의 원리를 구현하는 도구 중의 하나이다. 지방자치는 자유주의와 인간의 기본권 사상으로부터 파생되었다. 인간의 자유와 이로부터 파생되는 인간의 기본권 대한 소중함은 이미 역사를 통하여 확인되어 재삼 논의할 필요가 없다. 인간의 자유를 보장하기 위하여 자유민주주의가 구상되었고, 이를 구현하는 원리 중의 하나가 권력분립과 견제와 균등이다.

국가 권력을 중앙정부와 지방정부가 분점하고 중앙정부와 지방정부가 상호간 견제와 균형을 통하여 국민의 기본권을 수호하기 위한 제도적 장치가 지방자치인 것이다. 규정의 내용과 형식은 다소 상이하지만 국제기구는 물론 국민의 기본권이 비교적 적절히 보장되는 국가에서는 경성 또는 연성헌법에서 지방자치에 관한 제도를 규정하고 있다. 특히 유럽 통합으로 유럽국가 내에서 지방자치의 중요성은 배가되고 있다. 유럽헌장에 따라 지역정부의 창설이 적극적으로 권장되고 있으며 유럽연합 내에서의 위상도 점증하고 있다.

영국은 연성헌법의 국가로 헌법의 규정은 가지고 있지 않으나 지역 및 지방정부의 보장 관행은 일찍부터 확립되었다. 1835년 도시정부법의 제정으로 선출직을 토대로 한 지방정부가 개시되었다. 미국은 연방헌법에서는 주정부의 자율성을 언급하고 각 주의 헌법에서 지방자치에 관한 규정을 담고 있다. 일본도 평화헌법을 제정하면서 지방자치의 본질을 훼손하는 법률의 제정을 금지하는 등의 지방자치 보호 조항을 신설하였다. 제도적 내용이 지방자치를 보장하고 신장하는 데에 부족하다는 지적이 지속적으로 제기되었지만 우리나라의 헌법도

1948년 제헌 헌법의 제정 이후부터 지방자치를 보장하고 있다. 비록 1961년부터 1991년까지 지방자치가 중단된 역사가 있지만 매우 특수한 사례에 속한다(이기우, 2005; 이종수, 2013).

(2) 실증적인 측면

실증적인 관점에서도 지방자치의 소중함은 이미 입증되었다. 지방자치의 성과에 대한 미시적인 분석은 쉽지 않지만 거시적인 관점에서 볼 때 지방자치제도를 도입하였다가 이를 영구히 폐지한 국가는 적어도 자유민주주의 체제를 유지하는 국가 내에서는 발견하기 어렵다. 비록 우리나라가 1961년부터 1991년까지 국가 발전을 촉진한다는 명분으로 폐지된 적은 있지만 그동안 민주화 과정에서 지방자치의 필요성이 꾸준히 제기되었다. 이 연구는 미시적 관점에서 지방자치의 성과와 필요성을 위한 토대를 분석하였다는 점에서 의의가 있다.

지방자치의 필요성과 의의는 무엇보다도 선거의 소중함에서 찾을 수 있다. "선거는 신이 인간에 부여한 최후의 선물이다"라는 표현에서 보듯이 자유민주주의 체제 하에서 선거는 필수적 요인이다. 지방자치는 선거를 구현하는 중요한 제도적 수단으로서의 중요성을 지닌다. 지방의원 또는 지방정부의 장의 선거를 통하여 국민들은 자신들의 기본권을 수호하고 있는 것이다. 우리나라는 물론 세계의 많은 국가에서 선거의 발전을 통하여 민주주의를 발전시켜 왔음이 이를 입증하고 있다. 현재 우리나라의 지방선거에서도 적지 않은 문제점이 있음은 앞에서 논의하였다. 그럼에도 불구하고 1991년 선거 때와 작금의 상황을 고려하면 꾸준히 발전하고 있음을 알 수 있다. 2014년, 2019년 선거는 더욱 발전된 모습으로 치러질 것으로 기대하였지만 크게 나아지지 않았다.

지방자치의 두 번째 필요성은 주민들의 책임 의식에서 찾을 수 있다. 지방정부의 수준에서 지방자치는 지역의 문제를 자율적으로 처리하는 반면 지역정책에 대한 정치적·재정적 책임도 지역이 떠안아야 한다. 그런데 우리나라는 이런 관점에서 적지 않은 문제점을 보였다. 지방정부가 중앙정부의 재원에 의존하다 보니 재정적 책임보다는 도덕적 해이에 빠지는 사례가 많았다. 지방정부가 상당한 재정이 소요되는 국제행사에 몰입하는 것이 대표적인 사례이다. 스위스에서 국제행사의 결정을 주민투표에 의하여 결정한다는 점은 지방자치에 기초한 책임 의식이라는 점에서 시사점을 주고 있다.

(3) 주민자치와 행복 실천

지방자치는 시・도 단위 또는 시・군・구의 자치도 중요하지만 공동체 단위의 자치도 매우 중요하다. '규모의 경제'에 따라 작은 규모의 지방정부가 처리하는 지역의 문제가 적지 않다. 특히 급속히 진행되는 고령화 상황 속에서 지역공동체의 역할은 어느 때보다 중요해질 전망이다. 지역공동체의 문제를 지역 공동체가 해결하는 주민자치는 주민에게 가장 가까운 수준에서 주민의 행복을 증대시킬 수 있는 거버넌스이다. 중앙정부가 주민자치의 활성화를 위하여 시범적으로 실시하는 주민자치는 이런 면에서 시의적절하다. 작은 것에서 행복을 느끼는 훈련이 주민자치인 것이다.

2) 지방자치의 과제

(1) 중앙정부의 관점: 지방자치의 발전을 위한 새로운 패러다임의 제시

향후 선진국을 향한 지방자치의 과제는 크게 중앙정부의 관점과 지방정부의 관점에서 논의할 수 있다. 중앙정부는 종전과는 다른 시도를 추진하여야 한다. 현재까지의 패러다임은 1988년 지방자치의 틀로서 지방자치에 대한 부정적・소극적 입장의 결과였다면 향후에는 새로운 관점에서 지방자치 발전의 패러다임을 제시하여야 한다.

이를 위하여 중앙정부는 헌법과 지방자치법의 새로운 제도적 틀을 검토할 시점이다. 1990년대 이후 논의된 지방자치의 발전 방안을 보면 가장 큰 걸림돌로 우리나라의 헌법이 지방자치의 적극적 실현을 규정하고 있지 않다는 점이 지적되었음은 앞에서 논의하였다. 우리나라가 분권형 자유민주주의임을 천명하고 이를 위한 구체적인 제도적 장치가 헌법에서 규정되어야 한다. 이에 따라 지방자치법이 이루어진다면 21세기 새로운 차원의 지방자치의 발전을 모색할 수 있을 것이다. 여기에는 연방제 수준의 자치분권 지방자치의 본질, 지방정부의 권한 등을 포함하여 다양한 방안이 검토되어야 한다.

이러한 패러다임은 중앙-지방 관계를 상하의 수직 관계로 인식하기보다는 상호간 대등한 국정의 파트너라는 인식에 기초하여야 한다. 지역의 경쟁력이 국가의 경쟁력이며, 국정과제의 성공적 수행은 중앙-지방의 협력적 관계에서 이루어진다는 것은 이미 곳곳에서 확인되었다. 영국의 중앙-지방 협약서(central-local concordant), 일본의 중앙－지방 정책포럼 등이 대등한 관계를 전제한 중앙－지방의 대표적인 사례이다.

(2) 지방정부의 관점: 자율과 책임의 조화

지방정부는 자율과 책임이라는 지방자치의 고유한 원리를 충실히 실천하는 자세가 무엇보다도 중요하다. 자율과 책임에 기초를 둔 지방자치가 지역의 발전을 위하여 지방정부 간 선의의 경쟁을 펼치되 지나친 지역이기주의가 지방정부 간의 협력과 소통을 저해하여서는 안 될 것이다. 아래로는 주민 참여의 주민자치, 횡으로는 지역 간의 소통과 협력 등이 원숙하게 이루어지는 지방자치로 발전되어야 한다. 지역이 지역문제에 대한 책임 의식의 강화가 튼튼한 지방자치의 기초가 될 것임을 명심하여야 한다.

제 2 절 지방분권 추진 과제와 방향

1. 향후 지방분권 추진 과제

흔히 지방자치를 풀뿌리 민주주의라고 말한다. 민주주의는 투표에 의하여 합의를 도출하는 것과 권력의 균점화에 의한 모든 사람의 자유를 확장하는 두 가지의 핵심적 내용으로 요약된다. 바로 지방자치가 이 두 가지의 핵심 가치를 실현하는 기초적 장이 되기 때문에 그렇게 말한 것이다. 합의와 자유 확장은 지방자치와 지방분권을 추진할 때 추구되어야 할 중요한 가치이다.

향후 한국 사회의 변화는 여러 가지 점에서 주목하여야 할 것들이 있다. 우선 인구구조의 변화이다. 빠르게 변화되는 고령화 현상은 많은 사회문제를 야기할 것이다. 특히 기초지방자치단체들에서는 더욱 심각한 문제로 다가오고 있다. 또한 여러 가지 메커니즘 속에서 급격히 증가하는 복지 수요이다. 현대 사회의 대부분의 문제는 다양성과 사회적 불평등에서 나온다. 그리고 그 문제를 해결하는 가장 호소력 있는 단어가 바로 사회복지라는 것이다. 당연히 제기되는 문제가 재정 압박이다. 그러나 누가 부담할 것인가는 항상 '움직이는 과녁'으로 남아 있다. 더구나 현실화되어 가는 경기 침체는 이러한 문제를 더욱 어렵게 할 것이다.

이러한 문제들을 어떻게 해결할 것인가에 대한 하나의 해답은 없다. 중요한 것은 문제를 함께 공유하고 대화하여야 한다는 것이다. 이제 자치분권의 추진은 바로 그러한 공유와 대화가 있게 하는 제도적 틀을 만들어야 한다는 데 더욱 큰 의미를 부여하여야 할 것이다. 다양성은 문제 해결의 출발점이고 사회 발전의 에너지원이라는 인식 전환이 필요하다.

민주주의 이론과 공공정책 간의 연결은 중앙이나 지방이나 할 것 없이 '민주적 거버넌스'의 원리 구현이라는 개념과 함께 시작한다. 중앙과 지방의 연계 방식 그리고 지방의 다양한 정책을 수립하고 이행하는 절차는 민주적인 선택 과정에 따라 올바르게 만들어져야 한다. 그렇게 될 때에만 앞에서 말한 민주주의의 두 가지 핵심 내용이 구현될 것이다. 이해당사자들이 수긍할 것이고 파트너십과 공동체 의식이 형성될 것이다. 그리고 이렇게 될 때 지역주민의 행복은 나아질 것이다.[2)]

정부제도의 평가는 궁극적으로 '민주적 가치의 달성'이라는 측면에서 이해될 수 있다. 이 가치를 달성하기 위한 민주화의 역사는 일반적으로 선거권의 확장, 민주적 통제 영역의 확장, 그리고 신뢰의 확장이라는 세 가지 의미로 전개되어 왔다. 이제 선거권의 확장이나 민주적 통제 영역의 확장은 거의 문제되지 않는다. 그만큼 우리의 민주적 성장 과정이 진척되어 있다. 적어도 외형적으로는 그렇다. 이제 남은 문제는 마지막 주제인 '신뢰의 확장' 문제이다. 신뢰 확장의 핵심은 상호관계성에서 찾아야 한다. 미래 지방자치와 지방분권을 추진하는 데 이제 주목하여야 할 방향이 바로 이 신뢰 확장에 대한 노력일 것이다. 중앙과 지방, 지방 상호간, 그리고 지방에서의 주민 상호간 관계성의 회복과 구축에 시간과 노력을 투자하여야 할 것이다.

이러한 점을 고려하면서 향후 지방자치와 지방분권의 추진에서 관심을 집중하여야 할 몇 가지 과제를 논의하면 다음과 같다.

---

2) 정부서비스만족도가 높을수록 행복하고, 삶의 질 수준이 낮은 집단일수록 정부서비스 만족도가 행복에 미치는 영향이 더 큰 것으로 검증되고 있다(김병섭 외(2015). 지방정부서비스가 주민행복에 미치는 영향: 주거영역 삶의 질의 조절효과에 대한 검증을 중심으로, 『행정논총』 53(3), 서울대학교행정대학원).

1) 지방분권형 헌법 개정

지방자치의 헌법상 보장에 대하여 우리나라에서 통설적으로 인정받고 있는 것은 제도적 보장론이다. 이 입장은 제도의 본질 유지라는 측면에서는 평가되나 제도의 최소 보장에 그치는 한계성이 있고, 구체적 장치들이 헌법상 명기되기 어렵기 때문에 정치적으로 왜곡될 가능성이 있다는 비판이 제기되고 있다.[3] 그래서 헌법 조항에 지방분권에 관한 조항을 확대·보완 추가하여 지방분권에 관한 최상위의 제도적 틀을 확립할 필요가 있다. 우리나라 헌법에 지방자치와 관련된 조항은 2개 조문, 4개 항, 6개 줄에 불과하다. 프랑스 헌법에서 지방분권과 관련된 조항들은 10개 조문, 36개 항에 달하며, 무려 225개 줄을 할애하여 상세히 규정하고 있다는 정세욱 교수의 지적은 시사하는 바가 크다.[4]

이러한 점 때문에 우리나라 헌법이 형식적으로만 지방자치를 규정하고 있을 뿐 지방자치를 실질적으로 보장하기 위한 내용은 하나도 없다는 비판을 받고 있다. 또 현실적으로 현재 「지방자치법」과 「지방자치분권 및 지방행정 체제개편에 관한 특별법」 등에 흩어져 있는 자치분권 관련 제도를 뒷받침할 수 있는 사항들을 헌법 규정에 명시하여 지방자치에 관한 체계적인 법률 체계를 확립하여야 할 필요가 있다. 이는 지방분권에 대한 상징적 의미와 향후 조례입법권이 확대되고 지방의 책임이 강화될 전반적인 추세에 대응하기 위한 구조적 갈등 문제 해결의 입법 조치로서 의미가 큰 과제이다.

2) 국회에 상임위원회로서 지방자치발전위원회의 설치

지방자치와 지방분권의 추진은 상당 부분 법률의 제정·개정을 필요로 한다. 대통령소속 지방자치발전위원회에서는 2015년 말에 지방자치발전 종합계획 이행과제의 정부 입법 추진을 위하여 관계 부처에 2016년 정부입법계획 반영 촉구

---

3) 이기우(2005). 지방자치 기반 강화를 위한 헌법개정, 『한국지방자치학회보』 17(4). 제도적 보장론에 대한 대안으로 입헌주의적 지방자치론이 제기되고 있다. 즉, 헌법에 지방자치의 규정이 미비하기 때문에 헌법 전문과 각 조항을 재해석하여 지방자치의 원리를 찾아 지방자치를 구체화하고 입법화하자는 주장이다(최상한(2012). 입헌주의적 지방자치론과 자치제도의 확대, 『정부학연구』 18(3)).

4) 정세욱(2008.10.27). 국가구조 및 행정체제 개편을 위한 '강소국 연방제 대토론회 토론문. 자유선진당 정책위원회.

및 독려를 위한 공문을 발송하였는데 여기에는 모두 12개 법률 32건이 포함되어 있다. 또한 문재인 정부 출범과 함께 자치분권을 추진하기 위하여 자치분권위원회가 마련한 2019년 자치분권 시행계획에 포함된 법의 제개정 수는 19개에 달한다. 지방이양일괄법은 국회 운영위원회에서 심의하기로 여야가 합의를 통하여 추진 중이지만 이를 제도화할 필요가 있다. 기본적으로 각각의 법률은 국회의 해당 상임위원회에서 심사하고 처리하는 과정을 거치게 되어 있어서 다양한 분권 과제를 각각 별개로 심의하는 것은 상당한 한계가 있다. 즉, 사회문제 해결기제로서의 지방자치라는 좀 더 종합적이고 체계적인 접근이 어렵고, 이해 당사자인 중앙부처의 의견이 과도하게 영향을 미치는 등 한계를 갖고 있다.

지방자치와 지방분권을 추진하는 과정에서 이러한 입법과정의 한계를 극복하기 위해서는 법안의 심사·처리권이 없이 임시적으로 설치되었던[5] 국회 지방자치발전특별위원회를 상임위원회로 상설화하고, 여기에 지방자치 관련 법안을 심사하고 처리할 수 있는 권한을 부여하여야 할 것이다. 그래서 국가사무의 일괄 이양 등 「자치분권 종합계획」(2018.9)에 따라 정부가 추진하는 사항들이 제도적으로 좀 더 원활하게 처리될 수 있도록 하여야 할 것이다.

3) 지방정부 기관 구성의 다양화

21세기에 지방자치의 중요한 의미는 앞에서 언급한 바와 같이 사회문제 해결의 기본 틀이다. 이러한 차원에서 현재 획일화되어 있는 지방정부의 기관 구성을 주민이 선택할 수 있게 하자는 주장은 설득력이 있다. 이 과제는 박근혜 정부에서 수립된 '지방자치발전종합계획'에 수록된 20개 과제에서 미래 발전 과제로 제시된 바 있었고, 2019년 문재인 정부의 자치분권위원회가 가장 먼저 실천을 요구하였던 과제이기도 하다. 21세기에 예견되는 지방의 환경 변화에 맞게 지방정부의 기관 구성을 다양화하여 사회문제 해결에 좀 더 적실성 있게 접근할 수 있는 지방정부 구조를 만들 필요가 있다.

우리나라 지방정부 기관 구성 방식은 1995년 지방자치단체장의 주민 직선이 시행되어 지방의회와 지방자치단체장이 각각 주민 직선에 의하여 독립적으로

5) 국회의 지방자치발전특별위원회는 모두 17명으로 구성되었고, 활동기간이 2014.2.6부터 2015.6.30으로 되어 있었으나 2회에 걸쳐서 그 활동기간이 연장된 바 있다.

구성되는 이른바 '기관분립형' 기관 구성 형태가 정착되었다. 그러나 1949년 7월 제정·공포된 지방자치법에서부터 지방정부 기관 구성 방식을 지방자치법에 '획일적'으로 명시하여 왔기 때문에 지방정부의 기관 구성에 관한 지역주민의 선택권은 원천적으로 배제되어 있다는 비판이 제기되고 있다. 이러한 지방정부 기관 구성 방식의 획일성은 제정 당시의 사회 상황, 즉 1960년대 빈곤의 탈피와 경제 발전을 위한 통합된 사회 질서의 필요, 지역 간 평등주의의 구현 그리고 민주주의의 정착 단계에서 권력분립의 원칙 필요 등의 요구가 영향을 미쳤을 것이다.

그러나 현재 지방자치법에 기관분립형으로 획일화되어 있는 지방정부 기관 구성 제도에 대한 문제들은 첫째, 기관 구성의 획일성은 21세기 사회문제 해결 기제에 부합하지 않고, 둘째, 현재 우리가 획일적으로 채택하고 있는 기관분립형 제도설계의 의도인 권력분립과 상호 견제의 효과가 지역 독점당으로 인하여 활성화되지 못하고 있으며, 셋째, 지방정부 기관 구성의 획일성은 지방의 사회경제적 다양성을 반영하지 못하고 있다는 비판이 제기되고 있다. 또한 현재 243개의 지방정부가 구성되어 있다. 지방정부별로 인구 규모는 1만 명 미만에서 100만 명이 훨씬 넘는데, 인구밀도도 km^2당 19명에서 약 3만 명에 이르기까지 매우 다양하다. 여기에 지방정부마다 재정적 여건도 너무나 다르고, 도시적 특성과 농어촌 특성까지를 감안하면 지방정부의 관리 방식을 구조적으로 달리하여야 하는 이유는 충분하다. 따라서 지방정부 구성의 다양화를 위한 입법적 장치를 고려할 시기라고 판단된다.

다행히 문재인 정부에서 이 과제는 좀 더 구체적으로 접근하여 국회에 제출된 지방자치법전부개정안에 그 근거를 두고 있다. 이 법이 국회를 통과하게 되면 관련법 제정이 이루어질 수 있을 것이다.

2. 주민이 주인 되는 성숙한 지방자치의 추진 방향

1) 국민 체감적 지방분권의 추진

지방분권을 통한 지방자치의 내실화는 아직 일선에서 체감되지 못하고 있는 것이 사실이다. 우선 위임사무 위주의 지방 이양, 재원이 수반되지 않은 사무 중심의 지방 이양, 그리고 이양은 확정되었지만 아직 이양이 완료되지 않은 사무의 현존, 기관 폐지나 신설 등 체감적인 과제 추진의 미흡 등 주로 중앙과 지방 간의 기관 중심 분권 추진이 그 원인 중의 하나일 것이다. 기관의 설치와 폐지와 관련되어 그 대표적인 것들이 자치경찰의 추진과 특별지방행정기관 정비 등이다. 이들은 많은 부분이 법률의 제정과 개정이 필요한 과제들이다.

자치경찰제 관련 과제는 1948년 정부조직법 제정 당시부터 논의되어 온 과제로 정치적 중립성, 서비스의 종합성, 친근성, 지역맞춤성 등의 필요성에서 주장되어 왔다. 2005년 마련된 「자치경찰법」 정부안이 17대 국회에서 자동 폐기된 후, 2008년 「자치경찰법」 정부안을 다시 만들었으나 '이명박 정부 100대 국정과제'에 추가 선정된 지방행정 체제 개편(2010.10.10. 「지방행정체제 개편특별법」 시행)과 자치경찰제 도입을 연계하여 논의한다는 방침이 당정 협의에서 정해짐에 따라 정부안의 입법 추진은 보류되었다. 박근혜 정부가 출범한 후 수립된 지방자치단체 종합계획에서 자치경찰제 추진 과제는 핵심 과제로 분류되었고, 시범실시 후 기초자치단체에 자율적으로 도입한다는 방향에서 자치경찰법안을 마련하고 보완하여 2016년 정부 입법절차를 추진하였으나 결국 무산되었다.

그러나 자치경찰의 도입 의미는 지방에서의 생활서비스 전달에서 파트너십과 문제 해결이 중심이다. 자치경찰이 어떻게 지역사회의 각 주체들과 파트너십을 형성할 것인가 그리고 무질서와 범죄를 단순히 사후적이 아닌 다양한 파트너십의 형성으로 제어할 것이냐의 문제는 그리 단순하지 않다. 자치경찰제 도입 초기에 자치경찰이 지역사회에 올바르게 착근하기 위한 적극적인 프로그램의 개발, 즉 자치경찰의 격무에도 파트너십 형성과 문제 해결 기제에의 참여 유인책, 지역주민과 시민단체 그리고 중소기업 등의 행동 주체들이 자치경찰의 눈과 귀가 될 수 있게 하는 유인책 등의 프로그램 개발 등 이 꼭 필요한 과제라고 할 수 있다. 현재의 119식 사후적 단일 방향적 치안서비스를 지역에서 제공한다는 단순 접근은 많은 도전을 받게 될 것이다.

자치경찰제 도입은 문재인 정부에서 새로운 국면을 맞고 있다. 대선공약으로 내건 광역 단위 자치경찰이 추진되고 있는데, 이는 검경수사권 조정과 맞물려서 기초자치단체에서의 치안력에 대한 국민의 우려가 반영되었다고 할 수 있다.

특별지방행정기관은 중앙정부가 직접 지방에 기관을 두어 지방에서 일어나는 일정한 사무를 국가가 직접 처리하는 기관이다. 우리나라의 지방행정 체제는 지방자치단체와 중앙정부의 특별지방행정기관으로 이원화되어 있어 양 기관 간에 불필요한 기능 중복과 행정 인력 및 예산 낭비, 동일 기능에 대한 중복. 과잉 규제, 책임과 권한 괴리, 대민 서비스의 현지성과 경제성 결여 등 많은 문제를 야기하고 있다는 지적이 있어 왔다. 그래서 역대 정부에서는 특별지방행정기관 정비는 우리나라 지방자치가 건전하게 뿌리내리기 위하여 추진하여야 할 중요한 과제로서 인식되어 왔다. 그러나 특별행정기관의 정비문제는 언제나 기관 폐지 접근보다는 부분적 기능 이양 쪽의 접근을 취하여 왔다. 또한 시범 실시는 '이탈자'로서의 취급에 따라 지방 이양의 폐해로 해석되기도 하였고, 오히려 기관 팽창의 구실도 되었다. 특별지방행정기관의 정비 문제는 박근혜 정부에서 수립된 지방자치발전 종합계획에서 미래 발전 과제로 분류된 '도의 지위 및 기능 재정립' 과제와 동시에 고려될 필요도 제기된다. 문재인 정부에서 특별지방행정기관의 정비는 특별지방자치단체의 구성이 지방자치법 전부 개정에 구체화되면서 주목받고 있다. 즉, 특별지방자치단체가 구성되면 특별지방행정기관이 기능을 담아낼 수 있을 것이란 기대이다. 쉽지는 않겠지만 21세기 사회문제 해결 기제로서 지방분권형 국정관리 체계로의 전환이라는 큰 틀 속에서 종합적으로 평가하여 과감하게 추진할 필요가 있다.

2) 지방정부 자치제도 운영의 충실화: 지방자치의 신뢰 확장

지방자치는 지역주민이 스스로 지방의 관리 방식을 조정하고 결정하는 제도이다. 그동안 지방 이양사무로 결정된 사무 수가 2012년 말 현재 3,101개 사무에 이르고, 법령 개정까지 확정된 사무가 1,982건(2019년 현재 유효한 통계)이다. 문재인 정부에서는 이양사무로 확정되었지만 이양 완료가 되지 않은 사무를 지방이양일괄법에 담아 571개 사무를 국회에 제출한 바 있다. 이양 완료된 사무는 이제 지방 권한과 책임 하에 수행된다. 또 1,801개 사무(위원회 1,737, 지방 64)가 지방이양 대상사무로 분류되어 심의를 받은 바 있다. 적지 않은 사무가 지방의 고유사무가 되었고 앞으로도 될 것이다. 지방에서는 이러한 이양된 사무에 대한 관례 답습적 집행에서 벗어나 지방 서비스가 충실화되고 지역맞춤형이 될 수 있도록 충분한 대비를 하여야 할 것이다. 이양된 사무는 이제 지방의 고유사무이고, 따라서 많은 새로운 지역 특성에 맞는 정책 개발이 가능하다. 이를 위하여 각 자치단체에서는 지방 이양된 사무의 확인, 이양된 사무의 지역적 의미, 그리고 처리 방향 등을 논의하고 정립할 지방의 제도를 마련하여야 한다. 이양된 사무의 지방 정착을 위하여 민주적 지방 거버넌스 구축 차원의 지방이양 준비 T/F 등의 구성이 필요하다. 지방자치의 충실성을 담보하기 위하여 이양된 사무에 관한 조례 제정과 개정 등의 후속 조치가 적극적으로 검토되어야 한다. 지방자치의 성숙을 위하여 지방정부 차원에서 민주적 거버넌스의 틀을 구축하고 추진하여야 지역 주민과 함께 하는 주민이 행복한 지방자치가 뿌리내릴 것이다.

민주적 거버넌스 메커니즘은 저마다 자신들의 내적 가치를 달성하고자 내세우는 정책 수단들을 옹호하는 주장을 펼치고 있다. 바로 그 주장들에 따라 선택된 지방정책들이 그 주장을 정당하게 하는 이론적 근거가 있는지를 판단할 수 있게 노력하여야 신뢰가 형성될 것이다. 시장 친화적 거버넌스를 선호한다면 개인들은 평등한가? 그들이 위험을 부담할 수 있는가? 시장 기제는 개인들에게 충분히 유인력을 제공하는가? 등을 가지고 평가되고 확인되어서 정책이 선택되어야 한다. 다원주의적 거버넌스를 선호한다면 모든 이해를 대변할 집단이 존재하는가? 집단들이 그 구성원들의 이해를 대표하는가? 집단이 균형을 이루는가? 협상된 성과가 공익에 속하는가? 등에 대한 기준들로 평가되어서 정책이 선택되어야 한다. 그리고 숙의적 거버넌스를 선호한다면, 단순한 참여에서 그치지 말고, 실질적 투입의 관점에서, 참여 주체들이 얼마나 동등한지를 생각해 보아야 한다. 참여 주체들은 정책을 숙의하기 위하여 동등한 능력과 사실상 동등한 의지를 보유하고 있는가? 또 실질적 산출의 관점에서 숙의적 과정에서 도출된 결론이 정책화될 기제가 존재하는지를 따져 물어서 정책이 선택되어야 한다. 이처럼 지방에서의 신뢰 확장을 위하여 할 일은 많다.

이런 질문들에 대답이 아닌 지방의 정책 선택 과정이라면 우리가 바라는 지방에서의 신뢰 확장은 기대하기 어려울 것이다. 환언하면 어떤 형태의 민주적 거버넌스에 근거하여 정책 수단을 선택하든 그 정책 수단들은 스스로 비판적 주장에 노출시키고 논의될 수 있어야 한다. 그렇게 할 때만이 정책 선택의 민주적 가치 달성을 더욱 도울 수 있을 것이고, 신뢰의 확장에 기여할 것이다.

3. 결어

우리의 사회 발전에 매우 소중한 지방자치가 회복된 지 벌써 24년이 넘었다.

건장한 성인이 된 것이다. 그동안 많은 사람의 노력과 희생으로 우리의 지방자치는 의식과 제도에서 많은 발전이 있었다. 하지만 지방자치의 발전을 위하여 아직도 하여야 할 일들은 많이 남아 있다. 지방자치의 질적 성숙을 방해하는 정치적 도전이 있고, 기득권의 저항이 있는 것도 사실이다.

이제 지방자치는 권력의 독점을 견제하는 제도적 장치라는 의미를 넘어 사회문제 해결 기제로서의 지방자치와 지방분권이라는 인식 변화가 필요한 시점이다. 성숙한 지방자치, 행복한 지역주민의 제도적 기반으로서의 지방자치를 위하여 종합적이고 체계적으로 지방분권이 설계되고 추진되어야 한다. 사회문제 해결을 위하여 중앙과 지방이 실질적으로 참여하여 논의될 수 있는 제도적 틀을 마련하여야 한다. 이제 지방자치의 질적 성숙을 위한 제2의 도약을 위하여 중앙과 지방의 관계에서, 그리고 지방자치의 현장인 지방에서 '신뢰의 확장'을 위하여 우리 모두가 노력하여야 할 것이다.

참고 문헌

[국내 문헌]

강형기(2009). 중앙 주도의 졸속한 행정구역개편을 우려하면서. 『자치행정』, 2009.8.

권영호(2009a). 제주특별자치도의 헌법적 근거 마련에 관한 소고. 『헌법학연구』, 15(1). 한국헌법학회.

______(2009b). 헌법개정에 관한 연구: 지방분권의 활성화를 중심으로. 『한국지방자치법학회 학술대회발표자료집』. 한국지방자치법학회.

김대영(2010). 지방소비세 도입의 지방재정 파급효과 분석. 2010년 한국지방정부학회 동계학술대회 발표논문.

김동욱(2010). 지방자치 20년 무엇을 얻고 무엇을 잃었는가. 『자치행정』, 265: 47－50.

김범준(2015). 『세상물정의 물리학』. 동아시아.

김선기 · 김순은 · 임승빈(2010). 『광역경제권발전위원회 거버넌스 개선방안』. 한국지방행정연구원.

김성호(2007). 국가권력의 수직적 분권을 위한 헌법개정안 연구. 『한국지방자치학회보』. 한국지방자치학회.

______(2011). 지난 20년 지방의회의 성과와 과제(특집). 『지방행정』, 690: 16－19.

김순은(2001a). 영국과 일본의 지방분권 비교분석. 『한국지방자치학회보』, 13(2): 101－121.

______(2001b). 우리나라 지방분권의 특징과 과제: 영국과 일본의 지방분권화의 비교를 중심으로. 『한국사회와 행정연구』, 12(2): 57－75.

______(2005a). 영국 중앙정부와 지방정부 간의 정부간 관계의 혁신적 모형: 거버넌스 모형의 시도. 『지방행정연구』, 19(2): 3－34.

______(2005b). 지방분권정책의 평가와 과제: 지방분권정책과 국가균형발전정책의 패키지화에 대한 비판적 고찰. 『한국거버넌스학회보』, 12(2): 95－133.

______(2006). 지방자치의 기본 이념. 『자치행정』: 30－33.

______(2008a). 정치 · 행정권한의 차등분권과 헌법개정: 정치 · 행정권한의 비대칭적 분권(Asymmetrical Devolution). 2008년 지방자치학회주최 토론회, '지방자치와 헌법개정 토론회' 자료집.

______(2008b). 헌법과 지방자치법의 발전과 지방행정. 한국행정연구원 편, 『한국행정 60년』. 한국행정연구원.

______(2008c). 지역발전과 광역 (지역) 거버넌스의 형태와 과제. 한국지방정부학회 추계학

술대회 발표논문.
______(2010). 참여정부와 이명박 정부의 지방분권 비교·분석. 한국지방정부학회 추계학술대회 발표논문.
______(2011a). 영국과 일본의 지방분권 개혁 비교분석: 거대사회론과 지역주권론을 중심으로. 『지방정부연구』, 15(2): 73-96.
______(2011b). 지방의회 관련 제도의 20년의 변천과 과제. 『지방의회연구』, 18: 3-24.
______(2012a). 한국의 민주주의와 거버넌스의 관계. 게이오대학 GCOE-CGCS 공동심포지움 발표논문.
______(2012b). 기초자치단체 정당공천제의 폐해와 대안. 한국지방정부학회 추계학술대회 발표논문.
______(2012c). 주민참여의 특징: 서울특별시 주민참여예산제도를 중심으로. 『지방행정』, 12월호.
______(2012c). 지방정부 경쟁력의 구성 요인에 관한 인식분석. 『행정논총』, 50(3): 67-98.
______(2013a). 주민행복과 창조적인 지방정부3.0의 이론적 토대. 『지방행정연구』, 27(3): 3-40.
______(2013b). 필리핀 지역발전을 위한 지방분권 개혁의 성과평가와 과제: 주민참여와 로컬 거버넌스를 중심으로. 『한국비교정부학보』, 17(3): 17-44.
______(2013c). 지방분권 추진체제의 성과와 과제. 지방자치발전위원회 주최 세미나 발표논문.
______(2013d). 대도시정부의 행정구역과 민주성 및 효율성. 『지방정부연구』, 17(1): 137-158.
______(2013d). 지방의회 의정역량 강화. 한국지방자치학회 주최 세미나 발표논문.
______(2013e). 지방선거의 정치적 중립성 확보와 지역발전. 충북대학교 사회과학연구소 주관 세미나 발제문.
______(2014a). 『지방행정60년사』. 한국지방자치학회 제7회 지방분권 포럼. 2014.4.18.
______(2014b). 지방자치 20년 평가와 전망, 한국지방자치학회, 제6회 지방분권포럼.
______(2016). 『정부 역할의 재정립』(공저). 박영사.
______(2017). 자치분권과 지역균형발전의 정책적 조화를 위한 추진전략. 『국토』, 434: 13-19.
김주영(2010). 한국지방자치제도의 입법사적 고찰: 「헌법」과 「지방자치법」을 중심으로. 『公法學硏究』, 11(2).
김찬동(2012). 지방자치 20년의 평가와 향후 과제. 『SDI 정책리포트』, 119: 1-17.
김해룡(2002). 지방행정체제의 개편방안에 관한 고찰. 『공법연구』, 31(2): 177-193.
내무부/한국지방행정연구원(1987). 『한국지방행정사』 상하권. 내무부/한국지방행정연구원.
류춘호(2010). 부산광역시의회 20년의 성과와 과제. 한국지방정부학회 동계학술대회 발표논문.

문원식(2010). 지방의회 의정활동의 평가와 활성화방안. 『한국정책연구』, 10(3): 137-156.
박영도 외(2010). 제주특별자치도 설치 및 국제자유도시 조성을 위한 특별법 입법체계 개선방안. 한국법제연구원 연구용역 보고서.
손정목(2014). 『한국지방제도 · 자치사연구』(下). 일지사.
신도철(2008). 새로운 지역발전 패러다임: 광역분권의 필요성과 제도개편 방안. 한반도선진화재단, 일본PHP종합연구소, 조선일보가 2008년 5월 6일 주최한 세미나 자료집, 『21세기 광역분권형 국가운영』, 41-79.
안성호(2006a). 자치계층 및 구역의 개편을 우려한다. 부산분권혁신본부가 2006.2.10일 개최한 토론회자료집. 『지방분권의 평가와 새로운 도전』, 103-128.
______(2006b). 지방분권적 의미에서의 제주특별자치도 위상과 과제. 한국정치학회 하계학술대회 발표논문.
______(2009). 지역대표형 상원의 역사와 논거 및 설계 구상. 한국지방자치학회 추계학술대회: 헌법개정과 지방자치 보장방안, 2009년 11월.
______(2018). 『왜 분권국가인가: 리바이어던에서 자치공동체로』. 박영사.
안영훈(2005). 지방정부 2단계 계층구조와 광역자치단체의 기능. 한국지방자치학회 세미나, 『민선자치 10년의 성과와 과제』, 155-196.
______(2008). 광역경제권 거버넌스 체제 구축을 위한 선결조건에 관한 연구: 프랑스(Grand Lyon) · 독일(Stuttgart Regional Association) · 영국(RDA)의 사례를 중심으로. 한국지방자치학회 추계학술대회 발표 논문.
______(2009a). 중앙-지방정부 간 관계에서 보충성 원칙의 의미와 그 적용에 관한 연구: 지방자치 활성화를 위한 헌법 개정 방향.
______(2009b). 지역거버넌스 제도화 방안. 한국지방행정연구원.
______(2012). 주요 선진국 지방자치제도: 프랑스편. 한국지방행정연구원 · 안전행정부.
______(2013). 프랑스 지방분권형 수정헌법(2003년) 이후 지방분권 정책의 성과와 과제. 학술대회 발표문.
______(2015). 주요 선진국의 지방자치법 개정 사례. 『월간행정』, 행정공제회; 주요 선진국의 지방이양 촉진을 위한 지방자치법 개정 사례. 지방자치발전위원회 e-뉴스레터, 하반기.
______(2017). 지방자치법 비교연구. 한국지방자치학회 하계 학술대회 발표문.
______(2019). 지역균형발전을 위한 자치분권과 대도시 특례 지정 기준 개선 방안: '전주 전통문화 특례시 지정을 위한 제언 2019 대한민국 국가 비전회의: 특별세션 2, 포용국가를 위한 지역균형 발전과 특례시 발표.
에구치 가츠히꼬(2008). 일본이 추진하는 '지역주권형 도주제(道州制)'. 한반도선진화재단, 일본PHP종합연구소, 조선일보가 2008년 5월 6일 주최한 세미나 자료집. 『21세기 광역분권형 국가운영』, 5-21.

오영균(2013). 지방정부3.0의 이론과 과제. 『지방행정연구』, 27(2): 3－26.

오재일(2007). 일본의 행정구역 개편에 관한 고찰, 시·정·촌 통폐합을 중심으로. 『한국거버넌스학회보』, 14(2): 349－371.

______(2018). 김대중 정권과 노무현 정권 하의 지방분권화정책. 『한국지방자치학회 30년사』. 한국지방자치학회.

오준근(2014). 지방자치단체의 조직자치권에 관한 독일과 한국의 비교법적 연구. 『慶熙法學』, 49(3).

월간조선(2014). 『성공한 자치, 실패한 자치－무엇이 왜 성공·실패했을까?』.

유재원(2009). 시군통합의 효과에 대한 경험적 분석. 2009년 마산창원경실련주회 토론회 자료집, 37－62.

육동일(2006a). 지방자치계층구조 및 구역개편의 방향과 과제. 『지방자치』, 208: 24－28.

______(2006b). 자치계층 및 구역개편의 과제. 부산분권혁신본부가 2006.2.10일 개최한 토론회자료집. 『지방분권의 평가와 새로운 도전』, 129－135.

______(2010). 지방자치와 지방분권 20년의 성과와 발전 방향. 『한국지방자치학회보』, 3－31.

이기우(1995). 『지방자치이론』. 학현사.

______(2005). 한국 지방자치 기반 강화를 위한 헌법개정, 『한국지방자치학회보』, 17(4): 5－25.

______(2006). 지방자치 보장을 위한 헌법개정. 『지방자치』, 208호: 19－23.

______(2007a). 참여정부 지방분권정책의 성과와 과제. 한국지방자치법학회 추계학술대회 발표논문.

______(2007b). 지방자치 활성화를 위한 헌법 개정안의 제안. 『헌법 다시 보기』. 창작과비평.

______(2008). 선진국 국가구조 개편의 구상. 한국공법학회 발표논문집.

이달곤(2001). 한국 지방선거의 쟁점과 과제. 제3회 부산광역시의회 의정연구회 학술대회 발표논문.

이명수(2008). 국가구조 및 행정체제개편을 위한 강소국 연방제. 2008년 10월 27일 자유선진당이 주관한 토론회 자료집, 13－35.

이상선(2011). 지방자치 20년 성과와 과제(충남도) 충남 시민사회의 변화 및 과제. <지역정책포럼 특별 세미나> 충남시민사회단체 연대회의: 1－117.

이상수(2014). 지방자치단체의 법해석권과 제주특별자치도법. 『圓光法學』, 30(3).

이상호·이영균(2012). 지방의회의 의정활동에 관한 만족도 분석. 『지방자치연구』, 14(3): 149－176.

이승종(2008). 지방역량 강화를 위한 광역자치구역의 개편방안. 한국지방정책연구소가 2008년 9월 17일 개최한 세미나 발표논문집. 『지방행정체제의 대안적 개편방안』, 23－42.

______(2010). 지방행정체제 개편대안. 행정체제개편 국민대토론회 발표자료.

______(2016). 지방분권개혁의 현상과 과제: 지방분권실천전략토론회, 수원(2016.2.4).

이신행 외(1999). 『시민사회운동: 이론적 배경과 국제적 사례』. 법문사.
이용환・송상훈・이현우(2013). 한국 지방자치의 활성화 방안. 『경기개발연구원 이슈&진단』, 97: 1－21.
이원섭(2017). 영국의 지역발전정책 분권화와 분권협상(Devolution Deal). 『국토』, 434: 1－8.
이종수(2001). 지방선거 투표율의 결정요인 연구. 『사회과학논집』, 연세대학교 사회과학연구소.
______(2013). 지방분권형 헌법 개정 방향. 『공공정책과 국정관리』, 7(1): 3－31.
임승빈(1997). 일본 지역사회에 있어 전통적 주민조직의 역할. 『지방행정연구』, 12(1). 한국지방행정연구원.
______(1998a). 都市地域開發政策과 住民參與에 관한 硏究: 韓・日의 事例比較. 『韓國行政硏究』, 6(4). 한국행정연구원.
______(1998b). 行政と地域社會のネットワーク形成について. 『翰林日本學硏究』, 제3집, 한림대학교 한림과학원 일본학연구소.
______(1998c). 읍・면・동사무소, 커뮤니티센터로의 기능 전환과 운영방식. 『지방자치』, 제18호, 현대사회연구소.
______(1999a). 『行政과 NGO 간의 네트워크構築에 관한 연구』. 한국행정연구원 98－11.
______(1999b). 『政府와 自願奉仕團體의 바람직한 關係 定立方案에 관한 연구』. 한국행정연구원 99－08.
______(2000). 자치단체와 NGO 간의 생산적 협력관계를 위하여. 『自治公論』, 7월호. 한국자치개발연구원.
______(2005). 서울시 서대문구의 행정과 주민조직의 주민참여 모델. 『사회과학논총』, 23(1). 명지대학교 사회과학연구소.
______(2008). 광역경제권 도입에 따른 국가와 지방자치단체와의 관계 및 역할분담. 『부산발전포럼』, 2008. 5/6, 14－19.
______(2015). 우리나라 지방자치제도의 연속과 단절: 갑오・광무개혁에서 일제강점기. 『현대사회와 행정』, 26(3). 서울행정학회.
______(2018). 『지방자치론』(11판). 법문사.
임용주(2002). 『지방자치론』. 형설출판사.
정재황・선정원・김명연・김수진・전훈(2006). 지방자치의 헌법적 보장: 지방자치와 입법권의 한계. 『헌법재판연구』, 17: 230－231. 헌법재판소.
조성호(2006). 지방행정체제 개편 논의의 평가와 대안 제시 연구. 『서울도시연구』, 7(3): 149－170.
중앙선데이(2013). 선거실태보고.
지방자치연구회(국회)(2005). 『지방행정체제의 개편방법론 일고』.
______(2007). 『국가발전전략 측면에서의 지방행정체제 개편』,http://ebook.assembly.go.kr/

ebooklnk/research/pdf/research46175913.pdf
채원호(2008). 일본의 광역과제 대응을 위한 도주제 구상. 한국지방자치학회 2008년도 춘계 학술대회 자료집. 『이명박정부의 광역경제권 구상과 지방정부의 발전전략』, 79-95.
최근열(2018). 박근혜 정부의 지방분권정책의 특징. 『한국지방자치학회 30년사』. 한국지방자치학회.
최길수 · 김영재(2007). 지방행정체제개편에 관한 연구. 『현대사회와 행정』, 17(3): 247-276.
최봉기(2011). 한국지방자치 20년의 회고와 지방자치 선진화 과제. 『한국지방자치학회보』, 23(3): 5-37.
최우용(2009). 제주특별자치도의 헌법적 지위 부여 방안. 한국지방자치학회 추계 학술대회: 헌법개정과 지방자치 보장 방안: 123-124.
______(2011). 자치입법권의 현실 및 과제: 자치입법권 확충 방안을 중심으로. 『국가법연구』, 11(2).
표명환(2009a). 지방자치의 헌법적 보장 과제로서의 '특별자치제'. 『憲法學硏究』, 15(3).
______(2009b). 지방자치법상의 '특별자치도'의 의미와 그 문제. 『공법학연구』, 10(4): 139-168.
하동현(2012). 『선진지방자치제도(일본)』. 행정안전부 · 한국지방행정연구원.
______(2014). 개혁의 장의 형성과 구축, 아이디어들 간의 결합: 일본 지방분권개혁을 소재로. 『정책과학학회보』, 18(3): 1-38. 한국정책과학학회.
______(2015). 일본의 중앙-지방의 재정적 관계. 『월간 지방행정』, 7월호: 24-27. 행정공제회.
______(2016). 일본 지방자치단체의 국정참여: 국가와 지방의 협의의 장을 사례로. 『한국지방자치학회보』, 28(1): 25-50. 한국지방자치학회.
______(2017). 일본 지방분권 개혁의 성과와 한계: 자치입법권을 중심으로. 『국정관리연구』, 12(3): 197-226. 성균관대학교.
하동현 · 주재복 · 최흥석(2011). 일본 지방자치단체의 조직관리제도 분석 및 시사점. 『지방행정연구』, 25(1): 277-314. 한국지방행정연구원.
하승수(2010). 20년이 지난 지방자치, 제도를 어떻게 혁신할 것인가? 지방자치혁신 2차 토론회 주제 발표논문. 참여자치지역운동연대: 1-14.
한국지방자치학회편(2018). 『한국지방자치 30년사』. 한국지방자치학회.
행정자치부(2005). 『지방행정체제 개편 관련 보고』. 행정자치부가 2005.11.23에 국회의 지방행정체제 개편 특위에 보고한 자료: http://ebook.assembly.go.kr/ebooklnk/research/pdf/research714163257.pdf
______(2008). 『희망대한민국. 행정자치부 정책백서』, 2008.2.
행정자치부 · 정부혁신지방분권위원회 · 지방행정연구원(2005). 『민선지방자치10년평가』.
홍종선(2000). 『지방자치법학』. 법영사.

홍준현(2006). 행정구역개편에 관한 소고, 『월간 자치발전』, 2006.1. 43－53.

[국외 문헌]

磯崎初仁・伊藤正次・金井利之(2007).『ホーンブック地方自治』. 北樹出版.
金井利之(2012). 國政における『國と地方の協議の場』の機能と展望.『市政』, 61(8): 17－19.
北山俊哉(2010). 日本地方自治の發展. 村松岐夫(編),『テキストブック地方自治』第2版. 東洋経済新報社.
北村亘(2010). 地方稅財政. 村松岐夫編(2010).『テキストブック地方自治(第２版)』. 東洋経濟.
西尾勝(2007).『地方分權改革』. 東京大學出版會.
平岡和久(2015). 國・地方の稅財政システムと東京一極集中の問題.『都市問題』, 2月号.
일본 總務省 지방재정백서 2017년도
지방분권추진위원회(地方分權推進委員會) 최종보고 "分權型社會の創造: その道筋."
내각부 관련 홈페이지: https://www.cao.go.jp/bunken－suishin/index.html
총무성 지방자치제도: http://www.soumu.go.jp/main_sosiki/jichi_gyousei/bunken/index.html
간사이 광역연합: https://www.kouiki－kansai.jp/

A Framework for City－Regions: Working Paper 2: City－Regions: Policy and practice: Lessons from France, Germany and the Netherlands, ODPM A Report of Case Study Work Conducted for the Lyons Inquiry(2007). Perspectives on Place－Shaping and Service Delivery, Report of March 2007, Centre for Local and Regional Government Research, Cardiff University(http://www.clrgr.cardiff.ac.uk). 2006b.
Almond, Gabriel A. & Verba, Sidney(1963). *The Civic Culture: Political Attitudes and Democracy in Five Nations*. Princeton: Princeton University Press.
Baker, Wayne(2000). *Achieving Success Through Social Capital*. San Francisco: Jossey－Bass Inc., A Wiley Company.
Bellers, Jürgen, Frey, Rainer, & Rosenthal, Claudius(2000). *Einführung in die Kommunal Politik*, München.
Bennett, R. J. (1993). Local Government in Europe: Common Directions of Change. In R. J. Bennett (ed.). *Local Government in Europe*. London: Belhaven Press.
Bertrana, Xavier & Heinelt, Hubert(2013). The Second Tier of Local Government in the Context of European Multi－Level Government Systems: Institutional setting and prospects for reform. *Revista catalana de dret públic*, 46: 73－89.
Bogumil, Jörg & Holtkamp, Lars(2013). *Kommunalpolitik und Kommunalverwaltung*, Bonn.
Bourdieu, Pierre(1986). The Forms of Capital. In J. G. Richardson (ed.). *Handbook of Theory*

and Research for the Sociology of Education, 241−258. New York: Greenwood.

Box, Richard C.(1998). *Citizen Governance: Leading American Communities into the 21st Century*. Thousand Oaks, CA: Sage Publications.

Brenk, Franziska(2008). *Der Reformbedarf des deutschen Föderalismus, Die Länderneugliederung als Reformoption am Beispiel der Fusion Berlin−Brandenburg, Saarbrücken*.

Burt, R. S.(1992). *Structural Holes: The Social Structure of Competition*. Cambridge: Harvard University Press.

Cabinet Office(2013). *City Deals*. London: HMSO.

CEMR(2016). *Local and Regional Governments in Europe: Structures and Competences*, The Council of European Municipalities and Regions(CEMR).

Centre for Cities(2019). *The changing geography of the UK economy*, London.

Cleary, S.(1997). *The Role of NGOs under Authoritarian Political Systems*. London: Macmillan Press Ltd.

Coleman, James S.(1988). Social Capital in the Creation of Human Capital. *American Journal of Sociology*, 94: 95−120.

Department of Communities and Local Government(2009). *Power to promote well−being of the area: Statutory guidance for local councils*. London: HMSO.

Department of Environment, Transport and the Regions(1999). *Implementing Best Value*, London: HMSO.

Doligé, Éric et Jeannerot Claude(2010). Rapport d'Information sur sur le bilan des transferts de personnels vers les collectivités territoriales, 2010년 11월 18일 상원의회 보고서.

Dunleavy, Patrick, Park, A., & Taylor, R. (eds)(2018). *The UK's Changing Democracy: The 2018 Democratic Audit*, London, LSE Press.

Elcock, Howard(1994). *Local Government: Policy and Management in Local Authorities*, 3rd ed. London: Routledge.

Fukuyama, Francis(1995). *Trust: The Social Virtues and the Creation of Prosperity*. NY: The Free Press.

______(2004). *State Building: Governance and World Order in the 21st Century*. NY: Cornell University Press.

Funk, Albert(2010). *Kleine Geschichte des Föderalismus*, Paderborn.

Giddens, Anthony(1990). *The Consequence of Modernity*. Stanford: Stanford University Press.

Gierke, Otto Friedrich von(1868). *Genossenschaftsrecht I, Rechtsgeschichte der deutschen Genossenschaft*.

Glendon, M. A. (1991). *Rights Talk: The Impoverishment of Political Discourse*. NY: The Free Press.

Gunst, Dietrich(1990). Gebietsreform, Bürgerwille und Demokratie. In *AfK*, 2: 189–209.

Hay, R. H. (1990). *Strategic Management in Non–Profit Organizations : An Administrator's Handbook*. NY: Quorum Books.

Heffter, Heinrich(1969). *Die Deutsche Selbstverwaltung im 19*. Jahrhundert, Stuttgart.

Heinelt, H. & Hlepas, N. (2006). Typdogies of lacal govermment systems, in H. Back, H. Heinelt, & A. Magnler(ed.). *The Eutopean Mayors*. Zicsbaden; VS Verlag.

Hendler, Reinhard(1984). *Selbstverwaltung als Ordnungsprinzip*, Köln u.a.

Henneke, Hans–Günter(1999). Reform der Aufgabenund Finanzbeziehungen von Bund. *Ländern und Kommunen*. Heidelberg.

Hervé, M. Edmond(2011). Rapport d'Information No 679, au nom de la délégation aux collectivités territoriales et à la décentralisation (1) portant contribution à un bilan de la décentralisation, Sénat, 2011.

House of Commons(2014). *English local government finance: issues and options*. London: House of Commons Library.

House of Commons Communities and Local Government Committee(2014). *Devolution in England: the case for local government*. London: House of Commons.

Humes, S.(1991). *Local Governance and National Power: A Worldwide Comparison of Traditions and Change in Local Government*. London: Harvester Wheatscheaf.

IPPP NORTH(2014). *Decentralization Decade: A Pland for Economic Prosperity, Public Service Transformation and Democratic Renewal in England*. London: Institute for Public Policy Research.

Jennings, W.(1935). The Municipal Revolution. In H. Laski, W. Jennings & W. Robson (eds.). *A Century of Municipal Prgress*. London: George Allen & Unwin Ltd.

Jun, Jong S.(1999). Editorial Notes: The Enhancement of Local Governance. *Administrative Theory & Praxis*, 21(3): 249–250.

Jung, Otmar(1995). Der Volksentscheid über die Einführung des kommunalen Bügerentschieds in Bayern am 1. Oktober 1995. In: *Jahrbuch zur Staats–und Verwaltungswissenschaft Bd.9*.

______(1997). Die Volksabstimmung über die Länderfusion Berlin–Brandenburg, Was hat sich bewährt–wer ist gescheitert?. In *Zeitschrift für Parlamentsfragen*, 1: 13–20.

Kavanagh, Dennis(1990). *British Politics*. Oxford: Oxford University Press.

Kilper, Heiderose & Lhotta, Roland(1996). *Föderalismus in der Bundesrepublik Deutschland*, Opladen.

Kingdom, John(1993). England and Wales. In J. Chandler (ed.). *Local Government in Liberal Democracies: An Introductory Survey*. London: Routledge.

Klein, Friedrich(1934). *Institutionelle Garantien und Rechtsinstitutsgarantie.* Breslau.

Kleinfeld, Ralf & Nendza, Achim(1996). Die Reform deutscher Gemeindeverfassungen unter besonderer Beruecksichtigung der Entwicklung in Nordrhein-Westfalen und in den neuen Bundeslaender. In: Kleinfeld(hrsg.). *Kommunalpolitik.* Opladen.

Knemeyer, Franz-Ludwig(1995). *Bürgerbeteiligung und Kommunalpolitik.* Ausburg.

Lévy, Pierre(2002). *Cyberdémocratie, Essai de philosophie politique.* Odile Jacob, Paris.

Newton, Kenneth(1999). Social Capital and Democracy in modern Europe. Jan W. van Deth, et al. (eds.). *Social Capital and European Democracy*, 3-24. London: Routledge.

Norton, Alan(1994). *International Handbook of Local and Regional Government: A Comparative Analysis of Advanced Democracies.* London: Edward Elgar.

OECD(2015). *Subnational governments in OECD countries: Key data.*

Office of the Advocate General for Scotland(2015). *2010 to 2015 government policy: Scottish devolution.* London: Office of the Advocate General for Scotland.

Ott, Yvonne(1994). *Der Parlamentscharakter der Gemeindeverwaltung.* Frankfurt/Main.

Peters, B. Guy(2006). The Napoleonic traditon. *Internatinal Jourmal of Public Sector Management*, 21(2): 118-132.

Peters, B. Guy & Pierre, John(1998). Governance Without Government? Rethinking Public Administration. *Journal of Public Administration Research and Theory*, 8(2): 223-243.

______(1996). *The Future of Governing.* Lawrence, Kansas: the University Press of Kansas.

Petro, Nicolai N.(2001). Creating Social Capital in Russia: The Novgrod Model. *World Development*, 29(2): 229-244.

Putnam, Robert D.(2000). *Bowling Alone: The Collapse and Revival of American Community.* NY: Simon & Schuster.

______(1995a). Tuning In, Tuning Out: The Strange Disappearance of Social Capital in America. *Political Science & Politics*, 664-683.

______(1995b). Bowling Alone: America's Declining Social Capital. *Journal of Democracy*, 6(1): 65-78.

______(1993). *Making Democracy Work: Civic Traditions in Modern Italy.* Princeton: Princeton University.

Reuter, Konrad(1983). *Föderalismus.* Heidelberg · Hamburg.

Rhodes, R. A. W.(1997). *Understanding Governance: Policy Networks, Governance, Reflexibility and Accountability.* Buckingham: Open University Press.

______(1996). The New Governance: Governing without Governance. *Political Studies*, 44(4): 652-667.

Salamon, Lester M.(1992). Government and The Third Sector. *Emerging Relationships in Welfare States*. San Francisco: Jossey–Bass Publishers.

Sandel, Michael J.(1996). *Democracy's Discontent*. Massachusetts: The Belknap Press of Harvard University Press.

Schiller, Theo(1999). *Direkte Demokratie in Theorie und kommunaler Praxis*. Frankfurt/Main.

Schmidt–Aβmann, Eberhard(1987). Thesen zum föderativen System der Bundesrepublik Deutschland, *Bund, Länder, Gemeinden und Gemeindeverbände*. Jura 1987, S.449ff.

Schmitt, Carl(1928). *Verfassungslehre*. München und Leibzig.

Seragedin, Ismail & Grootaert, Christriaann(2000). Defining Social Capital: An Integrating View. Partha Dasgupta & Ismail Seragedin (eds.). *Social Capital: A Multifaceted Perspective*, 40–58. Washington, D.C.: The World Bank.

Stern, Klaus(1984). *Das Staatsrecht des Bundesrepublik Deutschland*, Bd.1, 2. Aufl., München.

Stewart, John D. & Stoker, Gerry (eds.)(1995). *Local Government in the 1990s*. London: Macmillan.

Stoker, Gerry(1998). *Governance as Theory: Five Propositions*. Oxford, UK: Blackwell Publishers.

Sturm, Roland(2001). *Foderalismus in Deutschland*. Opladen.

Swianiewicz, Pawel(2014). An Empirical Typology of Local Government Systems in Eastern Europe. *Local Government Studies*, 40(2): 292–311.

Tocqueville, Alexis de(1984). *Democracy in America*. renewed by Richard D. Heffner. NY: New American Library, A Division of Penguin Books.

UK, Cities Outlook 2016: UK primary urban area(PUA).

Williamson, O. E. (1996). *The Mechanisms of Governance*. Oxford: Oxford University Press.

Wilson, David & Game, Chris(1994). *Local Government in the United Kingdom*. London: Macmillan.

Wollmann, Hellmut(2012). Local Government Reforms in (Seven) European Countries: Between Convergent and Divergent, Conflicting and Complementary Developments. *Local Government Studies*, 38(1): 41–70.

Wollmann, Hellmut & Bouckaert, Geert(2006). State Organisation in France and Germany between Territoriality and Functionality. In Vincent Hoffmann–Martinot and Hellmut Wollmann(eds.). *State and Local Government Reform in France and Germany: Divergence and Convergence, VS Verlag für Sozialwissenschaften*, 2009, pp.11–37.

World Bank(2002). What is Social Capital? www.worldbank.org/poverty/scapital/whatsc.htm.

World Economic Forum(2016). Annual Report 2015~2016, WEF (2016. 09).

Wuthnow, R.(1991). *Acts of Compassion*. New Jersey: Princeton University Press.

찾아보기

저자 소개

임승빈

- 현) 명지대 행정학과 교수, 행정자치부 정책자문위원, 자치분권위원회 제3전문위원회 위원장
- 전) 한국지방자치학회 회장(제21대, 2017), 국립순천대 교수, 한국지방행정연구원 · 한국행정연구원 연구위원 / 일본 도쿄대 박사

안영훈

- 현) 한국행정연구원 초청연구위원, 한국자치경찰학회 회장, 법제처 법제자문관
- 전) 경찰청 경찰개혁위원회 위원(2017~2018), 한국지방행정연구원 연구위원, 국회개헌특위 자문위원(2017) / 프랑스 파리II대 박사

김순은

- 현) 서울대 행정대학원 교수, 대통령소속 자치분권위원회 위원장(2019.5~), 서울대 고령사회연구단장
- 전) 대통령소속 자치분권위원회 부위원장(2017~2019), 동의대 교수, 한국지방자치학회 회장(제12대, 2008) / 미국 켄트주립대 박사

안성호

- 현) 한국행정연구원 원장, 대전대 명예교수, 세종 · 제주 자치분권 균형발전특별위원회 위원장
- 전) 대전대 부총장, 한국지방자치학회 회장(제16대, 2012), 정부혁신지방분권위원회 위원 / 서울대 박사

이기우

- 현) 인하대 법학전문대학원 교수, 지방분권전국회의 상임공동대표, 개헌아카데미 원장
- 전) 인하대 법학전문대학원장, 국회개헌특위 자문위원(2017) / 독일 뮌스터대 박사

정순관

- 현) 순천대 공공인재학부 교수
- 전) 대통령소속 자치분권위원회 위원장(2017.8~2019.3), 국무총리실 행정협의조정위원회 위원(2014~2016), 한국지방자치학회 회장(제18대, 2014) / 전남대 박사

하동현

- 현) 안양대 행정학과 교수, 대통령소속 자치분권위원회 전문위원, 한국지방자치학회 연구위원장
- 전) 한국정책학회 지식정보위원장, 한국지방행정연구원 연구위원, 한국갤럽 연구위원 / 일본 게이오대 박사

비교지방정부론

펴낸날 제1판 제1쇄 2019년 7월 30일
지은이 임승빈 · 안영훈 · 김순은 · 안성호 · 이기우 · 정순관 · 하동현
펴낸이 임춘환
펴낸곳 도서출판 대영문화사
주소 (본사) 사무실: 경기도 고양시 일산서구 주화로 70
우신프라자 307호 (㊌ 10387)
(본사) 물류센터: 경기도 고양시 일산서구 덕산로
107번길 68-50 (㊌ 10205)
등록 1975년 12월 26일 제3-16호
전화 (031) 913-3062, (031) 914-3884~5
팩스 (031) 913-3839
홈페이지 http://www.dymbook.co.kr

ISBN 978-89-7644-744-9
값 21,000원

이 저서는 2017년도 한국지방자치학회 지원에 의하여 연구되었음.